普通高等教育农业农村部“十三五”规划教材

保险学

BAOXIANXUE

第3版

陈盛伟　郑纪芳　主编

中国农业大学出版社
China Agricultural University Press
·北京·

内 容 简 介

本书是在前两版的基础上，根据我国新版的《中华人民共和国保险法》修订而成，全书分四篇，共十四章。第一篇为导论，包括风险与保险、保险的起源与发展；第二篇为保险基础与原理，包括保险概述、保险的数理基础、保险的基本原则与保险合同；第三篇为保险类别与实务，包括财产保险、责任保险、信用保险与保证保险、人身保险、再保险与社会保险；第四篇为保险经营与管理，包括保险资金运用及投资、保险市场监管。本次修订的亮点在于每章都融入了思政教学内容，在每章新增了保险知识小视频。

图书在版编目(CIP)数据

保险学/陈盛伟，郑纪芳主编．--3 版．--北京：中国农业大学出版社，2022.5

ISBN 978-7-5655-2754-8

Ⅰ.①保… Ⅱ.①陈…②郑… Ⅲ.①保险学－高等学校－教材 Ⅳ.①F840

中国版本图书馆 CIP 数据核字(2022)第 053078 号

书　　名 保险学 第 3 版

作　　者 陈盛伟 郑纪芳 主编

策划编辑 石 华　　**责任编辑** 何志勇

封面设计 郑 川

出版发行 中国农业大学出版社

社　　址 北京市海淀区圆明园西路 2 号　　**邮政编码** 100193

电　　话 发行部 010-62733489，1190　　读者服务部 010-62732336

编辑部 010-62732617，2618　　出 版 部 010-62733440

网　　址 http://www.caupress.cn　　**E-mail** cbsszs@cau.edu.cn

经　　销 新华书店

印　　刷 北京鑫丰华彩印有限公司

版　　次 2022 年 5 月第 3 版　　2022 年 5 月第 1 次印刷

规　　格 170 mm×228 mm　16 开本　27.25 印张　500 千字

定　　价 69.00 元

编 写 人 员

主　　编　陈盛伟　郑纪芳

副 主 编　孙兆东　骆　乐　李　强　牛　浩
　　　　　范成方　蔡为东

编　　者　陈盛伟(山东农业大学经济管理学院)
　　　　　郑纪芳(山东农业大学经济管理学院)
　　　　　孙兆东(山东农业大学经济管理学院)
　　　　　骆　乐(山东农业大学经济管理学院)
　　　　　李　强(山东农业大学经济管理学院)
　　　　　牛　浩(山东农业大学经济管理学院)
　　　　　范成方(山东农业大学经济管理学院)
　　　　　蔡为东(山东保险学会)

第 3 版前言

本书旨在为高等院校“保险学”的教学提供系统的保险理论与基本实务应用技术。在阐述一般保险理论与方法的基础上，本书注意结合我国保险市场发展实际，既详尽阐述了保险学的基本原理，也比较明了地介绍了保险实务的最新发展；既全面讲述了各类商业保险，也适度介绍了各类政策性保险。鉴于本书重点讲授对象的特殊性，本书还对农业保险的相关理论进行了较详细的阐述。本书分四篇共十四章，内容构架为：第一篇导论，主要内容为风险与保险、保险产生的原因和保险发展的历程；第二篇保险基础与原理，主要内容为保险的概念与内涵、保险的数理基础、保险的基本原则、保险合同等问题；第三篇保险类别与实务，主要内容为财产保险、人身保险、责任保险、信用保险、保证保险、再保险、社会保险；第四篇保险经营与管理，主要内容为保险资金运用及投资、保险市场监管的基本原理。

相比第 2 版，本书有以下四个方面特点：一是紧跟社会发展和保险业发展更新内容，教材内容不但融入了最新的《保险法》《民法典》等法律法规的内容，还将保险研究的新理论、新方法、新数据也纳入其中。同第 2 版相比，本书准确体现了现行《保险法》的新思想、新条款，更新了保险案例，调整了章节的部分结构和语句，对有些章节进行了重写、补充和删减，如第六、七、十、十二、十三等章的内容变动较大，并对本书的整体框架进行调整。二是结构安排更为清晰饱满，教材的总体结构遵循了从保险原理到保险实务，从商业保险到政策性保险的逻辑，每章的开头有学习要点，中间有专栏作为知识拓展，各章后还配有重要概念、复习思考题、保险案例和保险知识小视频，有助于读者更为清晰地掌握各章知识。三是分析方法更为科学，本书注重定性分析与定量分析相结合，理论分析与案例分析并举。四是适用范围更为广泛，本书力争让读者较全面地获得现代保险理论知识，并有重点地获得保险从业知识，因此高等院校、保险从业者及自学者均适用。

本书由陈盛伟、郑纪芳主编并最终定稿，具体写作分工为：陈盛伟编写第一章，郑纪芳编写第六章，骆乐编写第二、三、十一章，范成方编写第四章，李强编写第五、十二章，牛浩编写第七、八、九章，孙兆东编写第十、十三章，蔡为东编写第十四章。

对本书中存在的不妥之处，望能得到同行专家和学者的批评与指导，以便修正，我们将不胜感激。

陈盛伟

2022 年 1 月

第 2 版前言

本书旨在为高等院校保险学的教学提供系统的保险理论与基本实务应用技术。本书在阐述一般保险理论与方法的基础上,注意结合我国保险市场发展实际,既详尽阐述了保险学的基本原理,也比较明了地介绍了保险实务的基本内容;既全面讲述了各类商业保险,也适度介绍了各类政策性保险。鉴于本书重点讲授对象的特殊性,本书还对农业保险的相关理论进行了较详细的阐述。本书共分 4 篇 16 章,其基本构架为:第一篇导论,主要讲述保险产生的原因和保险产生的历程;第二篇保险原理,主要讲述保险概念内涵、保险数理基础、保险基本原则、保险合同、保险市场等问题;第三篇保险种类,主要讲述财产保险、人身保险、责任保险、信用保证保险、再保险、社会保险、农业保险等对社会经济影响大的险种;第四篇保险经营与管理,主要讲述保险经营与保险市场监管的基本原理。

本书主要有以下 4 个特点:①在内容上,注意吸收国际国内保险界最新研究成果,充分考虑我国保险工作近期的新情况,按最新的法律法规来整合各章理论。②在结构上,本书采用了板块式体系,力求简单明了,即采用了从保险原理到保险实务,从商业保险到政策性保险的结构安排。③在分析方法上,本书注重定性分析与定量分析相结合,理论与教学案例的兼备并举。④在适用层次上,力争让读者较全面获得现代保险理论知识,并有重点地获得保险从业知识。

本书是《保险学》的第 2 版,同第 1 版相比,《保险学》(第 2 版)准确体现了现行《保险法》的新思想、新条款,更新了保险案例,调整了章节中的部分结构和语句,但对《保险学》(第 1 版)的整体框架未作变动。

本书由陈盛伟主编并最终定稿,具体写作分工为:陈盛伟编写第 1、4、14 章;郑军编写第 2、10、11 章;隋文香编写第 5、6、7 章;永春芳编写第 12、13 章;李艳红编写第 3、9 章;张锋编写第 15、16 章;刘永兰编写第 8 章。

对本书不妥之处,若能得到同行专家和学者的批评与指导,以便修正,我们会不胜感激。

陈盛伟

2010 年 8 月

第 1 版前言

本书旨在为高等院校保险学的教学提供系统的保险理论与基本实务应用技术。本书在阐述一般保险理论与方法的基础上，注意结合我国保险市场发展实际，既详尽阐述了保险学的基本原理，也比较明了地介绍了保险实务的基本技术；既全面讲述了各类商业保险，也适度介绍了各类政策性保险。鉴于本书重点讲授对象的特殊性，本书还对农业保险的相关理论进行了较详细的阐述。本书共分 4 篇 16 章，其基本构架为：第一篇导论，主要讲述保险产生的原因和保险产生的历程；第二篇保险原理，主要讲述保险概念内涵、保险数理基础、保险基本原则、保险合同、保险市场等问题；第三篇保险种类，主要讲述财产保险、人身保险、责任保险、信用保证保险、再保险、社会保险、农业保险等对社会经济影响大的险种；第四篇保险经营与管理，主要讲述保险经营与保险市场监管的基本原理。

本书的特点主要是：在内容上，注意吸收国际国内保险界最新研究成果，充分考虑我国保险工作近期的新情况，按最新的法律法规来整合各章理论。在结构上，本书采用了板块式体系，力求简单明了，即采用了从保险原理到保险实务，从商业保险到政策性保险的结构安排。在分析方法上，本书注重定性分析与定量分析相结合，理论与教学案例的兼备并举。在适用层次上，力争让读者较全面获得现代保险理论知识，并有重点地获得保险从业知识。

本书是理论界与实业界诸多青年学者在多年从事保险专业的教学和研究，并广泛吸取已有研究成果的结晶。在本书的编写过程中，李佰杰、孙伟、张越、赵汴与主编讨论了大纲的内容与全书的编排，各参编老师积极主动地承担编写任务，为本书的及时出版做出了贡献。中国人民财产保险股份有限公司济宁分公司叶新总经理对书稿的内容提出了宝贵的修改意见。

此外，中国保监会济南办公室财险处的许彦峰主任、山东省委党校的钟丽娟老师、山东省出版总社的薛严丽老师、中国人民财产保险股份有限公司嘉祥支公司的王鹏经理都对本书的内容提出了比较好的修改意见。在此一并表示感谢。

本书由陈盛伟主编并最终定稿，具体写作分工为：陈盛伟编写第 1、2、4、14 章；孙伟编写第 10、11 章；李佰杰编写第 5、6、7 章；张越编写第 12、13 章；赵汴编写第 9 章；张锋编写第 15、16 章；刘永兰编写第 8 章；陈立双编写第 3 章；叶新、许彦峰、王鹏不同程度地对书稿内容提出了科学的修改意见。

农业保险是保险商品中科技含量最高的产品，我国农业保险事业正处于恢复后的起步阶段，如果本书对农业保险的研究有所帮助，对促进中国农业保险业的发展有帮助，也是对我们的一种莫大欣慰。当然，对本书不妥之处，若能得到同行专家和学者的批评与指导，以便修正，我们会不胜感激。

陈盛伟

2004 年 7 月

目录

第一篇　导论

第二篇　保险基础与原理

第三篇 保险类别与实务

第四篇　保险经营与管理

第一篇

导　论

第一章　风险与保险

《国务院关于加快发展现代保险服务业的若干意见》(2014 年 8 月,简称新"国十条")指出:保险是现代经济的重要产业和风险管理的基本手段,是社会文明水平、经济发达程度、社会治理能力的重要标志。要以邓小平理论、"三个代表"重要思想、科学发展观、习近平新时代中国特色社会主义思想关于促进社会保障事业高质量发展可持续发展的要求为指导,把发展现代保险服务业放在经济社会工作整体布局中统筹考虑,要发展有市场竞争力、富有创造力和充满活力的现代保险服务业。当前,保险已成为政府、组织、居民风险管理和财富管理的基本手段,成为提高保障水平和保障质量的重要渠道,成为政府改进公共服务、加强社会治理和推进金融扶贫的有效工具。

◈ 学习要点

1. 掌握风险的结构、可保风险及其要件。
2. 理解风险管理方法、风险管理程序。
3. 了解风险的概念、风险的特征、风险的分类。

第一节　风险概述

风险的客观存在是保险产生与发展的前提条件之一,没有风险就没有保险。风险的特征、种类与风险管理的方法都直接影响着保险理论与实践的发展,因此学习保险必须首先从认识风险开始。风险概念被应用到学术研究的各个领域和日常生活的每个方面,从教学需要出发,本书中所提到的风险仅指保险风险。

一、风险的概念

日常生活中的风险含义与保险理论中的风险含义是两个不同的概念,保险中的风险具有客观性、偶然性、可变性等特性。在日常生活中,一般认为风险是指可能发生的各种自然灾害和意外事故。例如,由于自然界的物理、化学、生物等异常变化所引起的洪水、地震、风暴、酸雨、瘟疫、病虫害等天灾；因人为的过失行为所造成的爆炸、火灾、交通事故、各种犯罪等人祸，以及由于各种社会的、政治的、经济的原因所诱发的战争、经济危机、亏损、破产、失业等都是风险。它们给国家、组织和个人造成了不同程度的财产损失、人员伤亡和精神痛苦，有时还会导致生产过程中断、资源浪费和社会动荡。

保险领域中的风险是指损失的不确定性，这一概念包含以下几层含义：

首先，不确定的损失才是风险。保险领域中的风险并不是说只有损失才称为风险，而是指损失发生的概率在0和1之间。那些绝对不可能发生损失的事件，即损失的概率为0时，无风险可言；而那些必定发生或已经发生了损失的事件，即损失的概率为1时，也不能称为风险。只有那些既有发生损失的可能性，而损失发生与否，发生的时间、地点、频率与强度均无法事先准确确定的损失才可称之为风险。

其次，风险损失是指经济损失。保险领域中的风险损失是人们经济利益的减少或丧失。人们总是通过经济损失来感受风险的存在，并凭借经济损失的大小来评估风险的大小。人员伤亡和身体健康的风险损失虽不会导致直接的物质损失，但因此而发生的各种支付费用可通过经济手段表现出来。

最后，风险是可以被感知与认知的客观存在。风险通过形式、程度不同的损失来证明自己的存在，因而风险是客观存在的。同时，风险也可说是一种由精神和心理状态所引起的主观上的不确定性感受，这突出表现在人们不同的风险意识与对待风险的不同态度上。由于人与人之间认识水平的差异，使得对风险的反映与估计也存在着差异，对同样一件事情有些人常有不确定的感觉，因而精神紧张；而另一些人则熟视无睹，这就是说风险意识因人而异。因人而异的风险意识与人们的知识、经历、经验及心理状态等多种因素相关，它决定着人们对待风险的态度和处置风险的方式。但本质上，风险是人们对损失客观性的一种主观反映，它是客观上曾经发生的灾害事故在人脑中产生的主观复写、摄影、反映，所以风险是客观的。

二、风险的特征

不同的研究角度对风险特征会有不同的认识。从保险学角度看，客观性、偶然性、可变性、可测性、损失性与社会性是保险风险的主要特征。

（一）客观性

事实和经验告诉人们：天有不测风云，人有旦夕祸福。无论是自然界中的风暴、洪水、地震、干旱、海啸等天灾，还是人类社会领域中的战争、犯罪、过失或意外事故等人祸，都是不以人的意志为转移的客观存在。人类社会的历史就是人与自然灾害和意外事故做斗争的历史。从神话传说女娲补天、夸父逐日到史载大禹治水，到根治海河，加固长江和黄河堤坝，以及夏季的抗洪、春季的抗旱，无不向人们昭示着风险的必然发生。通过对风险事件长期大量的观察，我们不难发现各种风险总是以其独特的方式，如特定的范围、独特的损失状态、独特的发生频率、独特的存在形式和发生方式，在独特的环境下表现着它的存在。如我国干旱多发生在西北少雨地带，地震多发生在地壳断裂带，火灾多发生在春、冬季。就普遍性来说，失业多发生在经济萧条时期，肺癌多发生在烟民中间等。总之，无论是过去、现在，还是将来，风险的存在是客观的、必然的现象。

(二)偶然性

风险与其所引起的损失往往以偶然的形式呈现在人们面前，即何时、何地、发生何种风险、损失程度如何，完全是杂乱无章的组合和不确定的结果。如苏联切尔诺贝利核电站的核泄漏事故，1976 年的中国唐山大地震，世界各国每年各地的旱、涝灾害，20 世纪 90 年代以来地球气候变化发生的“厄尔尼诺”现象等，完全是偶然的事件。尤其是对某个具体的区域、某个具体的单位和个人发生某些具体的风险事件而言，都不可能是事先安排好的必然现象。所以说，就人类的总体或一国区域或某个单位、个人的较长时期而言，风险的存在是客观的、必然的；但就个体或较小区域或某人的某一时段或时点而言，风险的发生却是个偶然的现象。

(三)可变性

风险虽然是客观存在的，但在一定条件下，风险是可以变化的，风险可能在其产生原因、作用后果、性质特征等方面发生变化。这是因为：一方面，由于人们识别风险、抵御风险的技术和能力不断增强，从而在一定程度上减少了风险因素、降低了损失程度，甚至使某些风险不复存在或为人们所控制。例如，随着医学水平的提高，许多曾经威胁人民生命的疾病，像天花和一些早期顽症等，已能为医学所控制。这些风险已经弱化了，并将逐渐减少并消失。另一方面，随着人类生活方式的变化、科技的飞速发展及广泛应用，许多新的风险因素在增加，而且可能产生的新的风险损失更加惊人。例如，汽车的激增带来了损失巨大的交通事故，原子能的应用产生了令人畏惧的核泄漏风险和可能导致人类毁灭的核战争风险，而早已引人关注的环境污染则是工业化进程的消极副产品。所以，风险从发展趋势上看不是一成不变的，而是此消彼长、不断变幻的。

(四)可测性

由于风险是一种损失的随机不确定性，即在许多的不确定中，某一结果的发生具有一定的规则，可在概率论和数理统计的基础上，利用损失分布的方法来计算损失发生的概率、损失的大小及波动。如生命表，它表明虽然死亡对于个体来说是偶然事件，但通过对某一地区被统计人口的各年龄段死亡率的长期观察统计，就可以准确地得出该地区各年龄段稳定的死亡率。可测性奠定了保险费厘定的基础，需注意的是，风险的可测性是在风险集合的状态下实现的，单个风险个体无法完成风险的预测。

（五）损失性

风险的结果必然是造成人们的某种损失，这种损失或针对微观主体，或针对宏观社会。风险带来的损失应是未来的损失，而不是过去或现在已经存在的损失，且这种损失是能用货币来计量的。人身损害虽不能以货币衡量，但一般都表现为所得的减少或支出的增加，或两者兼而有之。如人们因疾病、伤残、失业等原因暂时或永久丧失劳动能力后，收入减少的同时会需要医疗、生活等费用。

（六）社会性

就自然界本身而言是无所谓风险的，风险是针对人类的活动而言的，没有人类活动，也就无所谓风险。如地震、海啸等自然灾害对大自然来说只是自身运动的表现形式，或者是自然界自我平衡的必要条件，只有当自然灾害对人们的生命和财产造成损害或损失时，对人类而言才成为一种风险。所以，风险是伴随着人类活动的展开而产生的，也就是说保险风险具有明显的社会性。

三、风险的结构

风险的结构即风险的要素，这些要素的共同作用决定了风险的存在。风险要素包括三部分：即风险因素、风险事故与风险损失。

（一）风险因素

风险因素是指引起或增加风险事故发生的机会，或扩大损失严重程度的原因和条件。风险因素是导致风险发生的潜在原因，只有它的存在，才有风险发生的可能性。如天旱少雨是造成火灾发生的风险因素，酒后驾车是增加交通事故的风险因素，管理不严是造成工伤事故的风险因素，吸毒是诱发其他犯罪的风险因素等。风险因素一般分为三种：即物质性风险因素、道德性风险因素和心理性风险因素。

1. 物质性风险因素

物质性风险因素指有形的、能够直接影响实物物理功能的因素，即某一标的物本身所具有的足以引起或增加损失的机会或扩大损失幅度的客观原因和条件。例如汽车刹车系统失灵、恶劣的气候、建筑物的坐落地址等，都属于物质性风险因素。

2. 道德性风险因素

道德性风险因素是一种无形因素,指由于个人或团体的不诚实或居心不良,故意促使风险事故发生或扩大风险事故损失程度的主观因素。例如为索取保险赔款而故意杀人、纵火、沉船、毁车,不如实告知、虚报损失等均属道德性风险因素。不同的险种,道德性风险因素的表现程度和表现形式就不同。相比较而言,农业保险中的道德性风险因素比较突出。

3. 心理性风险因素

心理性风险因素也是一种无形因素,指由于人们主观上的疏忽或过失,以致引起或增加风险事故的发生机会,或扩大损失程度的非故意因素。心理性风险因素是由人们的侥幸、疏忽、不关心、依赖等心理造成的。例如忘了锁车致使车辆被盗,粗心大意违章作业,自恃水性好而不带救助设备到深水区游泳,投保了人身保险就忽视自身身体健康等致损因素,均属于心理性风险因素。

值得注意的是,虽然道德性风险因素和心理风险因素同属于主观风险因素,但前者是主观故意行为,后者是主观无意或非故意行为,因而二者有本质区别。

(二)风险事故

风险事故是指可能引起人身伤亡或财产损失的事件,是造成风险损失的直接原因,又是风险因素所诱发的直接后果。风险事故的分类通俗地讲可分成两大类,一类是天灾,另一类是人祸。例如火灾、车祸、飞机失事、毒气泄漏、地震、洪涝、疾病等。

风险事故是风险因素爆发的过程,它是一个时段概念。当这个过程结束时,风险的第三个组成要素——风险损失就出现。因此,风险事故是损失的媒介物,风险因素是引起损失的间接原因。需要注意的是,风险事故和风险因素的区分有时并不是绝对的,判定的标准就是看是否直接引起损失。

(三)风险损失

保险领域中的风险损失是指由于自然灾害或意外事故所造成的非故意、非预期、非计划的经济价值的减少、灭失以及额外费用的增加。风险损失的勘查与评估是保险活动的重要内容。风险损失主要包括财产损失、收入损失、责任损失、费用损失四类。

财产损失是指各种有形的财物因灾害事故而丧失部分或全部价值,如飞机坠毁、房屋倒塌、汽车被盗等。

收入损失是指团体或个人因灾害事故丧失部分或全部经济收入的损失,如由于疾病、意外残疾、衰老或死亡等原因丧失部分或全部劳动能力而造成的收入减少或失去全部收入。对于企业而言，收入损失是指企业因风险事故所造成的销售收入的减少或利润水平的降低等。

责任损失是指因团体和个人的疏忽或过失行为造成他人人身伤害或财物损失时，责任人依法应承担的经济赔偿责任。如因产品质量问题而产生的厂商依法赔偿消费者的损失责任，或因疲劳驾驶汽车误伤行人而产生的依法赔偿行人的经济损失等均属责任损失。

费用损失是指由于灾害事故的发生而额外支出的费用，如企业失火后所支出的施救费用，重置设备的采购、调试、咨询等费用。

总之，风险是由风险因素、风险事故和损失构成的统一体。风险因素引发风险事故，风险事故导致了经济损失，而损失又标志着风险事故的大小，反映着风险因素的隐患和危害。三者之间的关系可用图 1-1 表示。

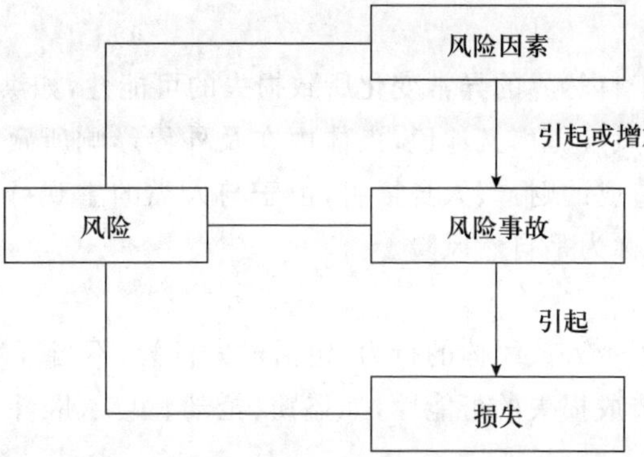

图 1-1 风险的结构

四、风险的分类

随着社会生产发展和科技进步，风险的范围不断扩大，风险的种类日益增多，依据不同的标准，可以把风险分成不同种类。

(一)按风险的性质分类

按风险的性质，风险可分为纯粹风险和投机风险两大类。

1. 纯粹风险

纯粹风险指那些只有损失机会而没有获利可能的风险，其所致结果有两种，即损失和无损失。意外事故、自然灾害及人的生老病死都属于纯粹风险，例如汽车发生碰撞、火灾、地震、洪水、风暴、疾病等。

2. 投机风险

投机风险指那些既有损失机会,又有获利可能的风险。投机风险的结果有三种,即损失、无损失、盈利。股票买卖、新技术的研发与应用等都有可能发生损失,但也可能获得超额收益,这类风险就是投机风险。

纯粹风险和投机风险的区分是非常重要的,前者只有净损失的可能,人们避而远之;后者却有获利的可能,甚至收入颇丰,人们甘冒风险而为之。对保险公司而言,只有纯粹风险是可以保险的风险,即可保风险,而大多数投机风险是不可保风险。

(二)按风险产生的原因分类

按风险产生的原因,风险可分为自然风险、社会风险、经济风险、政治风险与技术风险。

1. 自然风险

自然风险指由于自然界的异常变化所致损失的可能性,如洪水、地震、干旱、冰雹、雪灾等自然界的风险。广义地说,人体内在及外界影响所致疾病或伤害,以及各种客观意外事故造成的财产、人身损害,由于与人类的主观行为无关,是纯粹无意或无奈的,这也可称为是自然风险。

2. 社会风险

社会风险是由于个人或团体的行为,包括过失行为、不当行为及故意行为对社会生产及人们生活造成损失的可能性,如盗窃、抢劫、罢工、殴斗、杀人等风险都是社会风险。

3. 经济风险

经济风险是指在生产经营过程中,由于各种因素的变化或预测上的失误所造成的经济收入或价值的减少。经济结构不合理、财富分配严重失衡、财务制度漏洞、物资供销脱节、市场供需失衡、严重的通货膨胀等都是经济风险的表现形式。

4. 政治风险

政治风险通常由法律的更改、新政令的颁布与实施、政权的更替等政治活动引起。政治风险的表现形式为宗教或种族冲突、叛乱、战争、恐怖主义等。

5. 技术风险

技术风险是指伴随着科学技术的升级及由此带来的生产、生活方式的改变而发生的损害可能性。技术风险往往是科技工作的失误或科技应用产生的副作用的结果,如失业、环境污染、职业病、核泄漏、核爆炸等都属于技术风险。

（三）按风险损害的对象分类

按损害对象，风险可分为财产风险、人身风险、责任风险和信用风险。

1. 财产风险

财产风险指导致财产毁损、灭失和贬值的风险，如房屋、机械设备等财产遭受火灾、洪水等毁损或灭失风险，机动车辆被盗风险，产品价格下降引起的贬值风险等。

2. 人身风险

人身风险指生、老、病、残、死、失业等导致人身伤害或影响健康的风险，如疾病、意外事故等，这些风险都会导致收入的减少或支出的增加。

3. 责任风险

责任风险指因侵权行为而对他人所遭受的人身伤害或财产损失依法应负的法律赔偿责任。这种赔偿责任往往给承担责任者带来较大的损失，因而是一种风险。如驾驶机动车不慎撞伤行人而应承担赔偿责任，产品质量存在缺陷致使消费者人身或财产受损而应承担赔偿责任。

4. 信用风险

信用风险指在经济交易中，因对方违约或不可抗力的发生，致使合同无法执行时所造成的经济损失的风险。在国际贸易中，对方到期不付款或不提货给出售方造成损失的风险就属于信用风险。另外，租汽车不按约交租金的风险，房屋分期付款购买者拖欠房款的风险等都是信用风险。

第二节 风险管理

一、风险管理概述

（一）风险管理的概念

风险管理是经济单位通过对风险的认识、测量和分析，以最小的成本取得最大安全保障的管理方法。风险管理是研究风险发生规律和风险控制技术的一门新兴管理学科。各经济单位通过风险识别、风险估测、风险评价，在此基础上优化组合各种风险管理技术，对风险实施有效的控制，并妥善处理风险所致损失的后果，以期望用最小的成本获得最大安全保障。

（二）风险管理的沿革与作用

风险管理的思想在19世纪已开始萌芽，它伴随着工业革命的诞生而产生。在法国科学管理大师费尧（Henri. Fayol）所著的《一般与工业管理》一书中，首先将风险管理思想引入企业经营的过程中,但未形成完整的体系。完整的风险管理体系是在20世纪30年代产生,在50年代末得到推广,到70年代得到迅速发展。在现代社会,风险管理已从单纯转嫁风险的保险管理发展为以经营管理为中心的全面风险管理。

风险管理之所以得到普遍应用,是因为它有着重要的作用。例如风险管理有利于资源分配最佳组合的实现,有助于消除风险给经济社会带来的灾害损失及其他连锁反应,有助于提高和创造一个有利于经济发展和保障人民生活的良好的社会经济环境等。对单个企业和个人来说,风险管理力图以最小的耗费将风险损失减少到最低程度,保证企业经营目标和个人生活目标的实现。

(三)风险管理的目标

风险管理的目标包括损失发生前的风险管理目标和损失发生后的风险管理目标。损失发生前的风险管理目标为避免或减少风险事故形成的机会,包括节约经营成本、减少忧虑心理;损失发生后的风险管理目标是努力使损失的标的恢复到损失前的状态,包括维持企业的继续生存、生产服务的持续、稳定的收入、生产的持续增长、社会责任。

(四)风险管理的成本

风险管理的成本是指由于风险的存在或发生而引起的有形和无形的损失,直接的和间接的损失,主要包括风险损失的实际成本、风险损失的机会成本及风险处理费用,见图1-2。

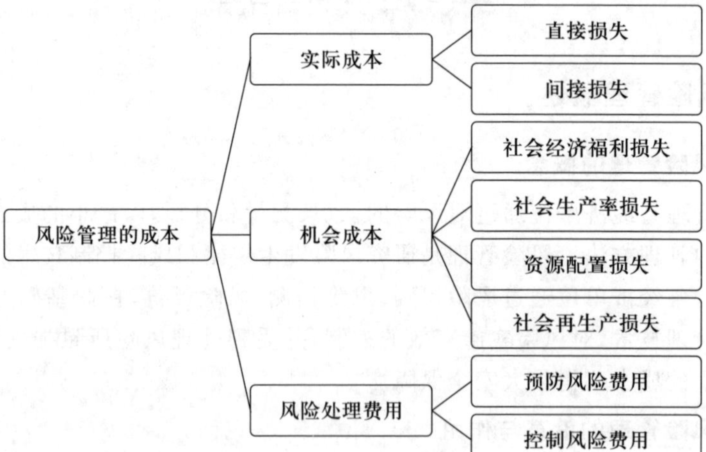

图1-2　风险管理的成本

1. 风险损失的实际成本

风险损失的实际成本是由风险造成的经济上的直接损失和间接损失构成。直接损失是指风险事故发生造成的财产损失和人员伤亡所必然支付的费用。如交通意外事故的发生，带来了机动车辆设备的损毁和人员伤亡，要修复车辆恢复其正常的行驶能力，必须要支付修复费用，同时人员伤亡，还必须要支付伤亡人员的医疗费用、丧葬费用等。间接损失指风险发生所带来的相关损失，如营运收入的减少或绝收，额外费用的增加以及所负责任的赔偿代价等。

2. 风险损失的机会成本

风险损失的机会成本是指由于风险的发生或存在而形成的对社会经济福利、社会生产率、资源配置以及社会再生产过程等方面潜在的风险损失。由于这些损失不易为人们所认识，因而又称为无形代价。例如，由于新工艺、新技术、新产品的开发、生产都会冒一定的风险，因而风险会阻碍新技术的推广和应用，结果极大地限制了生产率的提高。再如，由于风险的存在，人们总希望尽快收回投资本利，致使那些风险大，投资回收期长的能源、交通、基础设施建设投资严重不足，形成社会生产与投资的短期化行为，进而造成国民经济基础产业萎缩，阻碍了国民经济的快速发展。相反，过量的资金都集中在那些安全系数高的加工业、商业，使一些部门资源过剩，造成不必要的浪费，使社会经济形成巨大的无形风险成本。

3. 风险处理费用

风险处理费用是指为了预防和控制风险而采取的各种措施的费用。例如，购置安全预警和救护设备，设立安全管理机构和人员，对员工进行防灾抢险训练，购买保险等，这都形成了企业和个人的风险成本。

专栏 1-1　坚持人民至上　服务高质量发展①

党的十九大以来，在以习近平同志为核心的党中央坚强领导下，金融业在服务实体经济，包括服务城市建设方面取得新的显著成就。构建新发展格局，推动高质量发展，是现阶段金融业承担的重要历史使命。

保险业作为管理风险的行业，需要在风险事前预警、事中管理和事后应对上，提升专业化水平。以航运保险为例，国际上一些有专长的保险公司为应对海上风险，在气候、水文等方面长期开展深入细致的研究。各种动态模拟、预警、排查、阻

① 资料来源：郭树清．坚持人民至上服务高质量发展——在 2021 年金融街论坛上的主题演讲．中国银行保险监督管理委员会网站．2021-10-20. http://www.cbirc.gov.cn/cn/view/pages/ItemDetail.html?docId=1013665&itemId=919&generaltype=0.

断技术,使其成为海上灾害防控的重要力量。一些经营医疗健康险的保险公司,在重大疾病种类、致病机理、药物疫苗、并发症及护理等方面的探索也卓有成效,逐渐成为这方面的引领者和先行人。保险业参与灾害风险管理,建议从以下几方面努力:其一,在全社会的观念上,要改变政府包揽的灾害管理与救助模式,将保险纳入国家灾害救助和应急管理体系,推动保险业深入参与灾前预防、资金筹集、灾后补偿、恢复重建的各个链条。其二,在企业发展战略上,避免"就产品说产品,就费率说费率",主动"跨前三步",甚至"跨前五步"。保险业可与农业、地质、气象、水利和应急等部门加强行业联动,联合或资助专业机构开展灾害机理和灾害预防研究。其三,在行业经营机制上,推动形成多层次的风险分散渠道,加大再保险供给,提升风险的转移和分散能力。

二、风险管理方法

风险管理的方法有很多,下面重点介绍风险避免、风险预防、风险抑制、风险中和、风险分散、风险自留和风险转移等风险管理方法。

(一)风险避免

风险避免是指放弃某一计划成本或方案从而避免由此可能产生的损失后果,达到回避因从事该项活动可能导致风险损失的目的。如人们恐惧飞机失事之风险,不乘飞机而改用其他交通工具,就可以避免飞机失事之风险;又如人们担心驾驶汽车会发生交通意外事故,那么放弃驾车,改骑自行车或步行等。当然,避免风险不失为一种最彻底的风险控制方法,即从根本上消除风险,但其局限与缺陷也是显而易见的。在回避风险的同时,便放弃了从事这项活动带来的好处或某种经济利益。例如,放弃驾车而改骑自行车或步行,虽然避免交通意外事故,但也无法获得迅速、舒适的享受。况且,改骑自行车或其他方式,虽避免了某种风险,但同时也会面临新的风险。何况有一些风险,如地震是无法由人们所能避免的。因此,风险避免是一种消极的风险管理方法。

(二)风险预防

风险预防是指在风险发生前为了消除或减少可能引发损失的各种因素而采取的处理风险的具体措施,其目的在于通过消除或减少风险因素而降低风险频率或减少风险损失。预防控制法的具体方法有工程物理法和人类行为法。工程物理法,如精心选择建筑材料以防止火灾风险,其重点是预防各种物质性风险因素;人类行为法,如对设计、施工人员及住户进行教育等,其重点是预防人为风险因素。

(三)风险抑制

风险抑制是指风险事故发生时或发生之后采取的各种防止损失扩大的措施,它是风险对策中的有效技术手段。例如,在建筑物上安装火灾警报器和自动喷淋系统等。损失抑制法常在损失无法避免和转嫁的情况下采用。

(四)风险中和

风险中和是风险管理人采取措施将损失机会与获利机会进行平分。例如,企业为应付价格变动的风险,可以在签订买卖合同的同时进行现货和期货买卖。风险的中和一般只限用于对投机风险的处理。

(五)风险分散

风险分散是指以增加风险单位数量来提高风险的可测性,平衡风险损失,降低风险成本。在现实生活中分散风险的实例很多,如一些炒股人士,害怕某种股票过分下跌,进而在其下跌的不同阶段以不同的价格买进该股票或者大量买进其他股票,使持股种类及数目较多,即便某种股票下跌厉害,其损失也可通过其他股票的上涨或反弹赢利来弥补。又如企业通过兼并、扩张、联营等手段组建企业集团,以此增加风险单位数目,提高风险的可测性,进而把握与控制风险,达到降低风险成本的目的。人们常说的不要把鸡蛋放在一个篮子里,也就是为了分散风险。

(六)风险自留

风险自留是经济单位或个人自己承担全部风险成本的一种风险管理方法,即对风险的自我承担。采取自留方法,应考虑经济上的可行性和实践中可操作性。一般来说,在风险所致损失概率很低、损失短期内可预测,以及最大损失不足以影响自己的财务稳定时,可采用自留方法。

(七)风险转移

风险转移是受险主体为避免承担风险损失而有意识地将风险损失或与风险损失有关的财务后果转嫁给另一单位或个人承担的一种风险管理方式。风险转移分为直接转移和间接转移,直接转移是风险管理人将与风险有关的财产或业务直接转移给他人,间接转移是指风险管理人在不转移财产或业务本身的条件下将与财产或业务相关的风险转移给他人。前者主要包括转让、转包等,后者主要包括租赁、保证、保险等。

三、风险管理程序

风险管理的基本程序包括风险识别、风险估测、风险评价、风险对策和风险管理效果评价五个环节(图 1-3)。其中风险对策是风险管理中最重要的环节,风险识别是风险管理中最基础的环节。

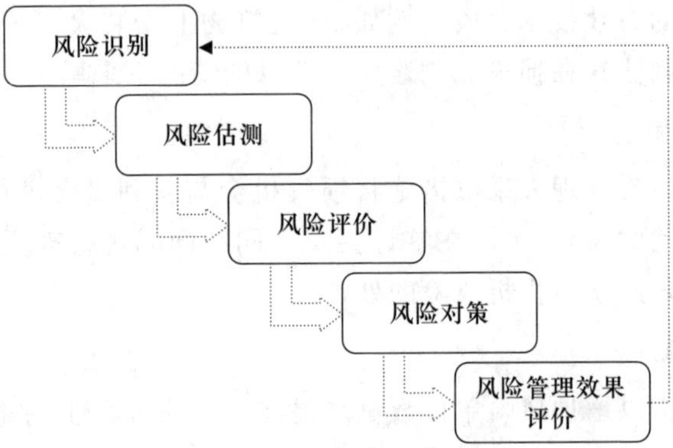

图 1-3　风险管理程序

(一)风险识别

风险识别是受险主体对所面临的以及潜在的风险加以判断、归类整理,并对风险的性质进行鉴定的过程,它是风险管理的基础环节。通过风险识别鉴定风险的性质,从而为风险估测做准备。风险识别的方法可以采用现场调查法、经验判断法,也可利用生产流程图法、财务报表分析法、实地调查法等进行分析、归类整理。风险管理部门在风险识别的过程中,可以选择上述一种方法,也可以选择几种方法的组合。

现场调查法。现场调查法是风险管理部门通过现场考察,找出潜在风险并能及时地对风险进行处理的方法。

生产流程图法。这种方法是风险管理部门根据生产流程图来揭示生产流程中的薄弱环节,从而对潜在的风险加以判断、归类整理。以企业风险识别为例,生产流程图法表现为从企业原材料、电力等投入开始,经生产过程,到产品抵达消费者手中,将其间一切环节制成流程图,以便发现企业面临的风险。

财务报表分析法。财务报表分析法是按照受险主体的资产负债表、利润表、财产目录和其他营业报表等,对受险主体的固定资产和流动资产的分布进行风险分析,以便从财务的角度发现企业面临的潜在风险和财务损失。财务报表是一个综合反映指标,经济实体存在的许多问题均可能从财务报表中反映出来,所以财务报表分析法有比较强的科学依据。

(二)风险估测

风险估测是指在风险识别的基础上,通过对所收集的大量详细损失资料加以分析，运用概率论和数理统计，估计和预测风险发生的概率和损失程度。风险概率和损失程度是风险估测的主要内容。风险估测使风险管理建立在科学的基础上，风险分析定量化。损失分布的建立、损失概率和损失期望值的预测值为风险管理进行风险决策、选择最佳管理技术提供了可靠的科学依据。

(三)风险评价

风险评价是指在风险识别与风险估测基础上，把风险发生的概率、损失的严重程度，结合其他因素综合起来考虑，得出系统发生风险的可能性及其危害程度，并与公认的安全指标比较，确定系统的风险等级，然后决定是否采取控制措施，以及采取什么样的控制措施和采取到什么程度。风险评价的目的是决定风险是否需要处理和处理到何种程度。

(四)风险对策

风险对策是在识别、估测和评价风险的基础上，根据风险性质、风险频率、损失程度及自身的经济承受能力选择适当的风险处理方法的过程。风险管理方法可以分为控制法和财务法两大类，控制法是避免、消除风险或减少风险发生频率及控制风险损失扩大的一类风险管理方法，如风险避免与风险预防；财务法是通过提留风险准备金事先做好吸纳风险成本的财务安排来降低风险成本的一类风险管理方法，如风险自留和风险转移。具体的风险管理方法我们在前面已进行讨论，风险管理方法有各自的特点和适用条件，现将不同风险损失类型与适用的风险管理方法分析如表 1-1 所示。

表 1-1 风险损失类型及其管理方法

风险损失类型	损失频率	损失程度	适用风险管理方法
1	低	小	自留
2	高	小	自留、避免
3	高	大	转移、避免、分散
4	低	大	避免、预防、转移

(五)风险管理效果评价

风险管理效果评价是分析、比较已实施的风险管理措施的结果与预期目标的契合程度，以此来评判管理方案的科学性。由于风险性质的可变性，人们对风险认识的阶段性以及风险管理技术处于不断完善之中，因此需要对风险的识别、估测、评价及管理方法进行定期检查与修改，以保证风险管理方法适应新情况。风险管理效益的大小取决于能否以最小风险成本取得最大安全保障，同时还要考虑个体与整体管理目标是否一致，以及风险管理方法具体实施的可行性、可操作性和有效性。

第三节 风险管理与保险

一、可保风险的概念

风险是保险产生的前提和基础，没有风险就不需要进行风险管理，也就不存在保险。保险是最有效的风险管理方法之一，通过保险可以把不能由自己承担的集中性风险转嫁给保险人，实现以小额的固定支出换取对巨额损失的经济保障。现实中，风险的种类有很多，但不是所有风险都可以通过保险转移出去，只有被保险公司接受的风险或者可以向保险公司转嫁的风险才称为可保风险。

二、可保风险的要件

(一)可保风险是纯粹风险而不是投机风险

保险公司承保的风险一般是纯粹风险，但并不是所有的纯粹风险都是可保风险。投机风险不可保的原因往往体现在以下几个方面：一是其运动变化往往没有可以参照的统计参数，难以适用大数法则准确计量。二是有些投机风险不为社会道德所公允，甚至被国家法律所禁止。三是承保投机风险，有可能引起道德风险，使被保险人因投保而获得额外收益，违反保险的原则。

(二)可保风险的发生必须具有偶然性

风险发生的偶然性是指对某一个具体标的而言，若知道某一具体标的肯定不可能遭受某种风险损失，则保险就没有必要；反之，若某一具体标的肯定遭受某种风险损失，则保险人一般不予承保。自然损耗、折旧等由于其必然发生，所以一般属于不可保风险。对于建筑物的火灾风险，由于人们在风险事故发生前无法知道火灾是否发生、何时发生，以及发生是否有损失及损失大小，因此属于可保风险。

(三)可保风险的发生是意外的

所谓意外是指风险的发生是人们的非故意行为所致。故意行为容易引起道德风险，甚至为法律所禁止，故意行为还会大大提高风险发生的概率。因此故意行为引起风险及必然发生的风险，都不可能通过保险来转移。赌博、证券交易等行为属于故意行为，在这些博弈行为中发生风险简直是必然，因此类似行为中的风险就不可能成为保险人承保的风险。

（四）可保风险必须是大量标的物均有遭受损失的可能性

由于保险需要大数定律作为保险人建立稳固保险基金的数理基础，因此只有一个标的或少量标的所具有的风险，即使在所有的风险主体都投保的情况下，也无法形成稳定的风险基金。再者，要准确地认识风险，就必须通过大量的风险事故对风险进行测定，从而认识风险的运动规律。

（五）可保风险的损失必须是可以用货币计量的

保险对风险事故的赔偿是经济补偿，可用货币计量损失是经济补偿的前提，因此从保险理赔的角度讲，凡不能用货币计量其损失的风险是不可保风险。但对人的保险来说，由于很难计算一个人的伤残程度或死亡所蒙受损失的经济价值量，所以人身保险中的死亡给付的标准在出立保单时就确定了。

以上可保风险条件是相互联系、相互制约的。确认可保风险时，必须将五个条件综合考虑，全面评估，以免发生承保失误。应当指出，可保风险是个相对的概念，在保险的发展史上，可保风险的范围并不是一成不变的。随着保险市场需求的不断扩大以及保险技术的日益进步，可保风险的范围也会随之改变，很多原来不可保的风险在先进的保险技术条件下也可以成为可保风险。

专栏 1-2　绿色保险助力“双碳”目标①

自 2020 年习近平主席在第七十五届联合国大会上提出“双碳”目标以来，实现“双碳”目标已经成为社会共识。2021 年，《中共中央国务院关于完整准确全面贯彻新发展理念做好碳达峰碳中和工作的意见》指出：要积极发展绿色金融，有序推进绿色低碳金融产品和服务开发；要有效应对绿色低碳转型可能伴随的经济、金融、社会风险。《国务院关于加快建立健全绿色低碳循环发展经济体系的指导意见》（国发〔2021〕4 号）指出：发展绿色保险，发挥保险费率调节机制作用。

绿色保险是指与环境风险管理有关的各种保险，是绿色金融的重要组成部分，对我国实现“碳达峰、碳中和”目标具有重要推动作用。早在 20 世纪 90 年代，我国就开始发展绿色保险，2007 年，绿色保险开始迅速发展（王海全等，2022）。我国传统的绿色保险产品主要包括环境污染责任险、巨灾保险等，新兴的绿色保险产品包

① 资料来源：

[1]王海全，黄芳蕊．绿色保险的国际经验及启示[J]．青海金融，2022，377(01)：16-20.

[2]肖远企．加快发展绿色低碳金融助力构建新发展格局——在金融街论坛“金融支持绿色低碳发展”分论坛上的讲话．中国银行保险监督管理委员会网站．2021-10-21. http://www.cbirc.gov.cn/cn/view/pages/ItemDetail.html? docId=1013936&itemId=919&generaltype=0.

括新能源汽车保险、气候保险、绿色建筑保险、绿色信贷保证保险、碳保险、可再生能源保险等。

肖远企(2021)认为:金融支持绿色低碳发展过程中,保险业的作用十分独特。当前,针对气候风险的保险覆盖率比较低,过去十年全球气候灾难引起的损失中只有30%被保险覆盖,剩余缺口大约有1.7万亿美元,未来实际需求更大。与其他金融业态不同,保险能够直接缓释和对冲气候风险,减缓气候变化带来的物理和转型冲击。同时,保险的风险调节功能也可以实现市场主体之间成本的重新配置,引导企业、个体与政府调整战略目标,使其与节能减排和"双碳"目标相契合,减缓气候风险的冲击,熨平经济波动。保险资金较长的期限结构和多元的投资目标,还能为绿色产业提供长期、稳定的资金支持。

创新发展绿色保险,助力"双碳"目标,实现经济社会低碳转型需从以下几点出发:一是借助数字科技,保险业可以更好地提升保险服务,实现绿色保险高质量发展;二是创新绿色保险产品,可以从保险业供给端,根据不同的风险类别、投保主体和风险来源设计和创新保险产品;三是健全绿色保险政策体系,提高绿色保险参与性,完善绿色保险立法与标准,充分发挥财政税收政策、差别化保险费率等方法激励保险公司开展绿色保险业务,在环境高风险领域建立环境污染强制责任保险制度。

本章参考文献

1. 魏华林,林宝清.保险学.北京:高等教育出版社,2021.5.
2. 张洪涛.保险学.北京:中国人民大学出版社,2018.9.
3. 孙祁祥.保险学.北京:中国人民大学出版社,2018.9.
4. 徐爱荣,李鹏.保险学.上海:复旦大学出版社,2021.7.

重要概念

风险　风险因素　纯粹风险　风险管理　可保风险

复习思考题

1. 风险因素及其种类有哪些?
2. 常见的风险管理方法有哪些?

3. 简述风险管理的基本程序。

4. 可保风险的要件有哪些?

保险案例

科技赋能,中国人保为冬奥会打造线上理赔“十朵云”①

中国人民保险集团按照国际奥委会《主办城市合同》对于保险的相关要求,为北京 2022 年冬奥会和冬残奥会提供了包括财产保险、责任保险、人身保险、车辆保险等保险保障。

基于疫情防控考虑,体现科技奥运理念,中国人保推出“十朵云”线上理赔举措。

“十朵云”具体包括:一是云上指挥调度,实现视频指挥调度、远程判定保险责任、重大案件在线会商等功能;二是云上语音导航,在 95518 智能语音导航中新增冬奥会专属服务节点,客户拨打 95518 说出冬奥会相关语音后可略过常规语音导航提示语,直接进入冬奥专属服务座席组;三是云上自助理赔,客户出险后可通过人保在线理赔工具实现在线报案、上传照片、视频理赔等功能;四是云上协同理赔,为场馆高风险区域工作人员定制开发了“冬奥协赔 App”,工作人员可通过该 App 协助公司理赔人员上传照片、提交理赔单证,压缩案件处理时效;五是云上管家服务,为相关人员客户提供案件一对一专属线上管家服务;六是云上全程托付,为北京冬奥组委客户提供案件处理全程托付服务;七是云上人伤调解,通过在线人伤视频调解方式,实现事故责任多方的线上沟通、调解“零接触”;八是云上人文关怀,针对在冬奥指定医院治疗的伤者,公司全面提供医疗费垫付服务;九是云上直赔服务,针对赛时车险案件,为客户提供车险直赔服务,出险车辆定损完毕之后,公司将赔款直接支付至指定修理厂或 4S 店;十是云上大案会商,当发生重大案件时,公司冬奥理赔服务团队组织业内外专家线上研究会商案件处理方案,实施快速、精准、专业理赔服务。

保险的“世界之最”

世界上第一家私营火灾保险公司——1680 年由伦敦医生尼古拉·巴蓬创办的凤凰火险公司,该公司在经营 100 多年以后解散。

世界上最早的人寿保险组织——1699 年创办的英国孤寡保险社。

---

① 资料来源:北京银保监局,中国银行,中国人保. 银行业保险业全力服务北京冬奥会和冬残奥会. 第 2 期(总第 279 期). 2022-1-20. http://www.cbirc.gov.cn/cn/view/pages/ItemDetail.html? docId=1033431&itemId=920&generaltype=0.

世界上第一家股份公司制保险机构——1710 年由英国人查尔斯与波文合伙设立的太阳保险公司。

世界上最早创办的海上保险公司——1720 年成立的英国皇家交易所保险公司和伦敦保险公司。

世界上最早的农业保险公司——1791 年在德国创办的互助雹灾保险公司。

世界上第一家专业再保险公司——1852 年创办的德国科隆再保险公司。

世界上最早创建的船东互保协会——1855 年在英国创立的“布列塔尼亚”船东保赔协会。

世界上第一家专业锅炉保险公司——1858 年创办于英国的曼彻斯特锅炉保险公司。

世界上最早的雇主责任保险公司——1880 年在英国设立的雇主责任保险公司。

世界上最早的汽车专业保险公司——1903 年在英国成立的汽车通用保险公司,并逐步发展为一家大型专业化汽车保险公司。

世界上最早开业的航空保险公司——1931 年创办的英国航空保险公司。

世界上最早创办的储蓄存款保险公司——1933 年由美国政府和各级联邦储备银行共同创建的联邦存款保险公司。

世界上第一家航天保险公司——1965 年创办的美国航天保险公司,该公司的第一笔业务是承保“晨鸟号”卫星及其发射工具的保险,保险金额为 350 万美元。

世界上第一家专业电话保险公司——1985 年由英国苏格兰皇家银行等合资设立的直线电话保险公司。

世界上第一家专业环境保护保险公司——1988 年 7 月美国的亚历山大保险经纪集团在伊利诺伊州注册设立的环境保护保险公司。

世界上第一家专业网络保险公司——2000 年 7 月由美国弗兰克公司和日本电信公司在日本联合设立的弗兰克直接网络保险公司。

保险知识小视频

保险课程性质

第二章 保险的起源与发展

自人类社会诞生以来，就需要不断地与各种自然灾害和意外事故做抗争。人们在寻求防灾避祸安居乐业的过程中开始萌生了保险思想，并逐渐形成了原始保险初步形态，直至发展到今天的现代保险。在我国，伴随着国民经济的开展，从“八五”计划开始至“十四五”规划的今天，国家对保险行业的支持政策经历了从“大力发展”到“规范发展”，再到“深入改革健全发展”的变化过程。那么，下面就让我们一起来学习与了解保险的起源和发展。

◆ 学习要点

1. 了解古代保险思想的萌芽。
2. 掌握现代保险的雏形和发展。
3. 熟悉保险产生的条件。
4. 掌握我国保险业的起步与发展。

第一节 古代保险思想的起源

人类社会从开始就面临着自然灾害和意外事故的侵扰，在与大自然抗争的过程中，古代人们就萌生了对付灾害事故的保险思想和原始形态的保险方法，这在中外历史上均有记载。

“无风险，无保险”，风险客观存在于人类社会发展的全过程和人们生产、生活的每一个阶段，促使人们从未停止对风险管理工具的探索。随着剩余产品的出现和商业经济的发展，保险这一社会化的风险管理方式逐步发展起来，形成了完整的理论体系，并在实践中发展成为金融体系、社会保障体系的重要组成部分。

一、外国古代保险思想和原始形态保险

原始的保险思想和形式在西方出现较早，处在东西方贸易要道上的文明古国，如古代的巴比伦、埃及和欧洲的希腊和罗马，都是现代保险思想的发源地。据英国

学者托兰纳利论证，保险思想起源于巴比伦，传至腓尼基（地中海东岸古国，今黎巴嫩、叙利亚一带），再传入希腊。

公元前 4500 年，古埃及的一项文件中记载：在从事金字塔修建的古埃及石匠中曾建立一种互助基金组织，用参加者平时缴付的互助会费支付会员死亡后的丧葬费用。古罗马时代的士兵中曾出现丧葬互助会，该组织用收取的会费作为士兵战死后付给其家属的抚恤费用，在士兵调职或退役时则发给差旅费。此外，古希腊也有由宗教信仰相同的人或同行业的工匠集体救济受难者的方法。上述三种做法体现了人身保险的基本精神，可以说是人身保险的最古老形态。

在公元前 2000 多年的古巴比伦的汉穆拉比法典中有类似运输保险和火灾保险的规定。该法典有这样一条规定：商人可以雇用一个销货员去外国港口销售货物，当这个销货员航行归来时，商人可收取一半的销货利润；如果销货员未归，或者回来时既无货也无利润，商人可以没收其财产，甚至可以把他的老婆孩子作为债务奴隶；如果货物是被强盗劫夺可以免除销货员的债务。可见，这是类似海上保险的一种起源。该法典中还有类似火灾保险的规定，巴比伦国王命令僧侣、官员等向其所辖境内居民征收赋金，以备救济火灾及其他天灾损失之用。

随着对外贸易的发展，约在公元前 1792 年，巴比伦第六代国王汉谟拉比在位期间，在巴比伦人的对外贸易运输队中曾出现过马匹死亡的救济办法：如运输队中某个人的马匹死亡，由运输队全体给予补偿。公元前 1000 年前后，以色列国王所罗门曾对从事海外贸易的本国商人征收税金，作为对在海难中受难人损失的补偿资金。这两种作法，可以说是运输保险的原始形式。

其他原始的保险形态还有：古代犹太人婚姻时所需要的各种用具，强迫由住民共同承担；古代巴勒斯坦人饲养骡马者，如其骡马被盗或被野兽捕食，其损失由其他饲养者共同负担。此外，印度的古代法典中也出现了类似原始形态保险的制度。

到了中世纪，欧洲各国城市中陆续出现各种行会组织和基尔特制度，其行为具有互助性质，其共同出资救助的范围主要是不幸的人身和财产安全。这种行会组织和基尔特制度盛行于 13 世纪至 16 世纪，后来在此基础上产生了相互合作的保险组织。

二、我国古代保险思想和原始形态的保险

在我国，保险思想和原始形态的保险（或称为救济后备制度）也有较悠久的历史。

（一）我国古代风险管理思想

我国古代风险管理思想散见于许多著作与言论中，具有代表性的记载如下：

据国外的一些保险书籍记载，远在公元前3000年，中国的一些商人在扬子江的危险水域运送货物时，把每人的货分装载于几条船上，以免货物装载在一条船上遭受全面损失，这就是分散风险的方法①。

在公元前2500年以前，我国的《礼记·礼运大同篇》中有这样一段话，“大道之行也，天下为公——矜、寡、孤、独、废、疾者皆有所养。”这一记载足以证明我国古代早有谋求经济生活之安定的强烈愿望，实为世界最古老的社会保障思想。

《吕氏春秋·恃君览》说：“凡人之性，爪牙不足以自守卫，肌肤不足以捍寒暑，筋骨不足以从利辟害，勇敢不足以却猛禁悍。”这说明我国古代很早就注意到单凭个人的力量不足以自卫和谋生，必须互相结合，共同劳动才能抵御当时的自然灾害和外来侵袭。

春秋战国时期，孔子“耕三余一”的思想就颇具有代表性。孔子认为，每年如能将收获粮食的1/3积储起来，这样连续积储3年，便可存足1年的粮食，即“余一”。如果不断地积储粮食，经过27年可积存9年的粮食，就可达到太平盛世。这反映了我国的人们早就重视粮食的积蓄，以防水旱之灾，这就是一种防患于未然的古代风险管理思想。

孟子也主张：“出入相友，守望相助，疾病相扶持……”这反映了我国古代儒家的社会互助思想。在春秋战国时候，其他的一些社会思想家也提出过类似的主张，如墨子曾提出“有力者疾以助人”(《墨子·尚贤下》)，要求有余力的人扶助贫困的人，这也是墨子当时提出的政治纲领之一。

(二)我国古代原始形态的保险或救济后备制度

我国古代的救济后备一般采取实物的形式。根据《周礼·大司徒》记载，从公元前11世纪的周朝开始，就已建有后备仓储的制度，以备荒年救灾之用。在实践中，我国历代王朝都比较重视储食备荒，以赈济灾民的救济后备制度。比较典型的有：

“委积”制度。“委积”制度出现在春秋战国时代，据《周礼·地官司徒下》载：“乡里之委积，以恤民之阨；……县都之委积，以待凶荒。”证明当时就存在着备患之法。

“常平仓”制度。“常平仓”制度属官办的仓储后备制度，它始发于战国李悝的“平籴”法和西汉桑弘羊的“平准”法。历代统治者都有类似设置。它的名称则是由汉宣帝时的耿寿昌所定。“常平仓”盛行于北宋，其作用是调节灾害带来的风险，保障社会安定。

① 维克多·多弗．海上保险手册．8版．Witherby&Coltd出版社，1975.

"义仓"制度。"义仓"制度属于官督民办的仓储后备制度。它始于北齐,盛行于隋朝,但其发展健全、长期有成效的时期当推唐代。唐贞观年间,水旱灾害频繁,各地义仓的粮食储备,对凶荒年岁的救灾起了很大的作用。虽然义仓由官督民办,但历代封建财政对义仓的控制从没放松。

此外,宋朝和明朝还出现了民间的"社仓"制度,它属于相互保险形式。在宋朝还有专门赡养老幼贫病不能自我生存的"广惠仓",这可以说是原始形态的社会救济后备制度。

尽管我国保险思想和救济后备制度产生很早,但因中央集权的封建制度和重农抑商的传统观念,商品经济发展缓慢,所以在中国古代社会没有产生商业保险。

以上对中外历史上所实行过的各种救济后备制度或方法的回顾可以看出,无论是西方采取的资金后备形式,或是我国采取的物资后备形式,都体现了互助共济的原始保险思想,蕴含着各种保险的雏形。

第二节　现代保险的产生与发展

保险是社会经济发展到一定阶段的产物,其产生需要有一定的条件。可以这么认为,自然灾害和意外事故的客观存在是保险产生的自然基础,剩余产品是保险产生的物质基础,商品经济是保险产生的经济基础。

一、保险产生的基础

保险的产生和发展依赖于两个重要条件,分别是自然基础和经济基础。

(一)自然基础

人们在从事生产活动和日常生活当中,总是面临着各种各样的自然风险,风险的客观存在是保险产生的自然基础,随着人类社会的进步,人们对客观世界的理解和认识也不断提高,但对自然规律的认识仍然是相对和有限的,无法避免各种自然灾害和意外事故带来的经济损失。为了防范风险和减少风险带来的损失,人们从实践中总结出了各种有效的风险管理手段。其中,保险的作用最为突出,能够集合众多人力对风险引起的损失进行合理分摊和补偿。因此,正是风险的客观存在和损失的发生,才导致以补偿经济损失为责任的保险的出现。

(二)经济基础

剩余产品的出现和商品经济的发展是保险产生的经济基础。在原始社会,由于生产力水平低下,人们生产出的产品只够维持基本生活,没有剩余产品。在这种情况下自然无法建立保险基金,也就不可能产生保险。随着人类进入奴隶社会和封建社会,生产力水平不断提高,出现了剩余产品和商品交换,一些有共同利益的经济单位和个人共同建立后备基金,从而产生了保险的萌芽。但由于封建社会是以分散、封闭的自然经济为基础的,无法满足保险在全社会范围内分散风险的要求。只有当商品经济发展到一定程度,出现生产的高度社会化和专业化,生产者形成普遍的经济联系,保险才有可能产生和发展起来。随着资本主义制度的出现,高度发达的商品经济为现代保险的产生和发展提供了重要基础。

二、保险的起源与发展

(一)海上保险的起源与发展

海上保险是一种最古老的保险,近代保险也首先是从海上保险发展而来的,所以海上保险在各类保险中起源最早、历史最长。

1. 共同海损的分摊原则是海上保险的萌芽

公元前 2000 年,地中海一带就有了广泛的海上贸易活动。为使航海船避免倾覆,最有效的解救办法就是抛弃船上货物,以减轻船舶的载重量。为了使被抛弃的货物能从其他受益方获得补偿,当时的航海商提出了一条共同遵循的原则,即"一人为众,众为一人"。该原则后来为公元前 916 年的《罗地安海商法》所采用,并正式规定为:"凡因减轻船舶载重投弃大海的货物,如为全体利益而损失的,须由全体来分摊",这就是著名的"共同海损分摊"原则,该分摊原则至今仍为各国海商法所采用。由于该原则最早地体现了海上保险的分摊损失、互助共济的要求,因而被视为海上保险的萌芽。

2. 船舶抵押借款是海上保险的初级形式

公元前 800 年到公元前 700 年期间,船舶抵押借款已在地中海的一些城市,特别是在希腊的雅典广泛流行,船舶抵押借款方式最初起源于船舶航行在外急需用款时,船长以船舶和船上的货物向当地商人抵押借款。借款的办法是:如果船舶安全到达目的地,本利均偿还;如果船舶在中途沉没,债权即告消灭。由于当时航海的风险很大,且债主承担了船舶航行安全的风险,借款的利息高于一般借款利息很多。可以看出,如果船舶中途沉没,"债权即告消灭"意味着借款人所借的款项无须偿还,该借款实质上等于海上保险中预先支付的损失赔款,而船舶抵押借款利息高出一般借款的利息部分,实际上就是海上保险中的保险费。在此项借款中的借款人、贷款人以及用作抵押的船舶,实质上等同于海上保险中的被保险人、保险人以及保险标的物。可见,船舶抵押借款是海上保险的初级形态。

3. 意大利的现代海上保险

意大利是现代海上保险的发源地。意大利的伦巴第商人在1250年左右开始经营海上保险,起初海上保险是由口头缔约,后来出现了书面合同。在14世纪中期经济繁荣的意大利北部出现了类似现代形式的海上保险。最初的海上保险仅是口头约定,后来发展到书面合同的形式。现在世界上发现的最古老的保险单是一个名叫乔治·勒克维伦的热那亚商人在1347年10月23日出立的一张承保从热那亚到马乔卡的船舶保险单,这张保险单现在仍保存在热那亚国立博物馆。但这张保险单并没有订明承保风险,不具有现代保险单的基本形式。1384年3月24日,比萨的一保险人出立了承保四大包纺织品从比萨到沙弗纳的保险单,这被认为是第一张出现承保内容的"纯粹"保险单,史称"比萨保单"(Polizza)。在这之后,随着海上保险的发展,第一家海上保险公司于1424年在热那亚出现。为了解决日益增多的保险纠纷,威尼斯在1468年制定了关于法院如何保证保险单实施及防止欺诈的法令,佛罗伦萨在1523年制定了一部较为完整的条例,并规定了标准的保险单格式,意大利一些善于经商的伦巴第人后来移居到英国,继续从事海上贸易,他们不但操纵了伦敦的金融市场,而且把海上保险也带到了英国,比萨保单入英国后称为Policy,一直沿用至今,传入我国后译为保险单。

4. 英国海上保险的发展

英国推动了海上保险的发展。在美洲新大陆发现之后,英国的对外贸易获得迅速发展,保险的中心逐渐转移到英国。1568年,伦敦市市长批准开设了第一家皇家交易所,为海上保险提供交易场所,交易所的做法取代了从伦巴第商人沿袭下来的一日两次在露天广场交易的习惯。1601年,英国女王颁布了第一部有关海上保险的法律,以解决日益增多的海上保险纠纷。1720年,英国政府批准成立了伦敦保险公司和皇家交易保险公司,它们取得了专营海上保险的特权,这为英国开展世界性的海上保险业务提供了有利条件。从1756年到1788年,当时的首席法官曼斯菲尔德收集了大量海上保险案例,编写了一部海上保险法案,这为海上保险纠纷的解决提供了法律依据。

劳合社[①]在海上保险的发展过程中占有重要地位。1683年,英国人爱德华·劳埃德在泰晤士河畔开设了一家以自己名字命名的咖啡馆,顾客主要是船主、船员、商人、经纪人和高利贷者。这些人经常在咖啡馆交换航运信息,交谈海外新闻,洽谈海上保险业务。劳埃德抓住这个机会,努力为保险交易双方提供便利,将咖啡

① 伦敦劳合社是当今世界上最大的保险组织之一,它是由1683年的劳埃德咖啡馆演变而来,至今已有300多年的历史,其演变史是英国海上保险发展的缩影。

馆变成一个海上保险交易中心。1691 年,劳埃德咖啡馆迁往伦敦的金融中心伦巴底街经营保险业务。1696 年,劳埃德咖啡馆开始出版《劳埃德新闻》,每周 3 期,主要内容是海事航运消息,并刊登拍卖船只的广告。1734 年,《劳合社动态》出版,成为有国际影响力的刊物。1771 年,劳埃德咖啡馆的 79 名顾客每人出资 100 英镑,另选新址来经营海上保险业务,这笔资金由劳合社委员会进行管理。由于劳合社是自发形成的民间组织,没有得到政府机构的认可,因此限制了其进一步发展。1871 年,英国议会通过法案,批准劳合社成为一个正式的社团组织,但劳合社的成员只能经营海上保险业务。1911 年,英国议会取消了这个限制,批准劳合社成员可以经营包括水险在内的一切保险业务。如今,劳合社已经发展成为世界保险市场最大的保险垄断组织之一,劳合社对保险业的发展,特别是对海上保险和再保险在世界范围内的发展做出了极为重要的贡献。

劳合社并不是保险公司,它本质上是一个保险市场,与证券交易所类似。劳合社本身不经营保险业务,只为其成员提供交易场所和相关服务,劳合社里面的承保人自由组合,组成承保辛迪加。每个辛迪加组织均有个牵头人,负责与经纪人商谈确定保险合同的有关条款、费率等。在劳合社办理保险业务,投保人不能和承保人直接接触,而是需通过经纪人促成交易。一般是由经纪人填写投保单,交给承保辛迪加的牵头人,然后在内部成员之间确定承保份额。经纪人还可以与其他承保辛迪加联系,直到全部承保份额完成。最后,经纪人在劳合社签单处换取正式保单交给投保人。

(二)火灾保险的产生与发展

火灾保险是财产保险的前身,它始于德国。在 15 世纪,德国的一些城市出现了专门承保火灾损失的相互保险组织(火灾基尔特)。1591 年德国汉堡市的造酒业者成立了火灾合作社,至 1676 年,由 46 个相互保险组织合并成立了汉堡火灾保险社。

17 世纪初德国盛行互助性质的火灾救灾协会制度,但真正意义上的火灾保险是在伦敦大火之后发展起来的。1666 年 9 月 2 日,伦敦城被大火整整烧了五天,财产损失 1 200 多万英镑,20 多万人流离失所,无家可归。在这种状况下,牙医巴蓬于 1667 年独资设立营业处办理住宅火险,1680 年他又会同他人共集资 40 000 英镑,成立了合伙性质的火灾保险所。1705 年更名为菲尼克斯,即凤凰火灾保险公司。在收费标准上,巴蓬采用了按房屋危险情况实行差别费率的方法,这是现代火灾保险差别费率的起源,从而使巴蓬享有了“现代保险之父”之称。伦敦大火之后,保险思想深入人心,现代形式的火灾保险也从此逐渐发展起来。

18 世纪末到 19 世纪中期,英法德美等国相继完成了工业革命,物质财富大量集中，对火灾保险的需求也变得更为紧迫，火灾保险发展异常迅速。在这期间发生了一系列重要事件：1710年，波文创立了伦敦保险人公司，后改称太阳保险公司，接受不动产以外的动产保险，营业范围遍及全国，它是英国迄今仍存在的最古老的保险公司之一。1714年英国出现了相互保险组织性质的联合火灾保险公司，它促进了火灾保险向前迈了一大步。1752年本杰明·富兰克林在美国创办了第一家火灾保险社，此前1736年他还组建了第一家消防组织。1873年马萨诸塞州成为美国首先使用标准火险单的州，1886年纽约州也通过了类似法律，这也是火灾保险的一大进步。

进入19世纪，欧洲和美洲的火灾保险公司大量出现，保险公司以股份公司为主，承保能力有很大提高。随着人们的需要，火灾保险所承保的风险也日益扩展，承保责任由单一的火灾扩展到地震、洪水、风暴等非火灾危险，保险标的也从房屋扩大到各种固定资产和流动资产。同时，随着资本主义的对外扩张，火灾保险传到了发展中国家和地区。

（三）人身保险的产生与发展

人身保险的产生起源于海上保险。15世纪末奴隶贩子将奴隶作为货物投保海上保险，后来船长和船员也可以保险，到了16世纪安特卫普的海上保险对乘客也可承保。由于这是以人的生命和身体作为海上保险的保险标的，故而人身保险可以此为起源。

1656年，意大利银行家洛伦佐·佟蒂设计了“联合养老保险法”（简称“佟蒂法”），1689年法国国王路易十四为了筹集战争经费，采用了“佟蒂法”。“佟蒂法”是养老年金的一种起源，它以每人缴纳300法郎筹集到140万法郎资金，规定若干年后开始支付利息，每年10%，不偿还本金。所有认购者被按照年龄分成14个群体，利息只付给群体的生存者，年龄高者支付的利息较高，如果群体成员全部死亡，则停止给付。“佟蒂法”引起了人们对生命统计研究的重视，因而人身保险的创始人应首推洛伦佐·佟蒂。

1693年，英国数学家、天文学家埃德蒙·哈雷博士用数学方法编制了世界上第一张生命表，后人称之为哈雷生命表。该生命表为保险费的计算提供了数理依据，从而奠定现代人寿保险的数理基础。1762年由英国人辛普逊和道森发起成立人寿及遗属公平保险社（简称“老公平”），第一次将生命表用于计算人寿保险的费率，这是第一家建立在科学基础之上的人寿保险公司，标志着现代人寿保险制度的开始形成。随后的工业革命刺激了人身保险业务在世界范围内的快速发展。19世纪末，英国的寿险业务一直占世界领先地位，20世纪以后，便先后被美国、加拿大、日本等国超过。

(四)信用保证保险的产生与发展

随着资本主义金融经济的发展和商业信用交易的扩张，信用保险和保证保险随之发展起来。1702 年，英国开设主人损失保险公司，承办诚实保险，这是雇员忠诚保险的起源。1842 年，英国保证保险公司成立。1876 年，美国在纽约开办了诚实保证业务，1893 年又成立了专营信用保险的美国信用保险公司。第一次世界大战以后，由于信用危机的出现，使得各国的信用保险业务得到了发展。1919 年，英国首先成立出口信用担保局，创立了一套完整的信用保险制度，开始了政府介入出口信用保险的时代。1934 年，由英国、法国、意大利和西班牙的信用保险机构发起的"国际信用与投资保险人协会"成立(简称"伯尔尼协会")，该协会的成立加强了各保险机构之间的信息交流与合作，标志着出口信用保险业务发展进入了一个新阶段。之后，各国的信用保险业务虽屡经动荡冲击，但都逐步趋于完善。第二次世界大战后不久，美国于 1948 年开始实施马歇尔计划，并伴随实行投资风险保险制度。进入 20 世纪 60 年代，许多亚、非、拉国家独立后，采取对外资企业实行国有化、限制外国资本汇出境外等措施，发达国家为了保障本国对外投资者的经济利益，鼓励对外投资，就创办了投资保证保险。此后，投资保证保险成了海外投资者进行投资活动的前提条件。

保证保险实际上是一种担保业务。它是随着资本主义金融业的发展和各种道德风险发生频繁而产生和发展起来的。1702 年，英国创办了一家专门经营保证保险的保险公司——主人损失保险公司，开展了诚实保证保险业务，主要承担被保险人因雇员的不洁行为，如盗窃、挪用公款等造成的经济损失。1840 年和 1842 年，英国又相继成立了保证社和保证公司，开办保证保险业务。美国在 1876 年也开展了保证保险业务。随着经济和贸易的发展，保证保险业务由忠诚保证保险扩展到合同保证保险、供给保证保险、出口信用保证保险等。

(五)责任保险的产生与发展

责任保险作为一类独成体系的保险业务，始于 19 世纪的欧美国家，发展于 20 世纪 70 年代以后。1855 年，英国开办了铁路承运人责任保险。1898 年，法国制定《劳工补偿法》，规定了工业事故的无过失责任，该法案经 1906 年的法律扩张后成为完备制度，适用范围随之扩展到交通事故领域。1930 年，法国《保险契约法》出台，该法有专门章节对责任保险作出规定，从而标志着责任保险在法国开始法律化、制度化。

其他种类的责任保险，起初都是以附加责任的方式承保，随后才逐渐以新险种的方式出现。1880 年，英国通过雇主责任保险法令并成立雇主责任保险公司。

1889 年，英国北方意外保险公司对药剂师开错药方的过失提供职业损害补偿，开创职业责任保险的先河。1890 年，海上事故保险公司就啤酒含砷引起的第三者中毒向特许售酒商提供保险，这是较早的产品责任保险。20 世纪 30 年代，在美国出现了专门以公司经营者的赔偿责任为对象的保险产品，这是董事责任保险的最初形式，劳合社此后也出现了专门承保董事责任险的辛迪加。此外，随着环保浪潮的掀起，环保赔偿和诉讼费用的急速增加，美国从 20 世纪 60 年代开始在公众责任险项下扩展环境污染责任。1973 年，世界第一份综合污染保单在美国签发，环境污染责任险作为一个独立险种开始出现。

在责任保险发展初期，曾遭到许多非议。有人认为，这种保险不符合社会公共道德标准，甚至有人把责任保险说成是鼓励人们犯罪，但这并没有阻挡责任保险的发展。20 世纪以来，大部分西方发达国家对各种公共责任实行了强制保险。有些国家对企业生产的各种产品实行严格的责任管理制度，企业的产品无论是否有缺陷，只要造成他人人身伤亡或财产损失，都要承担经济赔偿责任，这又进一步促进了责任保险的发展。第二次世界大战后，责任保险的种类越来越多，如产品责任保险以及各种职业过失责任保险层出不穷，这些在发达的资本主义国家已成为制造商和自由职业者不可缺少的保险。很多国家通过立法或行业规定等方式，对多种民事侵权或违约责任做出了强制投保的规定，如机动车辆第三者责任保险、雇主责任保险、承运人责任保险等。

(六)社会保险的产生与发展

社会保险作为社会保障的一种形式，是 19 世纪 80 年代在德国首先产生并形成的，它是一项社会政策，是强制性保险的一种形式。此后，德国连续颁布了一系列社会保险法案，确定了社会保险的基本体系。

由于德国的社会保险对安定劳动者的经济生活和稳定性起了较大作用，所以从 1890 年至 1919 年间各工业国纷纷仿效建立了社会保险制度，1935 年后，社会保险得到了普遍的发展。在罗斯福总统的领导和主持下，1935 年 8 月美国颁布了第一部社会保障法典《社会保障法》，社会保障内容包括养老保险、失业保险、盲人补助、老年补助、未成年人补助等，从此，社会保障的概念也被广泛运用。1941 年，英国成立以经济学家贝弗里奇(William Beveridge)为主席的社会保障服务委员会，着手制定战后社会保障计划。第二年该委员会发表了题为《社会保险和有关服务》的报告，这就是著名的《贝弗里奇报告》。报告设计了一整套“从摇篮到坟墓”的社会福利制度，贝弗里奇也以此获得了“福利国家之父”的称号。贝弗里奇报告和英国福利国家社会保障制度的实施，影响到了整个欧洲，各国纷纷出台了促使低收入劳动者参加保险，不断提高保障水平的措施。

第二次世界大战结束时，全世界有 50 多个国家先后建立了社会保险制度，几乎所有西方国家都完成了有关社会保险的立法，设立了社会保险的主要项目和管理机构，这标志着社会保险制度最终形成。

(七)再保险

现代保险制度从海上保险开始，随着海上保险的发展，产生了对再保险的需求，最早的海上再保险可追溯到 1370 年。当时，一家叫格斯特·克鲁丽杰(Gustav Cruciger)的保险人，承保自意大利热那亚到荷兰斯卢丝之间的航程，并将其中的一段经凯的斯(Cadiz)至斯卢丝(Sluis)之间的航程责任转让给其他保险人，这是再保险的开始。17 世纪初，英国皇家保险交易所和劳合社开始经营再保险业务。1681 年，法国国王路易十六公布法令，规定"保险人可以将自己承保的保险业务向他人进行再保险"。从 18 世纪上半叶开始，再保险业务在欧洲呈现了普遍性特点，荷兰鹿特丹的保险公司 1720 年将承保到西印度的海上保险向伦敦市场进行再保险，丹麦 1726 年成立皇家特许海上保险公司从事再保险，德国 1731 年汉堡法令允许经营再保险业务，1737 年西班牙贝尔堡法律和 1750 年瑞典的保险法律都有类似的规定。随着保险形式多样化和保险公司之间的竞争加剧，各国逐渐出现了专业再保险公司。1846 年，德国创立了科隆再保险公司，这是世界上第一家专营再保险业务的保险公司，推动了再保险的发展。

第三节　中国保险业的创立与发展

我国是保险思想发源地之一，但由于我国长期商品经济不够发达，导致我国保险起步较晚。我国现代保险业的发展大致可以以 1949 年新中国的成立为界分为两个时期。

一、中国保险业的创立

(一)旧中国的保险业

1949 年新中国成立以前，在这一时期保险业大致分为：外商保险公司垄断和民族保险业的产生与发展两个时期。

1. 外商保险公司垄断时期

我国保险业起步较晚。在 1840 年之前，我国对外贸易仅限广州一地，所以中国最早的保险公司在广东出现。1805 年英国商人在我国广州开设第一家外商保险公司——"谏当保安行"，这是外商在中国开设最早的保险公司。1835 年，英商保险公司在香港设立了“保安保险公司”,并在广州设立了分支机构。其后从19世纪70年代起,英国人又陆续在上海设立“扬子保险公司”“中华保险公司”“太阳保险公司”和“巴勒保险公司”等,1877年英商“怡和洋行”“太古洋行”在上海设立保险部。继英国之后,美国、法国、德国、瑞士、日本等国的保险公司亦相继来华设立分公司或代理机构,经营保险业务,完全垄断了我国保险市场。

不过,当时受西方经济和文化影响的中国知识分子也开始宣传保险的作用。太平天国的洪仁玕曾在香港生活过一段时期,他在1859年的《资政新篇》中写道:“外国有兴保人物之例,凡屋宇人命货物船舶等有防于水火者,先与保人议订,每年纳银若干,有失者保人赔其所值,无失则赢其所奉。若失命,则父母妻子有赖,失物则已不致尽亏。”

2. 民族保险业的产生与发展

1875年5月25日,上海华商义和公司保险行成立,这是我国第一家民族保险企业,它标志着我国民族保险业的起步。1875年12月,李鸿章授意轮船招商局在上海创办我国第一家规模较大的船舶保险公司——保险招商局。1876年在保险招商局开办一年业务的基础上,开设了仁和保险公司,但仍属于轮船招商局。1885年保险招商局被改组为业务独立的仁和保险公司与济和保险公司两家保险公司,主要承办招商局所有的轮船以及货物运输保险业务。1887年二者合并为仁济和保险公司,业务范围开始从海上转向内地,承办各种水险及火灾保险业务。这是我国保险界目前公认的中国首家民族资本保险企业,标志中国民族保险业的开始。1905年,九家民营保险公司在上海成立了华商火险公会。1912年华安合群保寿公司成立,这是我国第一家实力较雄厚的人寿保险公司。其后,我国民族保险业得到了一定的发展。

1919年第一次世界大战结束后,在华营业的国外保险公司重新对我国的民营保险公司大加排斥和控制。美国人斯塔尔(Cornelius Vander Starr)于1919年在上海开设美亚保险代理公司(American AsiaticUnderwriter)(现美国国际集团源头),美国最老的股份保险公司北美洲保险公司、日本的东京海上火灾保险公司也于“一战”后在上海设立了分公司,上海的英商保险公司也开始多起来。“一战”后,中国民族保险业的发展空间又重新变小了。

1933年6月,民族资本在上海成立了唯一经营再保险业务的“华联商合保险股份有限公司”。为适应与规范保险业的发展,1935年10月至1943年间,国民党政府相继成立了“中央信托局保险部”“中国农业保险公司”“太平洋保险公司”“资源委员会保险事务所”等机构。

抗日战争胜利后,各官僚资本及民营保险公司将其总公司从重庆迁回上海,投资保险事业的趋势又发展起来。到1949年5月,上海临近解放时,中外保险公司有400家左右，其中华商保险公司有126家。

总结1949年前的中国保险业，其基本特征是：保险市场基本被外国保险公司垄断，保险业起伏较大，未形成完整的市场体系和保险监管体系。外国保险公司通过组织洋商保险同业公会，垄断了保险规章、条款以及费率等的制定，民族资本的保险公司虽也组织了华商同业公会，但由于力量弱小，只能处于被支配地位。

(二)新中国的保险业

1949年新中国成立后，中国保险业的发展经历了创立与发展阶段、萧条与停滞阶段、恢复与完善阶段，经过了四起三落的坎坷历程。从中国人民保险公司成立到1952年的大发展是第一起，1953年停办农村保险、整顿城市业务是第一落。1954年恢复农村保险业务、重点发展分散业务是第二起，1958年停办国内业务是第二落。1964年保险机构升格、大力发展国外业务是第三起，1966年“文化大革命”中几乎停办国外保险业务是第三落，涉外保险人员一度减少到9人，被戏称“九人治丧委员会”。1979年恢复国内保险业务，我国保险事业进入一个新时期是第四起。若从大的发展阶段划分，我国保险业的发展大致经历了创立与发展、萧条与停滞、恢复与完善三个阶段。

1. 创立与发展阶段(1949—1958年)

从1949年至1958年的10年间，各种保险费收入总计16亿元，共支付赔款3.8亿元，除上缴国库外，积累保险资金4亿元，拨付防灾费用2 300万元，结余的资金都存入银行作为信贷资金使用。在这一时期里，社会主义保险事业取得可喜的成就，完成了对私营保险业的社会主义改造任务，在全国范围内建立了比较完整的社会主义保险体系，普遍创立了保险机构，制定了新的规章制度，恢复和开办了许多业务，培养了一大批保险干部，并与世界上大部分国家和地区建立了直接或间接的分保关系和货损、船损检验的代理关系。但由于创办社会主义保险事业的经验不足，在开展保险业务过程中出现了一些失误，如贯彻保险自愿原则不够，为了完成业务指标，一度在农村出现了强制保险的现象。

2. 萧条与停滞阶段(1958—1979年)

由于对保险的积极作用认识不足，在1958年全国人民公社化的高潮中，错误地认为“一大二公”以后，生老病残和灾害事故统统可由国家和集体包下来，保险在中国已完成历史使命。1958年10月在西安召开的全国财贸工作会议决定停办国内保险业务，对外保险业务转入中国人民银行国外局办理，编制人数只定为30人。旅客人身意外保险分别交给铁路、民航和交通部门自保。当时有些大城市的国内保险业务没有完全停办，上海市的国内保险业务一直延续到“文化大革命”初期才被迫停办，这说明企业和群众确实需要保险。国内保险业务在全国范围内停办了

20年的结果是，人员和资料大量散失，拉大了与国外的差距，以致后来再恢复国内保险业务时，保险成了一门要抢救的学科。

3. 恢复与完善阶段(1979年至今)

党的十一届三中全会以后，经过拨乱反正，1979年的中国人民银行全国分行行长会议提出恢复国内保险机构和业务。经国务院批准，国内保险业务从1980年起开始恢复。国务院在1982年批转中国人民银行《关于国内保险业务恢复情况和今后发展意见的报告》的通知中，肯定保险是“一种利国利民的好事，是国民经济中不可缺少一环”。此后，根据“为生产服务，为群众服务和自愿的原则”，开办了企业财产保险、家庭财产保险和汽车保险等业务。根据国务院规定，中国人民保险公司自1984年1月1日起从中国人民银行分离出来，单独作为国务院直属的局级单位经济实体，各省市保险公司也被批准为局级单位，中国保险业从此走上了快速发展的轨道。

专栏2-1　广州-谏当保安行①

1805年，即清朝嘉庆十年，以英商渣甸(即怡和洋行)和宝顺两家洋行为主，在广州创立了第一家在华外资保险公司——“谏当保安行”，也称“广州保险会社”。令人不解的是，为什么起了“谏当”这两个字。谏当，是劝阻之意，谏当、劝阻和保险公司、保险业务有什么内在联系呢。谏当保险行的发起人之一是东印度公司鸦片部经理达卫森。其股份由该行广州经理人及驻加尔各答和孟买的联络人所有，并由宝顺洋行和怡和洋行(比尔—麦戈尼亚克—渣甸)每三年轮流担任经理。主要经营水火险和意外险。同时还规定，每五年停业结算，进行改组换届。这一规定于1835年经两家洋行协商而予以取消，原“谏当保安行”解体。1836年，即清道光十六年，怡和洋行接管和改组谏当保险行，易名为谏当保险公司。总公司由广州迁往香港，这家公司起初似乎是由一些类似劳埃德团体和保险商组成的私人团体。香港所有知名的公司几乎都在其中拥有一定的股份。怡和洋行不仅代理该公司的业务，而且既收代理手续费，又参与分红，获利极其丰厚。该公司的一个重要特点是大量吸收华商股本，改组后更是如此，如1844年买办何东出任该公司中国经理处代表及公司董事。1842年，谏当保险行向香港当局注册。以J. J. Paterson为董事长，资金总额250万港元，实收100万元，先后在广州、上海等12处设分支机构或代理处。1857年，谏当保险行在上海和香港两地开设分行，并采取措施大力吸收华商股份的措施。为了打开谏当保险公司上海分公司的业务局面，上海怡和洋行

① 资料来源：节选自和讯网《保险到如今》，第一篇广州·谏当保安行，和讯名家，2020.1.19. http://news.hexun.com/2020-01-19/200025864.html.

专门向华商主动让股。此外，还运用竞争手段争招华股。1891 年，谏当保险公司股东代表大会名册中，中国大股东有何甘裳(怡和买办)等 8 人。此外，谏当保险公司章程规定：该公司在中国归怡和洋行经营。

二、中国保险业的发展

中国正在从世界大国到世界强国的路上迈进，中国经济也正在以世界瞩目的速度腾飞。作为金融业的“三驾马车”之一，保险业的发展不管是过去、现在还是将来，都会对中国经济发展起到举足轻重的作用。在这样一个发展的关键时期，党的十九大报告确立了中国未来发展的阶段性目标：到 2035 年基本实现社会主义现代化，到本世纪中叶建成富强民主文明和谐美丽的社会主义现代化强国，这一宏伟目标将为保险业发展提供强大支撑。立足于当前的国内外环境，按照开启基本实现社会主义现代化的建设思路，到 2025 年，中国保险业在已经成为与经济社会发展需求基本相适应的现代保险服务业基础上，现代化水平将得到显著提高。

(一)中国保险业发展面临的前景与机遇

目前，全球正经历百年未有之大变局，中国发展的内部条件和外部环境正在发生深刻复杂变化。保险业处于大有可为的重要战略机遇期，同时也存在诸多困难和挑战。

1. 社会方面

目前，我国社会主要矛盾已经转化为人民日益增长的美好生活需要和不平衡不充分发展之间的矛盾，对保险的需求在不断地增加，形式不断地创新和多样化。商业保险具有广阔的发展前景，随着国家治理体系和治理能力现代化水平的不断提高，政府职能进一步转变，商业保险将作为市场化手段进一步参与到社会治理当中，满足社会管理和公共服务需求。在人民生活层面，我国将要进入深度老龄化社会，人居环境将发生深刻变化，养老和医疗保障不足的矛盾将进一步加剧，需要不断提升商业保险在社会保障体系中的作用。在法治层面，《中华人民共和国民法典》的出台、实施和普及，将全面增强全社会的民事法制观念，进一步推动我国民事法制水平的提升，为保险业的发展营造良好环境。

2. 经济方面

我国作为新兴经济体，经济的高质量发展将持续为世界注入新动能，也为保险业高质量发展提供坚实基础。随着供给侧结构性改革的深入推进以物联网、区块链、云计算、数字货币等为代表的新技术将为保险业创新发展提供有力支撑；数字经济、智能制造等战略新兴产业将引领新一轮经济高质量发展，为保险业带来新的发展动力与机遇。我国保险业的发展应当抓住机遇，关注经济结构调整、产业升级对保险业转型升级的要求，在变局中开创新格局。

3. 国际方面

当前世界正处在“百年未有之大变局”的进程中，世界力量对比正在发生重大变化。近年来，国际形势动荡，不确定性增强，全球经济仍处于深度调整阶段，贸易保护主义强化，国际金融市场波动加大，风险的跨境传递加快，经济复苏面临不少新的不确定因素。我国经济增长将对全球经济复苏发挥引领作用，也为保险业更好地利用国际市场和国际资本创造了良好环境。

(二)中国保险业发展现状总结

我国作为世界第二保险大国，在国际上的影响力和参与度逐渐提高。全球保险业发展日新月异，保险监管的理念和方式不断优化，与各国监管部门合作加深，需要更合理的基于国内保险业的具体情况，合理充分地利用国际保险业的先进经验，才能实现保险业的高质量发展。根据国际货币基金组织(IMF)的预测，2020年至2027年全球保险市场将迎来全球金融危机后快速发展的“黄金时代”，全球保费增长率年均可以达到5.9%，其中寿险保费增长率年均可以达到6.5%，而财险保费增长率年均为4.9%。据预测，到2027年，全球的保险渗透率(保费总额/国内生产总值)有望提升至5.8%，比2019年要高0.2个百分点。分地区来看，未来十年一些新兴市场国家的保费增长率可能放缓，但是仍将高于发达国家。尤其是我国的表现将会非常抢眼，据预测，2020年至2027年我国的寿险保费增长率年均可以达到15.7%，财险保费增长率年均可以达到9.9%。保险业在我国已成为现代经济社会风险管理的重要手段、现代金融体系和社会保障体系的重要组成部分，在各个方面都取得了巨大成就，其主要的发展现状概括为以下几个方面：

1. 保险业保持中高速发展，综合实力显著增强

我国保险行业从无到有、从小到大，2000—2020年实现保费收入年均增长18%的高增长。目前，我国保费收入由2016年的3.09万亿元，增长到2020年的4.5万亿元，同比增长6.1%；其中，财产险业务保费收入1.2万亿元，同比增长2.4%；人身险业务保费收入3.3万亿元，同比增长7.5%。保险业总资产从2016年的15.1万亿元增长到2020年的23.3万亿元。全行业净资产由2016年的1.72万亿元，增长至2020年的2.75万亿元，实现了翻番，保险行业偿付能力总体充足。保险密度和保险深度由2016年的2 241元和4.16%，增长至2020年的3 051元和4.45%。2017年，我国保费规模超过日本由全球第三位升至第二位，成为全球第二保险大国，并一直保持至今。保险机构数目以及多样化程度也有所提升，截至2020年12月，我国共有保险集团13家，财产险公司85家，人身保险公司89家，养老保险公司8家，

健康保险公司7家，再保险公司13家，农村保险互助社3家，共计保险机构218家。

2. 行业乱象得到有效整治，保险行业运行平稳

2015年以来，我国保险业出现了以万能险乱象、险资举牌事件为代表的一系列行业乱象，对消费者权益和保险行业声誉都造成了严重的负面影响。2016年之后，为规范万能险业务发展，落实“保险姓保”的行业理念，原中国保监会密集出台了规范中短存续期产品、完善人身保险产品精算制度、强化人身保险产品监管等多项规定，保险行业乱象得到有效整治。

2018年，银保监会对安邦保险集团股份有限公司进行接管，由保险保障基金向安邦注资，正式开启安邦保险的风险处置程序。2019年，保险保障基金和中石化集团、上汽集团共同出资设立大家保险集团和大家财险，取代安邦集团、安邦人寿和安邦财险。通过银保监会和保险保障基金的参与，化解了安邦集团的偿付能力风险以及流动性风险，风险被妥善处置，降低了保险行业爆发系统性风险事件的可能性。整体来看，我国保险业偿付能力充足，运行平稳。

3. 对外开放不断深化，保险业国际化程度显著提高

保险业一直是金融业对外开放的排头兵。2018年4月，在博鳌亚洲论坛上，习近平提出“要加快保险行业开放进程，放宽外资金融机构设立限制，扩大外资金融机构在华业务范围，拓宽中外金融市场合作领域”。2018年以来，银保监会陆续推出34条扩大银行和保险行业对外开放的具体措施，其中有14项涉及保险业对外开放的措施。《中华人民共和国外资保险公司管理条例》和《中华人民共和国外资保险公司管理条例实施细则》的颁布，进一步降低了中国保险市场的外资准入门槛，有助于推动形成保险业全面开放新格局。

近年来，外资保险和再保险公司数量稳步增加，市场份额逐年增长，整体实力和持续发展能力显著增强。2018年，外资保险公司总资产占保险业资产总额的比重为6.33%，外资保险公司已经成为我国保险市场的重要组成部分。2020年末，境外保险机构在华共设立了66家外资保险机构、117家代表处和17家保险专业中介机构，外资保险公司总资产1.71万亿元，保险公司国际化水平不断提高。

4. 补短板取得积极成效，保险监管制度体系不断完善

“十三五”期间，我国保险业监管的顶层设计不断完善。2017年11月，经党中央、国务院批准，国务院金融稳定发展委员会正式成立，进一步加强金融监管协调，补齐监管短板。2018年2月，党的十九届三中全会审议通过了《党和国家机构改革方案》，将中国银行业监督管理委员会和中国保险监督管理委员会的职责整合，组建中国银行保险监督管理委员会，依法统一监督管理银行业和保险业，维护银行

业和保险业合法、稳健运行。监管制度体系建设也更加完善，2016 年我国第二代偿付能力监管制度正式实施以来，起到了良好的风险防范和预警作用。2017 年原保监会启动了保险资产负债管理监管制度建设工作，并于 2018 年 2 月开始试运行。2020 年 8 月，银保监会发布了《健全银行业保险业公司治理三年行动方案（2020—2022 年）》，银行业保险业公司治理三年行动方案，力争通过三年努力，初步构建起中国特色银行业保险业公司治理机制。

5. 发展环境不断优化，全面助力保险业高质量发展

我国保险业发展环境方面，党中央、国务院、银保监会等相关部门相继出台各类文件，为保险业发展提供了更加适宜的环境。2019 年 5 月，中央全面深化改革委员会第八次会议审议并原则同意《关于加快农业保险高质量发展的指导意见》，提出了到 2022 年，基本建成功能完善、运行规范、基础完备，与农业农村现代化发展阶段相适应、与农户风险保障需求相契合、中央与地方分工负责的多层次农业保险体系。2020 年 1 月，银保监会联合 13 部委发布《关于促进社会服务领域商业保险发展的意见》，明确要求从健康保险产品服务、商业养老保险、教育、育幼、家政、文化、旅游、体育等领域商业保险以及保险资金投资健康、养老等方面促进社会服务领域商业保险发展。2020 年 7 月，银保监会研究制定了《财产保险公司、再保险公司监管主体职责改革方案》，将 87 家财险公司和 13 家再保险公司划分为直接监管公司和属地监管公司，是保险业深化“放管服”改革，降低监管成本的改革措施。2020 年 9 月，银保监会研究制定了《关于实施车险综合改革的指导意见》，在以消费者为中心的指导思想下，健全以市场为导向、以风险为基础的车险条款费率形成机制，不断丰富车险产品，优化示范产品，进一步优化了车险市场的发展环境。为完善银行业保险业监管制度体系，2021 年银保监会又制定了《中国银保监会 2021 年规章立法工作计划》，对全年的规章立法工作进行了总体部署，持续深化金融供给侧机构性改革，大力提升公司治理水平，深入推进金融机构业务改革，不断夯实银行业、保险业高质量发展，为构建新发展格局提供有力支持。

专栏 2-2　中国保险行业协会发布《保险科技“十四五”发展规划》①

2021 年 12 月 29 日，中国保险行业协会（简称“保险业协会”）发布《保险科技“十四五”发展规划》（简称“规划”）。这是保险行业首次以行业共识的方式发布保险科技领域中长期专项规划。

规划体现了六个方面的亮点：一是首创性。规划涵盖了科技战略、科技赋能、

① 资料来源：中国保险行业协会，2021.12.29.

业务发展、风险防范、科技基础等科技建设各个层面内容,为保险机构制定自身的科技发展规划提供了良好指导和依据。二是前瞻性。规划对保险机构"十四五"期间如何开展保险科技建设工作进行了有针对性的设计规划,还对整个行业依托科技发展提升服务国家战略、服务社会需求、服务民生保障能力做了计划展望,聚焦服务"双碳"、绿色发展、乡村振兴等国家战略,涉及医疗健康、养老服务、汽车服务、金融服务等重点领域,关注老年人、残疾人等特殊人群,针对数据共享、信息安全、创新试点等热点问题,提出了具有保险行业特色的发展理念。三是客观性。保险业协会面向255家保险机构,涵盖14家集团控股公司、83家财产保险公司、90家人身保险公司、8家再保险公司、42家保险中介机构、18家保险资管公司,开展了广泛而深入的调研工作,首次形成了针对保险科技的指标体系。四是操作性。围绕科技投入、服务能力、创新应用等方面提出"十四五"期间的具体发展目标。其中在科技投入方面,提出推动行业实现信息技术投入占比超过1%、信息科技人员占比超过5%的目标;在服务能力方面,提出推动行业实现业务线上化率超过90%、线上化产品比例超过50%、线上化客户比例超过60%、承保自动化率超过70%、核保自动化率超过80%、理赔自动化率超过40%的目标等。五是针对性。在网络安全、数据安全、个人信息保护等相关国家法律法规相继出台大背景下,规划从网络安全、数据安全、外包风险、第三方合作风险、信息系统运营韧性、新技术应用风险等方面提出了针对性的应对举措。六是差异性。规划明确提出鼓励差异化的发展目标,比如在科技投入方面,提出"十四五"期间大中型保险公司信息技术投入占比超过1%,小微型保险公司投入占比超过1.8%。同时,鼓励保险机构结合自身优势性资源、阶段性需求和具体战略目标制定多元化、差异化的保险科技实施方案,以特色化发展路径推动保险行业协调健康稳定发展。

(三)中国保险业发展的目标

伴随着我国经济、民生的发展,保险将成为政府、企业、居民风险和财富管理的重要手段,成为提高人民美好生活质量保障的重要渠道,成为政府改进公共服务、加强社会治理和推进金融扶贫的有效工具,成为提升社会治理体系和治理能力现代化的重要渠道。在未来的很长一段时期内,我国保险业将继续保持快速发展的态势,保险业实现中高速增长、产品和服务供给持续向好、行业影响力显著增强、法治化水平显著提高、监管现代化不断深入。但是未来,我国保险业想要在世界保险市场地位进一步提升,还要做好几方面工作:

1. 充分发挥保险在养老、医疗等民生领域的重要作用,提升保险的社会价值

目前,我国的保险密度和保险深度与发达国家还有较大差距,仍有待进一步提

高。我国的人口老龄化趋势逐渐加深，人民群众的养老需求日益增长。为缓解养老体系面临的压力，为人民群众的老年生活提供更好的保障，加快构建以个人养老金账户制度为基础的养老保险，构建社会保障与商业保险协调发展的格局，以充分发挥商业保险在养老、医疗等领域的重要作用。

一方面，推动完善大病保险制度，提高大病保险承办质量和统筹层次，推动大病保险政策向建档立卡贫困人群的倾斜，形成基本医保、大病保险、社会救助等衔接机制。完善健康保险产品和服务，进一步扩大税优健康保险产品范围，发挥商业保险在以基本医疗保险为主体，医疗救助为托底，补充医疗保险、商业健康保险、慈善捐赠、医疗互助共同发展的医疗保障制度体系中的关键作用。另一方面，鼓励保险机构提供医疗、疾病、照护、生育等综合保障服务。发展教育、育幼、家政、文化、旅游、体育等领域商业保险。有序发展面向农村居民、城镇低收入人群、残疾人的普惠保险，创新开发符合初创企业、科创企业、新业态从业人员保障需求的保险产品和业务。支持保险资金投资健康、养老等社会服务领域，为社会服务领域提供更多长期股本融资，降低融资成本。

2. 提高保险在国家灾害治理、重大突发公共事件应对中的作用，健全灾害事故防范救治体系

我国幅员辽阔、地形地貌复杂、人口众多，是世界上受自然灾害影响最严重的国家之一，总体防治能力仍处于较低水平，保险机制在巨灾损失补偿上发挥的作用也比较有限。因此，要建立高效科学的自然灾害防治体系，提高全社会自然灾害防治能力，发挥保险风险分散和经济补偿的作用，将商业保险纳入灾害事故防范救治体系，通过完善农业保险、家庭财产保险、责任保险等险种的发展，健全巨灾保险制度设计，提高商业保险在国家灾害治理、重大突发公共事件应对中的作用。保险机构应当做好应对突发事件的组织管理、制度和预案体系建设工作，及时启动应对预案，健全风险管理，确保基本保险服务功能的安全性和连续性，提高保险机构在应对突发事件中保险服务的能力和水平。

3. 加快发展科技保险、绿色保险，引导保险资金服务国家发展战略

我国保险业的发展，除了作为经济的减震器和社会的稳定器之外，还应当充分发挥保险机制在支持实体经济创新发展、可持续发展等方面的作用，通过开发科技保险、创业保险、绿色保险等创新型产品，为高新技术产业创新发展和我国经济转型提供支持。发挥保险资金的长期优势，支持“一带一路”、长三角经济带等国家发展建设规划。

4. 创新监管理念、加大对外开放力度，促进保险市场机制的完善

我国金融业监管部门要给市场留下探索和创新的空间，有效发挥其作为试错

过程的作用机制。充分发挥市场机制在保险市场资源配置中的决定性作用。进一步推进保险市场化改革，提升市场竞争活力。监管部门应当对公司治理体系完善、偿付能力充足、具备创新能力的保险公司给予更大的产品开发与定价的自主权，鼓励保险产品和服务创新，提高市场的竞争活力。

进一步深化保险业对外开放，完善市场准入。减少竞争壁垒，使中资与外国的保险机构具有同等的市场地位，保持监管的一致性。应当营造保险市场公平竞争的环境，对内外资保险公司的监管制度应该逐渐实现一体化，建立统一的监管标准、准入门槛、税制、股权结构的要求等，为外资保险公司的发展提供良好的环境。同时，开放的节奏要和风险防范与监管的能力相适应。要完善市场准入，为民营资本进入保险业创造良好的竞争环境。

本章参考文献

1. 孙祁祥．保险学．北京：中国人民大学出版社，2018.9.

2. 丁继峰．保险学．成都：西南财经大学出版社，2018.1.

3. 魏华林，林宝清．保险学．北京：高等教育出版社，2021.5.

4. 徐爱荣，李鹏．保险学．上海：复旦大学出版社，2021.7.

5. 中国保监会．中国保险业发展“十三五”规划纲要，2016.8.

6. 许闲．“十四五”规划：“新发展格局”与保险业高质量发展．中国保险，2021(3).

7. 付秋实．展望“十四五”保险如何更好服务经济社会发展．金融时报-中国金融新闻网，2020.11. https://www.financialnews.com.cn/bx/ch/202011/t20201104_204571.html.

8. 郭金龙，朱晶晶．中国保险业“十三五”成就与“十四五”展望．金融时报-中国金融新闻网，2020.10. https://www.financialnews.com.cn/ll/xs/202010/t20201026_203813.html.

9. 孙慕云．2020年全球保险行业市场现状与发展趋势分析，中国保险业与世界差距甚远．金融界，2021(3).

重要概念

海上保险　共同分摊原则　劳合社　火灾保险　人身保险　佟蒂法

责任保险　信用保险　保证保险　再保险

复习思考题

1. 我国古代有哪些值得借鉴的保险思想?

2. 海上保险是怎样发展起来的?

3. 试阐述火灾保险、人身保险、责任保险、信用保证保险和再保险的产生与发展。

4. 我国保险业发展的现状是什么?

保险案例

苏伊士运河"堵船"6天产生的天价账单,保险公司要怎么赔?①

埃及总统塞西(Abdel Fattah al Sisi)在当地时间2020年3月31日为所谓的"新苏伊士运河"举行启用仪式,将这条"新航道"描绘成埃及经济向好的预期。

4月1日,是遭遇"堵船"后苏伊士运河通航的第三天,也是各项保险事宜漫长协商的第三天。虽然今天是愚人节,可关于保险和赔偿问题却丝毫开不起玩笑,货运公司、货物方、埃及政府、律师、保险公司等多方共同加入了这场赔偿拉锯战。

正常情况下,堵船事件的始作俑者"长赐号"与其他货轮上的货物主人会寻求各自投保的保险公司进行赔偿,保险公司转而会向"长赐号"的日本船东Shoei Kisen Kaisha诉诸索赔,而后者,大概率也只能向其他保险公司求赔偿。

在这一"保险索赔连环转"中,关键责任问题如何确定、谁将为哪个部分买单、各自权益有几分、处理效率将怎样,以及所有关联方有哪些连带责任,这其中的每一个问题都大概率会出现相互指责与推脱的场面。

1. 谁将为谁买单?

苏伊士运河世纪大"堵船"事件,简而言之,就是一艘巨型集装箱船"长赐号"搁浅,堵塞了世界上最重要的航运要道之一的苏伊士运河,在救援六天后,总算顺利通航。

虽然救援仅仅花费了6天时间,但在这6天里,各项花费可一点也不少,甚至有些费用高得惊人。而要弄清楚谁会最终收拾这个烂摊子,谁来为谁买单,或将需要数年时间。

牵涉其中的船运公司、保险公司、埃及政府及律师都有一套自己的评估与判责标准。而除了确定各项明面与潜在的损失,他们也要搞清楚到底是哪里出了问题,

① 资料来源:李剑华,苏伊士运河"堵船"6天产生的天价账单,保险公司要怎么赔? 21世纪经济报道,2021年4月2日.http://finance.sina.com.cn/roll/2021-04-02/doc-ikmxzfmk1236291.shtml? wm=22780932.(有删减)

不过至少可以确定的是,“长赐号”船主投保的保险公司,将会首当其冲受到财务赔偿冲击,也将极有可能承担最终责任。

因“长赐号”是国际保赔协会集团(P&I Club)的一员,在集团内的保赔协会也已经为船东投保,预计船东 Shoei Kisen Kaisha 有可能从该协会中获得约 31 亿美元的责任保险。但即使赔保金额高达 31 亿元,但在 6 日堆积的高额账单面前,这一数额尚有些吃力。另据路透社报道,业内人士预计这艘船的保险金可能为 1 亿～1.4 亿美元。

P&I Club 官网介绍显示,该集团由 13 家成员协会组成,为全球约 90%的远洋运输吨位提供责任保险,会共同分摊 1 000 万美元以上案件的索赔。而“长赐号”的事故也有案例可循,早在 2012 年,歌诗达协和号游轮触礁倾覆,当时也正是国际保赔协会集团为其负责。国际保赔协会在处理清污、残骸打捞、人员伤亡、船壳险等累计共支出近 20 亿美元的赔款。

目前,雇佣船员的德国公司团队与船东的保险团队已开始着手调查“长赐号”搁浅的原因;而由于该船在巴拿马登记,巴拿马当局同样也开启了调查;此外,包括律师等其他有关方面的调查人员也加入了调查队伍。在多方角力之下,不论最终调查结果是否一致,责任问题的界定都将变得复杂,或耗时数年。

仅保险赔偿一项就使苏伊士运河“堵船”事故变得极为复杂。在索赔金额超过 1 亿美元的情况下,负责为其他保险公司承保风险的再保险公司也会参与其中。但具体的索赔金额尚未正式被算出。

对此,P&I Club 首席执行官肖(Nick Shaw)表示,在全球 25 家最大的再保险公司中,有超过 20 家支持“长赐号”的承保范围。保险公司将与船东一起决定哪些条款是有效的,哪些是不合法的。不过该组织也表示,船舶本身以及货物都是单独投保的。

据媒体报道,预计“长赐号”31 亿美元的责任保险中,有一部分是由 P&I Club 成员集体承担的,最高可覆盖 1 亿美元的索赔。在此基础上,再保险会将保额推高至 31 亿美元,另有 10 亿美元可用于处理石油和污染事件。

安联保险公司海事风险咨询全球主管卡纳(Rahul Khanna)回复 21 世纪经济报道称,现在判定具体索赔金额为时过早,但潜在的索赔情况可能包括船体和发动机的损坏(如果存在机械故障,这在海上保险索赔中属常见现象)。如果船尾也搁浅,则螺旋桨及其轴损坏,打捞和船只清除的费用(特别是在沉船清除的情况下)会激增。在第三方责任索赔方面,包括运河的损害,易腐货物的损失,以及由封锁造成的业务中断和收入损失索赔。

2. 算一算 6 日天价账单

此番引起的连锁效应或导致数亿美元的保险索赔,而因全球供应链延迟也将造成更广泛的损失。

作为世界上最繁忙的贸易路线之一，每天有 50 多艘船只通过苏伊士运河，全球 10%～12%的贸易量由这条运河输送。其中包括全球贸易中 5%至 10%的液化天然气、原油和成品油等能源商品，也包括服装、家具、汽车零部件等大宗消费品。据劳合社估计，本次的封锁可能会导致每小时 4 亿美元的巨损，每日约 100 亿美元的海上运输中断，更不必提这一情况恰巧发生在新冠肺炎疫情下全球供应线路较为脆弱的时刻。

此外，苏伊士运河运营方表示，由于数百艘船只等待通过被封锁的水道或不得已改走其他路线，埃及政府将遭受 9 000 万美元的损失。

最为直接的损失来自船只与运河的损坏。在通常情况下，这些成本主要由船东的保险公司承担。由此，由东京三井住友保险(Mitsui Sumitomo Insurance)、东京海运(Tokio Marine)和日本 Sompo Japan 牵头的财团将承担此方面损失。不过幸运的是，根据最初报告，“长赐号”损坏程度并不严重，也没有出现污染泄漏情况。

账单还包括其他意外开支。因救援专家和设备在短时间内被调集起来，救援的人工成本也在不断增加，专家预计船东的保险公司或为承担此责任。惠誉评级(Fitch Ratings)的保险分析师马佐利(Robert Mazzuoli)估计，尽管有很多变量，在这方面可能会花费数千万美元。

更棘手的问题是，五花八门的货物将如何索赔？在“长赐号”上预订集装箱的公司，以及在运河拥挤时不得不在运河外排队等候的 400 艘船，或许都计划提出索赔。即便大多数保险单不包括因货物延误造成的经济损失，但此次苏伊士运河的特殊情况都将对赔偿的复杂程度再加一码。据市场测算，此类索赔金额可能高达数亿美元。

在全球货物流动下，苏伊士事件也为保险行业添了一道困难，使保险行业不得不考虑如何应对大宗货物跨洋运输不断加大的风险。

保险知识小视频

简述保险经营与流程

第二篇

保险基础与原理

第三章　保险概述

我国改革开放以来，特别是在党的十六大以后，保险业的发展取得了举世瞩目的成就。保险业务快速增长，服务领域不断拓宽，市场体系日益完善，法律法规逐步健全，监管水平不断提高，风险得到有效防范，整体实力明显增强，在促进改革、保障经济、稳定社会、造福人民等方面发挥了重要作用。因此，本章将围绕保险的基本概念，学习了解保险的作用、特征和发展历史；掌握保险的基本概念、要素，保险与其他类似活动的比较；熟悉保险的功能与分类。

◈ 学习要点

1. 掌握保险的相关学说、概念与要素。
2. 掌握保险的基本特征与保险的比较特性。
3. 熟悉保险的基本分类。
4. 掌握保险的主要职能和作用。
5. 了解保险的经济成本构成。

第一节　保险的概念

从第一张保险单的出现开始，保险业的发展迄今为止已经有 600 多年的历史，然而关于保险的定义，在学术界并没有形成统一认识，人们分别从不同的角度对保险进行解释，众说纷纭，互有争议。“保险”起初在英语中的含义是“safeguard against loss in return for the regular payment”，即“定期缴付保险费以取得损失补偿”，但这种说法不能作为保险的定义，因为其内涵并不完整。为了让人们能够对“什么是保险”有一个较为完整、清晰的认识，我们首先需要对有关保险性质的学说进行介绍，以便读者能够从不同的角度对保险有所了解。在对保险的性质进行比较总结的基础上，我们给出保险在本书中的一般性定义。

一、保险性质的相关学说

关于保险的概念，不同的学说从不同的角度对此进行了定义。这些不同的学说大致有“损失说”“非损失说”及“二元说”三种。

（一）损失说

损失说以损失概念为保险的核心，主张从损失补偿的角度来分析保险机制，强调没有损失就没有保险，可以分为“损失补偿说”“损失分担说”和“风险转移说”。认为保险是一方通过等价支付或商定，来获得损失发生时的补偿；或者强调多数人互助合作共同分担损失这一特征；或者认为保险是一种危险转移机制，任何团体或个人都可以凭支付一定的费用为代价，将生活中的各种危险转移出去。

1. 损失补偿说

该学说以英国马歇尔(S. Marshall)和德国马修斯(E. A. Masius)为代表，其基本观点是：保险是一种损失补偿合同。不过，依照这一学说，人身保险、年金保险均被排除于保险之外。显然，这种观点太狭隘。

2. 损失分担说

该学说系德国华格纳(A. Wagner)首倡，强调在损失补偿中，多数人互助合作共同分担损失的事实。这一学说认为保险在经济上的意义就是将少数不幸者的损失由处于同样风险中的多数人来摊付。华格纳从经济学角度阐明保险的一种机制作用，其观点被认为是对保险学的一大贡献。

3. 风险转移说

该学说源于美国，代表人物是美国魏立特(A. H. Willet)等，他们是从风险管理的角度来阐述保险性质的。该学说认为保险是一种风险转移机制，任何个人或团体可借此以支付一定的费用代价为条件，将日常生活中的各种风险转移给保险公司。该学说着重阐述保险组织在损失赔偿中的地位和作用，是对损失分担说的一种补充。

（二）非损失说

非损失说认为“损失说”具有其片面性，力图摆脱损失概念来解释保险性质。具体学说主要有技术说、欲望满足说和相互金融说三种。

1. 技术说

该学说主张保险就是把面临同样危险的多数人或单位集合起来，再通过测算危险发生的概率来向个人或单位收取保费。主张以保险的技术性质作为保险性质，其代表人物是意大利学者费芳德(C. Vivante)。技术说主张保险的本质是确定保险费与未来可能的赔偿与给付数额之间关系的技术。尽管它没有考虑保险的经济价值和职能，比较片面，但揭示了保险是转移风险和分摊损失的手段。

2. 欲望满足说

欲望满足说认为保险是一种满足人们的经济需要和金钱欲望的手段，从而解释保险的性质，主要代表人物有戈比(U. Gobi)和马纳斯(A. Manes)等。该学说认为，被保险人以缴付少量保险费为代价，在灾害事故发生后能取得全部或部分损失补偿，保费缴付和损失赔偿的金额并不对等，体现了保险的经济保障作用。这种欲望包括直接损失、利益损失、储蓄能力停止、紧急防止损失费用以及其他不能以货币估计的一切损失。

3. 相互金融说

相互金融说认为保险是以发生偶然事件为条件的相互金融机构。该学说代表人物是日本的米谷隆三，他认为保险作为应付经济不安定的善后措施，需要以调整货币的收支为目的，所以保险机构是金融机构，而且是在互助合作基础上的金融机构，与银行、证券一样起着融通资金的作用。同时，金融的基本概念是货币的交换，现代保险也反映了一种货币交换关系，所以保险也是一种相互金融行为。

(三)二元说

二元说认为人寿保险也是一种保险，但与损失保险不同，二者不能作统一解释，应该分别作出不同的定义，因此损失概念不能阐明人寿保险的性质，其代表人物是德国爱伦贝格(V. Ehrenberg)。人寿保险合同是以给付一定金额为目的的合同，不属于损失补偿的合同，二者只能择其一，因此二元说又称择一说。

二、保险的概念

关于保险的概念，国内外学者见解不一，至今仍然有争论。中文的"保险"源于英文"assurance"及"insurance"一词。清代魏源在《海国图志》中翻译这一词为"担保"。日本人将其翻译为"保险"，后传入我国，沿用至今，含义是分担危险，即少数人受损，多数人分担。对风险受损人来说，则是以一定的支出对未来不确定的损失或费用支出予以补偿，但以缴付保费为代价来取得损失补偿，这样的说法作为保险的定义也并不完整。后来，各国保险学者对保险下了各种定义，但迄今尚无统一的保险定义。

各国研究者从不同的角度提出了保险的定义。其中 Ceorge E. Rejda(《风险管理与保险原理(第十一版)》，中国人民大学出版社，2012)指出，保险可以从法律、经济、历史、统计学、风险理论以及社会学等多个角度来进行定义。美国风险与保险协会的保险术语委员会给出的保险定义是：保险是将大量偶然性损失，风险集合后转移给保险公司，保险公司同意在事故发生后以金钱方式就损失赔偿给被保险人，或者提供和风险损失有关的服务。这个定义也可以较好地用于辨别当前市场上很多以费用补偿、服务形式表现的保险经营方式，符合保险特点，属于保险经营及保险产品的范畴。Mark S. Dorfman(《风险管理与保险原理(第九版)》，清华大学出版社，2009)指出，从金融角度来看，保险是对不可预期损失重新分配的融资活动，它是将潜在的损失或损失的不确定性转移到一个保险集合体中，它集中了所有的潜在损失，然后将预期损失的成本转移给所有参与者。因此保险是将损失风险转移给一个风险共担组织，然后在成员中重新分摊损失。由于保险集合体财力充足，所以其财务支付能力的确定性加上预测损失的准确性是保险交易的本质特征。2005年国际财务报告准则(IFRS)对保险合同的定义如下：保险合同是保险人一方从另一方(保险持有人)接受了重要的保险风险，并同意补偿保单持有人因列明的、不确定的未来事件(保险事件)遭受损害的合同。

综上可见，集合不同学者的研究，相关学者对保险概念大多从经济、法律和社会三个角度来解释。

从经济的角度看，保险是分摊意外事故和提供经济保障的一种财务安排(人身保险还具有储蓄和投资的作用，具有理财的特征)。通过保险，被保险人的损失由包括受损者在内的所有被保险人进行分摊，是一种非常有效的财务安排。

从法律的角度看，保险是一种合同行为，是一方同意补偿另一方损失的一种合同安排，提供损失赔偿的一方是保险人，接受损失赔偿的一方是被保险人。投保人通过履行交付保险费的义务，换取保险人为其提供经济保障的权利，体现了民事法律关系主体之间的权利和义务关系。

从法律的角度看，保险是保险人与投保人之间的合同行为。《中华人民共和国保险法》(以下简称《保险法》)第二条规定："本法所称保险，是指投保人根据合同约定，向保险人支付保险费，保险人对于合同约定的可能发生的事故因其发生所造成的财产损失承担赔偿保险金责任，或者当被保险人死亡、伤残、疾病或者达到合同约定的年龄、期限等条件时承担给付保险金责任的商业保险行为。"投保人与保险人双方以平等的法律地位为基础，经过自愿的要约与承诺，达成一致意见并签订合同。合同中明确规定了保险当事人双方的权利义务关系，保险人的权利是向投保人收取保险费，其义务是当约定的风险事故发生后向被保险人进行赔偿或给付保险金。投保人或被保险人的权利是当约定的风险事故发生后能够向保险人要求给付保险金，其义务是向保险人支付保险费并履行合同规定的其他义务。

从社会功能的角度看，保险是一种风险转移机制。保险使众多单位和个人结合起来,变个体对付风险为大家共同对付风险,从整体上提高了对风险事故的承受能力。但是,我们说保险能够转移风险并不是说保险能将风险事故转移出去。从总体上来看,风险事故的发生是必然的,但是投保人参加保险,在付出一定保费后,即使发生事故造成损失,被保险人在经济上也有了一定的保障。这种风险转移机制有助于整个社会的经济生活稳定运行,因此,有人将保险称为"社会稳定器"。

综合以上特征,本书将保险从广义上定义为"保险在宏观上是一种社会再分配制度,是指集合具有同类风险的众多单位和个人,以科学、合理计算风险分担金的形式,向少数因约定的风险事故发生而遭受经济损失的成员提供经济赔偿的一种行为"。狭义上定义为保险即商业保险,可参照《保险法》中关于保险的定义。

专栏 3-1　保险小故事——中大奖的擦鞋匠①

在西班牙流传着一个这样的故事。每年全国都会发行彩票,有一年彩票一直都没有人中,奖金积累得越来越多,大家都争相购买,希望能够成为那个幸运儿,一个年过半百的擦鞋匠也去买了一张。他想:"如果中了,我下半辈子就不用再这么辛苦的工作了。"幸运的是,他真的中了奖,成为西班牙历史上彩票中奖金额最高的幸运儿。于是他的生活就此改变,再没有了烈日下的暴晒,也不用再去闻客人的臭鞋味儿。为了躲开那些羡慕和嫉妒的眼光,他去了国外,在那里,他夜夜笙歌,顿顿豪饮,尽情享受着属于他的幸福人生。十年后的一天,人们在马德里的广场上又看见了他。令人惊讶的是,他又成了一个擦鞋匠。因为,在一个月前他发现,那原本以为永远也花不完的巨额奖金居然只剩下 100 元了。此时的他已经六十岁了,他用那 100 元钱买了一张回家的车票,再次成为一个擦鞋匠。

启示:每个人的一生,都会经历高潮和低潮,当我们顺利的时候,要为不顺利的时候做好准备,做到凡事未雨绸缪。

三、保险的要素

保险的要素是指从事保险活动所应具备的必需条件。保险的要素主要包括可保风险的存在、多数同质风险的集合与分散、保险费率的厘定、保险基金的建立、订立保险合同等。

(一)可保风险的存在

可保风险,从广义上讲,是指可以利用风险管理技术来分散、减轻或转移的风

① 资料来源:丁宁. 中大奖的擦鞋匠. 人民文摘,2009(11).

险;从狭义上看,则是指符合保险人承保条件的特定风险。

(二)多数同质风险的集合与分散

保险是通过集中风险实现其补偿职能的,即由多数风险体参加同质风险的保险,分担少数风险体的损失。这里所谈及的风险集合,简单地说,就是任何一个可保的风险,通常都是大量的、相似的或同类的一种风险。只有这样,才能体现出大数法则所揭示的规律。因此,保险风险的集合与分散应具备两个前提条件:一是多数人的风险。如果是少数人或个别人的风险,就无所谓集合与分散,而且风险损害发生的概率难以测定,大数法则不能有效地发挥作用。二是同质风险。所谓同质风险是指风险单位在种类、品质和价值等方面大体相近。如果风险为不同质风险,那么风险损失发生的概率就不相同,因此风险也就无法进行集合与分散。此外,由于不同质的风险损失发生的概率与幅度是有差异的,倘若进行集合与分散,会导致保险人财务不稳定,保险人将不能提供保险供给。

(三)保险费率的厘定

保险费率是单位保险金额的保险费,通常被称为购买保险的价格,因此有保险价格之说。保险费率水平直接关系到保险公司的偿付能力和被保险人或者受益人的利益,而保险费率的厘定是不以人们主观意志为转移的,为保证保险双方当事人的利益,保险费率的厘定要遵循一些基本原则。

1. 公平性原则

一方面,保险人收取的保险费与其承担的保险责任应该是对等的;另一方面,投保人交纳的保险费与其保险标的风险状况应该是相适应的。

2. 合理性原则

合理性原则是针对某险种的平均费率而言的。保险人收取保险费,不应在抵补保险赔付及有关的营业费用后获得过高的营业利润,即要求保险人不能为获得非正常经营性利润而制定高费率。

3. 适度性原则

如果保险费率偏高,超出投保人交纳保费的能力,就会影响投保人的积极性,不利于保险业务的发展;如果保险费率偏低,就会导致保险公司偿付能力不足,最终也将损害被保险人的利益。保险费率是否适度是就保险整体业务而言的。

4. 稳定性原则

稳定性原则是指保险费率在短期内应该是相当稳定的,这样既有利于保险经营,也有利于投保人续保。对于投保人,稳定的费率可使其支出确定,免遭费率变动之苦;对于保险人,尽管费率上涨可以使其获得一定的利润,但是费率的不稳定也势必导致投保人的不满，影响保险人的经营活动。

5. 弹性原则

弹性原则要求保险费率在短期内应该保持稳定，在长期内应根据实际情况的变动作适当的调整。因为在较长的时期内由于社会、经济、技术、文化的不断进步与变化，保险标的风险状况发生变化，保险费率水平也应随之变动。如随着医药卫生、社会福利的进步，人类寿命延长、死亡率降低、疾病减少，过去厘定的人寿保险费率就需要进行调整，以适应变化了的情况。

（四）保险基金的建立

保险的分摊损失与损失补偿功能是通过建立保险基金实现的，用于自然灾害、意外事故和人生自然规律所致的经济损失和人身损害的专项货币基金，它包括财产保险的补偿基金和人身保险的给付基金。它主要来源于开业资金和保险费。《保险法》第九十八条规定："保险公司应当根据保障被保险人利益、保证偿付能力的原则，提取各项责任准备金。保险公司提取和结转责任准备金的具体办法，由国务院保险监督管理机构制定。"就财产保险的保险基金而言，它表现为除资本金外，保险基金以各种责任准备金的形式存在，表现为未到期责任准备金、赔款准备金、总准备金和其他准备金几种形式；就人身保险而言，主要以寿险责任准备金的形式存在。保险基金具有来源分散性和广泛性的特点，基金运用中表现出退还性、专项性、增值性，赔付责任具有长期性等特点。

（五）订立保险合同

保险是投保人与保险人之间的经济关系，这种经济关系是通过保险合同的订立来确定的。签订保险合同属于法律行为，是通过投保人与保险人之间的要约与承诺形成的法律事实。由于保险活动不是即时结清的买卖行为，所以保险的这一特性要求保险人与投保人应在确定的法律或契约关系（即采用书面协议的形式）约束下履行各自的权利与义务，并由《保险法》或《民法典》加以规范和调整。除法律或订约人双方另有约定外，保险合同一经成立，立即生效，投保人和保险人必须遵守合同规定的各自履行义务，同时也享有权利。因此，订立保险合同是保险得以成立的基本要素，它是保险成立的法律保证。

第二节　保险的特征

保险自身作为一种制度已经有近千年的历史，发展至今已逐渐成为一个完整的体系。归结起来，保险具有以下几个基本特征。

一、保险的基本特征

(一)互助性

互助性是从众多的被保险人的角度来看保险。保险的运行机制是大家共同出资,通过保险人建立保险基金,当有被保险人遭受损失时,就可以从共同的保险基金中提取资金对其进行损失补偿。这就意味着一个人的损失由大家共同来承担,体现了“人人为我,我为人人”的互助共济精神。在保险的组织形式中,至今仍然存在的相互制保险公司就深刻地体现了保险互助性的特点。

(二)契约性

从法律的角度看,保险是一种契约行为。保险双方当事人通过合同的形式约定双方的权利和义务,合同的履行以及变更等都要受到相关法律的制约。依据《保险法》的规定,投保人提出保险要求,经保险人同意承保,并就合同条款达成协议,保险合同成立;保险人收到被保险人或者受益人给付保险金的请求后,应及时作出核定;属于保险责任的,在与被保险人或者受益人达成有关赔偿或者给付保险金额的协议后10日内,履行赔偿或者给付保险金义务。因此,保险双方当事人的意愿通过履行保险合同而体现,双方意愿的改变通过合同的变更而实现。保险的契约性是保险的一个重要特征。

(三)经济性

从根本上说,保险是一种经济行为。从保险的需求来看,随着社会的发展和不断进步,人们所面临的风险有增无减,而且新的风险也在不断出现,而单个个体面对风险时也更加脆弱;人们迫切希望通过某种方式将损失的不确定性转移出去,而宁愿为此付出一定的成本。从保险的供给来看,从早期的基尔特制度到现代商业保险,其经营的基本理念是不变的,都是保险人通过集合大量的同质风险,运用大数法则和概率论等相关技术进行合理定价,设计出将不确定的风险损失转化为确定的小额费用支出的保险产品。于是在保险经营中,投保人通过交纳保险费,购买保险产品,将自身所面临的风险损失转嫁给了保险人;保险人收取保费,形成保险基金,用于未来的赔付。

(四)商品性

在商品经济条件下,保险是一种特殊的劳务商品,保险业属于国民经济第三产业,所以保险体现了一种对价交换的经济关系,也就是商品经济关系。这种商品经济关系直接表现为个别保险人与个别投保人之间的交换关系,间接表现为在一定时期内全部保险人与全部投保人之间的交换关系,即保险人销售保险产品,投保人购买保险产品的关系。具体表现为，保险人通过提供保险的补偿或给付，保障社会生产的正常进行和人们生活的安定。

(五)科学性

保险是一种科学处理风险的有效措施。在保险经营过程中，保险人运用概率论和大数法则等工具，通过将大量的面临相同风险的个体集中起来，对整体风险发生的概率进行测算，计算出保险产品的价格，从而建立起具有科学性的保险基金，保证保险业的稳健发展。保险经营坚实的数理基础正是保险科学性的体现，而随着保险精算技术的发展与应用，保险自身的经营将更加稳健和科学。

二、保险的比较特征

在社会经济生活中，有些行为在某些方面与保险比较相似，如果不加区分将会对保险产生模糊甚至错误的理解。实际上，这些经济行为在本质上与保险存在明显区别，下面我们对此加以比较分析。

(一)社会保险与商业保险

社会保险是指国家通过立法的形式，采取强制手段对全体公民或劳动者因遭受年老、疾病、生育、伤残、失业和死亡等社会特定风险而暂时或永久失去劳动能力、失去生活来源或中断劳动收入时的基本生活需要提供经济保障的一种制度。主要险种有养老保险、医疗保险、失业保险、工伤保险和生育保险。

商业保险与社会保险一样，都是以风险的存在为前提，以社会再生产的要素为对象；以概率论和大数法则为制定保险费率的数理基础，以建立保险基金作为提供经济保障的物质基础。二者都是使一部分人群在遭受风险损失时，能获得约定的补偿，两者都是社会经济保障体系的重要形式，它们既相互联系、相互补充和相互配合，又有区别，各自体现不同的特点。商业保险侧重商业性，而社会保险侧重社会性，它们的区别主要表现在以下几个方面：

1. 性质不同

社会保险作为一项社会保障制度，体现的是政府的职能和责任，具有社会福利的性质。开办社会保险的目的是保障公民的基本生活需求，维护公民应该享有的合法权益，确保社会经济生活的安定。这说明社会保险不以营利为目的，它所追求的主要是社会效益；商业保险是一种以营利为目的的商业活动，保险企业作为商业保险的经营机构需要自负盈亏，其首要目标是追求利润最大化，以追求经济效益为最主要目的。因此，保险企业要确定合理的保险费率，积极运用保险基金进行投资，保证自身的经济效益。

2. 实施方式不同

社会保险一般采取强制方式实施，属于强制保险。对于单位和个人而言，只要属于社会保险范围的保险对象，不论其是否愿意，都必须参加。社会保险的保障范围、保费缴纳标准、给付水平都依据相关法律确定，被保险人无权自由选择；商业保险一般采取自愿原则，属于自愿保险（但也有少数商业险种，比如机动车辆第三者责任险属于强制保险），投保人是否投保、投保险种以及保险金额等都可以自行选择，而保险人在承保与否以及承保条件上也有自主性。因此，商业保险属于商业行为，具有自愿性的特点。

3. 经营主体不同

社会保险可以由政府或其设立的机构办理，也可以委托金融经营机构，如基金公司、银行和保险公司代管，带有行政性特色；商业保险的经营主体是商业保险公司，具有经营性，以追求经济效益为目的。我国《保险法》第六条规定："保险业务由依照本法设立的保险公司以及法律、行政法规规定的其他保险组织经营，其他单位和个人不得经营保险业务。"

4. 保费来源不同

社会保险的保险费来源主要有政府财政拨款、企业缴纳保险费和劳动者个人缴纳保险费三个渠道，是通过集合国家、企业和个人三方面的力量为社会成员提供基本的生活保障。至于三个渠道的比重，因险种不同、经济能力不同而有所差异。商业保险的保险费只能是来自投保人，其水平是用科学的精算方法计算出来的。由于投保人要负担全部的保险费，而且还要负担保险企业的经营管理成本，因此商业保险的缴费水平明显高于社会保险。

5. 保障程度不同

社会保险的保险金额由国家立法统一规定，其给付标准以社会平均生活水平为依据，一般介于社会贫困线与社会平均收入之间，只提供基本的生活保障。社会保险的保障水平较低，有利于低收入群体、不幸者和退休人员，体现了社会保险的公平性；商业保险的保费缴纳由投保人的支付能力和风险保障需求决定，实行"多投多保，少投少保，不投不保"的原则。由于给付标准与所缴保费之间有密切联系，不同商业保险的保障水平相差较为悬殊，有利于高收入群体巩固自己的生活保障。一般而言，商业保险的保障程度相对高于社会保险的保障程度。

6. 保险对象不同

社会保险具有普遍性的特点，其保险对象是社会保险法律所规定范围的劳动者，有的高福利国家已经扩展到全体公民，保障范围相当广泛。由于商业保险是自愿选择投保，因而不具备普遍性的特点，在保险对象的选择上比较灵活，无论是劳动者还是非劳动者都可以根据需要自行投保。但就实际来看,低收入的劳动者对商业保险往往缺乏足够的支付能力。在保障内容上,商业保险也比社会保险的覆盖面宽泛得多,不但涉及人的身体和生命,也涉及各种财产及其相关利益。

(二)保险与储蓄

保险与储蓄都是将当前的结余资金作未来所需的准备,体现未雨绸缪的思想,尤其是一些人寿保险的险种,本身就有长期储蓄性质。同时,保险和储蓄所聚集的资金也都是社会后备基金的组成部分,但保险与储蓄在诸多方面存在不同。

1. 主体不同

保险的消费者必须符合保险人的承保条件,有些人经核保可能会被拒保或以附加条件承保;储蓄的主体可以是任何单位和个人。

2. 互助性不同

储蓄是自我不同年龄阶段的风险转移,而保险是风险在众多同质单位之间的转移,前者基本没有互助性,而后者是社会互助的结果。

3. 权利主张不同

储蓄是将风险留给自己,依靠个人积累来应对未来风险,是一种自助行为,它无须付出任何代价,但也可能陷入保障不足的窘境;而保险是将所面临的风险用转移的方法,靠集体的财力为风险带来的损失提供足够的保障,是一种权利主张行为,保险须付出一定的代价,即保费。

4. 经营方式不同

保险是多数经济单位或个人之间的互助共济行为,需要采用特殊的精算计算方法,目的是共同分担风险所造成的损失,分摊金的计算有特殊的数理依据;而储蓄只是一种自助行为,其目的只是为应付自己日常开支,一般无须特殊的数理计算。

(三)保险与救济

保险与救济都是对灾害事故进行补偿的行为,都能减轻灾害事故给人们造成的损失,其目的均在努力使社会生产、生活保持稳定,而且在现代保险制度出现之前,对自然灾害、意外事故等风险事件造成的损失,主要是通过民间组织救济或政府社会救济来进行补偿的,但是两种制度还是有着本质区别的。

1. 提供的主体不同

一般来说,保险是商业保险公司提供的,是一种商业行为;而救济包括民间救济和政府救济,由个人、社会组织或政府机构提供。

2. 提供保障资金来源不同

保险用于补偿损失的保险基金是由保户缴纳的保费构成的,其形成有科学的数理依据；而政府救济基金来源于国家财政，救济金的多少取决于国家的财力；民间救济由捐资人自愿出资建立，没有任何规定和约束。

3. 提供保障的可靠性不同

保险关系是依靠法律合同来确定的，合同的签订使被保险人得到赔付的权利受法律保障，而民间救济则是一种单纯的临时性施舍，任何一方都不受法律约束，法律不能强制要求承诺方履行赠予或施舍行为；而政府救济虽然也受到法律约束（我国有《社会救助暂行办法》），但不是合同行为，政府救济的时效性、保障水平等受政府财力及政策约束较大。

4. 提供的保障水平不同

保险的补偿水平与损失情况、投保人的缴费水平有直接关系，因此一般能使被保险人的实际损失得到充分补偿，而救济是单方面行为，被救济者与救济者不存在权利义务关系，被救济方无须为获得救济而承担任何义务，救济水平与其实际损失及行为无关，谈不上经济补偿；至于政府救济，要依法实施，但一般标准很低，通常依据当地最低生活水平而定。

近年来，随着政府职能的转变和保险功能、优势被广泛认识，越来越多的领域在运用保险机制参与社会管理，以提高效率、保障公平，在救灾、救济、社会治理等领域保险公司也开发了相应保险产品，纳入政府采购，造福社会，如自然灾害公众责任险、见义勇为责任险，因此救灾、救济也不完全是民间组织或政府部门的事情，保险市场及其产品也可以发挥一定作用。

（四）保险与赌博

保险与赌博都是与风险打交道，都是不确定性的随机事件，都带有很强的偶然性，当事人所付出的代价与所得回报之间也没有对等关系，从这些方面来看，两者有较大的相似性。在我国保险业发展初期，由于人们对保险缺乏足够的了解，有不少人把保险等同于赌博，而拒绝参加保险，即使现在在一些偏远地区也有一部分人存在这样的想法。其实，两者有着本质区别：一是对象不同，在保险关系中，投保人或被保险人对保险标的必须具有法律上承认的经济利益，而赌博的对象则可以是与自己毫无利害关系的任何财物或事件；二是目的不同，保险以发扬社会互助共济精神，谋求社会经济生活的安定，利己利人为目的，而赌博则是以欺诈贪婪之心凭侥幸图谋暴利，损人利己；三是风险性质不同，保险经营的是纯粹风险，投保人没有获利的可能，而赌博面对的是投机风险，风险事件发生后有损失和获利的双重可能；四是经营后果不同，保险公司经营要运用精算等技术，有可能因为定价不合理或经营不善而导致亏损，而赌博的经营者只提供一个交易场所，通过提取一定费用来获得收益，本身是不承担风险的，因此风险并未集中，仍然还是存在于各参与者之间，也就不存在亏损的可能。

（五）保险与担保

保险是对偶然事故造成的损失所做的补偿，担保也是以偶然事故的发生为条件的，两者有相似之处，甚至有时候保险可以作为担保的一种形式。

两者的区别在于，一是保险是独立契约，而担保通常属于从属契约，是对买卖行为或债务行为的背书。二是保险人给予赔付后一般不会对投保人或被保险人及其代表追偿，而担保行为下，担保人一般会要求被担保人、保证人等关联方先履行合同，或处置担保物，在关联方没有赔付能力时代为向权利人赔付，代为赔付后可以向被担保方追偿。三是保险通常是对列明风险事件发生后导致的损失予以赔偿，要设立免赔额、除外责任等条件，对自然灾害等不可抗力以及故意行为等社会心理因素造成的事故是不予赔付的，而担保通常是对损失后果无条件的承担，不论事故造成的原因，因此对被保险人的故意行为、道德风险通常也是不予除外的，是无条件的。四是签订保险合同时，保险人通常会要求投保人、被保险人遵守相关义务，对于风险扩大的，要增加保费或终止保险合同，保险通常是按期限签订合同和收取保费，合同提前终止时要退还对应期间的保费，而担保是按每笔业务收取保费的，即使被担保人提前履行了合同，担保费也是不予退还的。

因为保险公司强大的经济实力和信用，保险公司也是担保市场的一个重要主体。为规避系统性风险，2011 年我国保监会规定，除诉讼担保、与出口信用险业务相关的担保以及海事担保外，保险公司不得对外提供担保。但同时，我国的《保险法》也允许财产险公司经营保证保险业务，按照传统保险业务来进行管理，其实这也是一种担保性质的业务。

第三节　保险的分类

一、按保险性质划分

按保险的性质进行划分，保险可以分为商业保险，社会保险和政策性保险。

（一）商业保险

商业保险是指以营利为目的，在保险双方当事人自愿的基础上订立保险合同，由投保人缴纳保险费建立保险基金，当被保险人发生合同约定的保险事故时，保险人履行赔付或给付保险金的义务，商业保险合同主要可以分为财产保险合同和人身保险合同两大类。由于人身价值难以用货币衡量，而且寿险合同的主要作用体现在储蓄方面，所以通常在人身保险中用“给付”的概念来代替财产保险中“赔付”的概念。就本书的研究对象而言，主要限定在商业保险的范围之内。

（二）社会保险

社会保险是指国家通过立法的形式，对国民收入进行分配和再分配，建立社会保险基金，在劳动者因年老、疾病、伤残、生育、失业等风险而暂时或永久丧失劳动能力或失去收入来源时，为劳动者提供经济保障的一种社会保障制度。社会保险的主要险种有社会养老保险、医疗保险、失业保险、工伤保险等。社会保险是社会保障制度中最重要的一个组成部分，对促进社会安定起到了重要作用。

（三）政策性保险

政策性保险是指政府为了实现特定的政策目的，运用普通的商业保险技术所开办的一种保险，政策性保险一般由政府投资设立专门保险机构进行经营，或者由政府委托商业保险公司代办保险业务。政策性保险所承保的风险通常损失程度较高，但出于政策上的考虑而需要收取相对较低保费，从而导致商业保险公司不愿承办该类业务。在这种情况下，只能采取开办政策保险的办法。政策性保险在国际上受到各国政府的普遍重视，通常采取财政补贴、税收减免、法律支持和行政保护等措施来推动其发展。

常见的政策性保险主要有以下四类：第一，为保护农业的国民经济基础地位而开办的农业保险，主要包括种植业保险和养殖业保险两大类；第二，为扶植中小企业发展而开办的信用保险，包括无担保保险、预防公害保险、特别小额保险等；第三，为推动国际贸易发展而开办的输出保险，主要包括出口信用保险、外汇变动保险、出口票据保险、海外投资保险、存款保险等；第四，为保障国民经济生活稳定而开办的巨灾保险，主要针对地震、洪水、台风等重大风险所引起的巨灾损失。

二、按实施方式划分

依据保险的实施形式的不同，保险可以分为强制保险和自愿保险。

（一）强制保险

强制保险，也称法定保险，是根据国家颁布的有关法律法规在规定范围内的个人或单位必须投保的保险。这类保险是为实施某项政策目的所采用的保险手段，具有强制性、全面性等特点。投保人（被保险人）与保险人之间的权利、义务关系是基于国家法律、行政法规的效力而产生的，不论保险双方是否同意，都必须办理，而且只要是在国家法律、行政法规规定的保险范围内的保险标的，必须全部参加保险。例如，机动车辆保险和雇主责任保险在不少国家都是依法强制投保的。各国的社会保险项目(养老保险、医疗保险、失业保险等)一般也都是依法强制实施的。

(二)自愿保险

自愿保险是指投保人和保险人在自愿原则的条件下,订立保险合同而建立保险关系的保险。是否参加保险、参加何种保险、投保的保险金额有多少等等,都由投保人自己决定;是否予以承保、适用何种费率等内容,则由保险人自己决定。只有在双方协商一致的情况下,才能订立保险合同。我国《保险法》第十一条明确规定:"订立保险合同,应当协商一致,遵循公平原则确定各方的权利和义务。""除法律、行政法规规定必须保险的以外,保险合同自愿订立。"大部分的保险业务都采用自愿保险的方式,以适应人们对不同种类、不同层次的保险需求。

三、按保险标的划分

依据保险标的的不同,保险可以分为财产保险和人身保险。

(一)财产保险

财产保险是以财产及其相关利益作为保险标的的保险,在保险期间保险人对因保险合保约定的保险事故发生所造成的保险标的的损失承担经济赔偿责任的一条保险。

财产保险有狭义的财产保险和广义的财产保险之分。狭义的财产保险是以各类质财产(有形财产)作为保险标的的;而广义的财产保险除了承保有形财产,还承保有形财产有关的利益、费用、责任、信用等无形财产。狭义的财产保险仅指财产损失保险,而广义的财产保险除财产损失保险外,还包括责任保险、信用保险和保证保险。

1. 财产损失保险

财产损失保险是以各类有形物质财产作为保险标的,在保险期间,因保险事故发生致使保险标的遭受的损失,由保险人承担经济赔偿责任。包括企业财产保险、家庭财产保险、运输工具保险、货物运输保险、建筑工程保险等。

2. 责任保险

责任保险是以被保险人的民事损害赔偿责任作为保险标的的保险。由于被保险人的过失、疏忽等行为,给他人造成了经济损失,根据法律或者契约规定的应由被保险人对受害人承担的经济赔偿责任,由保险人负责赔偿。包括公众责任保险、雇主责任保险、产品责任保险、职业责任保险、污染责任保险等。

3. 信用保险

信用保险是以信用行为作为保险标的的保险,是债权人因债务人不能偿付或拒绝偿付债务而遭受的经济损失为保险标的的保险，包括商业信用保险、出口信用保险、信用卡保险等。

4. 保证保险

保证保险是由被保险人（债务人）要求保险人对自己的信用提供担保。如果由于被保险人不履行合同义务致使权利人受到经济损失，应由保险人承担赔偿责任。

（二）人身保险

人身保险是以人的寿命和身体作为保险标的的保险。保险人对因意外灾害、疾病、衰老以致丧失工作能力、伤残、死亡或年老退休时给付约定的保险金。其主要目的是为生、老、病、死、残等人身风险提供保障，解决因此所造成的财务困难。按照保障责任的范围，人身保险又可以进一步细分为人寿保险、意外伤害保险和健康保险。

1. 人寿保险

人寿保险，又称寿险或生命保险，是以被保险人的寿命为保险标的，并以被保险人在保险期满时仍生存或在保险期间内死亡为条件，给付约定保险金。人寿保险包括定期寿险、终身寿险、两全保险、年金保险、养老保险等。

2. 意外伤害保险

意外伤害保险是以人的身体和寿命作为保险标的，当被保险人在保险期间因遭遇意外事故致使身体遭受伤害而残废或死亡时，由保险人按约定给付保险金的一类保险。

3. 健康保险

健康保险是指保险公司通过疾病保险、医疗保险、失能收入损失保险和护理保险等方式对因健康原因导致的损失给付保险金的保险。

四、按承保方式划分

依据保险人承保方式的不同，保险可以分为原保险、再保险、重复保险和共同保险。

1. 原保险

原保险是指投保人和保险人直接订立保险合同，当保险标的发生该保险合同责任范围内的损失时，由保险人直接对被保险人承担经济赔偿责任的保险。在实务中，原保险也叫直接保险。

2. 再保险

再保险，也称分保，是指保险人或再保险人将其承担的保险业务部分或全部转移给其他保险人或再保险人而形成的保险关系，其目的是减轻自身承担的保险风险和责任。

3. 重复保险

重复保险是投保人对同一保险标的、同一保险利益、同一保险事故分别与两个以上保险人订立若干份保险合同,且保险金额总和超过保险价值的保险。

4. 共同保险

共同保险,简称共保,是指由两个或两个以上保险人,使用同一保险合同对同一保险标的共同承担同一风险责任的保险。

五、按投保主体划分

依据投保主体的不同,保险可以分为团体保险和个人保险。

1. 团体保险

团体保险是指以团体或者单位为投保人,以团体或者单位员工为被保险人的保险。团体保险的投保人都是该团体或单位的法定代表人,投保人数一般为该团体或单位人数的75%以上。

2. 个人保险

个人保险是指以个人作为投保人、被保险人的保险,如个人养老金保险、家庭财产保险等。

六、按保险金额和保险价值的关系划分

依据保险金额和保险价值的关系又可以分为足额保险、不足额保险和超额保险。其中,足额保险指的是保险金额和保险价值相等的保险;不足额保险指的是保险金额小于保险价值的保险;超额保险指的是保险金额大于保险价值的保险。

第四节 保险的职能与作用

一、保险的职能

职能是指某种客观事物或现象内在的、固有的功能,是由事物的本质和内容所决定的。保险的职能是指保险内在的、固有的功能,它是由保险的本质和内容所决定的。一般认为保险的职能分为基本职能和派生职能。

(一)保险的基本职能

保险的基本职能是指保险的原始职能与固有职能,它不因时间的推移和社会形态的不同而改变。保险的基本职能包括补偿损失职能和经济给付职能。

1. 补偿损失职能

保险是在特定灾害事故发生时，在保险的有效期和保险合同约定的责任范围以及保险金额内，按其实际损失金额给予补偿。通过补偿使得已经存在的社会财富因灾害事故所致的实际损失在价值上得到补偿，在使用价值上得以恢复，从而使社会再生产过程得以持续进行。这种补偿既包括对被保险人因自然灾害或意外事故造成的经济损失的补偿，也包括对被保险人依法应对第三者承担的经济赔偿责任的经济补偿，还包括对商业活动中的违约行为造成的经济损失的补偿。

2. 经济给付职能

人寿保险与财产保险是两种性质完全不同的保险。由于人的价值很难用货币来计量，因此，人寿保险的保险数额是由投保人根据被保险人对人寿保险的需要程度和投保人的交费能力，在法律允许的情况下与被保险人协商后确定的。所以，人寿保险的职能一般不是损失补偿，而是经济给付。

(二)保险的派生职能

随着保险内容的丰富和保险种类的发展，保险的职能也有新的发展，在保险基本职能的基础上，产生出派生职能。保险的派生职能主要有以下三项：

1. 防灾防损职能

防灾防损是风险管理的重要内容。由于保险的经营对象是风险，因此保险本身也是风险管理的一项重要措施。保险企业为了稳定经营，要对风险进行分析、预测和评估，看哪些风险可作为承保风险，哪些风险可以进行时空上的分散等。

(1)保险的经营从承保到理赔，要对风险进行识别、衡量和分析，因此保险公司积累了大量的损失统计资料，其丰富的专业知识有利于开展防灾防损工作，进而履行其防灾防损的社会职责。

(2)从保险自身经营稳定和收益角度来讲，保险公司通过积极防灾防损，可减少保险的风险损失，增强其财务的支付能力，并增加保险经营的收益。

(3)保险公司加强防灾防损工作，能积极有效地促进投保人的风险管理意识，从而促使其加强防灾防损工作。

2. 融通资金职能

融通资金的职能是指将保险资金中闲置的部分重新投入到社会再生产过程中。保险人为了使保险经营稳定，必须保证保险资金的保值与增值，这就要求保险人对保险资金进行运用不仅有其必要性，而且也是可能的。一方面，由于保险保费收入与赔付支出之间存在时间差；另一方面，保险事故的发生不都是同时的，保险人收取的保险费不可能一次全部赔付出去，也就是保险人收取的保险费与赔付支出之间存在数量差和时间差。这些都为保险资金的融通提供了可能。保险资金融通要坚持合法性、流动性、安全性及效益性的原则。

3. 社会管理职能

保险的社会管理职能不同于国家对社会的直接管理，它是通过保险内在的特性，促进经济社会的协调以及社会各领域的正常运转和有序发展。保险的社会管理职能是在保险业逐步发展成熟并在社会发展中的地位不断提高之后衍生出来的一项职能。保险的社会管理职能具体体现在社会保障管理、社会风险管理、社会关系管理、社会信用管理四个方面。

(1)社会保障管理。商业保险是社会保障体系的重要组成部分，在完善社会保障体系方面发挥着重要作用。商业保险一方面可以扩大社会保障的覆盖面，另一方面可以提高社会保障的水平，缓解政府在社会保障方面的压力，为维护社会稳定和保障人民安居乐业作出积极贡献。

(2)社会风险管理。保险公司利用积累的风险损失资料和专业的风险管理技术，为全社会风险管理提供有力的支持。同时，保险公司还可以直接配合公安消防、交通安全、防汛防洪等部门，实现对风险的控制和管理。

(3)社会关系管理。保险公司介入灾害事故处理的全过程，可以提高事故处理效率，减少当事人可能出现的各种纠纷，为维护政府、企业和个人之间正常有序的社会关系创造有利条件，从而可以减少社会摩擦，提高社会运行的效率。

(4)社会信用管理。最大诚信原则是保险经营的基本原则，保险公司经营的产品实际上是一种以信用为基础、以法律为保障的承诺，在培养和增强社会的诚信意识方面具有潜移默化的作用。同时，保险公司经营过程中可以收集企业和个人的履约行为记录，为社会信用体系的建立和管理提供重要的资料，有助于实现社会信用资源的共享。

二、保险的作用

保险的作用是保险职能的发挥而产生的影响和效果。在不同的社会发展时期，由于保险所面临的经济条件不同，保险职能在人们的实践中表现的效果也不一样，因此保险的作用也不尽相同。如果保险职能实现得好，其作用是积极的、正面的；如果保险职能实现得不好，其作用可能是消极的、负面的。保险的作用主要体现在以下几个方面：

(一)保险在微观经济中的作用

保险在微观经济中的作用主要是指保险作为经济单位或个人风险管理的财务手段所产生的经济效应。这里的作用主要是指对企业或个人的作用，其作用具体表现在以下几个方面：

1. 有利于受灾企业及时恢复生产

在物质资料生产过程中，自然灾害和意外事故是不可避免的，这是一条自然规律。但在什么时间、什么地点发生，涉及面有多广，受损程度有多大，都是不确定的。我们对风险事故什么时候发生，在什么地点发生，会造成多大损失等问题很难给出确定的答案。企业对风险往往是防不胜防，事故一旦发生会给企业造成的巨大损失，企业单凭自身力量很难在短时间内恢复到受灾前的生产水平。如果参加保险，企业就可以在最短时间内获得经济上的补偿，重新购买机器设备、原料存货，及时恢复生产能力，把因生产中断造成的损失降到最低。同时，由于企业恢复生产及时，还可减少受灾企业的利润和费用等间接经营损失。

2. 有利于企业加强经济合算

保险作为企业风险管理的财务手段之一，能够把企业不确定的巨额灾害损失化为固定的少量的保险费支出，并摊入企业的生产成本或流通费用，这完全符合企业经营核算制度。因为企业通过缴付保险费，把风险损失转嫁给保险公司，不仅不会因灾害损失而影响企业经营成本的均衡，而且还保证了企业财务成果的稳定。如果企业不参加保险，为了不因灾损而使生产经营中断、萎缩或破产，就需要另外准备一套风险准备金，这种完全自保型的风险财务手段，对单个企业既不经济也不可能。

3. 有助于保障家庭生活稳定

家庭是社会的基本单位，家庭的稳定是人们安心从事社会生产和参加社会活动的重要前提和基本保证，对全社会的稳定具有重要意义。但是，自然灾害和意外事故对于家庭来说同样是不可避免的，参加保险也是家庭风险管理的有效手段。人身保险和家庭财产保险等针对家庭的保险品种在这方面起到积极作用，家庭财产保险可以使受灾家庭恢复原有的物质生活条件。当家庭成员，尤其是工资收入者，遭遇生老病死等意外的或必然的事件时，人身保险通过给付保险金对家庭的正常生活起到了保障作用。

4. 有助于均衡个人财务收支

均衡个人财务收支主要针对人身保险而言。与财产保险补偿经济损失的作用相比，人身保险更多地体现了储蓄的性质，也就是将现在的财富积累下来以满足未来经济上的需要。实际上是让渡现在的消费权利，获得未来的消费权利。从人一生的角度来看，这种权利在时间上的转移是很合理的，因为一般而言，人的收入在其整个生命周期内波动幅度是比较大的。人在年轻的时候收入高，而到了老年收入会明显减少，但人的消费在其整个生命周期内波动幅度并不大，无论年轻还是年老，维持生活的基本消费都是必需的，而且如果没有特殊的经济方面的原因，人们倾向于保持原有的生活消费习惯。也就是说，随着年龄的增长，收入和消费之间显然具有不平衡性，个人储蓄是解决问题的一种方法，但储蓄带有更多的随意性和目标不确定性，人们往往缺乏足够的毅力来一丝不苟地完成自己的储蓄计划，而且储蓄很容易被挪作他用，人身保险弥补了这方面的不足。

(二)保险在宏观经济中的作用

保险在宏观经济中的作用是保险职能的发挥对全社会和国民经济体所产生的经济效应。具体表现在以下几个方面。

1. 保障社会再生产的正常进行

现代经济社会中，社会分工越来越细化，各生产部门的专业性越来越强，对他们之间的协作要求越来越高，各经济主体之间存在着千丝万缕的联系，一家企业能否稳定生产不仅对自身至关重要，而且对与之有密切经济联系的其他企业也有非常大的影响。在这种状态下，如何把事故发生及损失控制在一定范围之内显得尤为重要，保险就提供了这样一种机制。当一家企业发生风险事故，生产受到影响时，通过保险可以使损失及时获得经济补偿，企业以最快的速度恢复生产，从而把对别的企业的影响降到最低点。保险就如一道“防火墙”，阻挡住损失的扩散，从而保证社会再生产的连续性和稳定性。

2. 有助于推动社会经济交往

现代社会的经济交往主要表现为商品的买卖和资金的借贷。作为经济社会中的个体而言，由于企业或个人掌握的信息都是不完全的，不可能深入了解每一个与之有联系的经济主体，能否彼此之间进行商品买卖或资金借贷在很大程度上取决于对方的信用状况，显然信用越好，交往的可能性就越大。保险作为对意外事故的经济补偿，在一定程度上可以消除经济主体对信用的顾虑，客观上起到了提高信用度的作用。同时，在现实生产生活中还存在其他一些不确定因素可能会阻碍经济交往顺利进行，如商品在运输过程中会因交通事故而受损，这种损失会直接导致经济交往的中断，保险机制则可以将中断的经济交往再次衔接起来，保证商品流通顺畅无阻。对一国而言，国内外的经济交往越顺利、越频繁，经济就越有活力，发展得就越快，显然保险在这方面起到了不小的作用。

3. 扩大积累资金规模

一定时期的国民收入经过分配和再分配形成积累基金、消费基金和后备基金三部分。积累基金被投入到社会再生产过程，消费基金被消费掉，后备基金用于弥补经济损失。保险基金作为后备基金的一部分，经过保险投资重新进入社会再生产过程，实际上增加了积累基金的规模。

4. 推动科技向现实生产力转化

“科学技术是第一生产力”,科学技术对经济发展的促进作用如今体现得越来越明显,它逐渐成为经济发展最主要的推动力。采用新技术可以提高企业的劳动生产率,使产品升级换代,扩大市场份额,企业发展的一个趋势是把新产品的研发摆在最重要的位置上,但对新技术的开发,企业存在顾虑,主要原因是开发新技术要面临风险。采用新技术就意味着新的风险,这一点从风险投资可以看得很清楚。资料表明,面向高新技术的风险投资的成功率约为1/3。保险会给企业带来保障,推动企业开发新技术、新产品,推动科技发展。

5. 增加外汇收入,增强国际支付能力

保险是对外贸易和国际经济交往中不可缺的环节。按照国际惯例,进出口贸易都必须办理保险,保险费与商品的成本价和运费一起构成进出口商品价格的三要素。一国出口商品时争取到岸价格,即由己方负责保险,则可减少保险成本支出。此外,当一国进入世界保险市场参与再保险业务时,应保持保险外汇收支平衡,力争保险外汇顺差。保险外汇收入是一种无形贸易收入,对于增强国家的国际支付能力起着积极作用。

6. 能够在世界范围内分散风险

保险公司是集散风险的中介,就单个保险公司而言,其所能集中的风险量总要受到自身承保能力的限制,超过的就要向其他保险人分出,或对巨额风险采取共保方式。当某项风险事故可能造成的损失非常巨大,超过单个保险公司的承受能力时,保险人就要将超过的部分通过再保险机制转移出去。当再保险行为跨越国界,涉及两国或两国以上的保险机构时,风险实际上是在国际范围内进行分散。另一种方式是外国的保险机构直接到本国从事保险业务,那么风险也就被直接转移到了国外。风险在世界范围内分散,相当于将世界范围内的保险基金联合为一个整体,共同应付风险。

专栏3-2 保险小故事——不要把所有的鸡蛋都放在一个篮子里①

有一个扒手在失手被抓后,警察好奇地问他:“一般人应如何防止扒手带来的损失?”扒手答道:“不要把你所有的钱都放在一个口袋里。”

某年,美国有一家银行因为违规营业以及财务上的问题,被联邦政府勒令关闭。该公司被接管后,马上通知所有的有款人前往提款。因为,美国的银行有十万元的存款保障,也就是说,银行倒闭时客户的存款若在十万元以内,都不会受

① 资料来源:马倩茹. 不要把所有鸡蛋放在一个篮子里. 故事家,2009(9).

到损失。

可是，偏偏有许多人，尤其是华人的存款往往超过十万元，有的甚至高达百万美元。结果是毕生积蓄，就这么化为乌有，损失实在惨重。

启示：不要把所有的鸡蛋都放在一个篮子里，多一个篮子少一分风险。

第五节　保险的经济成本

保险经济成本是指保险经营者经营保险所支出的费用，它主要由保险组织运营成本、逆向选择的克服成本、道德风险的克服成本组成。

一、保险组织的运营成本

由于经济制度的不同和历史方面的原因，各国对商业保险组织的形式有不同的规定，保险人会以不同的组织形式进行经营，但无论以何种形式进行经营，其经营成本在所难免。

保险组织的运营成本主要指保险公司在业务经营过程中所发生的业务费用，包括赔偿承保风险事故经济损失的费用和营业费两种。赔偿风险事故损失的费用，主要由技术方面的因素决定，因为风险事故的发生与否同经营的方针政策关系较小；而营业费用则主要由保险公司经营方面的因素决定，可以视为由于保险组织运营产生的成本。

这里讨论的保险组织运营成本是由于保险制度运行所产生的费用，只包括营业费用，不包括赔偿风险事故损失的费用，因为损失赔偿产生的费用不是因为保险制度的运作带来的，它仅仅是部分社会生产中不得不付出的代价的一种具体支出形式而已。

保险在社会产业分类中被归入金融服务类，仅从营业费用的角度考虑运营成本，保险组织与其他服务类企业没有什么不同。一般意义上，保险企业在业务经营过程中发生的与业务经营有关的支出包括各项利息支出、赔款支出、金融机构往来利息支出、各种准备金以及有关支出都要计入成本。其中赔款支出和准备金中的保险未决赔款准备金属于赔款承保风险事故经济损失的费用，将这一部分扣除掉就成了保险组织的营业费用，也即运营成本。具体为利息支出、固定资产折旧费、手续费支出、业务宣传费、防灾费、业务招待费、外汇、金银和证券的买卖损失、各种准备金(扣除保险未决赔款准备金)、业务管理费、人员费用。

二、逆向选择的克服成本

（一）逆向选择问题

我们在分析保险的运行机制时，隐含的前提是保险人和被保险人相互之间有充分的了解，双方都是理性、善意的，而现实中这种假设很难成立。这主要基于两点考虑：一点是信息不对称是绝对的，买卖双方不可能完全知晓对方的底细，保险人在这方面的信息劣势是绝对的。另一点，虽然保险合同要求投保人遵循最大诚信原则，但投保人作为一个理性的人，其行事以自身的经济利益为标准，在不违法的前提下，投保人一定会利用各种可能来为自己谋利。信息不对称对市场产生的影响而导致的结果是“次品”驱逐“良品”，信息经济学将这种情况称为“逆向选择”。

逆向选择普遍存在于保险市场中。假设市场上只存在两类投保人，一类遭受损失的可能性较大，属于“高风险者”；另一类遭受损失的可能性较小，属于“低风险者”。如果保险人清楚每一类投保人的状况，他将对两类投保人收取不同的保费。实际上保险人很难清楚地了解每一个投保人面临的风险情况，无法区分“高风险者”和“低风险者”，那么他只有按平均水平收取保费。这介于应向“高风险者”收取的高额保费和应向“低风险者”收取的低额保费之间，实际是“低风险者”补贴了“高风险者”。显然，“高风险者”乐于接受这一水平的保费而“低风险者”将拒绝，于是市场上只剩下了“高风险者”与保险公司进行交易。保险公司在知道了“低风险者”不会投保之后，必然会提高保费，“低风险者”会更进一步拒绝投保。逆向选择问题导致“低风险者”远离保险，保险公司只为少数的“高风险者”提供保险保障。

（二）克服逆向选择的措施

逆向选择源于信息不对称，解决问题的方法自然是消除交易前的信息不对称，使信息劣势方能够获得充分的信息，将“次品”和“良品”区分开来，信息经济学称之为信号传递。信号传递会产生成本，信息了解得越充分，成本就越高。比如在健康保险中，为了判断投保人的健康程度，保险公司需要对投保人进行体检，这就需要付出成本，这是我们为了解决逆向选择问题，维持保险制度运行而不得不付出的成本。

三、道德风险的克服成本

与逆向选择发生在交易前相反，道德风险则常常发生在交易之后。道德风险是指“从事经济活动的人在最大限度地增进自身效用时做出不利于他人的行动”[①]。道德风险存在于下列情况：由于不确定性和不完全的或有限制的合同使负有责任的经济行为者不能承担全部损失（或利益），因而他们不承受其行动的全部后果，同样地，也不享受行动的所有好处。由于在经济活动中人们的信息不对称，因此在签合同的时候总会遇到一些不确定性，正是由于这些不确定性，使得经济行为者不能对自己的行为负有全部责任，而这又会导致合同的不完全性。正是由于合同的不完全性，使得投保人和保险人双方在签订保险合同后其行为发生变化，倾向于为维护自己的利益而去牺牲他人利益的倾向。不论是投保人还是保险人都存在道德风险问题，对于投保人而言，道德风险又分为事前道德风险和事后道德风险。

事前道德风险是指被保险人的行为在防损方面产生的利己倾向。投了汽车保险的人假如在发生车祸之后能够获得足额赔偿，投保人出车祸的可能性就会增加，损失期望值也会变大。更为极端的例子是保险恶意欺诈，在财产险中表现为故意破坏保险财产以获取保险赔偿金，在人身保险中则会出现为获保险金谋杀被保险人的情况。法律要求投保人对被保险人的生命必须有可保利益，其目的也是最大限度地降低道德风险。

事后道德风险是指被保险人行为在减损方面产生的利己倾向。一个人给家庭财产投了足额保险，当发生火灾时，他可能不会采取积极措施来抢救财产去防止损失进一步扩大；而如果没有投保，他可能会试图抢救尽可能多的财物，保险在无形之中将损失“扩大”了。另一个比较典型的例子发生在劳动力市场上，比起未享受失业保险的人，享有该保险的人可能在找工作时付出的努力较小。保险人为了防止此类情况的发生，会加强对被保险人的监督，从而导致成本的提高。道德风险也会体现在承保人身上，例如保险公司可能滥用保险基金进行投机性活动，使保险基金受损的可能性变大。

日常经营管理中，对风险的利益的驱使是道德风险出现的重要原因，若道德风险防范没有引起足够的重视，这就存在着极大的潜在风险。未雨绸缪，防范道德风险首先应从增强风险意识做起，这是克服保险成本的基础。

本章参考文献

1. 魏华林，林宝清．保险学．北京：高等教育出版社，2021.5.

① 伊特韦尔等．新帕尔格雷夫经济学大辞典．北京：经济科学出版社，1986.5.

2. 张洪涛．保险学．北京:中国人民大学出版社,2018.9.

3. 孙祁祥．保险学．北京:中国人民大学出版社,2018.9.

4. 徐爱荣,李鹏．保险学．上海:复旦大学出版社,2021.7.

重要概念

保险 商业保险 政策保险 社会保险 财产保险 人身保险 原保险 再保险 共同保险 重复保险 运营成本 逆向选择

复习思考题

1. 什么是保险？保险的要素主要有哪些？

2. 试比较商业保险和社会保险、储蓄、救济、赌博、担保的异同,并说明保险的性质。

3. 保险按标的划分主要有哪些种类？

4. 如何理解保险在国民经济中的地位？

5. 保险的职能有哪些？

保险案例

一场"薅羊毛"引发的争议:航延险还有多大意义？①

2020 年 6 月 10 日,"女子利用近 900 次航班延误理赔 300 万"的事件引发热议。

1. 航延险诈骗案

6 月 9 日,南京市公安局发布消息称,近日鼓楼警方成功侦破一起航班延误保险诈骗案,从 2015 年至今,嫌疑人李某通过购票虚构行程,在近 900 次延误航班中获得了高达 300 多万元理赔金。

根据通报,警方接到某保险公司报警称,在机票延误险赔付时,发现以李某为首的多人,使用不同护照号身份证号,多次进行理赔,怀疑公司可能遭遇了保险诈骗。

民警通过侦查发现,李某等 20 多人自 2015 年至 2019 年,在各大保险公司频繁申请航空延误险。理赔金赔付到具体保险人以后,下一步都会把理赔金转到李

① 资料来源:李致鸿．一场薅羊毛引发的争议:航延险还有多大意义？21 世纪经济报道．2020.6.11. https://baijiahao.baidu.com/s?id=1669174939237592453&wfr=spider&for=pc.

某手里。

据民警介绍:“在购买航班之前,李某会对航班以及当地天气进行分析。在网上综合评论找了一些延误率非常高的航班,起飞的时候再去看它的天气,她在心里估摸后再去购买航班对应的延误险。”

据调查,李某除了使用自己的身份外,其他用于购买机票的身份信息和银行卡信息,都是其以购买理财为由从亲朋好友处骗来的。其中一趟航班,李某以 5 个人的身份索赔到了 10 多万元。

由于李某根本不会去乘坐这些航班,因此李某时刻关注航班动态,如果了解到航班可能不会延误,她就会在飞机起飞之前把票退掉,尽量减少损失。一旦航班出现延误,李某便开始着手向保险公司索赔。

据警方介绍,李某之前曾从事过航空服务类工作,对于飞机延误信息及保险理赔的流程都有所了解,失业之后的她,便打起了骗取保险公司理赔金的主意。目前,李某因涉嫌普通诈骗罪与保险诈骗罪已被警方采取刑事强制措施。

此前不久,上海市也破获了一起航延险诈骗案,累计抓获犯罪嫌疑人 27 名,涉案金额超过 2 000 万元。据了解,相关嫌疑人利用提前获知的航班延误信息,虚构保险标的,对外招揽乘机人乘坐延误航班来骗取保险理赔金。

2. 各方声音不一

但对此次案例,各方声音不一。摘录如下:

(1)支持方

作为财产保险的航延险,其保险标的是被保险人因乘坐航班延误所遭受的经济损失。从目前信息看,李某本身并无乘坐航班的意图,也没有发生实际乘坐航班行为。李某投保的目的在于通过虚构乘坐航班获取保险金。前述行为既违反了保险最大诚信原则,又属于保险法禁止的虚构保险标的违法行为。

目前看来,李某的目的并不在于因某一次航班延误获取了保险金,而在反复虚构行程骗取保险金。

保险不是赌博;最大诚信原则是保险的基石;航班延误险的保险事实是乘坐航班发生延误,本案中无论动机还是行为,都不是真实的乘坐航班。

(2)反对方

李某只是利用既定规则,加上一定的运气,并非保险诈骗。

飞机是否延误是决定保险理赔的关键,这作为投保人的李某决定不了。

正是由于航空保险的特点是以航班延误来构成赔付条件,而航班延误不是投保人所能掌控的,也不可能是投保人的行为能造成的。

使用谁的身份购买保险并不是重点,重点是这个身份信息是否真实。因为保险公司并不筛选顾客,保险公司只审查购买延误险的人是否同时购买了某个航班的机票。至于该名乘客到底是谁以及是否实际搭乘该趟航班,保险公司并不审查或关心。

保险合同是一种射幸合同,其本质特征是保险标的具有不确定性。结合到本案,在订立保险合同时,李某不确定航班是否一定延误。但这并不意味着,李某不可以通过尽量地收集信息去做出自己的研判,从而做出有利于自己的决策。

3. 少数人对赌娱乐

事实上,网上曾有不少薅航延险羊毛的攻略。

公开信息显示,2007 年,南方航空的官网上出现了单独的航延险产品,这也航延险首次以单独的保险和保障服务亮相。

继航空公司后,银行的信用卡开始进入这一市场。2011 年后,保险公司开始陆续进入航延险市场,2015 年是其发展的高峰。

慧择网副总经理蒋力曾在接受经济观察报采访时表示,“10 年过去了,再回头看延误险,客人的时间依然被耽误,甚至更长,保险公司没有赚到钱,甚至停止了航延的承保,剩下的很多也是为了所谓的获客。时间无价,这不是保险可以解决的。现在的延误赔偿,成为保险公司和少数客人的对赌娱乐。”

近几年,保险公司一般不再单独推出航空延误险,多在综合保险产品中附带或以年卡形式出现。

据了解,很多保险公司对这一业务进行调整的原因是,所面临的赔付远远高于它收到的保费。

过去一段时间,保险公司为了获客,不以营利为目的大力推广延误险产品,误导对赌成分较重。

国务院发展研究中心金融研究所教授朱俊生表示,一些互联网保险产品具有小额、高频、海量、碎片的特征。不过,不是所有的风险均适合通过保险机制转嫁,最适合保险转嫁的风险通常具有发生概率低、损失程度高的特征,而航空延误险不完全具备这一特征,象征意义可能大于实际意义。

还有业内人士玩笑称,有个疑惑,保险公司开发航延险的初心是什么?时间价值损失补偿?延误不延误不是都在玩手机吗?只不过是在家玩、宾馆玩还是在机场玩。

4. 金融科技防范欺诈

而此次案例的另一个讨论是,随着金融科技的发展,大数据、人工智能的发展,能否彻底防范保险欺诈行为?

此前不久,银保监会下发的《关于运用大数据开展反保险欺诈工作的通知》显示，要以大数据技术为核心、行业联防与执法协作为助力，全面协同推进反保险欺诈工作，有效识别和防范保险诈骗。

诚然，大数据技术可以精确识别理赔中可能的欺诈模式、理赔人欺诈行为以及可能存在的欺诈网络，提升反欺诈绩效，降低理赔风险。通过基于大数据和人工智能的保险反欺诈以及基于区块链的风险管理与合规管理，可以提高保险反欺诈的有效性，降低道德风险和保险欺诈，提升保险公司风险控制水平。

大数据防范保险欺诈，可以超越传统的人工经验，发现专业人士不能识别的风险；大数据防范可以实现自动化，通过系统控制承保和理赔风险；欺诈手段不断升级，专业化、团伙化、异业参与，传统的简单数据分析和规则，已不能应对，需要大数据深度学习挖掘。

但这只能是相对的。在保险业有一种说法，“保险欺诈一直伴随着保险理赔，可以说欺诈是理赔的技术病毒，只要保险业在保险欺诈就在”。

某保险公司人士介绍，我们可以利用智能风控、大数据筛查等技术手段，提供有效的侦查线索及证据链条，这可以最大限度降低风险，保护消费者权益。

保险知识小视频

保险公司的组织和法人

第四章　保险的数理基础

保险费率是单位保险金额应缴纳的保险费，是保险产品的价格，在保险人保险产品的经营与管理中具有重要的作用。它反映了对保险人未来损失及费用的预测及分配。人寿保险费率依据生命表和利率而制定，财产保险费率则是依照损失概率来制定。厘定保险费率的工作十分复杂，需要在遵循公平、合理、可行原则的基础上，运用概率论、大数法则及数理统计方法来测定保险标的的损失概率及程度，进而厘定保险费率。

◈ 学习要点

1. 了解概率论在保险中的应用前提。
2. 了解大数法则在保险中的应用。
3. 了解保险费率的含义与构成。
4. 理解厘定保险费率的基本原则。
5. 理解保险费率厘定的一般方法。
6. 掌握人寿保险费率的厘定。
7. 掌握财产保险费率的厘定。

第一节　概率论与大数法则

一、概率论

(一)概率与概率分布的基本内涵

保险是人们管理风险的一种办法。风险的基本含义是损失发生的不确定性，如果损失必然发生或不会发生，那么就不存在不确定性，也就没有风险。既然风险具有不确定性，那么保险管理风险就需要用到概率理论对风险进行度量，期望损失和标准差是常用的风险度量指标。

在自然现象和社会经济现象中，有些现象就其个别来看是无规律的，也就是一种随机事件。通过大量的试验与观察之后，这些随机事件就其整体来看都呈现一种规律性，对这种规律性进行定量的计算，就是数学与统计学中所称的概率。

概率也称“或然率”“机率”，它是衡量随机事件出现的可能性大小的一个数量指标。在一定条件下，概率大表示某种随机事件出现的可能性大；反之，则表示这种随机事件出现的可能性小。以概率为尺度，从数量的角度来研究随机事件变动的关系和规律性的科学称为概率论。

概率是一个常数，它的特点是不大于1，不小于0，用公式表示如下：

$$0 \leqslant P(\mathrm{A}) \leqslant 1$$

上述式中：0表示不可能事件的概率，1表示必然事件的概率，A表示某种随机事件，P 表示事件的概率逐渐稳定于某个常数，$P(\mathrm{A})$表示随机事件A发生的概率。

在对风险的预测中，常使用概率分布的方法。概率分布是用来显示各种可能损失结果发生的概率，它是从若干方面的数量来观察的，较为常用的有：

第一，关于每年总损失的概率分布，也就是一定单位可能遭受的年最大总损失。

第二，关于每年损失次数的概率分布，也就是年损失频率的概率分布。

第三，关于每次损失发生金额大小的概率分布，也就是年损失幅度的概率分布。

(二)概率论在保险中的应用前提

随机事件的相互独立性是概率论在保险中应用的前提，这主要基于两点考虑：

1. 损失事件的相关性与否是风险集合管理应用与否的前提

保险能否分摊风险与风险事件的相关性程度密切相关，这是应用风险集合管理风险的数理基础。以随机风险甲与乙两人为例，甲和乙在未来一年之内都有可能遭受事故损失，每人都有30%的可能损失￥2 000，70%的可能没有任何损失。让我们来看一看，不同情况下风险集合(风险集中到一块，资源也集中到一块)的意义。

(1)第一种情况。事故损失不相关情形下的风险集合。

①没有风险集合的情况。每个人的事故损失的概率分布情况：

期望损失=(0.70)(￥0)+(0.30)(￥2 000)=￥^{2}600

方差=0.7(￥0−￥600)^2+0.3(￥2 000−￥600)^2=￥^{2}840 000

标准差=[￥^{2}840 000]$^{1/2}$=￥917

②有风险集合的情况。每个人的事故损失的概率分布情况：

期望损失＝(0.49)(￥0)＋(0.42)(￥1 000)＋(0.09)(￥2 000)

＝￥600

方差＝$0.49(￥0-￥600)^2+0.42(￥1\,000-￥600)^2+0.09(￥2\,000-￥600)^2$

＝$￥^2 420\,000$

标准差＝$[￥420\,000]^{1/2}$＝￥648

③两种情况的比较。与没有风险集合的情况作比较，风险集合没有改变每一个人的期望损失￥600。但它将损失的标准差从￥917降低到￥648，损失变得相对可预测了，即风险降低了。风险集合降低了每一个个人面临的风险，即不确定性，用标准差表示，这是风险集合的优点。在风险集合中，风险随着人数的逐渐增加而逐步降低。依此类推，当集合参与者人数达到足够多时，损失的标准差(即风险)就非常接近于零。这个结果实际上是大数定律原理的应用，即集合中样本容量越大，对样本损失的预测结果就越准确。

由上述分析我们可以得出这样的结论：当损失是相互独立(不相关)时，通过风险集合可以降低风险。

(2)第二种情况。事故损失相关情形下的风险集合。

①损失非完全正相关情形下的风险集合。损失之间常常存在着不同程度的正相关，也就是说当甲遭受损失时，乙遭受损失的概率大于0.3，即甲乙同时遭受损失的概率大于0.09，甲乙同时不遭受损失的概率大于0.49。

根据第一种情况的计算思路，我们可以得出这样的结论：当损失为非完全正相关情形时，风险集合虽然可以降低风险，但是相较于不相关情形而言，降幅不大。

②损失完全正相关情形下的风险集合。正相关的一个极端情形是“完全正相关”，甲乙损失完全正相关的含义是：甲受损，乙也受损；甲不受损，乙也不受损。所以，甲乙同时受损的概率和甲或乙受损的概率是一样的(0.3)，甲乙同时不受损的概率和甲或乙不受损的概率也是一样的(0.7)。由此我们可以得出这样的结论：当损失为完全正相关时，风险集合对于降低风险无意义。

2. 损失事件的相关性是判断风险可保的条件

可保风险必须是大量标的物均有遭受损失的可能性，因为只有一个标的或少量标的所具有的风险，即使在所有的风险主体都投保的情况下，也无法形成稳定的风险基金。但同时更应关注的是大量标的物不能有同时遭受损失的可能性，因为即使有大量的风险主体都投保，且形成了风险基金，但如果损失事件具有正相关性，即当一个风险主体发生损失时，其他主体也会发生损失，那么保险分散风险、分摊损失的基本职能也就无法实现。

二、大数法则

(一)大数法则的基本内涵

大数法则是数学中的一个重要定律，其基本内涵是：对相似危险性的不同单位，如果大量地结合在一个组里，那么结合的单位越多，在一定时期内遭遇危险变动的幅度就越小。即同样性质的单位结合数量逐渐增多时，从结合的整体来说，出于相互抵消作用或平均作用的努力，发生危险波动的幅度就会逐渐减少而趋向于稳定。

一般来说，直接估计某一偶然事件的概率比较困难，只有在一些简单的情况下才有可能。例如抛掷硬币，只要这一硬币铸造均匀，落地时正面朝上和正面朝下的可能性是相等的，它的概率是1/2。如果抛掷的次数太少，就很难预测到其实际的结果，可能误差极大。但随着抛掷次数的增多，正面或反面朝上这一随机事件发生的次数越来越接近抛掷次数的一半。但保险业务中所面临的实际问题要比抛掷硬币复杂得多。不同风险具有不同的概率分布，对任何一种风险的损失概率作出比较精确的估计，都需要长期大量的观察和经验统计。保险人集合大量的同一种危险的单位，根据以往时期的统计资料，运用概率论和大数法则，就能预测未来损失可能发生的规模，从而合理地、准确地计算保险概率，并据以建立保险基金。需要提及的是，从理论上讲，只有当承保风险中的标的数目是无限大时，预测才会是准确无偏差的。但在实际业务中，保险风险的预测不可能是绝对准确无误的，因为即使最大的保险公司也不可能把某一特定业务的风险单位承保到足够大的数量。此外，人们生活在不断变化的世界里，各种各样的变化都将影响到损失概率分布的变化。因此，在这些条件的限制下，保险公司对于风险的预测，除了应用概率和大数法则外，还要进行主观的判断。

(二)大数法则的内容及其应用

1. 切比雪夫大数定律

设 $X_1, X_2, \cdots, X_k, \cdots$ 是相互独立的随机变量序列，且具有相同的数学期望和方差：$EX_k=\mu, VarX_k=\sigma^2 (k=1,2,\cdots)$，则对于任意的 $\varepsilon>0$，则有

$$\lim_{n\to+\infty} P\left\{\left|\frac{1}{n}\sum_{k=1}^{n} X_k-\mu\right|<\varepsilon\right\}=1$$

注：X_k 表示每个标的所发生的实际损失，μ 为损失期望值

上述式中的数学含义：对于具有相同数学期望和方差的随机变量(或同一随机变量)，进行 n 次独立的观察，则观察结果的算术平均数依概率收敛于随机变量的

数学期望值。将这一法则应用于保险经营，可进一步说明其含义。

假设有 n 个被保险人，他们同时投保了 n 个同质风险且相互独立的标的，用 X_k 表示每个标的所发生的损失，它是一个随机变量，但所有 $X_1, X_2, \cdots, X_k, \cdots, X_n$ 的期望值相等，即有

$$EX_1 = EX_2 = \cdots = EX_k = \cdots = EX_n = \mu$$

如果我们按照保险标的可能发生损失的期望值计算纯保费，而且把每个 X_k 视为实际损失。很显然，每个被保险人的实际损失 X_k 与其损失期望值 μ 一般都不会相等，然而根据大数定律，只要承保标的数量足够大时，投保人所缴纳的纯保费 μ 与所有保险标的平均所发生的损失 $\frac{1}{n}\sum_{k=1}^{n}X_k$ 几乎相等。这个结论反过来则说明保险人该如何收取纯保费，即只有当一个投保人所缴的纯保费等于他的保险标的损失期望值时，才能保证保险人在整体上实现收支平衡。

2. 贝努利大数定律

贝努利大数定律是切比雪夫大数定律的推论，它的基本内涵是：设事件 A 在一次试验中以概率 p 发生。以 n_A 表示在 n 次独立重复试验中事件 A 出现的次数，则对于任意的正数 $\varepsilon > 0$，有

$$\lim_{n \to +\infty} P\left\{\left|\frac{n_A}{n} - p\right| < \varepsilon\right\} = 1$$

贝努利大数定律是用频率解释概率的数学理论，这对于利用统计资料来估计损失概率是极其重要的。在非寿险精算中，可以假设某一保险标的具有相同的损失概率，这样就可以通过以往的有关统计数据，求出一个比率即这类保险标的发生损失的频率，这个计算出来的频率即为损失概率。不过，通过这种方法计算出来的损失概率是对实际概率的估计，与实际概率之间有一个偏差。但根据贝努利大数定律，随着保险标的数量的增加，根据概率的频率解释计算出来的损失概率与实际损失概率之间的误差会逐渐减少，估计出来的损失概率的稳定性和真实性会提高。所以，保险人承保的保险标的的数量越大，保险人根据大数定律厘定的保费越准确，财务稳定性越强，经营危险越小。

3. 泊松大数定律

假设某一随机事件 A 在第一次试验中出现的概率为 p_1，在第二次试验中出现的概率为 p_2，...，在第 n 次试验中出现的概率为 p_n。同样用 n_A 来表示此事件在 n 次试验中发生的次数，则根据泊松大数定律，对于任意的 $\varepsilon > 0$，有

$$\lim_{n\to+\infty} P\left\{\left[\frac{n_A}{n}-\frac{p_1+p_2+\cdots+p_n}{n}\right|<\varepsilon\right\}=1$$

泊松大数定律的意思是说：当试验次数无限增加时，其平均概率与观察结果所得的比率将无限接近。泊松大数定律应用于保险经营上可以说明，尽管各个相互独立的危险单位的损失概率可能各不相同，但只要有足够多的标的，仍可在平均意义上求出相同的损失概率。

泊松大数定律应用于保险得出最有意义的结论是：当保险标的数量足够大时，通过以往统计数据计算出来的估计损失概率与实际概率的误差是很小的。保险经营利用大数定律把不确定数量关系向确定数量关系转化，即某一风险是否发生对某一个保险标的来说是不确定的，但当保险标的数量很大时，我们可以比较准确地估计出其中遭受危险事故的保险标的数量是多少。这样，根据大数定律，我们把对单个保险标的来说不确定的数量关系转化为对保险标的集合来说确定的数量关系。

第二节　保险费率厘定概述

一、保险费与保险费率的内涵

(一)保险费的含义与影响因素

1. 保险费的含义

保险费是投保人向保险人支付的费用，目的在于转嫁风险及获得赔偿金或给付金等保险保障。公式为：保险费＝保险金额×保险费率

保险费由纯保费与附加保费构成。纯保费是保险人给予被保险人或受益人的理赔支出，包括赔偿金及给付金，它是不考虑保险人其他所有费用时所计算的保险费，是保险人收取的保险费的最低界限；附加保费是由保险人所支配的用于保险经营业务的各项支出，由营业费用(包括管理费、工资、固定资产折旧费等费用)、营业税和营业利润构成。

2. 影响保险费的因素

影响保险费的因素包括三个，分别为保险金额、保险费率、保险期限。三个因素中，在任意两个因素一定的条件下，第三个因素与保险费呈正比关系。

(二)保险费率的含义及构成

保险费率又称保险价格、毛费率，是每一单位保险金额所缴纳的保险费，是保

险人向投保人提供保险保障所收取的价金。其由纯费率(也称净费率)和附加费率两部分组成,其大小取决于保险标的风险程度的高低。在人寿保险与财产保险中,保险费率通常分别以每千元或每百元的保险金额的保险费来表示。

二、保险费率的厘定原则

保险人在厘定费率时要贯彻权利与义务相等的原则,因此厘定保险费率时应遵循如下基本原则:

第一,充分性原则。本原则是指保险人所收取的保险费足以支付保险金的赔付及合理的营业费用、税收和公司的预期利润。充分性原则的核心是在兼顾被保险人的保险水平及承受能力的基础上,确保保险人有足够的偿付能力与经营能力。费率确定要科学合理,既要确保保险人能够持续稳健运营,又要使得被保险人能够免遭严重损失。

第二,公平性原则。本原则一方面是指保险人的保险费收入必须与其预期的风险承担相对称;另一方面是指被保险人所缴纳的保险费应与其所取得的保险权利相一致,保险费的金额高低应与保险的条款、种类、期限、金额、标的的风险程度及被保险人的年龄、性别等相对称。风险程度尤其重要,保险费率与保险的风险程度呈正相关关系。

第三,稳定灵活原则。本原则是指保险费率应当在一定时期内保持稳定,以保证保险公司的信誉,稳定的费率有利于保险人的核算,不会给其经营带来负面影响;对投保人来说,稳定的费率可使其支出确定,不会使投保人形成投机心理,进而使保险经营的基本目标得以遵守。当然,随着社会、科技、经济、文化的日益发展,保险标的所承受的风险、保险人所承担的风险责任及其产品的市场需求也在不断变化。因此,保险费率也要随之进行及时调整,应具有一定的灵活性。

第四,促进防灾防损原则。本原则是指为降低保险人的理赔支出及社会财富的损失,保险费率的制定应在兼顾保险保障功能的基础上,合理诱导防灾防损,促进被保险人加强防灾防损。若被保险人对防灾工作做得好,则降低其费率;若被保险人对防灾防损工作做得差,则对其实行高费率或续保加费。

三、保险费率厘定的一般方法

在实际业务中,由于保险费率的测定存在不同的厘定方法。一般来说,保险费率的计算方法大致有三类:分类法、增减法和观察法。

(一)分类法

分类法是在按风险的性质分类基础上分别计算费率的方法,依据该方法确定的保险费率，常常被载于保险手册中，因此又称该方法为手册法。该方法假设风险损失是一系列相同的风险因素作用的结果，因此通常按一定的标准对风险进行分类，将不同的保险标的，根据风险性质分别归入风险性质一致的相应群体计算基本费率。对于同一类别的保险标的的投保人适用相同费率。该方法广泛用于财产保险、人寿保险和大部分意外伤害保险。如我国的企业财产保险，按标的的使用性质分为若干类别，每一类又分为若干等级，不同等级的费率水平各异。但是在使用分类费率时，可以根据所采取的防灾防损措施而加费或者减费。例如，人身保险，基本的分类依据是年龄、性别和健康状况，相同年龄和健康状况被归为一类。

分类法的优点在于便于运用，适用费率可迅速查到，缺点是不尽公平，这主要还是分类法不能细分。如有的火灾保险中，分类法不加区别地向所有投保人按确定的保险费率征收保险费，这对不同的投保人来说是欠公平的，因为不同的建筑在材料、结构、用途、位置等方面不一样，但所缴的保费往往却一样。实际上，这个缺陷不是分类法本身的问题，还是分类法运用得不彻底。

（二）增减法

增减法又称修正法，是在分类法确定的同一费率类别中，结合个别标的的风险程度差异予以计算确定费率的方法，其变动基于实际或预想的损失经验。增减法假设个别标的的风险损失数据与其他标的的风险损失数据存在显著差异，可针对特种风险单独设计或调整个别费率，对分类费率予以补充和修正，坚持了公平合理负担保险费的原则，同时具有促进防灾防损的作用。以增减法计算确定保险费的方法有三种：

1. 表定法

该方法以每一风险单位为计算依据，在对每一风险单位确定一个基本费率的基础上，根据个别标的的风险状况增减修正。由于具体的经营和操作将影响到标的的风险状况，所以该方法通常用于承保厂房、商业办公大楼和公寓等财产保险。在确定费率时通常要考虑建筑物的结构、占用性质、消防设施、周围环境状况、保养情况等。

表定法的优点：一是它适用于程度不等的风险和各种规模的投保单位。二是它可以鼓励被保险人加强防灾防损。因为费率的高低决定于客观标准的规定，如果防灾防损搞得好，则可规定平均风险以下的客观标准，厘定出较低的保险费率；反之，则厘定出较高的费率。表定法的缺点：一是表定法制定费率的费用较高，不利于保险人降低保险成本。二是表定法只注重物质或有形的因素，而忽视了人的因素，在实际运用中灵活性太大，业务人员往往在竞争激烈时，为争取承保业务而过度地降低费率，不利于保险财务的稳定和保险市场的良性发展。

2. 经验法

该方法是根据被保险人以往的损失经验，对分类法所确定的保险费率予以修正的方法。该方法的显著特点是：被保险人以往的损失经验被用来确定下一保险期间的保险费率，一般用过去 3 年的平均损失经验数据来确定下一保险期的保险费率，因此该方法又称为预期经验法，凡能影响将来的危险因素，必已影响过去的投保人的经验是经验法的理论基础。经验法的优点在于确定费率时已经考虑到了影响风险的各个因素，而不像表定法只局限于有形物质因素，因此相对合理、科学。该方法通常适用于大企业和普通责任保险、意外伤害保险、汽车保险等。

经验法的计算公式如下：

$$M=\frac{A-E}{E}\times C\times T$$

上式中：M 为经验调整数；A 为经验时期被保险人的实际损失；E 为被保险人适用某费率的预期损失；C 为置信系数；T 为趋势系数。

举例说明：某投保人在过去 3 年经验期间预期损失 5 万元，实际损失 4 万元，置信系数为 80%，趋势系数为 1，则其经验调整可依据上式求得：

$$M=\frac{4-5}{5}\times 80\%\times 1=-16\%$$

即该投保人下年所缴的保费将减少 16%。

3. 追溯法

该方法是依据保险期间的损失经验数据来确定当期保险费的方法。即保险费率按照当期终了时的实际经验再加以调整修正。一般规定保险期间的最高与最低保险费，如果损失小，则取低保险费；如果损失大，则取高保险费。实际保险费一般都介于最低最高之间。追溯法的运用较经验法复杂，仅适用于少数大企业，它具有促进防损的作用。

追溯保险费的计算公式是：

$$RP=(BP+L\times VCF)\times TM$$

上式中，RP 为追溯保险费；BP 为基本保险费；L 为实际损失金额；VCF 为损失调整系数（大于 1）；TM 为税收系数（大于 1）。

基本保险费又叫纯保险支出，它由两部分组成，一部分用于支付与理赔的各种费用，另一部分用于弥补超过最大保险费的损失额。基本保险费经常为标准保险费的某一百分比。依据损失调整系数计算的将随着损失变动而变动的费用考虑在内，税收系数则是一个将税收因素考虑在保费之内的数字。必须指出，追溯保险费有上限和下限。举例说明：如果一厂商投保，起初，它所预缴的标准保险费是依据经验法而定的，为1万元。由此，可使用追溯法得基本保险费(BP)，假如基本保险费为标准保险费的20%，即2 000元，损失调整系数和税收系数分别为1.1和1.2，在保险期间，投保人损失了1 000元或20 000元。

当其损失额为1 000元时，应缴的保费为

$$RP=(2\,000+1\,000\times 1.1)\times 1.2=3\,720(\text{元})$$

当其损失额为20 000元时，应缴保费为

$$RP=(2\,000+20\,000\times 1.1)\times 1.2=28\,800(\text{元})$$

但保费的缴纳有最高限额和最低限额。假设最低保费额为标准保费的50%，最高保费额为标准保费的150%。这样按最低限额，投保人损失1 000元时，就必须要缴5 000元(10 000×50%)的保费，而不是3 720元。当投保人损失20 000元时，若按最高限额则只需缴纳15 000元(10 000×150%)，而不必缴纳28 800元。

必须指出的是，追溯法的计算方法不止一种，它视具体情况而定。追溯法计算复杂，其应用范围不广，仅局限于少数大规模投保人。

(三)观察法

观察法又称个别法或判断法，是按具体的每一保险标的分别单独计算确定费率的方法，较能反映个别风险特性，其费率确定依据是核保人员的经验判断，提出一个费率供双方协商。由于某些险种没有以往可信的损失统计资料而不能使用分类法时，就只能根据个人的主观判断确定费率。如卫星保险，在首次发射人造卫星时，因无相应的统计资料，就只能使用观察法来确定费率。观察法多用于海上保险和一些内陆运输保险，因为各种船舶、港口和危险水域的情况错综复杂，情况各异。

观察法虽不尽科学，但有其可取之处：①在标的数量较少的情况下，若将各种保险标的生硬地集中在一起来厘定费率，则会违反大数定律的规律，无法保证费率的准确性。相比较而言，观察法更具有灵活性。②用观察法厘定费率，仍需运用相关的经验和数据，从某种意义上确保了其科学性。

第三节　人寿保险费率的厘定

保险费率一般由纯费率和附加费率两部分组成。纯费率是纯保费与保险金额的比率，虽其计算的具体方法因险种不同而有别，但其计算的数理基础都是风险事

故损失的发生概率或损失概率。财产保险纯费率的计算依据是保额损失率或保险财产的平均损失率，人寿保险纯费率的计算依据是生命表和利息。

一、生命表

生命表是根据以往一定时期内各种年龄的死亡统计资料编制的，由每个年龄死亡率所组成的汇总表。它是寿险精算的科学基础，是寿险费率和责任准备金计算的依据。

生命表中最重要的就是每个年龄的死亡率。影响死亡率的因素很多，主要有年龄、性别、职业、习性、以往病史、种族等。一般情况下，在设计生命表时，只注重考虑年龄和性别。

生命表可以分为国民生命表和经验生命表两种，前者是根据全体国民或者以特定地区的人口的死亡统计数据编制的生命表，它主要来源于人口普查的统计资料；后者是根据人寿保险、社会保险以往的死亡记录（经验）所编制的生命表。保险公司使用的是经验生命表。

在生命表中，首先要选择初始年龄并假定在该年龄生存的一个合适的人数，这个数称为基数。一般选择 0 岁为初始年龄，并规定此年龄的人数通常取整数如 10 万、100 万、1 000 万作为基数等。在生命表中还规定最高年龄，用 ω 表示，满足 $l_\omega=0$。我们以中国人寿保险业经验生命表（2000—2003）的部分内容为例（表 4-1），来说明一般的生命表所包含的内容。

表 4-1 中国人寿保险业经验生命表(2000—2003)养老金业务男表摘录

年龄 x	死亡率 q_x	生存人数 l_x	死亡人数 d_x	平均余命 e_x
⋮	⋮	⋮	⋮	⋮
⋮	⋮	⋮	⋮	⋮
20	0.000 540	993 014	536	60.2
21	0.000 575	992 478	571	59.3
⋮	⋮	⋮	⋮	⋮
⋮	⋮	⋮	⋮	⋮
24	0.000 643	990 694	637	56.4
25	0.000 660	990 057	653	55.4
⋮	⋮	⋮	⋮	⋮

续表4-1

年龄 x	死亡率 q_x	生存人数 l_x	死亡人数 d_x	平均余命 e_x
⋮	⋮	⋮	⋮	⋮
49	0.002 446	962 533	2 354	32.6
50	0.002 666	960 178	2 560	31.7
⋮	⋮	⋮	⋮	⋮
⋮	⋮	⋮	⋮	⋮

注:①x:表示年龄。

②q_x:死亡概率,表示 x 岁的人在一年内死亡的概率。显然,$q_x=\frac{d_x}{l_x}=\frac{l_x-l_{x+1}}{l_x}$。

③l_x:生存人数,是指从初始年龄至满 x 岁尚生存的人数。例:l_{25} 表示在初始年龄定义的基数中有 l_{25} 人活到 25 岁。

④d_x:死亡人数,是指 x 岁的人在一年内死亡的人数,即指 x 岁的生存人数 l_x 人中,经过一年所死去的人数。已知在 $x+1$ 岁时生存人数为 l_{x+1},于是 $d_x=l_x-l_{x+1}$。

⑤e_x:完全平均余命或完全生命期望值,表示 x 岁的人群 l_x 以后还能生存的平均年数。若假设死亡在每一年中均匀分布,则有:

$$e=\frac{1}{l_x}(l_{x+1}+l_{x+2}+\cdots l_{\omega})+\frac{1}{2}$$

二、利息

(一)概念

利息是指在一定时期内,资金的所有者把资金的使用权让渡给资金的使用者而获得的报酬,它是资金使用者为获取资金使用权所付出的代价。利息的大小取决于本金、利率及时间三个要素,与其均呈正比的关系,本金金额越大、利率越高、时间越长,则利息数值越大。

其公式为:

$$I=A(t)-A(0)$$

式中,I 为利息,$A(t)$为积累函数,表示 t 时期的积累值,$A(0)$为时刻 0 的积累值,即本金。

(二)利息的计算

利息的计算方法有单利和复利两种。

1. 单利

单利是指每次结算时仅用本金计算利息,即上一度量周期产生的利息不参与本度量周期利息的计算。公式为：

$$I=P\cdot i\cdot n$$

$$S=P+I=P+P\cdot i\cdot n=P(1+i\cdot n)$$

其中，S 为本利和，P 为本金，I 为利息，i 为利率，n 为计息周期数。

2. 复利

复利是指用本金及上一周期产生的利息计算当期的利息，即上一度量周期产生的利息参与本度量周期利息的计算。公式为：

$$S=P(1+i)^n$$

$$I=P(1+i)^n-P=P[(1+i)^n-1]$$

公式符号含义同上，其中，S 又被称为终值。相应地，P 被称为现值，公式为：

$$P=S/(1+i)^n$$

三、人寿保险趸缴纯保费的计算

趸缴纯保费是指投保时一次性缴清的纯保费。人寿保险的趸缴纯保费包括死亡即付人寿保险及死亡年末付人寿保险两种保险的趸缴纯保费。

1. 死亡即付人寿保险的趸缴纯保费

n 年定期寿险的趸缴纯保费

$$\bar{A}^{1}_{x:\overline{n}|}=\int_0^n \nu^t\,{}_tp_x\mu_{x+t}dt$$

终身寿险的趸缴纯保费

$$\bar{A}_x=\int_0^\infty \nu^t\,{}_tp_x\mu_{x+t}dt$$

n 年期生存保险的趸缴纯保费

$$A_{x:\overline{n}|}^{\ \ 1}=\nu^n\,{}_np_x$$

n 年期两全保险的趸缴纯保费

$$\bar{A}_{x:\overline{n}|}=\bar{A}^{1}_{x:\overline{n}|}+A_{x:\overline{n}|}^{\ \ 1}=\int_0^n \nu^t\,{}_tp_x\mu_{x+t}dt+\nu^n\,{}_np_x$$

2. 死亡年末付人寿保险的趸缴纯保费

n 年定期寿险的趸缴纯保费

$$A_{x:\overline{n}|}^{1}=\sum_{k=0}^{n-1}\nu^{k+1}{}_{k}p_{x}q_{x+k}$$

终身寿险的趸缴纯保费

$$A_{x}=\sum_{k=0}^{\infty}\nu^{k+1}{}_{k}p_{x}q_{x+k}$$

n 年期两全保险的趸缴纯保费

$$A_{x:\overline{n}|}=A_{x:\overline{n}|}^{1}+A_{x:\overline{n}|}^{\ \ 1}=\sum_{k=0}^{n-1}\nu^{k+1}{}_{k}p_{x}q_{x+k}+v^{n}{}_{n}p_{x}$$

上述公式中，$\nu=\dfrac{1}{1+i}$，称为折现因子。${}_{t}p_{x}$ 为 x 岁的人活到 $x+t$ 岁的概率，μ_{x+t} 为 $x+t$ 岁人的死亡力。${}_{k|}q_{x}$ 为 x 岁的人活过 k 年之后，在随后的 1 年里死亡的概率。

四、毛保费的计算

毛保费是指在纯保费的基础上，加上人寿保险公司的营业费用、税款及预期利润，后者称为附加保费。毛保费是投保人向保险公司实际支付的费用。计算公式为：

毛保费＝纯保费精算现值＋附加保费的精算现值。

第四节　财产保险费率的厘定

一、纯费率的计算

纯保费是指保险事故发生后，依据损失概率确定的保险人用于赔付（或给付）给被保险人或受益人的保险金，它需要借助纯费率来计算得出，纯费率的计算公式是：纯费率＝平均保额损失率×（1±稳定系数）。

式中，保额损失率是赔偿金额与保险金额的比值，稳定系数则是衡量期望值与实际结果密切关系的一个参数。

保额损失率的计算公式为：

$$保额损失率=\frac{赔偿金额}{保险金额}\times 100\%$$

根据历年来的保险事故发生的情况，可求出平均保额损失率。下面举例说明（表 4-2）。

表 4-2　历年损失情况

历时/年	1	2	3	4	5	6	7	8	9
保额损失率/%	5	5.1	4.8	5.4	4.7	4.9	4.5	5.4	5.2

设 $\overline{X}$ 为平均保额损失率，X_i 为不同时期的保险额损失率，n 为期限，则可得出以下公式：

$$\overline{X}=\frac{\sum_{i=1}^{n}X_i}{n}=\frac{0.05+0.005+0.048+0.054+0.047+0.049+0.045+0.054+0.052}{9}=0.05$$

可见，5%是 9 年间的平均保额损失率，但它并不是所要求的纯保险费率，因为它具有不稳定性，还要求出稳定系数才能反映损失率的波动程度。稳定系数的计算公式为：

稳定系数＝均方差/平均保额损失率

式中，均方差是指保额损失率与平均保额损失率的离差平方和平均数的算术平方根，它能表明平均保额损失率的代表性。均方差的计算公式为

$$\delta=\sqrt{\frac{\sum(X-\overline{X})^2}{n}}，n\ 为年限$$

稳定系数的大小与平均保额损失率对各实际保额损失率的代表性呈负相关的关系。稳定系数越大，平均保额损失率的代表性就越低，保险经营就越不稳定，反之，保险经营就越稳定。

因此，得出纯费率公式：

纯费率＝平均保额损失率×(1±稳定系数)＝平均保额损失率±均方差

二、附加费率的计算

附加费率是附加保费与保险金额总额的比率。它是以保险人的营业费用为基础计算的，用于保险人的业务费用支出（手续费支出、工资、办公楼租金、广告费等）、各种税金支付以及提供部分保险利润等，通常以占纯费率的一定比例表示。附加费率由费用率、营业税率和利润率构成。

三、毛费率的计算

毛费率由纯费率及附加费率构成。其计算公式为：

毛费率＝平均保额损失率×(1±稳定系数)＋附加费率

在实际厘定毛费率时，应兼顾风险程度及损失率进行分级，不同的风险及损失率对应相应的费率等级。

本章参考文献

1. 李秀芳，傅安平，王静龙．保险精算(第二版)．北京：中国人民大学出版社，2018.

2. 孙秀清，刘素春．保险学(第二版)．北京：经济科学出版社，2017.

3. 刘平．保险学原理与应用(第三版)．北京：清华大学出版社，2018.

4. 张月飞，张晓奇．保险学．北京：清华大学出版社，2020.

5. 许飞琼．保险学概论．北京：中国金融出版社，2019.

6. 向俊红，吴肇庆，秋慧．保险学原理与实务．成都：四川大学出版社，2016.

7. 于明霞，刘静．保险学．北京：化学工业出版社，2014.

8. 张连增．寿险精算．北京：中国财政经济出版社，2022.

9. 李勇权．寿险精算．北京：中国财政经济出版社，2006.

10. 赵宇龙．中国精算从业人员现状与需求预测．大众理财顾问，2018(9).

11. 李晓林．改革开放40年中国保险精算的辉煌成就．保险研究，2018(12).

重要概念

风险集合　损失期望　大数法则　保险费率　纯费率　附加费率

复习思考题

1. 简述大数法则在保险中应用的内容。

2. 保险费率由哪几部分构成？

3. 厘定保险费率的基本原则有哪些？

4. 保险费率厘定的一般方法有几种？请作简要评价。

保险史事

保险精算的产生及其在我国的发展历程

早期的人寿保险公司寿险经营缺乏严密的科学基础，厘定保险费率时未考虑年龄大小、死亡率高低。1662 年，约翰·格朗特提出一群人中寿命和死亡的规律是可预测的。1693 年，英国著名的天文学家埃德蒙·哈雷编制出世界上第一张完整的生命表，这被认为是精算科学的开端。18 世纪中期，托马斯·辛普森根据生命表制作了基于死亡率的寿险保险费率表。1762 年，英国成立的伦敦公平保险公司设计的经验死亡率表对保险需求及利润来源进行了科学分析，对不符合标准的投保人另行收费。

我国自从 1987 年引进精算学起，很多高校陆续设立了精算专业，培养了一大批精算专业人才。截至 2018 年 4 月底，我国有 978 名精算师，1 123 名准精算师，精算从业人员共 3 843 人。1993 年我国开始编制中国人寿保险业经验生命表(1990—1993)，之后陆续完成并投入使用了中国人寿保险业经验生命表(2000—2003)、中国人寿保险业经验生命表(2010—2013)，为寿险精算的发展提供了重要的数据支撑。中国精算师协会于 2011 年 10 月启动了重疾生命表编制项目，至 2013 年 6 月 21 日，项目成果通过专家评审，共有 7 张重疾发生率生命表。为使保险业务以精算科学为基础进行经营，我国制定了商业保险精算制度，已对产品定价、责任准备金评估、保单现金价值计算等进行了系统规范。同时，社会保险精算制度正在酝酿中。

保险故事

军人保险的故事

亨曼先生被派到美国新兵培训中心推广军人保险，听他演讲的新兵 100%都自愿买了保险，从来没人能达到这么高的成功率。培训主任想知道他的推销之道，于是悄悄来到课堂，听他对新兵讲些什么。

“小伙子们，我要向你们解释军人保险带来的保障。”亨曼说，“假如发生战争，你不幸阵亡了，而你生前买了军人保险的话，政府将会给你的家属赔偿 20 万美元。但如果你没有买保险，政府只会支付 6 000 美元的抚恤金……”

“这有什么用，多少钱都换不回我的命。”下面有一个新兵沮丧地说。

“你错了，”亨曼和颜悦色地说，“想想看，一旦发生战争，政府会先派哪一种士兵上战场？买了保险的还是没有买保险的?”

保险知识小视频

寿险趸缴纯保费的计算

第五章　保险的基本原则

保险的基本原则是在保险发展的过程中逐渐形成并被人们公认的原则，这些原则作为人们进行保险活动的准则，始终贯穿于整个保险事务。坚持这些基本原则有利于维护保险双方的合法权益，更好地发挥保险的职能与作用。这些基本原则包括最大诚信原则、保险利益原则、近因原则和损失补偿原则。这些原则是处理保险合同双方权益关系的基本出发点，充分体现在《保险法》的各项条文中。

◈ 学习要点

1. 掌握最大诚信原则的基本内容。
2. 掌握各类保险对保险利益的规定。
3. 理解近因原则的应用。
4. 掌握损失补偿原则的基本内容。

第一节　最大诚信原则

一、最大诚信原则及其存在的原因

(一)最大诚信原则的含义

在保险活动中，最早以法律形式出现的是最大诚信原则，英国 1906 年海上保险法中规定："海上保险是建立在最大诚信原则基础上的保险合同，如果任何一方不遵守这一原则，他方可以宣告合同无效。"①我国《保险法》第五条规定"保险活动当事人行使权利、履行义务应当遵循诚实信用原则"。

诚信一般是指诚实可靠、坚守信誉，一方当事人对另一方当事人不得隐瞒和欺骗，同时，任何一方当事人都应善意的、全面地履行自己的义务。诚信原则是世界各国立法对民事、商务活动的基本要求，是订立各种合同的基础。在保险合同关系

① 吴小平．保险原理与实务．北京：中国金融出版社，2002.

中，对当事人的要求比一般的民事活动更为严格，要求当事人具有最大诚信。最大诚信的含义是指保险合同当事人在订立合同及合同有限期内，应当依法向对方当事人提供影响对方订约和履约决定的全部实质性重要事实，同时绝对信守合同订立的认定与承诺。

重要事实一般是指对保险人决定是否承保或以何种条件承保起影响作用的事实，它影响保险人决定是否接受投保人的投保和确定收取保险费的数额。如有关投保人和被保险人的详细情况、有关保险标的的详细情况、风险因素及变化情况、以往的损失赔付情况，以及以往遭到其他保险人拒绝承保的事实等。同样，决定投保人是否投保，选择何种险种等，影响投保人意志与行为的事实也是重要事实。

(二)最大诚信原则存在的原因

保险合同遵循最大诚信原则的主要原因：

1. 保险经营的特殊性

保险经营是一种特殊的活动，一方面，保险经营以风险的存在为前提，保险人对可保风险提供保险保障的承诺，风险的性质和大小直接决定着保险人是否愿意承保及保险费率的高低；另一方面，保险标的具有广泛性和复杂性的特点，投保人对保险标的的风险情况最为了解，保险人只能根据投保人的介绍和叙述来确定是否承保和确定保险费率的高低。另外，最大诚信原则最早起源于海上保险，在保险双方签订保险合同时，往往远离船舶和货物所在地，保险人对保险标的一般不能作实地勘察，仅仅依靠投保人叙述的情况来决定是否承保和怎样承保。因此，迫切要求投保人基于最大诚信原则履行告知与保证义务。

2. 保险合同的附和性

保险合同属于附和合同，也就是说投保人只能同意或不同意，或只能以附加条款的方式接受。而保险合同条款又较为复杂，专业性强，对于一般的投保人或被保险人不易理解和掌握。保险费率、承保条件及赔偿方式等，在一定程度上是由保险人决定的。可见，保险合同的附和性要求保险人基于最大诚信来履行其应尽的义务与责任。

3. 保险合同的射幸性

保险人所承保的保险标的，其风险的发生是不确定的，从个体保障角度上看，保险人的保险责任远高于所收取的保险费。对有些险种来说，投保人购买保险仅仅支付了较少的保费，当保险标的一旦发生保险事故，被保险人所能获得的赔偿或给付金额将是保费的数十倍甚至是数百倍，如果存在道德风险，此类情况更易发生。因此，如果投保人不能按照诚实信用原则来进行保险活动，保险人可能将无法长久地进行保险经营，最终也给其他的投保人或被保险人的保险赔偿或给付造成困难，形成损失无法弥补、合同无法履行的局面。

4. 保险合同内容的专业性和技术性

保险条款和费率的拟定，几乎决定于保险人，而且专业性、技术性远非一般人所能了解，投保人是否投保以及投保的条件，完全取决于保险人的告知。所以，保险人应如实向投保人说明。

二、最大诚信原则的基本内容

最大诚信原则是签订和履行保险合同所必须遵守的一项基本原则，坚持最大诚信原则是为了确保保险合同的公平，维护保险合同双方当事人的利益。最大诚信原则的具体内容主要包括告知、保证、弃权与禁止反言。

(一)告知

告知又称为如实告知，保险合同当事人双方在合同订立时以及合同有效期内，就重要事项向对方所做的口头或书面陈述。告知义务强调的是最大诚信中的诚实，保险人根据投保人的告知，判断是否接受承保或以何种条件承保；投保人根据保险人的告知，判断是否向该保险人投保或以何种条件投保。

1. 投保人的告知

作为投保人，应告知的内容有五个方面：

第一，在保险合同订立时根据保险人的询问，对已知的或应知的与保险标的有关的重要事实进行如实回答。我国《保险法》第十六条规定："订立保险合同，保险人就保险标的或者被保险人的有关情况提出询问的，投保人应当如实告知。"在具体操作上，保险人通过让投保人如实填写列有投保人、被保险人及保险标的等详细情况的投保单，以确保投保人履行如实告知义务；或由代理人按投保单内容问讯，代为填写，由投保人确认。

第二，在保险合同的有效期内，当保险标的的风险程度增加时，投保人应及时告知保险人。危险程度增加是指在保险合同订立时，当事人双方未曾估计到的保险事故危险程度的增加。我国《保险法》第五十二条规定："在合同有效期内，保险标的的危险程度显著增加的，被保险人应当按照合同约定及时通知保险人，保险人可以按照合同约定增加保险费或者解除合同。"特别是在财产险中，保险标的的风险程度增加时的及时告知显得更为重要，有相当多的保险实例纠纷表明，保险理赔中的保险人拒赔多源于投保人没履行风险程度增加的通知义务。

第三，保险标的发生转移时，投保人或被保险人应及时通知保险人。我国《保险法》第四十九条规定："保险标的转让的，被保险人或者受让人应当及时通知保险人，但货物运输保险合同和另有约定的合同除外。"保险标的发生转移时，必然带来投保人的变更，虽然不需要履行变更手续，保险标的的受让人便承继被保险人的权利和义务。但是，为避免因标的转让给保险人可能带来的风险，保险人对保险标的转让事实掌握是重要的。

第四，保险事故发生后投保人应及时通知保险人。“及时”的期限以保险合同约定的为准。及时通知的目的在于使保险人协助减少保险损失，准确查找损失原因；同时也使投保人或被保险人尽早得到保险赔付，尽快恢复正常的生产或生活。

第五，重复保险的投保人应将有关情况通知保险人。我国《保险法》第五十六条规定：“重复保险的投保人应当将重复保险的有关情况通知各保险人。”

2. 保险人的告知

保险人作为保险关系中的当事人，也应遵循诚信原则，履行如实告知义务。保险人告知的主要内容有：第一，保险合同订立时，保险人应主动地向投保人说明保险合同条款的内容，特别是免责条款的内容。第二，在保险事故发生时或保险合同约定的条件满足后，保险人应按合同约定如实履行赔偿或给付义务；若拒赔条件存在，应发送拒赔通知书。

保险人的告知形式有两种：明确列示和明确说明。明确列示是指保险人只需将保险的主要内容明确列明在保险合同之中，即视为已告知投保人。明确说明是指保险人不仅应将保险的主要内容明确列明在保险合同中，还必须对投保人进行正确的解释。我国要求保险人告知形式采用明确说明方式，要求保险人对保险合同的主要条款尤其是责任免除部分进行说明。我国《保险法》第十七条规定：“订立保险合同，采用保险人提供的格式条款的，保险人向投保人提供的投保单应当附格式条款，保险人应当向投保人说明合同内容。对保险合同中免除保险人责任的条款，保险人在订立合同时应当在投保单、保险单或者其他保险凭证上作出足以引起投保人注意的提示，并对该条款的内容以书面形式或者口头形式向投保人作出明确说明；未作提示或者说明的，该条款不产生效力。”

（二）保证

保证指保险人要求投保人或被保险人在保险期间对某一事项的作为与不作为，对某事态的存在或不存在作出许诺。保证是从属于主要合同的承诺，是保险合同成立的基本条件。如果一方违反保证义务，受害方有权请求赔偿，也可据此解除合同。保证的目的在于控制风险，确保保险标的及其周围环境处于良好的状态之中。

保证按其形式可分为明示保证与默示保证。

明示保证以文字或书面形式在保险合同中载明，成为合同条款的保证。明示保证又可分为认定事项保证和约定事项保证。认定事项保证又叫确认保证，它是投保人对过去或现在某一特定事实存在或不存在的保证，如某人保证从未得过某种疾病是指过去及现在从未得过，但不能保证将来是否会患该种疾病。约定事项保证又称为承诺保证，是指投保人对未来某一特定事项的作为或不作为，其保证的事项涉及现在和将来，如某人承诺今后不从事高风险性的运动是指从现在开始不参加风险性高的运动，但在此前是否参加过并不重要，也无须知晓。

默示保证是指并未在保单中明确载明，但订约双方在定约时都清楚的保证。默示保证无需在保险合同中用文字表述，一般是国际惯例所通行的准则、某行业习惯等，默示保证与明示保证一样对被保险人具有约束力。默示保证在海上保险中应用较多，如保险的船舶必须有适航能力，保险的船舶要按预定的或习惯的航线航行，除非因躲避暴风雨或救助他人改变航道，保险的船舶保证不进行非法经营或运输违禁品等。

专栏 5-1　保证与告知的区别

(1)保证强调的是守信，恪守诺言，言行一致，承诺的事项与事实一致；而告知强调的则是诚实，对有关保险标的的重要事项如实申报。

(2)保证是保险合同的重要组成部分，通常作为合同的条款载明于保险合同中(默示保证除外)，要求投保人或被保险人在整个保险期限内遵守，是一种合同义务；告知是订立和履行保险合同时所做的口头或书面的陈述，并不构成合同内容，若将告知订入合同，其性质则转化为保证。

(3)保证的目的在于控制风险、减少风险事故的发生；而告知的目的则在于使保险人能够正确估计其所承担的风险。

所以，保证对投保人或被保险人的要求比告知更为严格。

(三)弃权与禁止反言

弃权与禁止反言也是最大诚信原则的一项内容。弃权是指保险合同的一方当事人放弃其在保险合同中可以主张的权利，通常是指保险人放弃合同解除权与抗辩权。禁止反言是指合同一方既已放弃其在合同中的某项权利，日后不得再向另一方主张这种权利，也称为禁止抗辩。为了保证被保险人的利益，限制保险人利用违反告知或保证而拒绝承担保险责任，各国保险法一般都有弃权和禁止反言的规定，以约束保险人及其代理人的行为，平衡保险人与投保人或被保险人的权利义务关系。

1. 弃权

构成保险人弃权必须具备两个要件：首先，保险人须有弃权的意思表示，无论是明示的还是默示的；其次，保险人必须知道被保险人有违背约定义务的情况及因此享有抗辩权或解约权。如果保险人知道被保险人有违背约定义务的情形，而作出下列行为的，一般被视为弃权或默示弃权：

第一，投保人没有履行告知义务，自合同成立之日起超过二年的或者保险人在订立合同时已经知道投保人未履行如实告知的情况的，保险人不得解除合同，发生保险事故的，保险人应当承担赔偿或者给付保险金的责任。

第二，投保人违背按期缴纳保险费或其他约定义务时，保险人原本应解除合同，但如果保险人已知此种情形却仍旧收受补缴的保险费，则证明保险人有继续维持合同的意思表示，其本应享有的合同解除权、终止权及其他抗辩权均视为弃权。

第三，保险事故发生后，保险人明知有拒绝赔付的抗辩权，但仍要求投保人或被保险人提出损失证明，增加投保人在时间及金钱上的负担，视为保险人放弃抗辩权。

第四，保险人明知投保人的损失证明有漏洞和不实之处，但仍无条件予以接受，则可视为对遗漏和不实之处抗辩权的放弃。

第五，保险事故发生后，保单持有人（投保人、被保险人或受益人）应在约定或法定时间期限内通知保险人，但如逾期通知，保险人仍表示接受的，则认为是对逾期通知抗辩权的放弃。

第六，保险人在得知投保人违背约定义务后仍保持沉默，则视为弃权。

2. 禁止反言

禁止反言是指保险人既然已经放弃其在合同中的某种权利，便不得再要求主张这种权利。

在保险实务中，禁止反言主要用来约束保险人，以使保险人为自己及其代理人的行为负责。

保险人有如下情形之一，在诉讼中将被禁止反言：

(1)保险人明知订立的保险合同有违背条件、无效、失效或其他可解除的原因，仍然向投保人签发保险单并收取保险费。

(2)保险代理人就投保申请书及保险单上的条款做错误的解释，使投保人或被保险人信以为真而进行投保。

(3)保险代理人代替投保人填写投保申请书时，为使投保申请内容易为保险人接受，故意将不实的事项填入投保申请书，或隐瞒某些事项，而投保人在保险单上签名时不知其虚伪。

(4)保险人或其代理人表示已按照被保险人的请求完成应当由保险人完成的某一行为，而事实上并未实施，如保险单的批注、同意等，致使投保人或被保险人相信已完成。

弃权与禁止反言在人寿保险中有特殊的时间规定，保险人只能在合同订立之后一定期限内(通常为2年)以被保险人告知不实或隐瞒为由解除合同,超过规定期限没有解除合同的视为保险人已经放弃该权利,不得再以此为由解除合同。

弃权与禁止反言的限定,可以约束保险人的行为,要求保险人为其行为及其代理人的行为负责,同时也维护了被保险人的权益,有利于保险人权利义务关系的平衡。

三、违反最大诚信原则的法律后果

(一)违反告知义务的法律后果

由于保险合同当事人双方均有告知的义务,因此合同当事人任一方违反告知义务都将承担法律责任。

1. 投保人违反告知义务的法律后果

投保人或被保险人违反告知义务有四种情形:一是漏报,即由于疏忽、过失而未告知,或者对重要事实误认为不重要而未告知;二是误告,即由于对事实认识的局限性,包括不知道、了解不全面或不准确而导致,并非故意欺骗;三是隐瞒,即投保人对影响保险人决定是否承保,或影响承保条件的已知或应知的事实没有如实告知、或仅部分告知;四是欺诈,即投保人怀有不良企图,故意作不实告知,如在未发生保险事故时却谎称发生保险事故。对以上不同的违反告知情形的处分也不同,要区分是有意还是无意,要区分违反的事项是否是重要事项。

投保人故意不履行如实告知义务的,我国《保险法》第十六条规定,“投保人故意隐瞒或者因重大过失未履行如实告知义务,足以影响保险人决定是否同意承保或者提高保险费率的,保险人有权解除保险合同。”“投保人故意不履行如实告知义务的,保险人对于保险合同解除前发生的保险事故,不承担赔偿或者给付保险金的责任,并不退还保险费。”

投保人因重大过失而未如实告知,对保险事故的发生有严重影响的,保险人对在合同解除前发生的保险事故,保险人不承担赔偿或者给付保险金的责任,但应当退还保险费。

但是,保险人因投保人没有履行如实告知义务而享有的解除权,自保险人知道有解除权事由之日起,超过三十日不行使而消灭。自合同成立之日起超过2年的保险人不得解除合同,发生保险事故的,保险人应当承担赔偿或者给付保险金的责任。

投保人欺诈,伪造事实有两种后果:当投保人、被保险人在发生保险事故后,编造虚假证明、资料、事故原因,夸大损失时,保险人对弄虚作假部分不承担赔付义务;未发生保险事故,却故意制造保险事故者,保险人有权解除保险合同并不承担保险赔付责任。

2. 保险人违反告知义务的法律后果

(1)后果一。根据《保险法》第十七条规定，如果保险人在订立保险合同时未履行对免责条款明确说明的义务，则免责条款无效。

(2)后果二。根据《保险法》第一百一十六条、一百六十一条规定，保险人在保险业务活动中隐瞒与保险合同有关的重要情况，欺骗投保人，或者拒不履行保险赔付义务，由保险监督管理机构责令改正，进行罚款；情节严重的，限制其业务范围、责令停止接受新业务或者吊销业务许可证。保险人阻碍投保人履行告知义务，或诱导投保人不履行如实告知义务，或承诺给投保人以非法保险费回扣或其他利益，都将承担以上相同的法律后果。

(3)后果三。根据《保险法》第一百一十六条、一百七十一条及一百七十二条规定，如保险人及其工作人员对投保人进行隐瞒或欺骗说明，保险监督管理机构除对该单位给予处罚外，对其直接负责的主管人员和其他直接责任人员给予警告并处罚款，情节严重的撤销任职资格。个人保险代理人违反相关规定的，由保险监督管理机构给予警告，可以并处罚款。

(二)违反保证的法律后果

任何不遵守保证条款或保证约定，不信守合同约定的承诺或担保的行为，均属于破坏保证。各国立法对投保人或被保险人遵守保证事项的要求也极为严格，凡是投保人或被保险人违反保证，无论其是否有过失，也无论是否对保险人造成损害，保险人均有权解除合同，不予以承担责任。而且，除人寿保险外，一般不退还保险费。

与告知不同的是，保证是对某一特定事项的作为与不作为的承诺，而不是对整个保险合同的保证。因此，在某种情况下，违反保证条件只是部分地损害了保险人的利益，保险人应仅就违反保证的部分拒绝承担保险赔偿责任，并不一定完全解除保险合同。但在下列情况下，保险人不得以被保险人破坏保证为由使保险合同无效或解除保险合同：一是因环境变化使被保险人无法履行保证事项；二是因国家法律法规变更，使被保险人不能履行保证事项；三是被保险人破坏保证，由保险人事先弃权所致，或保险人发现破坏保证仍保持沉默，也视为弃权。

第二节　保险利益原则

一、保险利益的含义及确定条件

(一)保险利益的含义

保险利益原则，始于英国 1774 年的《人寿保险法》，目的在于消除以他人生命为赌注，获取非法利益的寿险保单。此后，该法规涉及并推广至其他各类保险，成为保险经营必须遵循的一项基本原则。我国保险法第十二条规定，人身保险的投保人在保险合同订立时，对被保险人应当具有保险利益。财产保险的被保险人在保险事故发生时，对保险标的应当具有保险利益。

保险利益的基本含义是指投保人或被保险人对保险标的所具有的法律上承认的利益。这种利益体现了投保人或被保险人与保险标的之间存在的利益关系。这种利益关系因为保险标的完好、健在而存在，因保险标的毁损、伤害而受损。例如，某人拥有一套住房，如果房子安全存在，他可以居住，或者出租、出售以获取利益；但如果房子毁损，他不仅无法居住，更谈不上出租、出售，经济上显然要遭受损失。

专栏 5-2 可保利益原则的起源①

现代保险制度起源于海上保险，可保利益原则也源于海上保险。在 1746 年之前，海上保险并不要求投保人或被保险人证明他们对投保的船舶或货物拥有所有权或其他合乎法律规定的利益关系，从而导致许多人以被承保的船舶能否完成其航程作为赌博的对象，同时也诱使一些人破坏航程的顺利完成，造成大量海事欺诈。正是在这种情况下，《1746 年英国海上保险法》第一次正式以法律条文的形式要求，被保险人对承保财产具有利益是存在有法律约束力的海上保险合同的前提条件。

与此同时，寿险中也存在类似赌博问题，有的投保人以遭受死刑起诉的犯罪嫌疑人或军人为被保险人投保死亡保险，有的则为年迈的名人投保。劳合社就曾出现过一份投保拿破仑死亡或被活擒到英国的保险单，这激起公众的义愤和政府的关注。甚至为了防范以他人生命进行赌博，法国曾于 1681 年以《法令》形式禁止了人身保险。最终在 1774 年，英国议会通过《1774 年英国人身保险法》，该法明确规定："凡无可保利益的人，或以赌博，博彩为目的的人，不得以他人的生命投保，或为任何事件投保。"

以上两部立法的重点在于禁止赌博，至于何种利益为可保利益，并无明确约定。直到《1906 年英国海上保险法》出台，才具体规定了可保利益的内涵："当一个人与某项海上冒险有利益关系，即因与在冒险中面临风险的可保财产有着某种合法的或合理的关系，并因可保财产完好无损如期到达而受益，或因这些财产的灭失、损坏或被扣押而利益上受到损失，或因之而负有责任，则此人对此项海上冒险就具有可保利益。"

① 资料来源：张虹，陈迪红．保险学原理．北京：清华大学出版社，2021.

按照美国一些州的《保险法》的规定，财产上的可保利益是指“任何使财产安全或保护其免受损失、灭失或金钱损害而产生的合法的和重大的经济利益”。生命的可保利益是指“在由血缘或法律紧密维系的人们间，挚爱和感情所产生的重大利益”，和“在其他人中，被保险人的生命延续、健康或人身安全所具有的合法的和重大的经济利益，以区别于那种被保险人的死亡、伤残或人身伤害而产生的或因之增加价值的利益”。

(二)保险利益确定的条件

保险合同的成立必须以保险利益的存在为前提，因此对保险利益的确定十分重要。投保人对保险标的的利益关系并非都可作为保险利益，某一利益成为保险利益应符合以下条件：

1. 保险利益必须是合法的利益

投保人对保险标的所具有的利益必须被法律认可，符合法律的规定，受到法律的保护，与社会公共利益相一致。非法的利益不受法律保护，当然不能作为保险利益，如以非法手段所获得的财产均不存在保险利益，对走私物品、违禁品等也无保险利益可言。

2. 利益必须是确定的利益

客观存在、确定的利益是指投保人对保险标的现有利益和预期利益在客观上已经确定、或可以预期。现有利益是指在客观上或事实上已经存在的利益，如投保人或被保险人对已取得所有权、经营权、抵押权的标的所具有的利益。预期利益是指在客观上或事实上尚不存在，但据有关法律或有效合同的约定可以确定在今后一段时间内将会产生的经济利益，如预期的营业利润和租金等。需要注意的是，虽在投保时现有利益或期待利益都可作为确定保险金额的依据，但在发生保险事故进行受损索赔时，只有期待利益已成为现实利益才能赔付，保险人的赔偿以实际损失的保险利益为限。

3. 保险利益必须是经济利益

所谓经济利益是指投保人或被保险人对保险标的的利益必须是可以通过货币计量的利益。因为保险保障是通过货币形式的经济补偿或给付来实现的，因此要求投保人对保险标的的保险利益必须能用货币来计量，否则保险人的承保和补偿就难以进行。

保险利益原则要求投保人在与保险人签订保险合同时，必须对保险标的具有保险利益；保险人在承保时，应认定投保人对投保标的所具有的保险利益，而且双方约定的保险金额不得超过该保险利益的额度；在处理赔案时，特别是在财产保险中,保险人应先认定索赔者对保险标的是否具有保险利益,再确定赔付的额度不得超过其保险利益额度。

二、各类保险的保险利益

由于各类保险的保险责任不同,在保险合同的订立以及履行过程中对保险利益原则的应用也存在一定的差异。

(一)财产保险的保险利益

财产保险的保险标的是财产及其有关利益,因此投保人对其受到法律承认和保护的、拥有所有权、占有权和债权等权利的财产及其有关利益具有保险利益。财产保险的保险利益包括现有利益、预期利益、责任利益、合同利益。

1. 现有利益

现有利益随物权的存在而产生,它是指投保人或被保险人对财产已享有且可继续享有的利益。由于财产权分为物权、债权和知识产权中的财产权,所以投保人如现时对财产具有合法的所有权、抵押权、质押权、留置权、典当权等关系且继续存在的,均具有保险利益。但现有利益非以所有利益为限,抵押人对于抵押物、质权人对于质押物、债务人对于留置物等,也具有现有利益,从而具有保险利益。

2. 预期利益

预期利益是因财产的现有利益而存在确实可得的、依法律或合同产生的未来一定时期的利益。它包括利润利益、租金收入利益、运费收入利益等。

3. 责任利益

责任利益是被保险人因其对第三者的民事损害行为依法应承担的赔偿责任,而产生的保险利益。如对第三者的责任、职业责任、产品责任、公众责任、雇主责任等。

4. 合同利益

合同利益是基于有效合同而产生的保险利益。虽然有效合同并非以物权为对象,但却以财产为履约对象。如在国际贸易中,卖方对已经售出的货物持有保险利益;雇员对雇主的不忠实会导致雇主的经济利益受损,因此雇主对雇员的忠诚有保险利益;债务人因种种原因不履行应尽义务,使权利人遭受损失,权利人对义务人的信用存在着保险利益。

(二)人身保险的保险利益

人身保险的保险利益在于投保人与被保险人之间的利益关系。人身保险以人的生命或身体为保险标的,只有当投保人对被保险人的生命或身体具有某种利益关系时，投保人才能对被保险人具有保险利益，即被保险人的生存或身体健康能保证其原有的经济利益，而当被保险人死亡或伤残时，将使投保人遭受经济损失。

人身保险的保险利益决定了投保人与被保险人之间的关系是：

(1)投保人对自己的生命或身体具有保险利益。

(2)投保人对与其有亲属血缘关系的人具有保险利益。亲属血缘关系主要是指配偶、子女、父母、兄弟姐妹、祖父母、孙子女等家庭成员。不同的国家对有保险利益的亲属血缘关系的界定不同，有些国家规定仅为直系近亲，而有些国家规定的范围较大。通常认为只要在同一家庭中生活的近亲属，一般认为相互存在保险利益。

(3)投保人对承担赡养、抚养或扶养等法定义务的人也具有保险利益。根据我国《保险法》的相关规定：配偶、子女、父母和其他与投保人有抚养、赡养或者扶养关系的家庭成员与近亲属都具有保险利益。

(4)投保人对与其有经济利益关系的人具有保险利益。投保人与被保险人之间的关系是经济利益关系，如雇佣关系、债权债务关系等也会产生保险利益。另外，合伙人对其他合伙人，财产所有人对财产管理人等也都因其存在的经济利益关系，导致前者对后者具有保险利益。

(5)因被保险人同意而产生保险利益。被保险人同意投保人为其订立保险合同的，视为投保人对被保险人具有保险利益。

当投保人以他人的生命或身体投保时，保险利益的确定各国有不同的规定。如英美法系国家基本上采取“利益主义”原则，即以投保人与被保险人之间是否存在经济上的利益关系为判断依据，如果有，则存在保险利益。而大陆法系的国家通常采用“同意主义”原则，即无论投保人与被保险人之间有无利益关系，只要被保险人同意，则具有保险利益。另外，还有一些国家采取“利益和同意相结合”原则，即投保人与被保险人之间具有经济上的利益关系，或投保人与被保险人之间虽没有利益关系，但只要被保险人同意，也被视为具有保险利益。根据我国《保险法》第三十一条规定，投保人除对本人、近亲属等有利益关系的人具有保险利益外，被保险人同意投保人为其订立合同的，视为投保人对被保险人具有保险利益。在实务操作中，我们要求投保人与被保险人之间必须存在合法的经济利益关系，保险金额须在投保人对标的所具有的保险利益限度内，当投保包含死亡责任险种时，往往要征得被保险人的书面同意。因此，我国实行的是“利益和同意相结合”原则。

(三)责任保险的保险利益

责任保险是以被保险人的民事损害经济赔偿责任作为保险标的的一种保险，投保人或被保险人与其所应负的损害经济赔偿责任之间的法律关系构成了责任保险的保险利益。凡是法律法规或行政命令所规定的，因承担民事损害经济赔偿责任而须支付损害赔偿金和其他费用的人对责任保险具有保险利益，都可以投保责任险。根据责任保险险种的不同，责任保险的保险利益分为以下几种：

(1)在公众责任保险中，各种固定场所的所有人、经营人或管理者对于因固定场所的缺陷或管理的过失及其他意外事件造成顾客或观众等人身伤害或财产损失，依法应承担经济赔偿责任的，具有保险利益。

(2)在产品责任保险中，制造商、销售商、修理商因商品质量或其他问题给用户或消费者造成人身或财产损失，依法应承担经济赔偿责任的，具有保险利益。

(3)在雇主责任保险中，雇主对雇员在受雇期间因从事与其职业有关的工作而患职业病或伤残、死亡等依法应承担医药费、工伤补贴、家属抚恤责任的，具有保险利益。

(4)在职业责任保险中，各类专业人员由于工作疏忽或过失致使他人遭受损害而依法应承担经济赔偿责任的，具有保险利益。

(四)信用与保证保险的保险利益

信用与保证保险是一种担保性质的保险，其保险标的是一种信用行为，双方存在经济上的利益关系。当义务人因种种原因不能履行应尽义务，权利人经济上会遭受损失，因此权利人对义务人的信用存在保险利益。如债权人对债务人的信用具有保险利益，可投保信用保险；债务人对自身的信用也具有保险利益，可投保保证保险。其他，如雇主对雇员的信用具有保险利益，制造厂商对销售商的信用具有保险利益，业主对承包商的合同实现具有保险利益。

三、保险利益的变动与适用时限

(一)保险利益的变动

保险利益的变动是指保险利益的转移、消灭。保险利益转移是指在保险合同有效期间，投保人将保险利益转移给受让人，而保险合同依然有效。所有权人对自己所有的财产有保险利益，在保险合同有效期内，所有人如果将财产所有权转让他人，则其由于丧失了与保险标的的利益关系而失去了保险利益；新的财产所有权人在法律上被认为自动取代原投保人的地位，保险合同继续有效，无须重新投保，在此情况下，我们称为保险利益转移。保险利益的消灭是指投保人或被保险人对保险标的的保险利益因保险标的灭失而消灭。

保险标的的保险利益会由于各种原因而发生转移和消失，但在财产保险和人身保险中，情况又各有不同。

在财产保险中，保险利益存在因继承、赠与、破产等而发生转移，存在因保险标的的灭失而消失。如保险利益在保险事故发生之前，可能会因为被保险人的死亡而保险标的被继承而转移；可能会因为保险标的被出售而随之被转让；可能会因被保险人的资金运转不灵而被债权人抵债等。通常情况下，保险利益随保险标的的所有权的转移而转移，保险标的的受让方承继被保险人的权利和义务。但是，除货物运输保险合同和另有约定的以外，保险标的转让的，被保险人或受让人应当及时通知保险人。不履行该通知义务的，因转让导致保险标的危险程度显著增加而发生的保险事故，保险人不承担保险责任。如果转让没有导致保险标的危险程度增加，即使被保险人或受让人没有及时通知保险人，保险人也应当承担保险责任。

在人身保险中，也存在保险利益的消灭和转移。在人身保险的死亡或两全保险中，如果被保险人死亡，则意味着保险事故的发生，该保险合同因保险金的给付而终止。如果被保险人因除外责任的原因死亡，保险合同因保险标的的消灭而终止，不能被认为是转移。如果投保人死亡，且投保人与被保险人不是同一人，若人身保险合同因亲属关系、扶养关系等特定的人身关系而订立，则保险利益不能转移；若保险合同因一般利益关系而订立，如债权债务关系，被保险人的利益由投保人专属，则投保人的继承人继承被保险人的利益。在人身保险中，除因债权债务关系而订立的合同可随债权一同转让外，其他的人身保险的保险利益不得因转让与而转让。

（二）保险利益的适用时限

保险利益原则是保险实践中必须坚持的，但在财产保险和人身保险中保险利益的适用时限却有不同。

财产保险合同要求从合同订立到合同终止，始终都要求存在保险利益，投保时具有的保险利益若发生丧失，则保险合同无效；对于投保时具有的期待利益部分通常还要求转化为现实利益，被保险人才能获得赔付。在海洋运输货物保险中，保险利益在适用时限上具有一定的灵活性，规定在投保时可以不具有保险利益，但在索赔时被保险人对保险标的必须具有保险利益。这一规定起源于海上贸易的习惯，当货物在运输途中，其所有权是可以转移的。

人身保险的保险利益强调在保险合同订立时必须具有，当保险事故发生进行索赔时，是否具有保险利益则不要求。这主要是因为人身保险的保险标的是人的生命和身体，人身保险合同生效后，被保险人的生命或身体受到伤害，获得保险金给付利益的是被保险人或受益人，投保人不会因被保险人发生保险事故而享有领取保险金的权利。因此，在发生保险事故时，投保人是否对被保险人具有保险利益没有意义。而且，对受益人与投保人同为一人的情况也有约束规定：如受益人需被保险人同意或指定，当被保险人因受益人的故意行为而受到伤害时，受益人将丧失获得保险金的权利。在投保时具有保险利益,即使后来投保人因离异、雇用合同解除或其他原因而丧失保险利益,也不会影响保险合同的效力,保险人仍负有保险金给付责任。

(三)坚持保险利益原则的意义

在保险活动中坚持保险利益原则主要是基于以下考虑:

1. 为了防止赌博行为的发生

如果保险关系的确立不是建立在投保人对保险标的所具有的保险利益的基础上,投保人就可以对任一保险标的投保,由于保险费与保险金额之间可能存在的巨大差额,该投保人会以较小的保费支出获得几十倍高的保险金额的赔偿,此种保险行为无异于赌博。保险利益原则要求投保人必须对保险标的具有保险利益是为了使保险与赌博相区别,实现保险补偿损失的目的。

2. 为了防止道德风险的发生

此处的道德风险是指被保险人或受益人为获取保险人的赔付而故意违反道德规范,甚至故意犯罪,促使保险事故的发生或在保险事故发生时故意放任损失扩大。规定保险利益原则将投保人利益与保险标的的安全紧密相连,保险事故发生后,给投保人的保险赔偿仅为原有的保险利益,投保人对保险事故的发生并无利可图。另外,保险事故发生后的保险赔付额不得超出被保险人的保险利益额度,保险人对被保险人的赔偿限制在被保险人的实际经济利益损失的全部或部分范围内,由此可以防范道德风险的产生。

3. 保险利益原则规定了保险保障的最高限度,并限制了赔付的最高额度

保险的宗旨是补偿被保险人在保险标的发生保险事故时遭受的经济损失,但不允许有额外的利益获得。保险利益原则要求投保人依据保险利益投保,保险人依据保险利益确定是否承保,并在其额度内支付保险赔付。因此,保险利益原则为投保人确定了保险保障的最高限度,同时为保险人进行保险赔付提供了科学依据。

第三节 近因原则

近因原则是判断保险事故与保险标的损失之间的因果关系,从而确定保险赔偿责任的一项基本原则。在保险经营实务中,近因原则是必须遵循的重要原则之一。

一、近因原则的含义

近因是指引起保险标的损失的直接的、最有效的、起决定作用的因素,它直

接导致保险标的的损失，但在时间上和空间上，它不一定是最接近损失结果的原因。1907 年，英国法庭对近因所下的定义是："近因是指引起一连串事件，并由此导致案件结果的能动的、起决定作用的原因。"①1924 年英国上议院又进一步说明："近因是指处于支配地位或者起决定作用的原因，即使在时间上它并不是最近的。"②

近因原则是判断风险事故与保险标的损害之间的因果关系，从而确定保险赔偿或给付责任的一项基本原则。其基本含义如下：保险人承担赔偿或给付保险金责任的先决条件是造成保险标的损失的近因，且近因必须是保险责任事故。近因属于保险责任的，保险人应承担赔付保险金责任；近因不属于保险责任的，保险人不负责赔付。

二、近因原则的应用

近因原则在理论上讲简单明了，但在实际中的运用，即如何从众多复杂的原因中判断出引起损失的近因却存在相当的困难。对近因的分析和判断，成为掌握和运用近因原则的关键。

(一)认定近因的基本方法

认定近因的关键是确定风险因素与损失之间的因果关系，对此，有两种基本方法：

第一种方法是从原因推断结果，即从最初的事件出发，按逻辑推理直至最终损失的发生，最初事件就是风险损失的近因，如大树遭雷击而折断，并压坏了房屋，屋中的电器因房屋的倒塌而毁坏，那么，电器损失的近因是雷击，而不是房屋倒塌。

第二种方法是从结果推断原因，即从损失开始，从后往前推，追溯到最初事件，没有中断，则最初事件就是近因。上例中，电器毁坏是损失，它由于房屋倒塌而压坏，房屋倒塌是由于大树的折断，大树折断是因为雷击，因此，在此系列事件中，因果相连，则雷击为近因。

(二)近因的认定和保险责任的确定

在保险理赔中，对于引起保险标的损失的原因，我们可以从以下几种情况来分析：

1. 单一原因情况下的近因认定

如果事故发生所导致损失的原因只有一个，则该原因为损失近因。若该近因

①② 吴小平．保险原理与实务．北京：中国金融出版社，2002.

属于承保风险,保险人应对损失负赔偿责任;如果该近因是除外责任,保险人则不予赔偿。

2. 多种原因存在时的近因认定

如果损失的产生源于多种原因,在不同的情形下应区别对待。

(1)同时并存有多种原因的情形。如果损失的发生有同时存在的多种原因,首先看多种原因中是否存在除外原因,造成的结果是否可以分解。如果同时存在导致损失的多种原因均为保险责任,则保险人应承担全部损失赔偿责任;反之,若同时发生的导致损失的多种原因均为除外责任,则保险人不承担任何损失赔偿。

当同时发生导致损失的多种原因中,既有保险责任又有除外责任的,则应分析损失结果是否易于分解。如果损失结果可以分解,则保险人只对承保风险所导致的损失承担赔偿责任;如果损失的结果不能分解,保险人有时倾向于不承担任何损失赔偿责任,有时倾向于同被保险人协商解决。

(2)多种原因连续发生的情形。如果多种原因连续发生导致损失,并且前因和后因之间存在未中断的因果关系,则最先发生并造成了一连串事故的原因就是近因。在此情形下,保险人的责任依情况确定:若连续发生导致损失的多种原因均为保险责任,则保险人承担赔偿责任;如果连续发生导致损失的多种原因均属于除外责任,则保险人不承担赔偿责任;若连续发生导致损失的多种原因不全属于保险责任,最先发生的原因即近因属于保险责任,而其后发生的原因,无论是否属于除外责任,保险人都应负赔偿责任;若最先发生的原因属于除外保险责任,而其后发生的原因,无论是否属于保险责任,保险人都不应负赔偿责任。如某汽车投保机动车辆第三者责任险,汽车行驶过程中,轮胎压飞石子,石子击中路人眼睛,造成失明,一连串事故具有因果关系,则轮胎压飞石子为近因,属于第三者责任保险的保险责任,保险人依合同应予以赔偿。再如战争导致火灾发生,若被保险人未投保战争险,受损财产并不能因火灾发生而得到保险人的赔偿,这是因为战争是财产损失的近因,而其又为除外责任的缘故。

(3)一连串原因间断发生的情形。当发生并导致损失的原因有多个,并且在一连串发生的原因中有间断情形,即有新的独立原因介入使原有的因果关系断裂,并导致损失,则新介入的独立原因是近因。此时,只需判断近因是否属于保险责任,若近因属于保险责任范围内的事故,则保险人应负赔偿责任,反之,保险人不负赔偿责任。如果有除外责任的规定,若新原因为除外责任,在新原因发生之前发生的承保风险导致的损失,保险人应予以赔偿。如某人投保人身意外伤害险,发生交通事故并使下肢伤残,但在康复过程中,突发心脏病导致死亡。其中,心脏病突发为独立的新介入的原因,不属于保险责任范围,虽为死亡近因,保险人对被保险人死亡也不承担赔偿责任。但对其因交通事故造成的伤残,保险人应承担保险金的支付责任。

坚持近因原则的目的在于分清有关各方的责任,明确保险人的承保风险与保险标的损失之间的因果关系。近因原则的规定是保险实践中的理论依据,但致损原因的发生与损失结果之间的因果关系往往错综复杂,因此运用近因原则时应根据实际案情,实事求是分析,认真辨别,并遵循国际惯例,特别是注重对重要判例的援用。

第四节　损失补偿原则

经济补偿是保险的基本职能,也是保险产生和发展的最初目的和最终目标,因而损失补偿原则是保险的重要原则。但需要指出的是,损失补偿原则对于补偿性合同来说是理赔的首要原则,而对于给付性的保险合同在实务中并不适用。

一、对损失补偿原则的一般认识

(一)损失补偿原则的含义

损失补偿原则是指当保险标的发生保险责任范围内的损失时,被保险人有权按照合同的约定获得保险赔偿,以弥补其损失,但被保险人不能因损失而获得额外的利益。

损失补偿原则有两层含义:第一,损失补偿以保险责任范围内的损失发生为前提,即有损失发生则有损失补偿,无损失无补偿。第二,损失补偿以被保险人的实际损失为限,而不能使其获得额外的利益。即通过保险赔偿使被保险人的经济状态恢复到事故发生前的状态。被保险人的实际损失既包括保险标的的实际损失,也包括被保险人为防止或减少保险标的损失所支付的必要的、合理的施救费用和诉讼费用。

损失补偿原则是保险理赔的重要原则,坚持损失补偿原则对于维护保险双方的正当权益,真正发挥保险的经济补偿职能,防止被保险人通过保险赔偿而得到额外利益,防止道德风险的发生等具有重要意义。

(二)损失补偿原则的补偿限制

损失补偿原则要求被保险人获得的保险赔偿金的数量受到实际损失、合同金额和保险利益的限制。

1. 损失补偿以被保险人的实际损失为限

在补偿性的合同中,保险标的遭受损失后,保险赔偿以被保险人所遭受的实际损失为限。全部损失时全部赔偿,部分损失时部分赔偿,但在重置价值保险中存在例外。

重置价值保险是指以被保险人重置或重建保险标的所需费用或成本来确定保险金额的保险,在通货膨胀、物价上涨等因素影响下,保险人按重置或重建费用赔付时,可能出现保险赔款大于实际损失的情况。

2. 损失补偿以投保人投保的保险金额为限

即损失赔偿金额只低于或等于保险金额而不应高于保险金额,这是因为保险金额是以保险人已收取的保费为条件确定的保险最高限额,超过此限额,将使保险人处于不平等的地位。即使发生通货膨胀,仍以保险金额限。其目的在于维护保险人的正当权益,使损失补偿同样遵循权利义务对等的约束。

3. 损失补偿以投保人或被保险人所具有的保险利益为限

即被保险人所得的赔偿以其对受损标的的保险利益为最高限额。如当财产保险的保险标的受损时,若被保险人对该财产的财产权益不再拥有,则被保险人对该财产的损失就不具有索赔权;债权人对抵押的财产投保,当债务人全部偿还债务后,债权人对该财产不再具有保险利益,即使发生标的损失,债权人也不再对此具有索赔权。

在具体的实务操作中,上述三个限额同时起作用,其中金额最少的限额为保险赔偿的最高额。

二、损失补偿原则的派生原则

(一)重复保险的损失分摊原则

1. 重复保险的损失分摊原则内涵

重复保险的损失分摊原则是损失补偿原则的一个派生原则,它是指在重复保险的情况下,当保险事故发生时,通过采取适当的分摊方法,在各保险人之间分配赔偿责任,使被保险人既能得到充分补偿,又不会超过其实际损失而获得额外利益。

重复保险是指投保人对同一保险标的、同一保险利益、同一保险事故,在同一保险时期(或重叠)分别向两个或两个以上的保险人订立保险合同,且(或)保险金额总和超过保险价值的保险。当保险事故发生之后,若被保险人通过向不同的保险人就同一损失索赔,则可能获得超额赔款,这显然是违背损失补偿原则的。为了防止被保险人由于重复保险而获得额外利益,确定了分摊原则。分摊原则主要适用于财产保险等补偿性合同。

对于重复保险,投保人按照最大诚信原则,有义务将重复保险的有关情况告知各保险人。投保人不履行该项义务,保险人有权解除保险合同或宣布合同无效。

2. 重复保险的损失分摊方式

重复保险的损失分摊,主要有比例责任分摊、限额责任分摊和顺序责任分摊等方式。

(1)比例责任分摊方式。比例责任分摊方式即由各保险人按其所承保的保险金额占所有保险人承保的保险金额总和的比例来分摊保险赔偿责任。其计算公式为:

$$各保险人承担的赔偿金额=损失金额\times承保比例$$

$$承保比例=\frac{该保险人承保的保险金额}{所有保险人承保的保险金额总和}$$

当承保比例为1时,表示保险人只有一个,其承担的赔偿金额即为损失金额。通过该种方法分摊赔偿责任,使赔偿总和等于被保险人的实际损失。比例责任分摊方式在各国的保险实务中运用较多,我国也是采用此种分摊方式。我国《保险法》五十六条规定:"重复保险的各保险人赔偿保险金的总和不得超过保险价值。除合同另有约定外,各保险人按照其保险金额与保险金额总和的比例承担赔偿保险金的责任。"例如,某公司以其具有的价值100万元的物品,分别向A,B,C三家财产保险公司投保,三家保险公司承保的金额分别为40万元,60万元,100万元。当发生保险事故时,保险标的遭受损失为80万元,则该公司所获得的保险赔付金额总额为80万元。三家保险公司按比例责任分摊方式赔偿金额分别为16万元,24万元,40万元。

(2)限额责任分摊方式。限额责任分摊方式是以假设没有重复保险的情况下,各保险人按其承保的保险金额独自应负的赔偿限额与所有保险人应负的赔偿限额总和的比例承担损失补偿责任。其计算公式为:

$$各保险人承担的赔偿金额=损失金额\times赔偿比例$$

$$赔偿比例=\frac{该保险人的赔偿限额}{所有保险人的赔偿限额的总和}$$

限额责任分摊方式和比例责任分摊方式都是各保险人按照一定的比例进行分摊的,但各自分摊的基础不同。限额责任分摊方式是以赔偿比例为基础,而比例责任分摊方式是以承保比例为基础。

上述例子中,若其他条件相同,但保险赔偿按限额责任分摊,则三家保险公司的赔偿金额各自为17.7万元,26.7万元,35.6万元。

(3)顺序责任分摊方式。顺序责任分摊方式规定,由先出单的保险人首先承担损失赔偿责任,后出单的保险人只有在承保的标的损失超过前一保险人承保保险金额时,才顺次承担超出部分的损失赔偿。在该种方式下,被保险人的损失赔偿可能由一家保险人支付,也可能由多家保险人承担,这决定于被保险人的损失大小和顺次承保的保险金额的大小。无论由几家承担赔偿责任,被保险人的损失都能获得充分的补偿,又避免了获得额外利益的可能。

如在上例中,若A,B,C三家保险公司按顺序出单,按顺序责任分摊方式赔付,在其他条件不变情况下,三家保险公司的各自赔偿金额为40万元,40万元,0元。

(二)代位原则

1. 代位与代位原则的含义

代位在保险中是指保险人取代投保人获得追偿权或对保险标的的所有权。代位原则是指保险人依照法律或保险合同约定,对被保险人所遭受的损失进行赔偿后,依法取得向对财产损失负有责任的第三者进行追偿的权利或取得被保险人对保险标的的所有权。代位原则包括两个部分:代位追偿和物上代位。

代位追偿是指在保险标的遭受保险责任事故造成损失,依法应当由第三者承担赔偿责任时,保险人自支付保险赔偿金后,在赔偿金额的限度内,相应取得对第三者请求赔偿的权利。代位追偿是一种权利代位,是保险人拥有代替被保险人向责任人请求赔偿的权利。

物上代位是指保险标的遭受保险责任事故,发生全损或推定全损,保险人在全额支付保险赔偿金之后,即拥有对保险标的物的所有权。所谓推定全损是指保险标的遭受保险事故尚未达到完全损毁或完全灭失的状态,但实际全损已不可避免;或修复和施救费用将超过保险价值;或失踪达一定时间,保险人按照全损处理的一种推定性损失。

我国《保险法》五十九条规定:“保险事故发生后,保险人已支付了全部保险金额,并且保险金额相等于保险价值的,受损保险标的的全部权利归于保险人;保险金额低于保险价值的,保险人按照保险金额与保险价值的比例取得受损保险标的的部分权利。”

2. 代位原则的意义

代位原则的意义表现为:第一,防止被保险人因同一损失而获得超额赔偿,即避免被保险人获得双重利益。在被保险标的发生损失的原因是由第三者的疏忽、过失或故意行为造成,且该损失原因又属于保险责任事故,则被保险人既可以依据法律向第三者要求赔偿,也可以依据保险合同向保险人提出索赔。这样,被保险人因同一损失所获得的赔偿将超过保险标的的实际损失额,从而获得额外利益,违背损失补偿原则。第二，维护社会公共利益，保障公民、法人的合法权益不受侵害。社会公共利益要求肇事者对其因疏忽或过失所造成的损失负有责任。如果被保险人仅从保险人处获得赔偿而不追究责任人的经济赔偿责任，将有违公平，并且也易造成他人对被保险人的故意或过失伤害行为的发生，增加道德风险。通过代位，既使得责任人无论如何都应承担损害赔偿责任，也使得保险人可以通过代位追偿从责任人处追回支付的赔偿费用，维护保险人的利益。第三，有利于被保险人及时获得经济补偿。通常与向保险人索赔相比，由被保险人直接向责任人索赔则需更多的时间、物力和人力。尽快使被保险人的经济状况恢复到保险事故发生前的水平是保险的要求，也是代位原则实行的意义。

3. 代位追偿原则

(1)代位追偿原则的含义。代位追偿是一种权利代位，即追偿权的代位。在财产保险中，致使保险标的发生损失的原因既属于保险责任，又属于第三者责任原因时，被保险人有权向保险人请求赔偿，也可以向第三者请求赔偿。依据保险法规定，当被保险人已从责任人取得全部赔偿的，保险人可免去赔偿责任；如果被保险人从责任人得到部分赔偿，保险人在支付赔偿金时，可以相应扣减被保险人从第三者处已取得的赔偿。如果被保险人首先向保险人提出索赔，保险人应当按照保险合同的规定支付赔偿，被保险人在取得赔偿后应将向第三者追偿的权利转移给保险人，由保险人代位行使追偿的权利。被保险人不能同时取得来自保险人和第三者的赔偿，而获得双重或多于保险标的的实际损失的补偿。

(2)代位追偿实施的条件。保险人实施代位追偿权，需要满足几个前提条件：

第一，被保险人对保险人和第三者必须同时存在损失赔偿请求权。该条件首先要求损失产生的原因是属于保险责任内的，即被保险人依据保险合同享有索赔权。其次要求损失产生的原因还应是由第三者所致，第三者过失、疏忽或故意导致对被保险人的侵权行为、不履行合同行为、不当得利行为或其他依法应承担赔偿责任的行为，造成了保险标的的损失，依据法律第三者应负民事损害赔偿责任，被保险人依法有权向第三者请求赔偿。

第二，被保险人要求第三者赔偿。保险人的追偿还要求是在被保险人要求第三者赔偿时才能行使。当被保险人放弃对第三者的请求赔偿权时，保险人不享有代位追偿权，保险人也无须对被保险人进行保险赔偿。我国《保险法》第六十一条规定："保险事故发生后，保险人未赔偿保险金之前，被保险人放弃对第三者请求赔偿的权利的，保险人不承担赔偿保险金责任。保险人向被保险人赔偿保险金后，被保险人未经保险人同意放弃对第三者请求赔偿的权利的，该行为无效。"例如，房屋出租人同意承租人对房屋损坏不负责任的，在投保时得到了保险人的认可，若因承租人的过失而发生损失，保险人赔付房屋出租人的损失后，不得向承租人追偿损失。但由于被保险人的过失致使保险人不能行使代位请求赔偿权利的，保险人可以相应扣减保险赔偿金，其目的在于确保被保险人的弃权或过失不得侵害保险人的代位追偿权。

第三，保险人履行了赔偿责任。代位追偿权是债权的转移，被保险人与第三者之间的特定的债权债务关系，在保险人赔付保险金之前，这种关系与保险人没有直接的关系。只有当保险人赔付保险金之后，他才依法取得向第三者请求赔偿的权利。

(3)保险人取得代位追偿的方式。一是法定方式，即代位追偿权的取得无须经过任何人的确认。二是约定方式，即代位追偿权的取得必须经过当事人的磋商确认。在我国，代位追偿权的取得采用法定方式。根据《保险法》第六十条的规定，“保险人自向被保险人赔偿保险金之日起，在赔偿金额范围内代位行使被保险人向第三者请求赔偿的权利”，而无须经过被保险人确认。在保险实践中，保险人支付保险赔款后，通常要求被保险人出具“权益转让书”。从法律规定上看，“权益转让书”并非权益转移的要件，所以被保险人是否出具“权益转让书”并不影响保险人取得代位追偿权。但这一文件能确认保险赔款时间和赔款金额，从而也就确认了保险人取得代位追偿权的时间和向第三者追偿的最高金额。

(4)代位追偿的金额限定。保险人在代位追偿中追偿的金额大小不是随意的，而是受到一定的限制。保险人在代位追偿中享有的权益以其对被保险人赔付的金额为限，如果保险人从第三者处追偿的金额大于其对被保险人的赔偿，则超出部分应归被保险人所有。若被保险人获得的保险赔偿金额小于第三者造成的损失时，有权就未取得赔偿部分继续对第三者请求赔偿。保险代位追偿原则规定的目的不仅在于防止被保险人取得双重赔付而获得额外的利益，从而保障保险人的利益，也同样在于防止保险人通过代位追偿权而获得额外的利益，损害被保险人的利益。

(5)代位追偿原则适用范围。代位追偿原则主要适用于财产保险合同，在人身保险中对涉及医疗费用的险种适用。这主要因为人身保险的标的性质与财产的性质不同，其价值难以估计和衡量，因而不存在发生获得多重利益的问题。但在涉及医疗费用的险种中，医疗费用的支出是可确定的数额，存在多重获利的可能，该类合同具有补偿性。因此，被保险人因第三者行为而发生死亡、伤残或者疾病等保险事故的，由此产生的医疗费用支出，在保险人向被保险人或者受益人给付保险金后，享有向第三者追偿的权利。在财产保险中，根据我国《保险法》第六十二条规定，“除被保险人的家庭成员或者其组成人员故意造成本法第六十条第一款规定的保险事故意外，保险人不得对被保险人的家庭成员或者其组成人员行使代位请求赔偿的权利”。

4. 物上代位原则的应用——保险委付

(1)委付的含义。委付是被保险人在发生保险事故造成保险标的推定全损时，将保险标的的一切权益转移给保险人，而请求保险人按保险金额全数予以赔付的行为。委付是被保险人放弃物权的法律行为，在海上保险中经常采用。

(2)委付成立的条件。

①委付必须以保险标的推定全损为条件。委付包含由全额赔偿和保险标的全部权益的转让两项内容，因此必须在保险标的推定全损时才能适用。

②委付必须由被保险人向保险人提出。该条件要求被保险人提出委付申请。按照海上保险惯例，委付申请应向保险人或其授权的保险经纪人提出。委付申请通常采用书面形式，即以委付书提出，委付书是被保险人向保险人作推定全损索赔之前必须提交的文件，被保险人不向保险人提出委付，保险人对受损的保险标的只能按部分损失处理。另外，被保险人的委付申请要求在法定时间内提出，我国只规定了非人身保险合同的索赔权时限为 2 年，对委付未有明确规定，推理上应当遵循 2 年期限。

③委付须就整体的保险标的提出要求。保险标的在发生推定全损时，通常标的本身不可拆分，因此委付应就整体的保险标的而言。若仅部分委付，极易产生纠纷，但如果保险单上的标的有多种时，若有其中一部分标的独立，可以分离并发生有委付原因，可以就该部分标的实行委付。

④委付须经保险人同意。委付是否成立和履行，还需要保险人的承诺，因为委付不仅是将保险标的的一切权益进行了转移，也将被保险人对保险标的的一切义务同时转移。因此，保险人在接受委付之前须慎重考虑。保险人接受委付，则委付成立；反之，委付不成立。我国《海商法》规定："保险人可以接受委付，也可以不接受委付，但是应当在合理的时间内将接受委付或者不接受委付的决定通知被保险人。"

⑤委付不得附有附加条件。委付要求被保险人将保险标的的一切权利义务转移给保险人，并不得附加任何条件。如被保险人对船舶的失踪申请委付，那就不能同时要求当船舶有着落时返还，否则，将增加保险合同双方之间的纠纷。

(3)委付成立后的效力。委付一经成立，便对保险人和被保险人产生法律约束力。一方面，被保险人在委付成立时，有权要求保险人按照保险合同约定的保险金额全额赔偿；另一方面，保险人将被保险人对该保险标的的所有权利和义务一并接收。我国《海商法》规定："保险人接受委付的，被保险人对委付财产的全部权利和义务转移给保险人。"例如，船舶触礁沉没，经委付后沉船及其相关运费均为保险人所有，但同时保险人须履行打捞沉船清理航道的义务。

(4)保险人在物上代位中的权益范围。由于不同保险合同对保险标的的保障程度不同，保险人在物上代位中享有的权益范围也有所不同：

在足额保险合同中，当保险人按保险金额支付保险赔偿金后，即取得对保险标的的全部所有权。保险人在处理标的物时所获得的利益如果超过所支付的赔偿金额，超过部分归保险人所有。如有对第三者损害赔偿请求权，索赔金额超过其支付的保险赔偿金额，也同样归保险人所有。

在不足额保险合同中，保险人只能按照保险金额与实际价值的比例取得受损标的的部分权利。由于保险标的的不可分割性，保险人在依法取得受损保险标的的部分权利后，通常将其折价给被保险人，并在保险赔偿金中做相应的扣除。

(5)委付与代位追偿的区别。从以上可以看出，委付和代位追偿是有区别的，其主要区别在于：第一，代位追偿只是一种纯粹的追偿权，取得这种权利的保险人无须承担其他义务；而保险人在接受委付时，则是将权利和义务全部接收，既获得了保险标的的所有权，又须承担该标的产生的义务。第二，在代位追偿中，保险人只能获得保险赔偿金额内的追偿权；而在委付中，保险人则可享有该项标的的一切权利，包括被保险人放弃的保险标的的所有权和对保险标的的处分权。在委付后，保险人对保险标的的处置而取得的额外利益也由保险人获得，而不必返还给被保险人。

本章参考文献

1. 吴小平．保险原理与实务．北京：中国金融出版社，2002.
2. 张虹，陈迪红．保险学原理．北京：清华大学出版社，2021.
3. 杨娟，周艳玲．保险学原理与实务．北京：清华大学出版社，2021.
4. 孙祁祥．保险学(第七版)．北京：北京大学出版社，2021.
5. 魏华林，林宝清．保险学．北京：高等教育出版社，2018.

重要概念

最大诚信　重要事实　告知　保证　弃权与禁止反言　保险利益　近因
代位追偿　物上代位　委付　推定全损

复习思考题

1. 简述最大诚信原则的含义及其主要内容。
2. 简述违反最大诚信原则的法律后果。
3. 简述保险利益原则的内涵。
4. 如何判断近因？简述近因原则的内涵。

5. 如何应用损失补偿原则进行损失赔偿？
6. 如何应用损失补偿原则中的派生原则？
7. 简述代位追偿权产生所具备的条件。
8. 简述委付及委付成立的条件。
9. 简述代位追偿与物上代位的区别。

保险案例①

被保险人李某，投保从事专业运输的木质机动船一艘，按重置价值投保，保险金额 10 万元，保险期限自 2018 年 3 月 15 日起至 2019 年 3 月 14 日止。2019 年 1 月 15 日，李某驾驶保险船舶从事运输时，发生触礁事故。出险后，李某用于施救及维修费用共计 6 000 元。随后，李某向保险公司提出索赔，要求保险公司按保险合同的规定赔偿全部经济损失。

接到出险通知后，保险公司立即进行调查，发现船舶在投保时属于李某一人所有。但在投保后，李某感觉风险太大，便邀请其堂兄李甲、李乙入伙，船分 4 股，李某占 2 股，为标的价值的 50%；李甲、李乙各占一股，各为 25%，并于 2018 年 7 月办清了船款股份结算，签订了合伙经营合同，船仍由李某驾驶，从事专业运输，但没有办理保单批改手续。

保险公司内部对如何赔偿产生了三种不同意见：

(1)认为保险公司应赔偿李某 6 000 元。

(2)认为保险公司应该拒赔。

(3)认为保险公司应该赔偿 3 000 元。

问题：请分析以上哪种观点是正确的？为什么？

保险知识小视频

如实告知义务在保险实务中的应用

① 案例来源：杨娟等．保险学原理与实务．北京：清华大学出版社，2021.

第六章 保险合同

党的十九大报告指出："新时代中国特色社会主义思想，必须坚持以人民为中心的发展思想。"银保监会指出：加强和改进保险服务是保险业落实"以人民为中心"发展思想和服务实体经济的必然要求。保险合同是建立在最大诚信原则上的契约，合同双方当事人在合同的订立与履行中都要做到诚实守信、遵守法规。应严格规范保险销售行为，用通俗清晰的语言，准确、全面地向消费者说明保险产品和服务，保险合同中的产品类别、保障范围、保险期限、保险金额、保险费用、免除保险人责任条款等重点突出。

◈ 学习要点

1. 掌握保险合同的概念、特点、保险合同履行、保险合同的解释原则。
2. 理解保险合同的构成要素、保险合同的效力、保险合同的订立。
3. 了解保险合同的形式、保险合同的变更、保险合同的争议处理方式。

第一节 保险合同概述

一、保险合同的概念

《保险法》第十条规定："保险合同是投保人与保险人约定保险权利义务关系的协议。投保人是指与保险人订立保险合同，并按照合同约定负有支付保险费义务的人。保险人是指与投保人订立保险合同，并按照合同约定承担赔偿或给付保险金责任的保险公司。"订立保险合同，应当协商一致，遵循公平原则确定各方的权利和义务。除法律、行政法规规定必须保险的外，保险合同自愿订立。

二、保险合同的特征

保险合同是合同的一种，既具有一般合同的共性，又具有自己的特性，适用《民法典》《保险法》的规定，保险合同的特点总结如下：

(一)保险合同是射幸合同

射幸是指不确定,碰运气。射幸合同是指合同订立时当事人的给付义务尚未确定,当事人一方支付的代价所获得的只是一个机会。对保险人而言,保险人所承担的赔偿金可能远远超出其所收取的保险费,但也有可能收取了保险费却不承担赔偿金的责任;对投保人而言,他有可能获得远大于其支付的保险费的保险金,也有可能未获得任何货币补偿。但是,保险合同的射幸性并不意味着保险人可能履行合同也可能不履行合同,就整体而言,保险事故的发生是确定的,就单个保险合同而言,被保险人或保险人是否获得保险赔偿或支付保险金具有不确定性。

(二)保险合同是不要式合同

根据合同的成立是否需要特定的形式,可将合同分为要式合同与不要式合同。要式合同是指法律、法规规定或者当事人约定应当采用书面形式的合同。不要式合同是指法律、法规要求合同不一定具备特定形式才能成立、生效的合同。《保险法》第十三条规定:“投保人提出保险要求,经保险人同意承保,保险合同成立,保险人应当及时向投保人签发保险单或者其他保险凭证。保险单或者其他保险凭证应当载明当事人双方约定的合同内容,当事人也可以约定采用其他书面形式载明合同内容。”因此,保险合同自保险人同意承保时成立,签发保险单或其他保险凭证是保险合同成立后保险人应当承担的义务,保险单或保险凭证只是证明保险合同成立的证据,并不是保险合同成立的必要条件,保险合同的成立始于双方当事人意思表示一致,即使在形式上保险单尚未做成交付,保险合同也已成立。实际上,单纯形式角度判定保险合同是不是要式合同会有两种截然不同的观点。

(三)保险合同是附和性合同

附和性合同又称为格式合同,它是指合同的条款事先由当事人的一方拟定,另一方只有接受或不接受该条款的选择,但不能就该条款进行修改或变更。保险合同属于格式合同,保险合同的条款事先由保险人拟定,经监管部门审批,投保人购买保险,要么附和保险人的合同,即同意合同条款并购买该合同,要么拒绝购买该保险,即使需要变更某项内容,也只能采纳保险人事先准备的附加条款。因此,在附和性合同中,保险人较之被保险人处于明显优势。由于保险合同的这种附和性,当合同双方对保险合同条款的理解有争议时,法院通常会做出有利于投保人的解释。不过,随着保险市场竞争的激烈化,保险客户亦部分地获得了与保险人平等协商保险合同内容的权力,有些特殊险种的合同也采取双方协商的办法来签订。

(四)保险合同是双务有偿合同

有偿合同是指享有权利同时必须承担义务的合同。双务合同是指合同当事人双方相互享有权利,同时也承担义务的合同。在保险合同中,一方面,投保人负有缴纳保险费的义务,当出现保险事故且属于保险责任时,被保险人享有请求赔偿或给付保险金的权利;另一方面,保险人享有收取保险费的权利,当属于保险责任的事故发生时,保险人负有赔偿或给付保险金的义务。因此,订立保险合同是当事人相互之间有偿的法律行为,且当事人双方相互享有权利的同时也承担义务。需要注意的是,投保人所负义务与保险人所承担义务间的对价关系与一般双务合同中的对价关系有所不同。一般的双务合同中,双方的义务是确定的,而在保险合同中,就整体而言,投保人群体所缴纳的保险费和保险人对投保人群体所支付的保险金是对等的;就个体而言,对价关系不明确,有的投保人虽然缴纳了保险费,但却获得不了保险金。

(五)保险合同是最大诚信合同

任何合同的订立与和履行都应当遵守诚实信用的原则,保险合同较一般合同对当事人诚实信用的要求更为严格,故称为最大诚信合同。《保险法》第五条明确规定:"保险活动当事人行使权利、履行义务应当遵循诚实信用原则。"该原则贯穿于保险合同的订立、履行全过程。并且《保险法》对于保险合同当事人违反最大诚信原则的行为,规定了严厉的处罚措施。

第二节　保险合同的要素

一、保险合同的主体

保险合同的主体是指与保险合同发生直接或间接关系的人,包括当事人、关系人和辅助人。当事人是订立合同、享有或承担合同规定权利与义务的主体,是与保险合同的订立和履行有直接关系的人,即投保人和保险人。关系人是与保险合同有经济利益关系,而不一定直接参与保险合同订立的人,即被保险人、受益人等。辅助人是辅助保险合同当事人进行合同签订和履行的人,包括保险代理人、保险经纪人和保险公估人。

(一)保险合同的当事人

保险合同的当事人是指直接参与建立保险法律关系、确定合同的权利与义务的行为人,包括投保人和保险人。

1. 投保人

根据《保险法》第十条第二款规定:“投保人是指与保险人订立保险合同,并按照合同约定负有支付保险费义务的人。”投保人作为保险合同的当事人,必须具备以下条件:

一是投保人对保险标的必须具有保险利益。投保人如果对保险标的不具有保险利益,那么就不能订立保险合同,已经订立的合同也是无效合同。

二是投保人应具有相应的民事行为能力。保险合同的订立属于民事法律行为,根据《民法典》的规定,有效的民事法律行为应满足如下三个条件:行为人应具有相应的民事行为能力;意思表示真实;不违反法律、行政法规的强制规定,不违背公序良俗。投保人作为保险合同订立的行为人之一,应该具有相应的民事行为能力,无民事行为能力人订立的保险合同无效。

三是投保人负责缴纳保险费。保险合同是有偿合同,投保人取得经济保障的代价就是缴纳保险费。投保人在订立保险合同时,不论是为自己利益还是为了他人利益,都需要承担缴纳保险费的义务。

2. 保险人

根据《保险法》第十条第三款规定:“保险人是指与投保人订立保险合同,并按照合同约定承担赔偿或者给付保险金责任的保险公司。”保险人作为保险合同的当事人,必须具备以下条件:

一是保险人应具有法人资格。各国法律一般要求保险人具有法人资格,按照我国《保险法》的规定:设立保险公司应当经国务院保险监督管理机构批准,保险公司的设立不仅要符合《保险法》的规定,同时还要符合《公司法》的相关规定,保险公司在中国应具有法人资格。需要注意的是,保险公司分支机构不具有法人资格,其民事责任由保险公司承担。

二是保险人的业务范围有严格限定。《保险法》第九十五条规定:“保险人不得兼营人身保险业务和财产保险业务,但是,经营财产保险业务的保险公司经国务院保险监督管理机构批准,可以经营短期健康保险业务和意外伤害保险业务。保险公司应当在国务院保险监督管理机构依法批准的业务范围内从事经营活动。”

三是保险公司须以自己的名义订立保险合同。作为一方当事人,保险人只有以自己的名义与投保人签订保险合同后才能成为保险合同的保险人。

专栏 6-1 自保公司(自营保险公司)①

自保公司及其起源与发展

自保是国际大型企业进行风险管理的重要手段,也是国际保险市场的重要组成部分。根据《关于自保公司监管有关问题的通知》(保监发〔2013〕95号)的规定,自保公司是指经中国保监会批准,由一家母公司单独出资或母公司与其控股子公司共同出资,且只为母公司及其控股子公司提供财产保险、短期健康保险和短期意外伤害保险的保险公司。

国际自保发展历史悠久,可追溯到20世纪50年代美国杨斯顿钢铁公司的自保安排。20世纪60年代,百慕大及开曼群岛等离岸金融市场的出现及繁荣以及当地宽松的监管政策促进了自保公司的快速发展。进入21世纪后,自保公司迅速发展,形式和类别多样。当前,国际市场自保公司约有6 000-7 000家,世界500强企业中,70%的企业有自保公司,如果剔除掉中资公司,那么这一比例将上升到90%[1]。

我国目前有8家专业自保公司,其中4家注册在香港,4家注册在内地。2013年12月内地第一家自保公司中石油专属财产保险股份有限公司成立,其余3家自保公司分别是:2015年7月,中国铁路财产保险自保有限公司,2017年2月,中远海运财产保险自保有限公司,2017年11月,广东能源财产保险自保有限公司。注册在香港的4家自保公司分别是:2000年8月,中海石油保险有限公司;2013年11月,中石化保险有限公司;2015年3月,中广核保险有限公司;2019年2月,上海电气保险有限公司。

自保公司的优势与困境

自保公司作为一种新型保险模式,具有传统商业保险公司不可比拟的优势,赢得了许多大中型企业的青睐。自保能够弥补传统保险公司承保的空白,为企业提供更经济、更全面的保险服务;自保公司是母公司进行风险管理的工具,有利于企业加强风险管理;有利于企业获得再保险保障;可增进企业现金流量的稳定性;合理避税,减轻企业税赋负担,增加利润收入[2]。

---

① 资料来源:

[1]邓伟华.我国保险市场创新发展研究——基于自保保险发展思考[J].现代商业,2020,556(3):36-38.

[2]清华大学经济管理学院中国保险与风险管理研究中心,伦敦城市大学卡斯商学院,东北农业大学经济管理学院.我国专业自保公司的公司治理监管效率研究[C].见:2020/2021中国保险与风险管理国际年会论文集,2021:18.

当前，自保公司的发展也存在一些问题。首先，对自保公司进行监管的法律法规需进一步完善。我国对自保公司进行监管的两个规范性的文件都是保监会下发的：2013 年《关于自保公司监管有关问题的通知》、2015 年《关于进一步完善自保公司监管有关问题的通知》，上述两个文件发布的时间较早，且对自保公司监管的内容也存在一些漏洞，亟须完善。其次，自保公司承保的范围小，资金压力大，发展规模受限。自保公司承保的范围多局限于母公司，承保的保险标的受限，资金压力大，赔付能力也会受限，最终导致自保公司难以实现规模化发展。

(二)保险合同的关系人

保险合同的关系人是指与保险合同有经济利益关系，而不一定直接参与保险合同订立的人。保险关系人包括被保险人、受益人、保单所有人。

1. 被保险人

根据《保险法》第十二条第五款规定："被保险人是指其财产或者人身受保险合同保障，享有保险金请求权的人，投保人可以为被保险人。"被保险人的财产、生命、身体、经济赔偿责任等是保险合同的保险标的，是保险事故发生的主体对象。投保人将被保险人的财产、生命、身体等作为保险标的投保。投保人与被保险人之间的关系有以下两种情形：一是投保人与被保险人是同一人，当投保人以自己的财产、生命、身体和经济赔偿责任投保时，被保险人就是投保人自己，被保险人也是合同的当事人。二是投保人与被保险人不是同一人，投保人是保险合同当事人，被保险人是保险合同的关系人。

2. 受益人

根据《保险法》第十八条第二款规定："受益人是指人身保险合同中由被保险人或者投保人指定的享有保险金请求权的人。投保人、被保险人可以为受益人。"在财产保险合同中并没有专门的受益人规定，这是因为财产保险的被保险人通常就是受益人，只有在某些特殊情况下，财产保险合同的当事人才约定由第三者享有优先受领保险赔偿的权利，而第三者一般是被保险人的债权人。在责任保险合同中虽没有指定受益人，但保险赔偿却并非为被保险人领取。在人身保险合同中，受益人可以是一人，也可以是数人，投保人、被保险人都可以为受益人。作为受益人，在合同中有两种形式：一种是不可撤销的受益人，在保险合同签订时确定且不得随意撤销，只允许在受益人同意下更换受益人；另一种是可撤销的受益人，在保险合同的有效期内，投保人或被保险人可以中途变更受益人和撤销受益人的受益权。

人身保险的受益人由被保险人或者投保人指定。投保人指定受益人时须经被保险人同意，未经被保险人同意的，人民法院应认定指定行为无效。投保人为与其有劳动关系的劳动者投保人身保险，不得指定被保险人及其近亲属以外的人为受益人。若当事人对保险合同约定的受益人存在争议，可根据《保险法》司法解释(三)第九条的规定处理："当事人对保险合同约定的受益人存在争议，除投保人、被保险人在保险合同之外另有约定外，按以下情形分别处理：受益人约定为'法定'或者'法定继承人'的，以民法典规定的法定继承人为受益人；受益人仅约定为身份关系的，投保人与被保险人为同一主体时，根据保险事故发生时与被保险人的身份关系确定受益人；投保人与被保险人为不同主体时，根据保险合同成立时与被保险人的身份关系确定受益人；约定的受益人包括姓名和身份关系，保险事故发生时身份关系发生变化的，认定为未指定受益人。"

被保险人或投保人可以变更受益人。在保险合同生效后，受益人是可以变更的，但需遵守《保险法》第四十一条的规定："被保险人或者投保人可以变更受益人并书面通知保险人。保险人收到变更受益人的书面通知后，应当在保险单或者其他保险凭证上批注或者附贴批单。投保人变更受益人时须经被保险人同意。"投保人或被保险人变更受益人未通知保险人，保险人主张变更对其不发生效力的，人民法院应予支持。投保人或被保险人在保险事故发生后变更受益人，变更后的受益人请求保险人给付保险金的，人民法院不予支持。

受益人与继承人是有区别的。受益人的保险金请求权直接来自人身保险合同的规定，当被保险人死亡后，受益人获得的保险金是根据合同取得的，不属于被保险人的遗产，不得纳入遗产分配，也不用于清偿被保险人生前债务。但是，如果保险金由继承人以继承方式取得，则在其继承遗产的范围内有为他人偿还债务的义务。根据《保险法》第四十二条的规定："被保险人死亡后，有下列情形之一的，保险金作为被保险人的遗产，由保险人依照《民法典》中'继承'相关的规定履行给付保险金的义务：(一)没有指定受益人，或者受益人指定不明无法确定的；(二)受益人先于被保险人死亡，没有其他受益人的；(三)受益人依法丧失受益权或者放弃受益权，没有其他受益人的。受益人与被保险人在同一事件中死亡，且不能确定死亡先后顺序的，推定受益人死亡在先。"

3. 保单所有人

保单所有人又称为保单持有人，是拥有保单各种权利的人，主要适用于人寿保险合同。拥有人寿保单的保单所有人的权利通常有：变更受益人、领取退保金、领取保单红利、以保单作抵押借款、放弃或出售保单的一项或多项权利、指定新的所有人。保单所有人是在投保人和保险人订立合同时产生的。他可以是一个人，也可以是一个组织，既可以与受益人是同一人，也可以是投保人等其他的任何人。在我国的人寿保险合同中没有保单所有人概念，通常保单所有人所拥有的权利由投保人、被保险人或受益人单独或分别享有。如分红保单的被保险人可领取保单红利;投保人可要求退保获得退保金等。

(三)保险合同的辅助人

保险合同的辅助人是指协助保险合同的当事人签署保险合同或履行保险合同,并办理有关保险事项的人,包括保险代理人、保险经纪人和保险公估人。保险业务的专业性和技术性要求有专门的从业人员参与、协助办理有关业务,保险合同的辅助人为保险合同的订立和履行提供服务。他们对保险合同既不享有直接权利,也不承担直接义务,但对保险合同的订立起着保险人或保险客户的代理人的作用。由于保险合同的辅助人所担任的角色具有中介性质,因此又被称为保险的中介人。

1. 保险代理人

根据《保险法》第一百一十七条规定:"保险代理人是根据保险人的委托,向保险人收取佣金,并在保险人授权的范围内代为办理保险业务的机构或者个人。保险代理机构包括专门从事保险代理业务的保险专业代理机构和兼营保险代理业务的保险兼业代理机构。"保险代理机构应取得保险监督管理机构颁发的经营保险代理业务许可证。保险代理人根据保险人的授权代为办理保险业务的行为,由保险人承担责任,保险代理人没有代理权、超越代理权或者代理权终止后以保险人名义订立合同,使投保人有理由相信其有代理权的,该代理行为有效。保险人可以依法追究越权的保险代理人的责任。保险公司应当建立保险代理人登记管理制度,加强对保险代理人的培训和管理,不得唆使、诱导保险代理人进行违背诚信义务的活动。

2. 保险经纪人

根据《保险法》第一百一十八条规定:"保险经纪人是基于投保人的利益,为投保人与保险人订立保险合同提供中介服务,并依法收取佣金的机构。"保险经纪人同样应当取得保险监督管理机构颁发的保险经纪业务许可证,且保险经纪人的经纪从业人员,应当品行良好,具有从事保险经纪业务所需的专业能力。保险经纪人因过错给投保人、被保险人造成损失的,依法承担赔偿责任。保险经纪人与保险代理人不同,他是基于投保人的利益,为投保人提供风险管理咨询和办理投保索赔等事宜。

3. 保险公估人

根据《保险法》第一百二十九条的规定:"保险活动当事人可以委托保险公估机构等依法设立的独立评估机构或者具有相关专业知识的人员,对保险事故进行评估和鉴定。接受委托对保险事故进行评估和鉴定的机构和人员,应当依法、独立、客观、公正地进行评估和鉴定，任何单位和个人不得干涉。”公估机构和人员，因故意或者过失给保险人或者被保险人造成损失的，依法承担赔偿责任。

二、保险合同的客体

保险合同的客体是保险合同的重要组成要素，保险合同的客体不是保险标的本身，而是投保人或被保险人对保险标的的保险利益。保险标的是订立保险合同的必要内容，但订立保险合同的目的并非保障保险标的本身，而是保险标的受损后投保人或被保险人、受益人的经济利益。风险是客观存在的，当保险事故发生后，保险人依据合同，只能对保险标的的损失进行赔偿，而不可能赔偿原有的保险标的。因此，保险合同中规定的权利义务所指的对象是投保人或被保险人对保险标的所具有的保险利益。

保险标的是保险利益的载体，没有保险标的，保险利益就无从谈起。保险标的存在，投保人或被保险人的经济利益也存在，当保险标的遭受损坏时，投保人或被保险人的经济利益也会遭到损害。总的来看，保险标的和保险利益虽然不同，但二者有着密切的联系，投保人在投保或理赔时须对保险标的有保险利益，保险利益又以保险标的的存在为条件。

三、保险合同的内容

保险合同的内容指保险合同双方当事人所约定的、由法律确认的权利与义务。保险合同属于附和性合同，合同条款通常由保险人事先拟定，合同形式表现为投保单、暂保单、保险单等多种形式，保险合同双方当事人都需清楚地了解保险合同的内容及形式，明确自己的权利与义务，避免法律纠纷的出现。

(一)保险合同的条款

保险合同内容主要体现在保险条款中，保险条款是指记载保险合同内容的条文，是保险合同双方享受权利与承担义务的主要依据。保险合同条款包括基本条款和特约条款。

1. 基本条款

保险合同的基本条款又称为法定条款，它是根据法律规定的由保险人制定的必须具备的条款。基本条款一般直接印在保险单证上，它不能随投保人的意愿而变更。根据《保险法》第十八条的规定，“保险合同包括下列事项：保险人的名称和住所；投保人、被保险人的姓名或者名称、住所，以及人身保险的受益人的姓名或者名称、住所；保险标的；保险责任和责任免除；保险期间和保险责任开始时间；保险金额；保险费以及支付办法；保险金赔偿或者给付办法；违约责任和争议处理；订立合同的年、月、日”。上述条款中，保险责任和责任免除属于重点条款：保险责任是指保险人按合同约定在保险事故发生后所应承担的保险赔付责任；责任免除又称除外责任，是指在合同中列明的保险人不予承担的保险赔付责任。按照《保险法》第十七条的规定：“订立保险合同，采用保险人提供的格式条款的，保险人向投保人提供的投保单应当附格式条款，保险人应当向投保人说明合同的内容。对保险合同中免除保险人责任的条款，保险人在订立合同时应当在投保单、保险单或者其他保险凭证上作出足以引起投保人注意的提示，并对该条款的内容以书面或者口头形式向投保人作出明确说明；未作提示或者明确说明的，该条款不产生效力。”

2. 特约条款

特约条款是指在基本条款以外，由投保人与保险人根据实际需要而协商约定的其他条款。特约条款有广义与狭义之分，广义的特约条款包括保证条款、附加条款、协议条款三种类型，狭义的特约条款仅指保证条款。保证条款是指投保人、被保险人就特定事项担保某种行为或事实的真实性的条款，该类条款由于其内容具有保证性质而得名。保证条款一般由法律规定，是投保人、被保险人必须遵守的条款；否则，保险人有权解除合同。附加条款是当事人在合同的基本条款的基础上约定的补充条款，它增加或限制双方的权利义务，是对基本条款的修改或变更，其效力优于基本条款，通常采取在保险单上加批注或批单的方式使之成为合同的一部分。协议条款是保险同业之间根据需要，协商约定的条款，目前仅存于海上保险合同中，它是对原合同的修改、补充或变更。

（二）保险合同的形式

《保险法》第十三条规定：“投保人提出保险要求，经保险人同意承保，保险合同成立。保险人应当及时向投保人签发保险单或者其他保险凭证。保险单或者其他保险凭证应当载明当事人双方约定的合同内容。当事人也可以约定采用其他书面形式载明合同内容。”从法律的规定可以看出，保险合同形式有多种，主要包含投保单、保险单、暂保单、保险凭证和批单等形式。

1. 投保单

投保单是投保人向保险人提出保险要求和订立保险合同的书面要约，是保险合同的组成部分，亦称“要保书”或“投保申请书”。投保单一般由保险人事先根据险种需要设计内容，且通常有统一格式，投保人投保时依投保单所列的内容逐一填写，保险人再据此核实情况，决定是否承保。投保人在填写投保单的内容时，保险人就保险标的或者被保险人的有关情况提出询问的，投保人应如实告知，投保人故意或者因重大过失未履行前款规定的如实告知义务，足以影响保险人决定是否同意承保或者提高保险费率的，保险人有权解除合同。并且，投保单是保险合同构成文件之一，如果投保单上有记载而保险单上有遗漏，其效力与记载在保险单上相同。

2. 暂保单

暂保单是在出立正式保险单或保险凭证之前出具的临时性的保险证明。暂保单并不是订立保险合同的必经程序，暂保单通常只记载保险单中的被保险人、保险标的、保险金额、保险险种等重要事项，以及保险单以外的特别约定，经保险人或保险代理人签章后交付投保人。暂保单在保险单未签发前与保险单具有同样的法律效力，但其有效期较短，通常以30天为期限，并在正式保险单签发时自动失效。

暂保单在如下情形时签发：签订保险合同的分支机构受经营权限或经营程序的限制，需要经过保险公司批准，在未获批准之前，以暂保单为保险证明；保险人与投保人在洽谈或续订合同时，就合同的主要事项已达成协议，但还有一些条件尚待商洽的，以暂保单为保险证明；或者保险代理人承揽到业务后，暂时还没有办妥全部手续时，以暂保单为保险证明；为出口结汇需要，在正式保单或保险凭证未出立前，以暂保单为保险证明进行结汇。

3. 保险单

保险单是指通常所说的书面保险合同，是保险人和投保人之间订立保险合同的正式书面文件。它包括前述保险合同内容中的所有内容，保险单必须明确、完整的记载有关保险双方的权利义务，是投保人与保险人履行权利义务的依据，是保险合同中最重要的书面形式。

4. 保险凭证

保险凭证也是一种保险合同的书面形式，被称作“小保单”，是保险合同生效成立的证明文件，是简化的保险单。它具有与保险单相同的效力，但在条款的列举上较为简单，通常不列明保险合同条款，只在少数业务中使用此类形式。如对于机动车辆第三者责任险，一般实行强制保险，为方便被保险人随身携带以供检查，保险人通常出具纸质或电子保险凭证。在订立海洋运输保险合同时，保险人与外贸公司合作，保险人为简化单证手续，直接在发票上印就保险凭证并事先加印签章，当保险公司缮制发票时保险凭证也随即办妥。

5. 批单

批单是保险合同双方就保险合同内容进行修改或变更的证明文件。通常用于对已经印制好的保险单的内容作部分修改，或对已经生效的保险单的某些项目进行变更，批单可在原保险单或保险凭证上批注，也可另外出立一张变更合同内容的附贴便条附加在正式的保险单或保险凭证上。批单一经签发，就自动成为保险合同的组成部分。批单的法律效力优于保险单，当批单内容与保险单不相一致时，以批单内容为准，如多次批改，应以最后一次批单为准。

第三节　保险合同的订立与效力

一、保险合同的订立

当事人订立合同,可以采取要约、承诺方式。保险合同的订立是投保人与保险人之间基于意思表示一致而进行的法律行为,根据《保险法》规定,投保人提出保险要求,经保险人同意承保,保险合同成立。可见,保险合同的成立,经过投保人提出保险要求和保险人同意承保两个阶段,这就是保险合同的要约和承诺程序。

(一)要约

根据《民法典》的相关规定:要约是希望与他人订立合同的意思表示。提出要约的一方称为"要约人",接收要约的一方称为"受要约人"。一个有效的要约意思表示应当符合下列条件:一是内容具体确定;二是经受要约人承诺,要约人即受该意思表示约束。要约以对话方式作出的意思表示,相对人知道其内容时生效;以非对话方式作出的意思表示,到达相对人时生效;当事人对采用数据电文形式的意思表示,其生效时间另有约定的,按照其约定。要约人发出要约后,按照法定程序可以撤回或撤销要约,但有些情形除外。当要约被拒绝,被依法撤销,承诺期限届满受要约人未作出承诺的,或者受要约人对要约内容作出实质性变更的,要约失效。值得注意的是,要约与要约邀请是有区别的,要约邀请是希望他人向自己发出要约的表示。要约邀请不是订立合同的法定程序,不具有法律效力。

保险合同的要约有下述特点:

一是保险合同的要约由投保人提出,投保人通常是保险合同的要约人。虽然在保险实务中,保险公司及其代理人进行展业时是主动开展业务,希望和潜在客户订立保险合同,但这些不是法律意义上的要约,仅为要约邀请。保险合同的要约一般为投保单或其他书面形式,只有在投保人提出投保申请,即填写好投保单并交与保险公司或其代理人时才构成要约。此后,保险人同意承保,保险合同就成立。

二是保险合同的要约内容更加具体和明确。保险合同的不确定性和保障性特点,决定了其内容关系到合同当事人的重大经济利益,因而投保人与保险人都十分关心合同内容。因此,保险合同的要约内容比一般合同要约更为具体和明确。

(二)承诺

根据《民法典》的相关规定:承诺是受要约人同意要约的意思表示。"承诺人"必须是受要约人或其授权的代理人。承诺满足下列条件时有效:一是承诺必须是受要约人在合理期限内向要约人作出;二是承诺的内容应当与要约的内容一致。承诺在到达要约人时生效,承诺生效时合同成立,法律另有规定或者当事人另有约定的除外。通过法定程序,承诺可以撤回。

保险合同的承诺有下述特点:

一是保险合同的承诺也叫承保,通常由保险人或其代理人作出,保险人是承诺人。当投保人递交填好的投保单后,经保险人或其代理人审查,符合要求的一般都予以接受,即承保,保险人承保后保险合同就成立了。

二是保险合同订立也可能是一个反复要约与承诺的过程。受要约人对要约内容作出承诺时,承诺的内容应当与要约的内容一致,若受要约人对要约的内容作出实质性变更的,为新要约。保险人作为受要约人,若保险人对于投保人提出的要约作出实质性变更的,这时保险人的行为就被认为是提出新的要约,若投保人无条件接受新要约,作出承诺,保险合同成立。从上面可以看出,保险合同的订立过程也可能是一个反复要约直至承诺的过程。

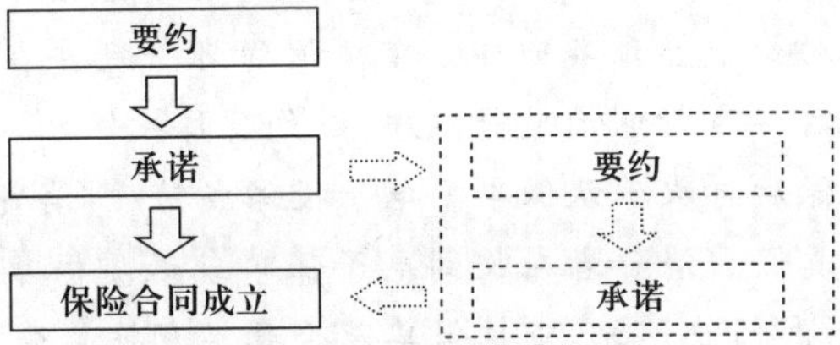

图 6-1　保险合同订立程序

专栏 6-2　电子投保"五注意"①

随着互联网保险业务的蓬勃发展和消费者对保险认知的不断提升,越来越多的消费者选择电子方式投保。但部分消费者在享受电子投保便捷服务的时候,却忽略了一些应该引起注意的事项,为出险理赔埋下了纠纷隐患。

① 资料来源:北京银保监局消费者风险提示:电子投保"五注意"明白选择更安心. 中国银行保险监督管理委员会网站北京监管局. 2021-03-15. http://www.cbirc.gov.cn/branch/beijing/view/pages/common/ItemDetail.html? docId=971113&itemId=1850&generaltype=0.

注意事项一：认清资质验明正身。网上选购保险的第一步，就是在投保前要认清保险机构资质，要注意选择正规保险机构的产品。互联网保险业务必须是持牌保险机构通过互联网渠道开展的保险经营活动。假冒的保险电子商务网站虽然与正规网站显示的名称版式雷同，但域名中会夹杂毫无意义的数字或字母，跟保险机构本身的中英文名称无法对应，而且通常功能比较单一。

注意事项二：不被"高息"诱惑。一些不法分子利用互联网平台虚构保险产品和保险项目，或承诺高额回报引诱消费者投资，或冒用保险机构名义伪造保单，往往涉嫌非法集资，给消费者造成经济损失。消费者要不盲目相信高收益宣传，不随意向可疑网站提供个人信息，自觉抵制诱惑。要合理评估自身需求，选择符合自身实际保障需要的保险产品。

注意事项三：认真阅读保险条款并如实告知自身情况。在电子投保过程中，消费者应注意查阅产品介绍、认真阅读保险条款，尤其是作出特别提示的免责事项、投保人和被保险人义务、退保损失等重要事项。如果对有些内容不了解，可以联系官方客服详细询问清楚。一般网站的保险产品条款及相应免责部分会有特别标识，并附链接。如果保险公司就保险标的或者被保险人有关情况进行询问，投保人应当如实告知。

注意事项四：慎重对待电子签名。电子签名或反馈的验证码具有确认投保意愿的法律意义，应像对待手签姓名一样慎重。消费者一定要在确认保险产品符合自身需求、确需购买后再履行电子投保程序，避免盲目投保。

注意事项五：投保后再次确认保单。电子投保成功后，消费者最好再次确认两件事：一是查询保单真假。消费者在收到电子保单或纸质保单后应立即通过保险机构公告的服务电话和门户网站，查询保单是否真实有效。查看是否有保单号、险种名称、保险期限、保险金额、保费金额、被保险人姓名及身份证号等关键内容，看清楚保险机构名称，查看保单印章是否清晰，是否印有该机构的客服电话和保单查询方式。二是再次确认条款。着重看清条款中作出特别提示的免责事项、投保人和被保险人义务、退保损失等重要事项，如有疑问可联系保险机构进一步了解。此外，保险期间为一年期以上的人身保险产品设有犹豫期，除合同另有约定外，犹豫期内投保人可以无条件解除保险合同。

二、保险合同的效力

保险合同的效力探讨的是已经成立的合同是否具有法定约束力。保险合同经过要约承诺程序订立后，并不一定有效。保险合同的订立属于民事法律行为，《民法典》对民事法律行为效力的规定适用于保险合同的效力。

(一)保险合同的成立与生效

生效与有效是不同的概念,保险合同应首先满足有效的要件,成为有效保险合同,才有可能生效,因此保险合同的有效要件也是保险合同生效的法定条件之一。

1. 保险合同的成立

保险合同的成立是指投保人与保险人就保险合同条款达成协议,即经过要约和承诺即告成立。保险合同成立不一定标志着保险合同的生效,保险合同成立时并不发生法律效力。这意味着在保险合同成立后,尚未生效前,发生保险事故的,保险人不承担保险责任。

2. 保险合同的生效

根据《保险法》的规定:依法成立的保险合同,自成立时生效。投保人和保险人可以对合同的效力约定附条件或者附期限。从上述规定来看,保险合同的成立不一定标志着保险合同的生效,保险合同成立时并不一定发生法律效力。保险合同的生效除了要满足法定的生效要件外,还要满足约定的生效条件。实践中,多数保险合同都约定了合同生效的条件或者附期限,有些保险合同约定的条件和附的期限需同时满足合同才能生效。例如一般的保险合同通常以缴纳保费作为合同生效的要件,财产保险中的车险、家庭财产保险等合同一般以"零时起保"作为合同生效的条件,人身保险中的健康保险合同一般在"观察期"结束后才能正式生效。

总之,保险合同在成立后,不仅要满足法定要件,还要满足投保人与保险人的约定条件后才能生效。保险合同生效后,发生保险责任范围内的事故时,保险人才会承担法定责任,在保险合同尚未生效前,发生保险事故的,保险人不承担保险责任。

(二)有效保险合同与无效保险合同

1. 有效保险合同

根据《民法典》的相关规定,具备下列条件的民事法律行为有效:一是行为人具有相应的民事行为能力;二是意思表示真实;三是不违反法律、行政法规的强制性规定,不违背公序良俗。根据《保险法》的规定,有效的保险合同不仅需要满足一般民事法律行为有效的要件,而且要满足一些特定要件:一是保险合同订立时,投保人对保险标的或被保险人应具有保险利益;二是人身保险中,投保人为被保险人投保以死亡为给付保险金条件的保险时,必须经过被保险人同意。因此,经过要约承诺程序订立的保险合同并不一定有效,有效的保险合同需满足上述法定的要件。

2. 无效保险合同

无效保险合同是指合同虽已订立,但不能生效,自始对双方当事人不具有法律约束力，国家法律不予保护的保险合同。保险合同是否无效须经过确认，无效保险合同的确认权归人民法院和仲裁机关。根据《民法典》的相关规定，下列民事法律行为无效：无民事行为能力人实施的民事法律行为无效；行为人与相对人以虚假的意思表示实施的民事法律行为无效；违反法律、行政法规的强制性规定的民事法律行为无效，但该强制性规定不导致该民事法律行为无效的除外；违背公序良俗的民事法律行为无效；行为人与相对人恶意串通，损害他人合法权益的民事法律行为无效。结合《保险法》的相关规定，保险合同无效的情形包括以下几种：

一是保险合同当事人主体资格不合格，指的是投保人或保险人的资格不合格。如投保人不具备相应的民事行为能力；订立合同时，投保人对被保险人不具有保险利益的；以死亡为给付保险金条件的合同，未经被保险人同意并认可保险金额的；除父母为其未成年子女投保人身保险外，投保人不得为无民事行为能力人投保死亡为给付保险金条件的人身保险，保险人也不得承保；保险人超出业务范围承保险种，未经保险监督管理机构的批准，保险公司不得自行承保新的险种，财保公司不得承保寿险，寿险公司也不得承保财险；保险代理人超出险种授权范围与投保人签订保险合同，以及没有保险营业资格的主体等。

二是保险合同当事人意思表示不真实，指的是投保人或保险人订立合同时存在虚假的意思表示。如投保人在订立保险合同时存在着故意隐瞒的欺诈行为，保险人可申请解除保险合同而使合同无效，因为根据《保险法》的规定：订立保险合同，保险人就保险标的或者被保险人的情况提出询问的，投保人应当如实告知。投保人故意或因重大过失未履行前款规定的如实告知义务，足以影响保险人决定是否同意承保或者提高保险费率的，保险人有权解除合同。另外，订立保险合同采用保险人提供的格式条款的，保险人向投保人提供的投保单应当附格式条款，保险人应当向投保人说明合同的内容，否则合同条款无效，因为根据《保险法》的规定：对保险合同中免除保险人责任的条款，保险人在订立合同时应当在投保单、保险单或者其他保险凭证上作出足以引起投保人注意的提示，并对该条款的内容以书面或者口头形式向投保人作出明确说明；未作提示或者明确说明的，该条款不产生效力。

三是保险内容违反法律法规，损害他人合法利益，指的是保险标的不合法或者保险投保人、被保险人、代理人等存在违法行为。

保险标的不合法的情况如下：在财产保险合同中，投保人与承保人约定的危险不存在的财产保险合同，或者损害事故已经发生的财产保险合同，以及对同一财产保险没有向保险公司声明的重复保险合同等；人身保险合同中保险标的不合法的情况：虚报年龄的人寿保险合同。

投保人、被保险人、代理人的违法行为包括投保人、被保险人故意制造保险事故，或者编造虚假的事故原因或者夸大损失程度，骗取保险金；投保人故意造成被保险人死亡、伤残或者疾病；保险公司工作人员或代理人故意编造未曾发生的保险事故、虚构保险合同或者故意夸大已经发生的保险事故的损失程度进行虚假理赔等。

(三)效力待定保险合同

效力待定保险合同又称为效力未定保险合同，是指已经成立的保险合同，因缺少合同生效的要件，合同有效还是无效未确定，其效力要根据之后的其他事实加以确定。效力待定保险合同主要是因为合同当事人的资格出现问题而产生。例如，不能完全辨识自己行为的成年人作为投保人订立的保险合同，除非经过法定代理人追认，否则无效；保险代理人没有代理权、超越代理权与投保人签订的保险合同，一般是无效的，但如果投保人有理由相信代理人有代理权的，该代理行为有效，即保险合同有效。

第四节 保险合同的履行

保险合同的履行是指双方当事人依法全面完成合同约定义务的行为。保险合同是双务合同，保险合同的当事人在享有权利的同时，也必须承担相应的义务，而且当事人权利的实现又以对方履行相应的义务为前提(图 6-2)。

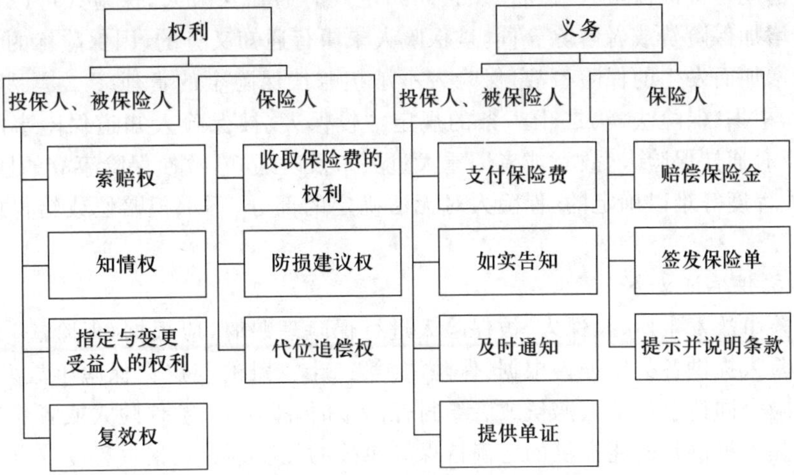

图 6-2 保险合同履行中合同相关主体的权利与义务

一、投保人、被保险人的权利与义务

投保人与被保险人应该明确自己在保险合同履行中的权利与义务，才能保证保险合同的全面履行。投保人与被保险人的义务主要包括支付保险费、如实告知、通知义务、提供单证、避免损失扩大等，权利主要包括索赔权、知情权、指定与变更受益人、复效请求权等。

(一)投保人、被保险人的义务

1. 支付保险费的义务

支付保险费是投保人最基本、最重要的义务。财产保险合同一般约定由投保人一次交付保费，人身保险合同则可以采取趸交、分期交付和终身交付等多种方式。投保人应当按照合同约定支付保险费，未按照约定履行该项义务的可能会出现下列结果：一是保险合同无法生效；二是保险人可以要求投保人交付保险费和利息，或者终止保险合同。

2. 如实告知的义务

投保人的如实告知义务主要体现在保险合同订立时，按照保险人的询问，如实回答，详细内容见第五章保险的基本原则。

3. 通知义务

投保人、被保险人的通知义务主要包括危险程度增加的通知义务与保险事故发生的通知义务两方面：一是保险标的的危险程度显著增加时，根据《保险法》第五十二条的规定："被保险人应当按照合同约定及时通知保险人，保险人可以按照合同约定增加保险费或者解除合同，被保险人未履行通知义务的，因保险标的的危险程度显著增加而发生的保险事故，保险人不承担赔偿保险金的责任。"二是保险事故发生时，根据《保险法》第二十一条的规定："投保人、被保险人知道保险事故发生后，应及时通知保险人，故意或者因重大过失未及时通知，致使保险事故的性质、原因、损失程度等难以确定的，保险人对无法确定的部分，不承担赔偿或给付保险金的责任。"

4. 提供单证义务

保险事故发生后，投保人、被保险人进行保险理赔时，应根据《保险法》相关规定向保险人提供各类单证。根据《保险法》第二十二条的规定："保险事故发生后，按照保险合同请求保险人赔偿或者给付保险金时，投保人、被保险人或者受益人应当向保险人提供其所能提供的与确认保险事故的性质、原因、损失程度等有关的证明和资料。保险人按照合同的约定，认为有关的证明和资料不完整的，应当及时一次性通知投保人、被保险人或者受益人补充提供。"

5. 避免损失扩大义务

保险事故发生后，投保人、被保险人不仅要及时通知保险公司，而且应该积极采取施救措施，减少损失。根据《保险法》第五十七条相关规定："保险事故发生时，被保险人应当尽力采取必要的措施，防止或者减少损失。保险事故发生后，被保险人为防止或者减少保险标的的损失所支付的必要的、合理的费用，由保险人承担；保险人所承担的费用数额在保险标的损失赔偿金额以外另行计算，最高不超过保险金额的数额。"

（二）投保人、被保险人的权利

投保人、被保险人的权利主要包括以下几个方面：一是发生保险损失时有向保险人索赔的权利；二是全面了解保险条款内容的权利；三是在人身保险合同中，拥有指定和变更受益人的权利；四是人身保险中，保险合同中止后的复效请求权。

二、保险人的权利与义务

保险人的基本权利有收取保费权、防损建议权和代位追偿权。与权利相对应，保险人的基本义务有签发保险单、提示并说明条款与赔偿保险金。

（一）保险人的义务

1. 签发保险单

保险合同成立后，保险人应当及时向投保人签发保险单或其他保险凭证，以此证明投保人与保险人具有保险合同关系。保险单或者其他保险凭证应当载明当事人双方约定的合同内容。

2. 提示并说明条款

保险合同是格式条款合同，负责制定条款的保险人须向投保人说明条款。根据《保险法》第十七条的规定："订立保险合同，采用保险人提供的格式条款的，保险人向投保人提供的投保单应当附格式条款，保险人应当向投保人说明合同的内容。对保险合同中免除保险人责任的条款，保险人在订立合同时应当在投保单、保险单或者其他保险凭证上作出足以引起投保人注意的提示，并对该条款的内容以书面或者口头形式向投保人作出明确说明；未作提示或者明确说明的，该条款不产生效力。"

3. 赔付保险金

保险事故发生后，保险人应当按照合同约定支付保险金，这是保险人最基本的义务。保险人履行赔付保险金义务前首先要确定损失赔偿责任，只有在责任范围内发生的保险事故保险人才会向被保险人或受益人赔偿或给付保险金。保险人赔付的保险金内容主要包括以下四个方面：一是赔偿给付金额。在财产保险中，应根据保险财产的实际损失而定，但以保险金额为上限，不能让被保险人获得额外利益；人身保险中，以约定的保险金额为上限。二是施救费用。保险事故发生后，被保险人为防止或者减少保险标的的损失所支付的必要的、合理的费用由保险人承担。三是为了确定保险责任范围内的损失所支付的受损标的的检验、估价、出售的合理费用。四是责任保险中，被保险人支付的诉讼或仲裁的费用及其他合理费用。按照《保险法》第二十三条的规定："保险人收到被保险人或者受益人的赔偿或者给付保险金的请求后，应当及时作出核定；情形复杂的，应当在三十日内作出核定。任何单位和个人不得非法干预保险人履行赔偿或者给付保险金的义务，也不得限制被保险人或者受益人取得保险金的权利。"

(二)保险人的权利

保险人最基本的一项权利为收取保险费，按照《保险法》第三十五条的规定："投保人可以按照合同约定向保险人一次支付全部保险费或者分期支付保险费。投保人未按期缴纳保费的，保险人可以进行催告、减少保险金额或者解除合同，但保险人对于人寿保险的保险费，不得用诉讼方式要求投保人支付。"

在财产保险中，保险人有两个特殊的权利：防损建议权和代位追偿权，对于保险人的防损建议权，《保险法》第五十一条规定："保险人可以按照合同约定对保险标的的安全状况进行检查，及时向投保人、被保险人提出消除不安全因素和隐患的书面建议。投保人、被保险人未按照约定履行其对保险标的的安全应尽责任的，保险人有权要求增加保险费或者解除合同。"对于保险人的代位追偿权，《保险法》第六十条规定："因第三者对保险标的的损害而造成保险事故的，保险人自向被保险人赔偿保险金之日起，在赔偿金额范围内代位行使被保险人对第三者请求赔偿的权利。"

第五节　保险合同的变更、中止与终止

一、保险合同的变更

保险合同的变更指在保险合同有效期内，当事人依法对合同内容所作的修改或补充。狭义的保险合同变更是指双方当事人权利和义务的变更，即合同内容的变更；广义的保险合同变更除合同内容的变更外，还包括保险合同主体和客体的变更。

本章讨论的是广义的保险合同变更。根据《保险法》第二十条的规定："投保人和保险人可以协商变更合同内容，变更保险合同的，应当由保险人在保险单或者其

他保险凭证上批注或者附贴批单,或者由投保人和保险人订立变更的书面协议。”

(一)保险合同主体的变更

保险合同主体的变更是指保险合同当事人或关系人的变更。由于保险合同主体的变更大都由保险标的的所有权发生转移而引起的,因而合同主体的变更实际是合同的转让。保险合同主体的变更不改变合同的内容和客体,且变更的主体一般是投保人、被保险人和受益人,而不是保险人的变更。

1. 财产保险合同主体的变更

在财产保险中,根据《保险法》第四十九条、《保险法》司法解释(四)的相关规定,合同主体的变更应注意以下几点:

一是保险标的转让的,被保险人或者受让人应当及时通知保险人,但货物运输保险合同和另有约定的合同除外。如果被保险人或者受让人没有履行上述通知义务,发生保险事故,保险人是否会赔偿?根据法律规定,因转让导致保险标的危险程度显著增加而发生的保险事故,如果被保险人或者受让人没有履行上述通知义务,那么保险人不承担赔偿保险金的责任。反过来讲,如果转让未导致保险标的的危险程度增加,被保险人或者受让人没有通知保险人的,发生保险事故时保险人应承担赔偿责任。因此,转让导致保险标的危险程度增加的,被保险人或者受让人的通知义务是强制性的。

二是保险标的转让的,保险标的的受让人承继被保险人的权利和义务。保险合同会随保险标的自动转移,保险标的转让后,受让人就取得了被保险人的权利。以往的实践中,在二手车转让中经常会出现这样的情况:保险车辆已转让,但所有权未变更,受让人在受让二手车后,未办理权属变更,也未办理保单批改,发生保险事故的,保险人往往只在交强险内赔偿,商业险拒赔。《保险法》司法解释(四)第一条对上述情况进行了明确的规定:保险标的已交付受让人,但尚未依法办理所有权变更登记,承担保险标的毁损灭失风险的受让人,依照保险法第四十八条、第四十九条的规定主张行使被保险人权利的,人民法院应予支持。按上述规定,在二手车转让中,如果出现受让人未做所有权变更、未办理保单批改,发生保险事故的,保险人在商业险内就不能再拒赔了。

三是因保险标的转让导致危险程度显著增加的,保险人自收到被保险人或受让人的通知之日起三十日内,可以按照合同约定增加保险费或者解除合同。

如何认定保险标的的危险程度是否增加?根据《保险法》司法解释(四)第四条的规定:“人民法院认定保险标的是否构成保险法第四十九条、第五十二条规定的‘危险程度显著增加’时,应当综合考虑以下因素:保险标的用途的改变;保险标的使用范围的改变;保险标的所处环境的变化;保险标的因改装等原因引起的变化;保险标的使用人或者管理人的改变;危险程度增加持续的时间;其他可能导致危险程度显著增加的因素。保险标的危险程度虽然增加,但增加的危险属于保险合同订立时保险人预见或者应当预见的保险合同承保范围的,不构成危险程度显著增加。”

2. 人身保险合同主体的变更

实践中,人身保险合同主体的变更主要指受益人的变更,投保人与被保险人的变更较少。投保人的变更往往是因为投保人出现死亡等原因而产生。变更投保人往往需要经过保险人的书面同意,保险人同意后,可以选择将投保人变更为被保险人本人或者其父母、配偶、子女,且更改投保人后一般会需要重新选择续期交费方式。被保险人的变更通常出现在团体保险中,由于职工、学生等的流动而导致具体被保险人的变更。

受益人的变更需遵循法定的程序,《保险法》第四十一条:“被保险人或者投保人可以变更受益人并书面通知保险人。保险人收到变更受益人的书面通知后,应当在保险单或者其他保险凭证上批注或者附贴批单。投保人变更受益人时须经被保险人同意。”根据上述法律规定,被保险人或投保人如果要变更受益人一定要遵循法定程序,受益人的变更如果没有通知保险人,或者投保人变更受益人未经被保险人同意的,受益人的变更不发生效力。

(二)保险合同客体与内容的变更

保险合同客体的变更是指保险利益的变化,保险利益会因为保险标的的价值增减变化。保险合同内容的变更主要是指主体权利和义务的变更,即合同条款变更。如被保险人的地址;保险标的的数量、品种、价值、存放地点的变化;保险期限、保险金额的变更;保险责任的范围变化等。保险合同中任何一方当事人都有变更合同内容的权利,同时也有与对方共同协商的义务。因此,投保人需要变更合同客体或内容时,先要提出变更申请并经保险人审批同意、签发批单或对原保险单进行批注,这样的变更才产生法律效力。

二、保险合同的中止

保险合同的中止是指在保险合同存续期间,保险合同暂时失去效力。保险合同中止的情况在人寿保险中最为突出,人寿保险的保险期限一般较长,保险费的交付多数是分期缴纳。根据《保险法》第三十六条的规定:“合同约定分期支付保险费,投保人支付首期保险费后,除合同另有约定外,投保人自保险人催告之日起超过三十日未支付当期保险费,或者超过约定的期限六十日未支付当期保险费的,合同效力中止,或者由保险人按照合同约定的条件减少保险金额。被保险人在前款规定期限内发生保险事故的,保险人应当按照合同约定给付保险金,但可以扣减欠交的保险费。”需要注意的是:合同中止期间,发生的保险事故保险人不承担赔付责任,但在宽限期内发生保险事故保险人需要承担赔付责任。宽限期指的是投保人分期交纳保费的,到期未交纳保费,则保费约定支付期限后的六十日,或者保险人催告之日起的三十日。

被中止的保险合同可以申请复效。按照《保险法》第三十七条的规定:“合同效力中止的,经保险人与投保人协商并达成协议,在投保人补交保险费后,合同效力恢复。但是,自合同效力中止之日起满二年双方未达成协议的,保险人有权解除合同。”保险人依照前款规定解除合同的,应当按照合同约定退还保险单的现金价值。另外,根据《保险法》司法解释(三)第八条的规定:保险合同效力依照保险法第三十六条规定中止,投保人提出恢复效力申请并同意补交保险费的,除被保险人的危险程度在中止期间显著增加外,保险人拒绝恢复效力的,人民法院不予支持。保险人在收到恢复效力申请后,三十日内未明确拒绝的,应认定为同意恢复效力。

三、保险合同的终止

保险合同的终止指在保险期限内,由于某种法定或约定事由的出现,致使保险合同当事人双方的权利义务归于消灭。保险合同终止的原因包括以下四种:

(一)保险期限届满

保险期限届满是保险合同终止最普遍、最根本的原因。保险合同订立后,如果合同的有效期已经届满,即使在保险合同有效期内,没有发生保险事故,没有得到过保险赔付,保险合同也会按时终止,保险人的保险责任也自然终止。

(二)保险合同完全履行

保险合同完全履行指的是在保险合同有效期内,当发生保险事故后,保险人已经履行赔偿或给付全部保险金的义务,保险合同终止。如在人寿保险中,当被保险人死亡,保险人给付受益人全部保险金额后,保险合同终止。

(三)保险标的灭失或者被保险人死亡

在财产保险中,保险标的发生灭失,而灭失的原因并不在保险公司承保的范围内,投保人丧失了保险利益,保险合同终止。在人身保险中,以意外伤害保险为例,如果被保险人在保险合同有效期内因自身疾病死亡,保险合同就会终止。

(四)保险合同解除

保险合同的解除会导致保险合同终止,保险合同的解除分为法定解除和协议解除两种。

合同的协议解除是指当事人双方协商同意解除保险合同的法律行为。合同的协议解除应不得损害国家、公共利益，且根据《保险法》的规定：货物运输保险合同和运输工具航程保险合同，保险责任开始后，合同当事人不得解除合同。

合同的法定解除是法律赋予合同当事人的一种单方解除权。根据《保险法》第十五条的规定："除本法另有规定或者保险合同另有约定外，保险合同成立后，投保人可以解除合同，保险人不得解除合同。"上述规定表明，对于投保人而言，除法律另有规定或者保险合同另有约定，投保人可以随时解除保险合同。对保险人而言，除法律另有规定或者保险合同另有约定，保险人不得解除保险合同，保险人只有在法律规定的原因出现，或者因投保人的违约或违法行为，才享有保险合同解除权。

《保险法》规定的保险人可以解除合同的情形如下：投保人未能履行如实告知义务，足以影响保险人决定是否承保或以何种价格承保的；未发生保险事故，被保险人或受益人谎称发生事故，向保险人提出赔偿或给付保险金请求的；投保人、被保险人故意制造保险事故的；投保人申报的被保险人年龄不真实，且其真实年龄不符合合同约定的年龄限制的；投保人因未能如期缴纳保险费而被中止合同，在随后的两年内不申请复效的；因保险标的转让导致危险程度增加，或者合同有效期内，保险标的的危险程度显著增加的；投保人、被保险人未按照约定履行其对保险标的的安全应尽责任的；保险标的发生部分损失，自保险人赔偿之日起三十日内，保险人可以解除合同，但应当提前十五天通知投保人。

第六节　保险合同的争议处理

一、保险合同的解释原则

保险合同解释是指当保险合同的条款或内容发生争议，合同当事人双方不能协商解决时，依照法律规定或者约定俗成的方式，对保险合同的内容予以确定或者说明。保险合同的解释原则通常包括以下四种：

(一)文义解释原则

文义解释是按照保险合同条款通常的文字含义、结合保险法律法规、保险习惯及合同上下文内容对保险合同条款所作的解释。文义解释要求被解释的合同字句本身具有单一的且明确的含义。文义解释是对保险合同解释的最一般的原则，也是最主要的方法。对保险合同条款使用的一般文句尽可能按文句公认的含义和其语法意义去解释，可以参考权威性工具书或专家的解释；对保险专业术语或其他法律术语，有立法解释的，以立法解释为准；没有立法解释的，以司法解释、行政解释为准；无上述正式解释的，亦可按行业习惯或保险业公认的含义解释。

（二）意图解释原则

意图解释是按保险合同当事人订立保险合同的真实意思，对合同条款所作的解释。意图解释原则在对合同条款进行解释时，需要充分考虑当事人订立合同时的心理状态、背景材料来判断合同当事人订约时的真实意图，由此来解释保险合同条款的内容。意图解释原则适用于合同的条款不精当、语义混乱，不同的当事人对同一条款表达的实际思想理解有分歧的情况。

（三）有利于被保险人和受益人的解释原则

有利于被保险人和受益人的解释指合同当事人对保险条款的理解发生争议时，法院或仲裁机关应作有利于投保方的解释。《保险法》第三十条明确规定："采用保险人提供的格式条款订立的保险合同，保险人与投保人、被保险人或者受益人对合同条款有争议的，应当按照通常理解予以解释。对合同条款有两种以上解释的，人民法院或者仲裁机构应当作出有利于被保险人和受益人的解释。"《民法典》也有相应规定：格式条款有两种以上解释的，应当作出不利于提供格式条款一方的解释。保险合同是格式条款合同，保险条款是保险人事先拟定的，合同内容具有很强的专业性，投保方只能表示接受或不接受条款，为避免保险人利用其有利地位侵害投保方的利益，各国法律普遍规定，处理保险合同争议时，应做出有利于被保险人和受益人的解释和判定。

（四）批注优于正文、后加批注优于先加批注原则

保险合同是格式条款合同，根据《民法典》的规定：当格式条款与非格式条款不一致的，应当采用非格式条款。格式条款是当事人为了重复使用而预先拟定，并在订立合同时未与对方协商的条款；非格式条款是双方进行协商，没有预先拟定的条款，如手写款，附加的印刷条款等。保险合同的条款由保险人提前拟定，未与投保人协商，属于格式条款。

为满足不同投保人需要，有时保险人在统一印制的保单上加批注、贴批单，或者增减条款，这些后加的批注、批单、条款的效力要高于原有条款，且后加的批注由于先加的批注，保险合同若有多次批注或修改，应以最后一次批注或修改的条款为准。

二、保险合同的争议处理方式

保险合同有争议时，常用的处理方式包括以下四种：

(一)协商

协商指保险合同当事人在自愿互谅的基础上,按照法律、政策、合同的规定,自行达成和解,解决合同纠纷。协商解决的方式程序简便、及时迅速,节省仲裁、诉讼费用,有利于增强纠纷当事人进一步的信任与合作,推动经济发展。

(二)调解

调解是合同当事人自愿在第三人(一般是上级业务主管部门、仲裁机构、法院)主持下,促使双方达成和解,继续履行合同。根据第三者的身份不同可分为行政调解、仲裁调解和法院调解。调解必须在自愿的基础上,依据事实、法律和政策进行的合法调解,调解不成立或调解后反悔,可以申请仲裁或向法院起诉。

(三)仲裁

仲裁指争议双方根据合同约定的仲裁条款,或者纠纷发生后达成的仲裁协议,自愿将争议交由双方信任、法律认可的仲裁机构,由仲裁机构进行调解,依法作出裁定的方式。仲裁适用于当事人不愿协商、调解,或者协商、调解不成的,仲裁具有法律效力,可申请强制执行。

(四)诉讼

诉讼指纠纷当事人通过向具有管辖权的法院起诉另一方当事人解决纠纷的方式。诉讼是解决争议最激烈的一种方式。当事人没有订立仲裁协议或者仲裁协议无效的,可以向人民法院起诉,当事人提起诉讼应在法定的诉讼时效期间,且应当交纳诉讼费用。

本章参考文献

1. 魏华林,林宝清. 保险学. 北京:高等教育出版社,2021.
2. 张洪涛. 保险学. 北京:中国人民大学出版社,2018.
3. 孙祁祥. 保险学. 北京:中国人民大学出版社,2018.
4. 徐爱荣,李鹏. 保险学. 上海:复旦大学出版社,2021.

重要概念

保险合同　投保人　保险人　被保险人　受益人　保险合同的中止
保险合同的解除　保险合同的终止

复习思考题

1. 保险合同的概念及其特点是什么？
2. 简要介绍保险合同的构成要素。
3. 投保人、被保险人在合同履行中的权利与义务有哪些？
4. 保险人在合同履行中的权利与义务有哪些？
5. 保险合同中止与复效的条件有哪些？
6. 保险合同终止的情形有哪些？
7. 保险合同的解释原则有哪些？

保险案例

案例 1. 2017 年 10 月 10 日，张某在某保险公司投保“财产医疗保险 A”，受益人为张某，投保项目分为主险和附加险，累计总保额 661 万元，保险期间自 2017 年 10 月 11 日至 2018 年 10 月 10 日，主险等待期与附加险等待期均为 30 天。2018 年 4 月 15 日，张某到某县医院就诊，经初步诊断为肺癌。2018 年 4 月 20 日张某到某市第一医院住院治疗，被诊断为肺恶性肿瘤并肺部感染、脂肪肝、肝囊肿。后张某到某保险公司处办理理赔，某保险公司以其带病投保为由拒绝赔付。张某诉至法院，经两审审理，对某保险公司提出的带病投保的抗辩意见不予采纳，判令某保险公司赔付张某保险金 79 161 元。2019 年 6 月，张某因该病情二次住院，除医疗统筹支付及大病报销部分，个人支出医疗费 34 605.36 元，某保险公司仍拒绝理赔。①

问题：张某二次住院申请保险公司理赔时，保险公司拒绝是否合法？为什么？

案例 2. 消费者甲先生的远方亲戚乙某是 A 保险公司的业务员，甲先生打算购买分红型保险产品，乙某称推荐给甲先生的保险产品“年化利率 4.25%，3 年满期，还有身故保障”。甲先生觉得产品不错，就按照乙某指导登录 App，由乙某操作完成投保。几天后，乙某电话通知甲先生保单已到，方便时可以过来取，甲先生表示最近都在外地出差，先放在乙某处过段时间再取回，一个月后甲先生回到家取回了保单，没有细看便放了起来。一年后，甲先生由于资金周转不灵急需用钱，想提前解约全额退保，但被告知如果提前解约只能按照保险合同约定的现金价值解约，甲先生一算发现如果这样根本拿不回多少钱。甲先生尝试联系乙某，却发现乙

① 资料来源：张家口市中级人民法院张家口法院保险合同典型案例(之十二). 腾讯网 . 2021-12-16. https://new.qq.com/omn/20211216/20211216A09VB600.html.

某早已离职去了外地。随后甲先生想起来购买保险时均由乙某进行操作，以非本人签署保险合同重要单据为由向保险公司申请全额解约，但遭到了保险公司的拒绝。①

问题：保险公司的做法符合法律规定吗？为什么？

保险知识小视频

一张保单的诞生

① 资料来源：人身保险业务消费提示之二：保险合同认真看，操作签名自己来，中国银行保险监督管理委员会网站吉林监管局．2021.03.17. http://www.cbirc.gov.cn/branch/jilin/view/pages/common/ItemDetail.html?docId=971294&itemId=1447&generaltype=0.

第三篇

保险类别与实务

第七章　财产保险

2020年10月26日，习近平总书记就《中共中央关于制定国民经济和社会发展第十四个五年规划和二〇三五年远景目标的建议》起草的有关情况向党的十九届五中全会作说明时指出："当前和今后一个时期是我国各类矛盾和风险易发期，各种可以预见和难以预见的风险因素明显增多。我们必须坚持统筹发展和安全，增强机遇意识和风险意识，树立底线思维，把困难估计得更充分一些，把风险思考得更深入一些，注重堵漏洞、强弱项，下好先手棋、打好主动仗，有效防范化解各类风险挑战，确保社会主义现代化事业顺利推进。"

在我国经济的发展过程中，财产保险发挥着不可替代的风险保障功能。其可以科学地集中财产风险，促进社会经济的活跃与发展；也可以合理地分散财产风险，保障社会秩序的安定；还可以灵活地调整财产风险的集中与分散的范围，促进国际收支平衡。本章的学习共分为财产保险概述、运输保险、农业保险、工程保险、火灾保险五节内容。

学习要点

1. 掌握财产保险的概念与特征。
2. 掌握运输保险的基本内涵与显著特征。
3. 了解农业保险的基本内涵与显著特征。
4. 了解工程保险的基本内涵与显著特征。
5. 理解火灾保险的基本内涵与显著特征。

第一节　财产保险概述

1667年牙科医生尼古拉斯·巴蓬创办的名为"火灾保险商行"的保险公司，开创了火灾保险(财产保险的一种)的历史先河。在18世纪，由于工业保险和汽车保险的出现与普遍发展，财产保险进入现代保险阶段。19世纪末产生的责任保险和20世纪下半叶出现的科技保险使现代保险有了新的飞跃。随着经济和社会的发展，财产保险的承保范围也越来越广，其本身的内涵与外延也在不断地调整。

一、财产保险的概念与特征

(一)财产保险的概念

财产保险是指以财产及其相关利益、责任作为保险标的，在保险期间保险人对于因保险合同约定的保险事故发生所造成的保险标的的损失承担经济赔偿责任的一种保险。

财产保险有狭义的财产保险和广义的财产保险之分。狭义的财产保险是以各类物质财产(有形财产)作为保险标的；而广义的财产保险除了承保有形财产以外，还承保与有形财产有关的利益、费用、责任、信用等无形财产，即广义的财产保险是人身(人寿)保险外一切保险业务的统称。

本章所说的财产保险是指狭义的财产保险，即财产损失保险，是以各类物质财产作为保险标的，在保险期间因保险事故的发生致使保险标的所遭受的损失由保险人承担经济赔偿责任。

(二)财产保险的特征

财产保险的特征主要体现在保险标的和业务内容两大方面，其具体特征是：

1. 财产保险的保险标的是有形财产

财产保险承保的标的均是实际存在的、可以货币计量的物质财富，这是其计算补偿性保险金额的基础。

2. 财产保险的保险标的是各种财物及相关利益

财产保险的保险标的的价值一般都能根据生产成本或市场价格客观地用货币加以衡量和估算，因而财产保险金额的确定和损失赔偿都是以保险财产及相关利益的实际价值和实际损失为依据的。

3. 财产保险的业务经营十分复杂

由于财产保险的保险标的种类繁多，所保的危险为各种自然灾害和意外事故，其发生频率和损失程度很不规则，且各个危险单位的价值相差悬殊，需要保险人分门别类地做好风险调研、评估和费率测算等工作。此外，为防止风险的过分集中，财产保险需采用再保险的方法来分散风险。总之，财产保险在投保对象与承保标的方面、承保过程与承保技术方面、风险管理方面均表现出了复杂的特征。

4. 财产保险多属短期保险

财产保险的保险期限通常为一年或一年之内，合同的数量、保险费收入和赔款支出很不稳定，要求其资金必须保持较高的流动性，要有较多的现金准备，因而可用于长期投资的资金比重较小。

5. 财产保险对保险标的的保障功能表现为经济补偿

被保险人的财产或利益在遭受保险责任范围内的损失后，保险人通过保险补偿方式使被保险人的财产或利益恢复到损失前的状态，维持保险标的的原有商业价值，不允许被保人从保险补偿中获得额外收益。这一点与人身保险有着明显的区别。

6. 投保人、被保险人与受益人三个保险合同主体高度一致

在财产保险中，投保人必须对投保标的具有可保利益，在依法订立保险合同后直接转化为被保险人，当保险事故发生后享受赔款的受益人亦是被保险人。因此，财产保险的投保人、被保险人以及受益人为同一人。

7. 防灾防损特别重要

财产保险对风险的控制，重在承保前控制或承保时控制，在承保期间往往无法控制风险。这样就使防灾、防损成为财产保险的重要内容和经营环节，保险公司需要设置防灾防损机构，以专门从事防灾防损工作。

二、财产保险的种类

财产保险的分类标准及各种险种名称都有一个演变的过程，海上保险是按风险发生的区域来命名的，火灾保险是按风险事故来命名的，汽车保险则是按保险标地来命名的。目前国际上一些国家将财产保险称为非寿险，我国习惯上将保险标的分为有形财产、相关经济利益和损失补偿责任三大类，因而也就将财产保险划分为财产损失保险、责任保险、信用保证保险三类。本节从理论研究的角度出发，只将财产损失保险作为财产保险研究的对象。

财产损失保险是以有形的物质财产及相关利益为保险标的的一种保险，是狭义的财产保险。对财产损失保险的分类，通常根据保险标的来划分，按照属性相同或相近归属成几大业务种类，每一业务种类又由若干具体的保险险种构成，见图 7-1。

财产损失保险
- 运输保险：机动车辆保险、货物运输保险、船舶保险、航空保险
- 工程保险：建筑工程保险、安装工程保险、科技工程保险等
- 农业保险：种植业保险、养殖业保险等
- 火灾保险：财产保险基本险、财产保险综合险、家庭财产保险

图 7-1　财产保险的种类

在图 7-1 中，运输保险、工程保险、农业保险、火灾保险构成了财产损失保险的第一层次，而机动车辆保险等构成了第二层次，在这一层次之下就是具体的财产损

失保险险种。因此,财产损失保险是由多个保险类别和众多险种组成的,无论是在国际保险市场上,还是在我国保险市场上,财产损失保险是保险公司的主要业务来源之一。

三、财产损失保险的运行

(一)财产损失保险运行概述

考察财产损失保险的整个过程,可以发现其涉及面广、环节多、非常复杂,且总是不断地进行展业、承保、防灾防损、再保险和理赔工作。财产损失保险的运行可以概括为展业、承保、防灾防损、再保险和理赔五大环节。

可以用图 7-2 来展示财产损失保险业务运行的一般程序。

(二)财产损失保险的展业和承保

承保是财产保险经营的第一环节。在承保前,保险人需要展业,即进行有关财产损失保险的宣传,确定推销保险单的合适渠道和方式。因此,展业是承保的基础。

保险人的承保主要包括核保和签单。核保是指保险人对投保人的投保要约进行审核,以决定是否承保的过程。在这一过程中,保险人对不良的投保业务可以拒绝承保或与投保人商定新的承保条件,以防止不良业务的承保,影响业务的效益。因此,核保不仅是承保环节的关键,也是确保承保业务效益的关键。在核保时,保险人需要对投保人、投保标的及其处所、投保金额等进行审核。签单是指保险人经过核保,同意投保人的投保要求,决定承保并签发保险单的行为,它是承保的结果,也是该笔保险业务的真正开始。保险单的签发,标志着保险人对投保人风险转嫁的承诺,保险单则是维护双方保险合同关系及各自利益的直接法律依据。签单的基本程序包括缮制财产保险单、复核签章、收取保险费并出具收据、单证签收等。

(三)财产损失保险的防灾防损

财产损失保险的防灾防损包括预防和抑制保险损失。首先,保险人需要采取有关措施,在保险事故发生前,转移保险财产,以防范保险损失的发生。例如,在防汛期间,注意天气预报,当洪灾到来前动员被保险人将财产转移到安全地带;又如,平时通过对被保险人的防灾防损检查,发现隐患并及时向被保险人提出整改建议,督促被保险人将灾害事故隐患消除在萌芽状态等。其次,当采取预防措施仍然发生了保险事故时,就需要采取相应的措施来抑制保险损失的扩大,即保险人需要对被损害财产进行施救、整理和保护。如在洪水灾害来临时,帮助被保险人抢救财产物资,为被保险人的施救提供经济补偿;当损失发生后,及时处理受损财产,以最大可能防止保险损失的扩大。最后,保险人还可以通过参与社会的防灾防损工作来

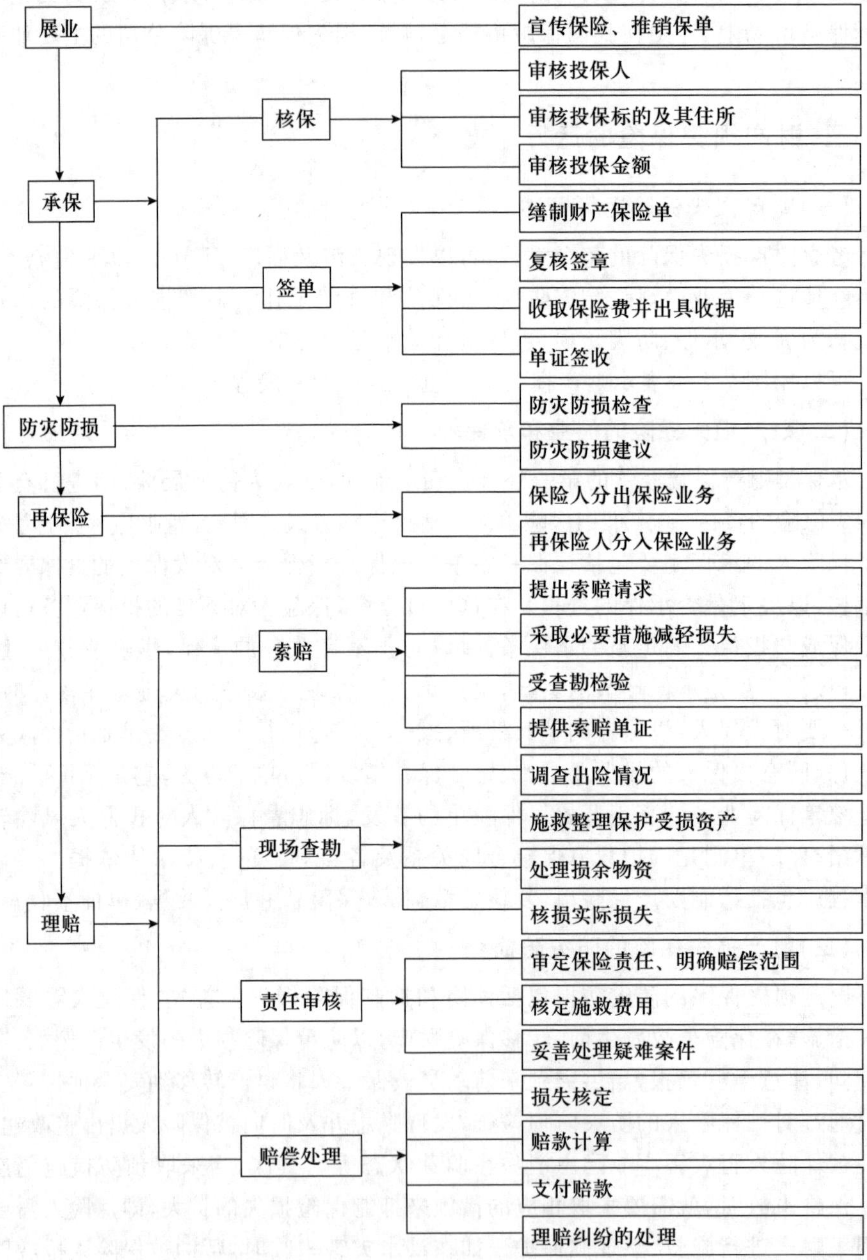

图 7-2　财产保险业务运行的一般程序

达到减轻保险损失的目的。如协助交通管理部门开展"安全百日活动",举行风险管理培训,开展防灾防损宣传,甚至像有的保险公司为消防部门购置消防设备等,均可以起到减损的作用。

(四)财产损失保险的再保险

尽管并非任何一笔财产损失保险业务均需要通过再保险来分散风险,但再保险确实是财产损失保险经营中的必要环节。财产损失风险分布的不平衡性和保险损失的集中性,均决定了任何一家保险公司都不可能独立支撑起稳定的财务,都需要通过再保险来将自己的承保风险进一步在保险人之间进行分散。

(五)财产损失保险的理赔

财产损失保险赔偿处理的程序包括受理被保险人的索赔——现场查勘——责任审核——赔偿处理等四个主要环节,前一个环节是后一个环节的基础,每一环节上的失误均可能损害保险人或被保险人的利益。

在财产损失保险赔偿过程中,还需要注意下列事项:

第一,根据近因原则来判明保险责任,尤其要准确分清保险责任、除外责任和附加责任等。

第二,以保险金额、被保险人的保险利益、保险财产的实际损失为最高赔偿限额。

第三,对第三者导致的财产保险损失,在赔偿后应行使代位追偿权,以维护保险人的经济利益。

第四,严格按照承保方式或约定方式履行赔偿义务。如对不同的业务采取比例赔偿方式、第一危险赔偿方式、限额责任赔偿方式等。

第五,对重复保险的保险财产损失,要按照重复保险分摊原则在所有保险人之间分摊损失。

第六,在赔款计算中,除剔除不属于保险财产和保险责任范围内的损失外,还应扣除免赔额,对有关费用还需要进行分摊。

第二节 运输保险

一、运输保险的概念及特征

运输保险是以处于流动状态下的财产为保险标的的一种保险,包括运输货物保险和运输工具保险。这种保险的共同特点是,保险标的处于运输状态或经常处于运行状态，这与火灾保险的保险标的要求存放在固定场所和处于相对静止状态是有区别的。

运输保险业务的内容，包括运输货物保险、机动车辆保险、船舶保险、航空保险、摩托车保险等，在整个财产保险业中占有十分重要的地位。在中国，机动车辆保险作为第一大财产保险险种，2020 年其保费收入占财产保险保费收入总额的比例约为 62.73%以上，如果再加上其他运输保险业务，则该类业务在财产保险业中至少要占 70%。因此，运输保险业务是各财产与责任保险公司非常重视的业务来源，鉴于该类业务的较大比重，财产保险公司也将财产保险业务类型分为车险业务和非车险业务。

尽管各种运输保险业务均具有自己的特色，如飞机在空中运行、船舶航行于海上、货物则被各种运输工具载运等，但它们作为同一类型的业务，又表现出如下总体特征：

第一，保险标的具有流动性。无论是运输货物还是运输工具，总是处于流动过程中或经常处于流动过程中，这一特点决定了保险标的及其风险很难为保险人所控制，货物运输中的风险甚至连被保险人也无法控制。

第二，保险风险大而复杂。保险人在承保运输保险时，不仅需要承担该项标的在固定场所时可能遇到的风险（如货物在转运中需要在仓库或码头存放，运输工具在停驶时需要停放在车库、机场、港口等），更需要承担运行过程中的风险，从而扩大了相应的责任风险。

第三，异地出险现象频繁。由于保险标的的流动性，许多运输保险事故往往发生在异地，即远离保险合同签订地或被保险人所在地，如武汉市的车辆可能在北京发生碰撞事故，哈尔滨市的货物也可能在运往广州途中受损，飞机出险甚至可能在异国他乡等。运输保险异地出险的现象，给保险人处理赔案增添了麻烦，为解决这一问题，通常需要采用委托查勘理赔的方式来处理运输保险赔案。

第四，第三者责任大。一方面，运输货物保险中，由于货物直接受承运人控制，一旦受损，首先被追究责任的往往是保险人与被保险人之外的第三方——承运人，如果承运人确有责任，则保险人通常要行使代位追偿权；另一方面，各种运输工具在运行中一旦发生事故，往往损害第三者或公众的利益，如果受害人索赔属于保险责任范围，则保险人需要承担起对第三者的赔偿责任。因此，运输保险关系虽然仅存在于保险人与被保险人之间，但客观上要涉及第三方。

二、运输工具保险

运输工具保险是以载人或载货的各种运输工具，如汽车、飞机、轮船、火车等为保险标的的保险。由于各种运输工具在运行过程中会经常遇到各种自然风险与意外事故风险，参加保险即成为其拥有者转嫁风险和稳定经营的必要手段。因此，运输工具保险的适用范围也相当广泛，客运公司、货运公司、航空公司、航运公司以及拥有上述运输工具和摩托车、拖拉机等机动运输工具的家庭或个人，均可以投保运输工具保险类的不同险种，并通过相应的保险获得风险保障。此外，由于运输工具经常处于运动状态而引起第三者责任，因此常常对第三者责任实行强制保险，以利于维护公众的安全。主要险种有机动车辆保险、飞机保险、船舶保险、铁路车辆保险等。

(一)机动车辆保险

机动车辆保险是机动车本身及机动车辆的第三者责任为保险标的的一种运输工具保险，国外称汽车保险，这是非常重要和普遍的险种。随着我国机动车辆的数量不断增加，机动车辆保险已成为我国财产保险业务中最大的险种。

1. 机动车辆保险的保险标的范围

机动车辆保险标的范围包括：汽车、电车、电瓶车、摩托车、拖拉机、各种专用机械车、特种车及机动车辆的第三者责任等。

2. 机动车辆保险的保险责任

机动车辆保险分为机动车辆损失险和机动车辆第三者责任险，以及机动车辆附加险。

(1)机动车辆损失险的保险责任。车辆损失险的保险责任包括：碰撞损失，即指保险车辆与外界静止的或运动中的物体的意外撞击造成的本车损失，是车辆损失险的主要责任；非碰撞损失，即暴风、暴雨等自然灾害和火灾、爆炸、雷击、外界物体倒塌等意外事故，以及被保险机动车及因被盗窃、抢劫、抢夺受到损坏造成的直接损失，且不属于免除保险人责任的范围；施救、保护费用等。

车辆损失险的责任免除包括：战争、军事冲突、暴乱、恐怖活动、污染、核反应、核辐射；酒后开车、无有效驾驶证、违反装载规定、利用保险车辆从事违法活动；投保人、被保险人或其驾驶人员的故意制造保险事故的行为；自然磨损、朽蚀、轮胎自身爆裂、或车辆自身故障；保险车辆遭受保险责任范围内的损失后，未经必要修理，致使损失扩大部分；保险车辆遭受保险责任事故致使被保险人停业、停驶的损失以及各种间接损失；保险车辆被扣留、收缴、没收期间以及竞赛、测试、在营业场所维修、保养、改装期间；非全车盗抢、仅车上零部件或附属设备被盗窃；车轮单独损失，无明显碰撞痕迹的车身划痕，以及新增加设备的损失；其他不属于保险责任范围内的损失和费用等。

(2)机动车辆第三者责任险的保险责任。在我国，机动车辆第三者责任险，又称机动车交通事故责任强制保险,其保险责任是指被保险人或其允许的驾驶人在使用被保险机动车过程中发生意外事故,致使第三者遭受人身伤亡或财产直接损毁,依法应当对第三者承担的损害赔偿责任,且不属于免除保险人责任的范围,保险人依照保险合同的约定,对于超过机动车交通事故责任强制保险各分项赔偿限额的部分负责赔偿。

机动车交通事故责任强制保险的赔偿在全国范围内实行统一的责任限额。责任限额分为死亡伤残赔偿限额、医疗费用赔偿限额、财产损失赔偿限额以及被保险人在道路交通事故中无责任的赔偿限额。对被保险人自行承诺或支付的赔偿金额,保险人有权重新核定或拒绝赔偿。保险人赔偿后,机动车交通事故责任强制保险的保险责任继续有效,直至保险期满。

第三者责任险的责任免除包括:驾驶人未取得驾驶资格、酗酒驾驶、非被保险人允许的人驾驶、驾驶与驾驶证载明的准驾车型不相符合的机动车等;被保险机动车全车被盗窃、被抢劫、被抢夺、下落不明期间肇事的;被保险人故意制造道路交通事故的。

(3)机动车辆附加险的保险责任。机动车辆附加险须在投保了车辆损失险和第三者责任险的基础上方可投保。主要有车辆盗窃险、乘客意外责任险、车上货物责任险、玻璃单独破碎险、车辆停驶损失险等。

专栏 7-1　私自评估车损不能作为索赔依据保险理赔案例分析[①]

一、案情回顾

2019 年 12 月,庄先生把自己刚买的奔驰车借给亲戚王女士使用。当月 17 日下午,天下着雨,王女士驾驶这辆车外出办事,当车行驶至某十字路口转弯时,不慎撞上护栏并将同时转弯的骑电动车的卢女士撞倒,奔驰车与电动车均受损严重,卢女士也因此受伤。2020 年 1 月,交警部门认定,王女士驾驶车辆转弯时未减速并疏于观察,而卢女士违反规定在机动车道内驾驶电动车,双方在本次事故中均有过错,负同等责任。

但在交警部门事故认定出来之前,王女士自以为车辆有保险,保险公司能赔偿修理费,为尽快将车辆修好后还给庄先生,在未通知保险公司的情况下,将车辆拖至某修理厂进行了维修,并私自委托外地评估公司对车辆的损失价格进行了评估。经评估,车辆的损失价值为 15.3 万元。事后,王女士将车辆受损的情况告知了庄先生,修理厂将车辆修复后,庄先生支付了修理款。

① 资料来源:××财产保险股份有限公司。

随后，庄先生到投保的保险公司办理理赔手续，但几经协商，双方都没能达成一致意见。2020 年 5 月，庄先生向当地法院提起诉讼，要求保险公司支付车辆维修费 15.3 万元。

保险公司提出抗辩，认为事故当事人王女士私自委托第三方进行损失评估，没有通知保险公司，不符合理赔程序，同时保险公司不认可评估公司的定损金额，认为庄先生要求的理赔金额过高，提出对车辆损失重新进行鉴定。10 月底，评估公司对车辆损失进行了重新鉴定，评估结论为此次事故造成的车辆损失金额为 7.7 万元。

经法院组织庭前调解，双方同意以重新评估报告中的 7.7 万元进行理赔。案件调解结束后，庄先生懊悔地说："早知道有这个规定，我就不会默许王女士这样做，应该在第一次评估的时候就通知保险公司到场，都是吃了不懂法的亏。"

二、案例解读

明明修车花了 15 万余元，为何保险公司只赔 7 万多元？法院调解的一起案子，解开了这个疑惑，其中的原因或许能给有车族一点提醒：车辆发生交通事故，车主向投保的保险公司理赔，应按照法律法规以及保险单约定的程序进行，对车辆定损和评估鉴定，切记要及时通知保险公司到场。否则，当保险公司对原来的定损提出异议时，理赔金额将重新核定，理赔时间将被延长。

3. 机动车辆保险的保险金额

在机动车辆损失险中，保险金额可按以下三种方式确定：一是按投保时保险车辆的新车购置价确定；二是按投保时保险车辆的实际价值确定；三是按投保时保险车辆的新车购置价协商确定。在第三者责任险中，根据不同的车辆种类设定每次事故最高赔偿限额的档次，每档有一个固定收取保险费的标准，被保险人可自愿选择投保。

4. 机动车辆保险的保险期限

机动车辆损失险的期限为一年。机动车交通事故责任强制保险的保险期限也为一年，但《机动车交通事故责任强制保险条例》中规定的特殊情形者，投保人可以投保短期机动车交通事故责任强制保险。

5. 机动车辆保险的保险费率

机动车辆保险的保险费率由中国银行保险监督管理委员会统一制定，包括车辆损失险费率、第三者责任险费率、附加险费率。费率综合考虑被保险车辆所属地区、是否为营业车辆、车辆类型等因素确定。

6. 机动车辆保险的无赔款优待

被保险人及其驾驶人员应当严格遵守交通规则，保险车辆在一年保险期间内无赔款，续保时可优待本年应交保费的10%。被保险人投保车辆不止一辆的，无赔款优待分别按辆计算。无赔款优待前提条件有三个：①保险期限必须满一年；②保险期内无赔款；③保险期满前办理续保。

根据《机动车交通事故责任强制保险条例》规定："被保险机动车没有发生道路交通安全违法行为和道路交通事故的，保险公司应当在下一年度降低其保险费率。在此后的年度内，被保险机动车仍然没有发生道路交通安全违法行为和道路交通事故的，保险公司应当继续降低其保险费率，直至最低标准。降低保险费率的标准，由保监会同国务院公安部门制定"。交强险最终保险费计算方法是：交强险最终保险费＝交强险基础保险费×（1＋与道路交通事故相联系的浮动比率 A），具体如表7-1所示：

表7-1　机动车交通事故责任强制保险浮动计算方式

浮动因素			浮动比率/%
与道路交通事故相联系的浮动 A	$A1$	上一个年度未发生有责任道路交通事故	−10
	$A2$	上两个年度未发生有责任道路交通事故	−20
	$A3$	上三个及以上年度未发生有责任道路交通事故	−30
	$A4$	上一个年度发生一次有责任不涉及死亡的道路交通事故	0
	$A5$	上一个年度发生两次及两次以上有责任道路交通事故	10
	$A6$	上一个年度发生有责任道路交通死亡事故	30

7. 机动车辆保险的事故责任比例

被保险人或者被保险机动车驾驶人根据有关法律法规选择自行协商或由公安机关交通管理部门处理事故未确定事故责任比例的，按照相关规定确定事故责任比例，如表7-2所示。

表 7-2 机动车辆保险事故责任比例 %

被保险机动车方责任	保险公司赔偿比例	客户自付比例
主要事故责任	70	30
同等事故责任	50	50
次要事故责任	30	70

8. 机动车辆保险的事故赔偿处理

(1)全部损失。全部损失是指保险标的整体损毁或保险标的受损严重,失去修复价值,或保险车辆的修复费用达到或超过出险当时的实际价值,保险人推定全损。

当足额或不足额保险时。保险车辆发生全部损失后,如果保险金额等于或低于出险当时的实际价值,则按保险金额计算赔偿。即:

赔款=(保险金额-残值)×事故责任比例×(1-免赔率)

当超额保险时。保险车辆发生全部损失后,如果保险金额高于出险当时的实际价值,按出险当时的实际价值计算赔偿。即:

赔款=(实际价值-残值)×事故责任比例×(1-免赔率)

(2)部分损失。部分损失是指保险车辆受损后未达到整体损毁或推定全损程度的局部损失。其赔款计算的基本方法为:

保险车辆投保足额的。发生部分损失按照实际修复费用赔偿。即:

赔款=(实际修复费用-残值)×事故责任比例×(1-免赔率)

保险车辆投保不足额的。发生部分损失按照保险金额与投保时的车辆实际价值比例计算赔偿修复费用。即:

赔款=(实际修复费用-残值)×(保险金额/车辆实际价值)×
事故责任比例×(1-免赔率)

(3)施救损失。施救费仅限于对保险车辆的必要、合理的支出。如果施救财产中含有保险车辆以外的财产,则应按保险车辆的实际价值占施救总财产的实际价值的比例分摊施救费用。

保险车辆投保足额的计算公式为:

施救费=实际施救费用×事故责任比例×(保险车辆实际价值/
实际施救财产价值)×(1-免赔率)

保险车辆投保不足额的计算公式为：

施救费＝实际施救费用×事故责任比例×(保险金额/车辆实际价值)×(保险车辆实际价值/实际施救财产价值)×(1－免赔率)

专栏 7-2　××市龙门牌坊保险理赔案例分析①

一、报案情况

2021年5月30日17时05分，报案人报案称：张××驾驶的牵引汽车在××市使用过程中撞到龙门牌坊后发生自燃，造成第三者龙门牌坊和路产损失，经过当地公安交警大队对道路交通事故进行认定，驾驶员承担本次事故的全部责任。

二、标的车辆承保情况

被保险人：××运输有限公司；

第三者险承保金额：100万，经核实挂车未承保。

三、案件处理经过

接到报案后，××保险公司第一时间赶往现场查勘车辆及第三者损失情况。随后，当地政府要求此龙门牌坊需按照原有的设计图纸拆除重建，报损金额壹佰贰拾万元整。

××保险公司理赔中心迅速向省公司汇报了案件详细情况，××省保险公司理赔部迅速反应，安排保险公司合作方物损单位介入处理。通过多次协商，最终达成一致意见，保险公司与当地政府等签订四方协议，由××保险公司合作物损单位负责龙门牌坊拆除重建工程，赔偿重建金额98.29万元。

(二)船舶保险

船舶保险是以各种船舶、水上装置为保险标的的保险，它是传统财产保险的重要险种之一，在保险业发展史上具有特殊的地位。

1. 船舶保险的保险标的范围

船舶保险标的的范围包括运输船舶、渔业船舶、工程船舶、工作船舶、特种船舶及其附属设备，以及各种水上装置。

① 资料来源：××财产保险股份有限公司。

2. 船舶保险的保险责任和免除责任

(1)船舶保险的保险责任

船舶保险的保险责任分为全损险和一切险(综合险)。

全损险承保保险船舶因恶劣气候、雷电、海啸等自然灾害以及搁浅、触礁、火灾、爆炸等意外事故,和船员故意行为或过失、抛货、海盗行为等所致的全部损失。

一切险的责任范围除了包括上述全损险承保的风险外,还负责碰撞责任、共同海损和救助以及施救等。

船舶保险的附加险有运费保险、船舶战争罢工险等。

(2)船舶保险的免除责任

责任免除包括:不适航,包括人员配备不当、装备或装载不妥,但以被保险人在船舶开航时,知道或应该知道此种不适航为限;被保险人及其代表的疏忽或故意行为;被保险人恪尽职守则应予发现的正常磨损、锈蚀、腐烂保养不周,或材料缺陷包括不良状态部件的更换或修理;战争、内战、革命、叛乱或由此引起的内乱或敌对行为;捕获、扣押、扣留、羁押、没收或封锁;各种战争武器,包括水雷、鱼雷、炸弹、原子弹、氢弹或核武器;罢工、被迫停工或其他类似事件;民变、暴动或其他类似事件;任何人怀有政治动机的恶意行为;保险船舶被征用或被征购。

3. 船舶保险的保险金额及费率

船舶保险的保险金额根据保险价值确定。

船舶保险的保险费率根据多个因素确定,主要有船龄、船型、船籍、种类、航行范围、货物、级别、船舶状况、船队规模、保险金额、经营管理状况、事故损失记录等。

4. 船舶保险的保险期限

船舶保险的保险期限分为定期和航次两种。定期的期间一般为三个月至一年。航次期限分两种情况:不装载货物情况下,保险期限自起锚开始到目的港抛锚结束。装载货物情况下,自起运港装载货物开始,到目的港卸货完毕止,但规定自抛锚停泊到卸货完毕不应超出 30 天。整个保险期间不超过 90 天,超出 90 天的双方应以特约形式加费承保。

专栏 7-3　2016 年××船务有限公司船舶保险理赔案例分析①

××保险公司承保的××船务有限公司的远洋船舶一切保险,因航行途中遭遇台风造成舱内货物移位,进而导致船舶货舱结构及壁板受损。经查勘确认,甲板及货舱出现不同程度损伤造成损失 1 259 664.15 元。具体情况如下:

---

①　资料来源:××财产保险股份有限公司。

一、承保情况

2016年6月19日，××保险公司承保××船务有限公司远洋船舶一切保险，保险金额3 500万元，保险期间2016年6月19日至2017年6月18日。主要保险责任：在保险期间内，由于地震、火山爆发、闪电或其他自然灾害造成的船舶损失，保险人按照保险合同的责任条款进行赔偿。

二、报损情况

2016年10月10日被保险人所属船舶在航行途中遭遇台风进而造成货舱内货移，甲板及货舱在货物移动中受损。

三、责任认定情况

通过对船舶受损状况进行查勘发现该轮2#舱左舷甲板发生严重挤压、变形，肋骨肘板也有多处受损，通过对损伤情况的分析，初步判断为货物移动挤压所致。

被保险人投保远洋船舶一切险，根据《船舶保险条款》第一条、第一款“地震、火山爆发，闪电或其他自然灾害”，大风属于自然灾害，属于保险责任范围。

四、查勘定损情况

事故发生后，事故船舶在××船业有限公司进行维修，维修费用主要分六个项目：船厂服务费；喷砂及油漆工程；二层甲板钢质工程；二层舱盖工程；修理舱盖甲板吊车等费用；码头费用。该案报损总计216万元，核损总计126万元。

五、赔付情况

被保险人为该轮投保远洋船舶一切险，保额与保险价值一致，为足额投保。

本保单约定对部分损失每次事故免赔额为5万元或损失金额的10%，两者以高者为准，本案取10%，本案无残值。

按以上确定的船舶损失金额、免赔率、残值，核定理算金额为：

理算金额＝(损失金额－残值)×投保比例×(1－免赔率)

＝(126－0.00)×100%×(1－10%)

＝113.4(万元)

(三)飞机保险

飞机保险是以各种类型的飞机及其相关责任风险为保险标的的保险。飞机保险的保险标的范围包括：客机、货机、客货两用机以及从事各种专业用途的飞机。

1. 飞机保险的保险责任

飞机保险的保险责任分为：飞机机身险、飞机第三者责任险、飞机旅客法定责任险以及机组及机务人员责任险，其中机身险是最主要的业务。

飞机机身险承保的保险责任是飞机在飞行中或滑行中以及在地面上，因自然灾害或意外事故造成飞机及附件的损失；因意外事故引起的飞机拆卸、重装和清除残骸的费用；飞机失踪；合理的施救费用。

飞机第三者责任险承保的保险责任是由于飞机坠落或从飞机上坠人、坠物造成第三者的人身伤亡或财产损失，应由被保险人负担的赔偿责任，但被保险人及其支付工资的机上和机场工作人员的人身伤亡或财物损失除外。

飞机旅客法定责任险承保的保险责任是旅客在乘坐或上下飞机时发生意外，造成旅客的人身伤亡或所携带和经交运登记的行李物件的损失，以及对旅客及其行李物件在飞行过程中因延迟而造成的损失，依法应由被保险人承担的经济赔偿责任。

机组及机务人员责任险承保的保险责任是由于机组及机务人员在执行飞行任务或上下飞机时发生意外，造成机组或机务人员的人身伤亡，依法应由被保险人承担的经济赔偿责任。

飞机保险还可附加飞机承运货物责任险，战争险和劫持险等。

2. 飞机保险的除外责任

责任免除包括：战争、敌对行动、军事行为、武装冲突、罢工、骚乱、暴动、恐怖活动、哄抢、扣押、收缴、没收、政府征用及其他行政行为或司法行为；核辐射、核爆炸、核污染及其他放射性污染；大气污染、土地污染、水污染及其他各种污染；被保险飞机不符合适航条件而飞行；被保险飞机任何部件的自然磨损、制造及机械缺陷，但因此对飞机造成的损失不在此限；投保人、被保险人及其代表（包括机长）的故意行为、重大过失或犯罪行为；任何人因为疾病、殴斗、自残、自杀、欺诈或犯罪行为所致的伤残或死亡；被保险人应该承担的合同责任，但无合同存在时仍然应由被保险人承担的经济赔偿责任不在此限；罚款、罚金及惩罚性赔偿。

（四）铁路车辆保险

铁路车辆保险是以各种铁路车辆为保险标的的保险。凡是企业所有的，不论行驶于准轨或窄轨上的蒸汽机车、内燃机车、电动机车、客车，货车、槽车、矿车、守车等，除了封存和长期停止行驶的外，都可投保铁路车辆保险。在保险责任范围内，保险公司对于保险铁路车辆本身的损失和保险铁路车辆所造成的对第三者的人身伤亡或财产损失负赔偿责任。

1. 保险责任范围

铁路车辆险承保的保险责任是指凡所保车辆因出轨、倾覆、碰撞、火灾、雷电、爆炸、飓风、冰雹、崖崩、洪水、地震、地陷、隧道坍塌、空中运行物体的坠落所致之损失，保险人在保险金额限度内负赔偿责任。但是，保险车辆因出轨、倾覆致使铁路桥梁或路基遭到损失，以及所载货物与车体或车辆本身结构之间的冲撞所致的损失，均不在本责任范围内。

铁路车辆险承保的第三者责任险保险责任为：凡保险车辆因发生碰撞或爆炸等意外事故致使第三者遭受人身伤亡或财产损毁，依法应由被保险人负责时，保险人负责赔偿。但保险车辆上的驾驶人员、乘客、搭客遭受伤亡，以及本车上所载货物遭受损毁，不论法律上是否应由被保险人承担经济赔偿责任，均不在本责任范围之内。保险人对每一次事故的赔偿金额有的采取以不超过该车辆之保险金额为限，有的采取无限额方式。

铁路车辆险承保的施救保护费用指的是：凡是发生保险责任范围内的灾害或事故时，因施救或保护保险车辆支出的合理费用、交涉或诉讼费用，每次以不超过保险金额为限，并与车辆险、第三者责任险的赔偿分开计算。

2. 保险金额及费率

保险金额与费率是以投保当时被保险人会计账面原值确定，也可以由被保险人和保险人协商确定。费率按机车和其他车辆分别计算，机车高于其他车辆。

3. 责任免除

铁路车辆保险的除外保险包括：战争或军事行动；自然磨损、朽蚀，陈旧破损，使用过久，或者原有瑕疵；车辆燃油的损失；机件本身发生故障、失灵、开裂等；电力机车的电机、电器设备因使用过度和超电压、碰线、弧花、自身发热等原因所造成的本身损毁；由于保险车辆丧失行驶能力，以致发生停驶所造成的间接损失；由于司机人员酒后或药物麻醉状态中驾驶，所发生任何损坏，或者第三者的赔偿责任；其他不属于保险责任范围之内的灭失、损坏或第三者的赔偿责任。

4. 赔偿处理

被保险人在向保险公司提出索赔时，应当提供保险单、确定损失原因的证明、损失清单和有关费用单据。铁路车辆按账面原值投保的，根据保险车辆的实际损失和实际修理费用赔偿；按约定价值投保的，材料损失和费用支出按保险金额与原值比例赔偿，人工费用可按实际支出赔偿。无论按原值还是约定价值投保，每一次赔偿金额均以不超过保险金额为限。如果一次赔款等于保险全额，保险单即行注销。

发生保险责任范围内的灾害或事故时，因采取施救和保护措施所支出的合理费用，应与保险车辆损失赔款金额分别计算，但其最高赔付数额以不超过保险金额为限。

属于第三者责任的赔偿金额应与保险车辆本身的赔款和施救保护费用分别计算。赔偿金额确定后，保险公司应一次赔付结案。赔付后，保险单继续有效，直到保险期满。

根据法律规定，应由第三者负责赔偿时，如果被保险人提出书面要求并经保险公司同意，可以先予赔偿。但被保险人应当将追偿权转让给保险公司，并协助保险公司共同向第三者追偿，其交涉或诉讼费用由保险公司负责。

保险车辆受损后的残余部分，应由双方协商折价后归被保险人，并从赔款中扣除。

保险车辆发生保险责任范围内的事故需要修理，其修理范围、修理项目以及估价修理费用应与保险公司协商确定。

被保险人从保险车辆发生事故的当天起，如果一年内不向保险公司申请赔款，不提供必要的单证，或者不领取应得的赔款，即作为自愿放弃权益。

如果被保险人与保险公司发生了争议，双方达不成协议时，可提交仲裁机构或法院处理。

专栏 7-4　中国铁路财产保险自保有限公司案例分析①

中国铁路财产保险自保有限公司于 2015 年 7 月经中国保监会批准设立，注册资本金 20 亿元。公司定位于国铁集团专业风险管理平台，相继开发工程险、货运险、责任险等 6 大类 34 个主险以及 1 231 个附加险产品，其中铁路机车车辆财产损失险、铁路客运承运人责任险、铁路旅客人身意外伤害保险等在国内属于行业首创，有效填补了行业空白领域，形成了较完善的产品服务体系，为铁路建设、运输和经营保驾护航，为相关企业提供风险管控、保险保障等服务。截至 2020 年底，保险公司总资产 51.94 亿元，净资产 28.56 亿元，保持了较高盈利水平。

三、货物运输保险

货物运输保险是以运输中的各种货物为保险标的的保险，根据运输货物保险的承保范围可分为国内运输货物保险和海洋运输货物保险。

(一)国内运输货物保险

国内运输货物保险以国内水上、陆上、航空运输的货物为保险标的，主要险种有：

1. 国内水路运输货物保险

国内水路运输货物保险的保险责任分基本险和综合险两种。

① 资料来源：中国铁路财产保险自保有限公司官方网站-公司简介 . http://www.china-ric.com/zhongtie/about_us_gywm/index.html.

基本险的保险责任是：因火灾、爆炸、雷电等主要自然灾害所致的损失；由于运输工具发生碰撞、搁浅、触礁、桥梁码头坍塌等意外事故所致的损失；因以上两种情况所致船舶沉没失踪；在装货、卸货或转载时因意外事故造成的损失；按国家规定或一般惯例应承担的共同海损的牺牲、分摊和救助费用；在发生上述灾害事故时，因纷乱造成货物的散失以及因施救或保护货物所支付的直接合理的费用。

综合险的保险责任是在基本险的基础上增加了：因受碰撞、挤压所致的货物损失；因包装破裂致使货物散失的损失；因盗窃以及符合安全运输规定而遭受雨淋所致的损失。

2. 国内陆路运输货物保险

陆路运输货物保险的保险责任分陆运险和陆运一切险两种。

陆运险的保险责任是：①被保险货物在运输途中遭受暴风、雷电、洪水、地震自然灾害，或由于运输工具遭受碰撞、倾覆、出轨，或在驳运过程中因驳运工具遭受搁浅、触礁、沉没、碰撞，或由于遭受隧道坍塌、崖崩，或失火、爆炸意外事故所造成的全部或部分损失；②被保险人对遭受承保责任内危险的货物采取抢救、防止或减少货损的措施而支付的合理费用，但不以超过该批被救货物的保险金额为限。

陆运一切险的保险责任是指包括上列运险的责任外，还负责被保险货物在运输途中由于外来原因所致的全部或部分损失。

3. 国内航空运输货物保险

国内航空运输货物保险是承保货物在运输或存放过程中，由于飞机遭受碰撞、坠落、失踪等危难事故及货物本身遭受火灾、暴风雨等自然灾害造成的损失，同时还负责包装破裂、渗漏、偷窃或提货不着及雨淋等危险及施救费用。

(二)海洋运输货物保险

海洋运输货物保险以处于运输过程中的进出口货物为保险标的，主要险种有海上运输货物保险、其他运输货物保险和其他附加险等。

1. 海上运输货物保险

海上运输货物保险承保的基本险包括：平安险、水渍险和一切险。

平安险的保险责任包括：保险货物在运输过程中由于恶劣气候、雷电等自然灾害造成整批货物的全部损失或推定全部损失；运输工具遭受搁浅、触礁等意外事故所致的货物全部或部分损失；在运输工具遭遇意外事故情况下，货物在此前后又遭受自然灾害造成货物的全部或部分损失；在装卸或转运时由于一件或数件整件货物落海造成的全部或部分损失；被保险人对遭受承保责任内危险的货物采取抢救、防止或减少货损的措施而支付的合理费用，但以不超过该批被救货物的保险金额为限；施救费用；共同海损牺牲、分摊和救助费用等；运输契约订有“船舶互撞责任”

条款，根据该条款规定应由货方偿还船方的损失。

水渍险的保险责任除包括上述平安险的各项责任外，还负责保险货物由于恶劣气候、雷电等自然灾害造成的部分损失，即水渍险＝平安险＋自然灾害造成的货物的部分损失。

一切险的保险责任除包括上述水渍险的各种责任外，还负责被保险货物在运输途中由于外来原因所致的全部或部分损失。其中，各种外来风险主要指 11 种普通附加险，即一切险＝水渍险＋11 种普通附加险。11 种普通附加险包括偷窃提货不着险、淡水雨淋险、短量险、混杂沾污险、渗漏险、碰损破碎险、串味险、受潮受热险、钩损险、包装破裂险和锈损险。

2. 其他运输货物保险

其他运输货物保险是以铁路、公路、航空、油气管道、物流以及通过邮局邮递的货物为保险标的。主要包括：陆上运输货物保险，险别有陆运险和陆运一切险；航空运输货物保险，险别有航运险和航运一切险；油气管道运输保险；物流货物运输保险；邮包保险，险别有邮包险和邮包一切险。

3. 其他附加险

海洋运输货物保险除了包括在一切险中的 11 种普通附加险外，还有特殊外来原因引起损失的特别附加险和特殊附加险。特别附加险包括交货不到险、进口关税险、舱面险、拒收险、黄曲霉素险等。特殊附加险包括战争险和罢工险两种。

第三节　农业保险

农业保险属于财产保险的重要分支，农业保险也具备自身的特殊性质。2007 年以来，我国开始实施政策性农业保险制度。事实证明，农业保险对稳定国家粮食安全、提高农民收入、促进乡村振兴以及农业产业化发展、实现共同富裕等国家重大战略发挥着不可替代的功能和作用。本节将展开农业保险的学习。

一、农业风险概述

（一）农业风险的含义

从保险的角度讲，风险是某种损失发生的不确定性。因此，研究农业保险问题时，可以给农业风险作如下定义：所谓农业风险，是指人类在农业生产经营过程中遭受由于灾害所导致的财产损失、人身伤亡或其他经济损失等风险损失的不确定性。这种不确定性表现在三个方面：一是农业风险是否发生的不确定性；二是农业风险何时发生的不确定性；三是农业风险损失程度大小的不确定性。

(二)农业风险的形成

农业风险作为损失发生的不确定性,其产生的原因在于导致农业风险产生的灾害事故的客观存在,以及这些灾害事故发生的不确定性和灾害事故造成的破坏及影响的不确定性。就农业风险及灾害事故两者关系而言,灾害事故是原因,农业风险是结果。

由于农业以自然界水、热、光、气、土壤等为基本生产条件,同时又与第二、第三产业保持密切联系,是整个社会生产的一部分,因此各种灾害事故的发生,都会对农业赖以维持的生产条件和环境条件造成破坏,从而使农业遭受“损失”。而灾害事故是客观存在的,并且其破坏作用尚无法完全避免,所以,就总体而言,农业遭受灾害损失是一种必然。但是,对于某一地区或对于某项农业生产,能否遭受灾害损失,何时遭受灾害损失,有多大损失,却不能确定,于是便产生了农业风险。

(三)农业风险的种类和特点

1. 农业风险的种类

依据不同的分类标准可以将农业风险分为不同的种类。

(1)按照农业生产对象划分。可以将农业风险分为种植业风险和养殖业风险,并可以进一步细分为粮食作物风险、经济作物风险、家禽饲养风险、水产养殖风险等。

(2)按照农业风险产生的原因划分。农业风险可由自然因素和人为因素两方面原因引起,具体可分为以下4类:

①自然风险。即由自然条件异常引发自然灾害而造成的农业风险。自然条件的异常可以由自然因素引起,也可以由人为因素引起。这些自然灾害主要包括气象灾害(如干旱、低温、风灾、雹灾等),植物病、虫、草害,动物疾病,地壳板块运动(如地震、泥石流等),环境灾害(如水土流失、大气污染、农业污染等),以及洪水、雷电、海啸等。

②社会风险。即由社会条件异常引发的灾害事故所造成的农业风险。通常包括:政治风险,指由于政策变化、政局动荡、战争等造成的农业风险;行为风险,指由于个人或团体的行为,包括过失、行为不当或故意行为所造成的风险,如纵火、投毒、恶意破坏等道德风险,管理不善、操作不当等管理风险等。

③技术风险。指由于科学技术的发展所带来的风险,如农业生产技术的改进、农业科学技术的应用和推广等产生的农业风险。

④经济风险。由人为因素引起,即由经济环境的改变带来的农业风险,如农产品价格变动、利率浮动、经济制度变革、生产资料涨价、贸易条件恶化等。

本节农业保险涉及的农业风险是指自然风险与行为风险。按照不同的标准，可以将农业自然风险划分为不同种类，综合各种因素，农业自然风险可以归纳为以下6类：

①气象灾害：旱灾、水灾、风灾、雹灾、冷冻灾、雪灾、热害等。

②海洋灾害：风暴潮、海水入侵、海水倒灌等。

③土壤灾害：冻融、掀松、盐碱、湿渍等。

④生物灾害：病虫害、草害、鼠害等。

⑤地质灾害：泥石流、滑坡、火山爆发等。

⑥环境灾害：水土流失、土地沙化、大气污染、农田污染、森林火灾等。

需要提及的是，这些灾害有一些是并发的。我国地处东亚季风气候活跃地区，受太平样板块与南亚次大陆板块的作用，是一个多灾的国家，上述6类农业自然风险除火山爆发以外几乎都有。

2. 农业自然风险的特点

农业自然风险是自然条件异常变化对农业所造成的破坏，由于农业以动植物为基本劳动对象，以土地为基本生产资料，所以农业自然风险是对农业生产效果和稳定性的最大威胁。农业自然风险除了具有一般风险的特点外，还具有以下特点：

(1)系统性。相比其他类型灾害，农业风险经常发生大规模的自然灾害，一次灾害事故可能造成较大范围内的灾害损失。因此农业风险具有相对集中的系统性，并且我国自然灾害频繁，农业风险呈现系统性与严重性并存的特征。

(2)季节性。气象灾害的季节性比较突出。比如旱涝灾害，春季往往是南涝北旱，盛夏则容易形成北涝；再如霜冻在春季主要发生在北方冬麦区，秋季主要发生在东北、华北及西北地区，冬季则主要发生在江南、华南及西南部分地区，暴雨在长江下游的浙、闽、两广地区集中在每年的5月、6月和7月，而华北、西北地区集中在7月和8月。

(3)区域性。与其他类型的灾害相比，农业自然风险的区域性更为突出，这主要表现在：一是灾害种类分布的地域性，即不同地区存在着不同的灾害种类，如我国南方水灾较为频繁，北方则旱灾较为严重，台风主要侵害沿海地区，等等；二是同一生产对象灾害种类和受损程度的地区差异性，即由于地理、气候、品种不同，同一生产对象在不同地区有不同种类的灾害，且对同一种灾害的抵抗能力不同，如同样是低温冷害，南、北方的不同品种抗御能力不同。

(4)伴发性与持续性。伴发性表现在一种灾害发生时往往诱发其他灾害同时发生，如台风灾害往往伴有暴雨灾害，山区暴雨灾害可能导致山洪暴发和泥石流，湿度过大容易诱发作物病虫害，等等。持续性表现在同一灾害的连续发生和不同灾害的交替发生。

(5)利害互变性。农业自然风险的发生不仅仅给农业造成一定损失,有时灾害过后还会带来一些好的结果。比如洪水暴发会给农业生产以及农民生活造成很大损失,但洪水过后,土质得到了改良变得肥沃。

(6)局部损失与全局丰收的反差性。对于一般的财产来说,灾害发生后在造成任何一种财产损失的同时,不会使其他财产因此而受益。但大多数农业自然风险却是另一种情况,例如,台风可能会使台风中心地区的农作物受损,但随台风而来的雨水,却可能为附近地区的作物解除了旱情,创造了丰产的条件。

(7)损失的自愈性。由于农业自然风险的破坏对象是有生命的、有生长机能的动、植物,因而在灾害发生后,如果这些动、植物体生活机能没有完全丧失,还能继续生长,灾后遇到适宜的生长条件,得到及时适当的维护和管理,动、植物体就会发挥再生能力,使受到的损害在一定程度上得到弥补和恢复。

(8)损失责任难划分性。由于动、植物的生活周期和生长周期都比较长,在此期间,动、植物体可能会受到多种自然灾害的侵袭,每种灾害都可能造成一定的损失,都通过产量等反映出来。因此,在各种灾害的综合作用与影响下,很难精确地划分清楚哪一种灾害究竟给农业生产带来多大的影响。

二、农业保险含义与特点

(一)农业保险的含义

农业保险是指保险人承保种植业、养殖业、捕捞业在生产过程中因自然灾害或意外事故而造成的损失。此外,农业保险不仅仅包括保险层面的含义,还包括政策层面的性质,即农业保险是以保险为表现形式、具有一定公益性的国家保护政策措施,是一种具有"准公共物品"性质的政策性保险。

(二)农业保险的特点

由于农业生产是自然再生产与经济再生产过程相互结合、交织在一起的过程,并具有受自然因素影响大、生产周期性、地域性等特点,因此也就使农业保险具有以下的特点:

1. 保险标的具有生命性特征

农业保险的保险标的,特别是农作物群体或个体在遭受部分损失后,出于植物自身具有再生和器官补偿功能,在一定的条件下植物仍可恢复生长。而且同其他财产保险险种相比,农业保险的保险标的价值处在变动状态中,随着动、植物的生长,其价值处于上升状态,并最终表现为收获的产品,其产品的预期价格会随市场变化而升跌。

2. 农业保险业务具有周期性特点

农业保险的周期性特点主要表现在两个方面：首先，农业保险的保险标的是具有生命的动、植物，其生长发育具有客观规律；其次，农业保险主要是以自然灾害为承保风险，保险事故发生的概率与自然灾害发生规律有一致性。这就使得农业保险在展业、防火、理赔等业务环节上，除了要遵守经济规律外，还必须要按照农业生产的客观规律进行业务活动。

3. 农业保险险种设计有地域性特点

由于地球上光、热、水资源的分布，自然资源的分布以及各地社会经济条件都存在着明显的区域性差异，决定了农业保险也具有区域性特点，保险人只能按照当地的动、植物品种、生长规律、主要灾害风险，因地制宜设计险种开展保险业务。

4. 农业保险理赔有集中性特点

由于农业风险，尤其是自然风险的发生具有季节性、区域性等特点，一旦发生会使大量的保险标的同时受损。为了尽快恢复生产，保证人民生活稳定，要求农业保险的理赔工作必须集中在较短时间内完成，这就决定了农业保险理赔工作具有集中性特点。

5. 农业保险的保险标的具有多样性特点

农业保险是以具有生命的有机体——动、植物作为保险标的的。世界上动、植物种类繁多，分布范围广泛，不同的区域、不同的生态环境条件，动、植物分布的种类各不相同，即使同一品种，也会因人工培养、管理水平的影响产生差异，所以，农业保险的保险标的具有多样性和分散性特点。

6. 农业保险的信息不对称问题突出

相比其他财产保险险种，农业保险的信息不对称问题更为突出，主要体现在保险公司与参保农户对保险标的的数量、种类、特征的信息不对称。加之农业保险的参保时间集中、参保数量庞大，保险公司无法控制每一位投保人的投保行为，这就会导致农业保险的道德风险和逆向选择问题格外严重。如参保农户容易产生虚保、冒保、替保等违规行为，也容易将受灾频率高、严重性强的标的进行投保。

(三)农业保险的分类

农业的基本生产资料是土地，主要劳动对象是有生命的植物和动物。狭义的农业只包括植物栽培和畜禽饲养两大类。广义的农业应包括作物栽培(农业)、营造森林(林业)、畜禽饲养(畜牧业)、水产养殖(渔业)以及农村中的副业。尽管副业是一种附带和分散的小量生产，不具有农业生产的基本特点，但在一定生产力水平下可形成并附属于农业生产活动。这样，我们指的农业是一个有机的整体，包含农、林、牧、副、渔各种生产。本节农业保险一般可分为两大类:种植业保险和养殖业保险。

1. 种植业保险

种植业保险包括农作物保险、收获期农作物保险、森林保险、经济林及园林苗圃保险。

①农作物保险。农作物保险以稻、麦等粮食作物和棉花、烟叶等经济作物为对象,以各种作物在生长期间因自然灾害或意外事故使收获量价值或生产费用遭受损失而承保责任的保险。在作物生长期间,其收获量有相当部分是取决于土壤环境和自然条件、作物对自然灾害的抗御能力、生产者的培育管理。因此,在以收获量价值作为保险标的时,应留给被保险人自保一定成数,促使其精耕细作和加强作物管理。如果以生产成本为保险标的,则按照作物在不同时期、处于不同生长阶段投入的生产费用,采取定额承保。

②收获期农作物保险。收获期农作物保险以粮食作物或经济作物收割后的初级农产品价值为承保对象,即作物处于晾晒、脱粒、烘烤等初级加工阶段时的一种短期保险。

③森林保险。森林保险是以天然林场和人工林场为承保对象,以林木生长期间因自然灾害和意外事故、病虫害造成的林木价值或营林生产费用损失为承保责任的保险。

④经济林、园林苗圃保险。这种险种承保的对象是生长中的各种经济林种,包括这些林种提供具有经济价值的果实、根叶、汁水、皮等产品,以及可供观赏、美化环境的商品性名贵树木、树苗。保险公司对这些树苗、林种及其产品由于自然灾害或病虫害所造成的损失进行补偿。此类保险有柑橘、苹果、山楂、板栗、橡胶树、茶树、核桃、枣树等保险。

2. 养殖业保险

养殖业保险包括牲畜保险,家畜、家禽保险,水产养殖保险和其他养殖保险。

①牲畜保险。牲畜保险是以役用、乳用、肉用、种用的大牲畜,如耕牛、奶牛、马、骡、驴、骆驼等为承保对象,承保在饲养使役期,因牲畜疾病或自然灾害和意外事故造成的死亡、伤残以及因流行病而强制屠宰、掩埋所造成的经济损失。牲畜保险是一种死亡损失保险。

②家畜、家禽保险。以商品性生产的猪、羊等家畜和鸡、鸭等家禽为保险标的,承保在饲养期间的死亡损失。

③水产养殖保险。以国营、集体、联户及个人利用海水或淡水水域养殖的鱼、虾、贝、海带等水生动植物为保险标的,因自然灾害或意外而造成的收获量价值或

生产成本的损失，由保险人根据保险合同的规定，予以经济补偿的一种养殖业保险。根据养殖水域的差异，水产养殖保险包括海水养殖保险和淡水养殖保险。

④其他养殖保险。以商品性养殖的鹿、貂、狐等经济动物和养蜂、养蚕等为保险对象，承保在养殖过程中因疾病、自然灾害和意外事故造成的死亡或产品的价值损失。

专栏 7-5　中国农业保险的发展状况概述①②

自 2007 年中央财政实施农业保险保费补贴政策以来，我国农业保险工作逐步发展，取得积极成效。农业保险保费补贴品种由 2007 年的玉米、水稻、大豆、小麦和棉花 5 个品种扩大至生猪、奶牛、天然橡胶、森林、油料作物、糖料作物等 20 个大宗农产品及 60 余个地方优势特色农产品，基本覆盖关系国计民生和粮食安全的主要大宗农产品。经过多年探索实践，我国农业保险发展取得显著成效，已成为强农惠农富农政策的重要内容，在稳定农业生产和保障国家粮食安全方面发挥了重要作用。2020 年，我国实现农业保险保费收入 815 亿元，超过美国成为全球农业保险保费规模最大的国家；2021 年，我国实现农业保险保费收入 965.18 亿元，提供风险保障 4.78 万亿元，服务农户达到 1.88 亿户次；农业保险深度达到 1.16%，稻谷、小麦、玉米三大主粮作物农业保险覆盖率达到 70% 以上。

三、主要农业保险险种介绍

(一)生长期农作物保险

1. 保险责任

农作物在生长期间所面临的风险主要是自然灾害，包括气象灾害和病虫草害。由于我国是一个多灾国家，经济条件差，农业技术落后，抗灾能力弱，因此目前保险人承保的风险主要是洪水、大风、雹灾、干旱、低温等气象灾害。保险人根据当地主要风险种类，选择一种或几种可保风险责任，并且尽量避免承担与人的因素有关的风险。从实践看，农作物保险承保的责任主要有单一责任、混合责任、一切险。

① 资料来源：丁少群，冯文丽．农业保险学．北京：中国金融出版社，2015.

② 资料来源：赵阳，发挥再保险作用服务乡村全面振兴[N]. 人民网-人民日报，2022-2-10. http://finance.people.com.cn/n1/2022/0210/c1004-32349215.html.

2. 保险金额

生长期农作物保险的保险金额，习惯上是以亩产量为单位计算的，它有两种确定方法：

①按亩平均收获量的成数确定保险金额。根据有关部门规定，农作物保险金额的确定，同类标的一般以当地若干正常年(3～5 年)亩平均收获量的四至六成承保，最高不得超过八成，其计算公式是：

亩保险金额＝国家收购价格×正常年景下(3～5)年的平均亩产量×承保比例(一般为 50％～80％)

总保险金额＝亩保险金额×投保亩数

前 3～5 年产量由当地政府提供，保险公司核准。一个县内产量有高有低，一般以乡为单位核定面积和产量。对农业部门推广的新技术、新品种、新农艺要在本地区推广应用成功的基础上开办业务，其产量以理论产量的四至六成承保。

②按投入的生产成本确定保险金额。投入的生产成本包括种子(或种苗)、肥料、农药等材料耗用费、人力作业费、机械或畜力作业费等直接费用。由于农作物生产受自然因素影响大，往往同样投入的情况下产出却相差甚远。

因此，在确定农作物保险金额时，保成本和保产量两种计算方法注意结合起来考虑较为稳妥。如果成本保险接近收获量的五成，就应考虑采用收获量成数保险。

3. 保险期限

生长期农作物保险的保险期限应按照植物生长发育规律，科学合理地确定，一般从作物出土定苗后起保，到成熟收割时止，常见有 3 种方法：

①按照农作物生长周期确定。保险期限从作物齐苗或移栽成活后开始，直至作物达到生理成熟期为止。

②按照农作物的工艺成熟期确定。工艺成熟期是指农作物的工艺加工最佳效益期，这一时期农作物的经济价值最高。

③按照农作物的栽培目的确定。同一作物按不同的栽培目的，可以获得多种效用的产品。以保证最佳数量和质量为原则，从作物齐苗或移栽成活后开始，按栽培目的确定保险责任终止期。

此外，还有农作物特定生育期风险的责任期限，如杂交水稻制种生长期抽穗扬花的 10 天中，保险人专为其中的 7 天盛花期提供的特定生育期保险责任期限。

4. 保险费率和保险费

农业保险属于财产保险范畴，保险费率也是由纯费率、附加费率和稳定系数构成，纯费率理论上应是保险金额的损失率。

由于我国农业保险起步较晚，经营管理水平落后，缺乏合适、完整、可靠的保险数据。因此，纯费率的计算目前只能根据国家农业统计部门提供的历年自然灾害造成的农作物损失情况数据来计算，并根据逐年积累的经验进行修正。

5. 赔偿处理

全部损失的赔偿处理。全部损失即农作物受灾后80%（由具体保险条款决定）以上的植株死亡，没有实现该作物预期收获产品价值的可能，并且又错过改种同类或其他作物的季节时，按照保险金额赔偿，其具体计算公式为：

赔款＝（亩保险成本－未来亩应投入成本）×投保亩数

或者：　　赔款＝亩保险产量×单价×投保亩数

部分损失的赔偿处理。一般采用“两次查勘，差额赔付”的方法，即发生保险事故后，保险人立即进行现场查勘，将受灾情况记录在案，待收获前再进行查勘测产，推算出实际收益，然后根据保险金额和实际收益之差进行赔偿。其具体计算公式为：

赔款＝（亩保险成本－亩实际产量）×国家收购价×投保亩数

或者：　　赔款＝（亩保险成本—实际亩收益）×投保亩数

如果受灾后，经保险人同意改种其他作物或同类作物并获得一定收益，保险合同继续有效，其赔款计算公式为：

赔款＝（亩保险金额－改种时亩赔款－改种后亩收益）×投保亩数

或者：赔款＝（亩保险成本－改种时亩赔款－改种后亩收益）×投保亩数

其中亩改种赔款，仅限于改种或重播时投入的种子（秧苗）、人工费。

（二）收获期农作物保险

1. 保险责任

①单一责任。只承保单一危险责任，如麦场火灾保险，只承保火灾单项危险责任。有的兼承担发生火灾后的施救、整理等合理的费用损失，也有的不负责施救费用。

②综合责任。同时承保几项责任，如阴雨霉烂、洪涝灾害、暴风、雹灾、雷电和加工设备房屋倒塌等自然灾害和意外事故。但值得注意的是，承保责任期限扩展到田间成熟期时，自然灾害部分要提高费率。一是因为大田作物面广分散；二是因为雹灾、洪水、暴风等自然灾害发生范围广，不易控制。这两种情况下都不便施救，发生频次高，损失大。

2. 保险金额和费率

收获期农作物保险金额，一般是按照正常年景下前3年平均亩产的八成承保，如果当年是灾害之年，则按照测定的平均亩产的八成承保，农作物的价格以当地收购或议定价计算，用公式表示为：

亩保险金额＝正常年景下前3年平均亩产量×国家收购价×承保成数

3. 保险期限

收获期农作物保险是一种短期保险，一般只有1月左右。

4. 赔偿处理

收获期农作物保险的赔偿处理，坚持"主动、迅速、准确、合理"的原则。根据承保责任，最大赔偿不得超过保额。由于农作物的初级加工是分阶段进行，不同加工阶段损失大小不同，所以赔付的具体数额也不同。

(三)森林保险

1. 保险标的

凡是符合我国《森林法》规定，由国营、集体林场，联户及个体林农营造的人工林和天然林，均可以成为森林保险的保险标的。《中华人民共和国森林法》将我国的森林分为五大类：以防护为主要目的的防护林；以生产木材为主要目的的用材林，包括竹林；以生产果品、油料、工业原料为主要目的的经济林；以生产燃料为主要目的的薪炭林；以国防、科学实验为主要目的的特殊用途林。

2. 保险责任

火灾、虫灾、病害和鼠害是危害森林生长的四大世界性灾害，其次还有风灾、雪灾等。鉴于我国森林保险开办时间较短，缺乏技术手段和经验，目前森林保险的承保责任以火灾为主，有些地区结合当地主要风险增加了冻害、洪水等气象灾害。

3. 保险金额

森林保险的保险金额确定方法常见有以下3种：

①按照林木蓄积量确定保险金额：林木蓄积量＝单位面积林木蓄积量×总面积；保险金额＝林木蓄积量×国家收购价格。这种方法不考虑林木的每年生长量，适用于中成林的低保额统保。

②按照造林成本确定保险额。它是按照造林、育林过程中投入的种苗费、运输费、农药费、整地费、管理费等全部成本来确定保险金额。由于森林的生长期较长，投入的成本是逐年增加的，林种不同，成本也不一样，因此采用这种方法一般都分类、分档次计算。

③按照造林费用确定保险金额。它是按照不同品种，在造林的最初3年里所

投入的基本费用，包括种苗费、移栽费等确定保险金额。这种方法适用于幼龄林的大面积统保，便于以后清除迹地，更新造林。

4. 保险费率

森林保险费率的制定在目前尚无完整保额损失率资料的情况下，其制定方法与农作物保险费率制定相似。毛费率同样包括纯费率和费用率两部分，森林保险费率因与保险标的及其生产特点密切相关，因此费率制定中应注意下列事项：

序列林价与费率。林业生产的劳动和资金投入往往要十几年或几十年才见效益。采种、育苗、整地、造林阶段投入50%以上；其后是幼林抚育阶段，经营者投入逐渐减少，并维持一定水平。林木价值（立木价值）与生产者的阶段投入缺乏相关性，其在不同生长期有不同价值，即所谓序列林价。也就是说，林业这个自然再生产和经济再生产相结合的过程中，前期、中期和后期，自然力的作用随时间的推移而渐渐增多，立木价值不断增大，而经济的投入则与此相反，林木生长期越长，投入越少，即所谓"以林养林"。

损失率与费率区。森林灾害的损失程度与森林特征、地形、气象因子、社会经济条件密切相关，我国林区规模和气象分布具有明显的地域分异规律，这就说明我国各林区灾害损失率是不同的。在试办中要根据当地森林特征、灾害频率和社会经济条件，因地制宜的估算损失率，划定费率区，绘制森林保险费率区划图，为长期稳妥经营森林保险提供可靠资料。

森龄与等级费率。对于相同树种来说，确定保险纯费率时，有必要分成若干费率档次，如人工杉木林，根据幼龄林、中龄林、成熟林等林龄阶段划分档次，采用不同费率级别是合理的。

5. 保险期限

森林为多年生植物，因用途不同，其生长期也长短各异。通常森林保险的期限为1年，期满续保。

6. 赔偿处理

当发生保险事故后，保险人应立即进行现场查勘，并将查勘情况记录在案。由于林木本身具备自我恢复、再生功能，受灾后林木是否死亡不易判断，所以森林保险都设有3～6个月的观察期，期满后保险人需要再进行一次复查，以便更加准确地计算损失程度，进行赔偿。

当发生全部损失包括推定全损时，按照保险金额全部赔偿，如果是按林木蓄积量确定保额则应扣减残值。当发生部分损失时，按照损失程度赔偿：

损失程度＝（灾前标的估价－残值）/灾前标的估价

$$保险赔款=保险金额\times损失程度$$

如果在保险期内已多次发生部分损失，则按有效保额赔偿：有效保额＝原保额—已赔款金额；对于投保面积小于实际林地面积的，则按保障程度赔偿：保障程度＝投保面积/实际林地面积。

另外，在森林保险中一般都设有绝对或相对免赔额（率），在赔偿时予以扣减。

（四）大牲畜保险

1．保险标的

凡是国营、集体、联户及个人饲养的大牲畜（牛、马、驴、骡、骆驼等），育龄在1周岁以上，大牲畜的最高承保畜龄一般都有规定，如黄牛为13周岁、奶牛为12周岁，马、驴、骡为15周岁，骆驼12周岁以下，有正常的役使或生育能力，饲养管理正常，无疾病、伤残，经兽医部门验体合格的牲畜均可作为保险标的，参加大牲畜保险。

2．保险责任

目前大牲畜保险的责任范围主要包括：

疾病死亡责任。包括因普通病和传染病医治无效造成的死亡；因胎产、阉割所发生的技术事故死亡；以及因患恶性传染病，为防止蔓延，经县以上政府命令捕杀掩埋的牲畜。

自然灾害和意外事故造成的死亡或灭失责任。包括火灾、爆炸、雷击、雹灾、雪灾、洪水、崖崩、泥石流、龙卷风、空中运行物体坠落、固定物体倒塌、野兽伤害、互斗、碰撞、中毒、窒息、淹溺、触电等所致牲畜死亡。

另外，在大牲畜保险责任中，少数公司还附加盗窃险或医疗险。

3．保险金额

大牲畜保险的保险金额常见有三种确定方式：

第一，根据账面价值确定保险金额。这种方式主要是针对国营、集体农场投保制定的。国营、集体农场管理比较完善，账务清楚，可以根据投保时账面价值的一定比例确定保险金额，最高比例不超过90%。

第二，由保险人和投保人根据畜龄、饲养条件、畜体健康状况及市场价格，逐头评议确定保险金额。

第三，由保险人根据牲畜的种类、畜龄及当地大牲畜的市场价格，分若干档次确定保险金额，供投保人选择。

我国现行的政策性奶牛农业保险试点中，奶牛的死亡赔付金额有明确规定。

4．保险期限

大牲畜的饲养周期比较长，一般在可保畜龄范围内，保险期限确定为1年，期满续保。为防止带病畜体投保、通常在签单后规定10～20天的免责观察期，观察期内牲畜死亡，保险人不负赔偿责任。

5. 赔偿处理

当大牲畜因保险责任范围内的事故死亡时，根据保险金额确定方式的不同，赔偿处理有三种方法：第一，按账面价值承保的，则按保险金额扣减残值赔付。对无利用价值的畜体，则不扣残值。第二，按逐头评议估价承保的，则以保险金额为限，根据当时市场价格扣减残值赔付。第三，按分档次确定保险金额承保的，则按保险金额赔付。

(五)淡水养殖保险

1. 保险标的

凡是国营、集体、联户或个人所有的人工开挖鱼池(塘)，水质正常，有换水设备，有一定的防灾防损设施，投放鱼苗的密度、种类、规格符合有关部门的技术规定，具备一定的养殖技术能力者，均可以其人工养殖的鱼类、虾类、蟹类作为保险标的投保淡水养殖保险。

2. 保险责任

目前开办的淡水养殖保险的保险责任主要有：因洪水、暴雨等自然灾害造成水漫堤岸决口引起的保险标的流失责任；因连续阴雨天、持续高温、大风骤停等恶劣气候引起的保险标的缺氧死亡责任；经政法、技术等部门化验证实，确因水源污染、他人投毒、或投掷爆炸物所造成的保险标的死亡责任。

3. 保险金额

淡水养殖保险的保险金额有两种常用方法，即俗称的"保成本""保产量"。

保成本。即以养殖成本确定保险金额，养殖成本包括种苗费、饵料费、清塘费等，为养殖者提供最基本的保险保障。

保产量。即根据产量确定保险金额，它是根据最近连续3～5年的平均亩产量和平均市价及承保成数确定保险金额。

$$保险金额=亩平均产量\times平均市价\times投保亩数\times承保成数$$

4. 保险期限

淡水养殖保险的保险期限通常根据保险标的的养殖期来确定。养殖期不足1年的，则以养殖期为标准确定相应的保险期限；养殖期超过1年的，则保险期限为1年。签发保险单后也有10～20天的免责观察期。

5. 赔偿处理

发生保险事故后，保险人经查勘确认每亩存活率<5%(由具体保险条款决定)

时，可视为全损，按保险金额赔付。

发生部分损失时，按损失程度赔付。损失程度＝实际死亡数量/投保数量；赔款＝保额×损失程度。

实际死亡数量以捕捞的为准，流失责任除外。

对于部分损失的赔付，当重复出险累计赔付金额达到保险金额时，保险责任终止。

同时，在淡水养殖保险中，一般都设有相对或绝对免赔额（率），赔付时要予以扣减。

第四节　工程保险

一、工程保险的概念及特征

工程保险是指以各种工程项目为主要承保对象的一种财产保险。一般而言，传统的工程保险仅指建筑工程保险和安装工程保险。进入 20 世纪后，各种科技工程发展迅速，也成为工程保险市场日益重要的业务来源，但其在财产保险业务中的占比仍然较小。

工程保险的意义在于：一方面，它有利于保护建筑或项目所有人的利益；另一方面，是完善工程承包责任制并有效协调各方利益关系的必要手段。通过保险人的保险，项目所有人的利益因此而得到保护，承包人可以用少量的费用来换取稳定的风险保障，当事各方可能因事故责任而导致的纠纷亦因保险而得到化解。因此，工程保险通常构成现代工程建设合同中的必要内容。

与传统的财产保险相比较，工程保险具有如下特征：

第一，承保风险责任广泛而集中。在各种工程保险合同中，保险人列明不保的风险责任往往属于少数，承担的风险责任则是除外责任之外的一切风险责任，从而通常采取一切险的方式承保。换言之，保险人不仅承担着火灾保险的风险，也承担着工程建设本身所具有的各种风险，还承担着相关责任风险。因此，工程保险的风险责任是相当广泛的，也是十分集中的。

第二，涉及较多的利益关系人。在工程保险中，保险标的涉及多个利益关系人，如项目所有人、承包人、分承包人、技术顾问甚至贷款银行等，各方均对保险标的具有保险利益，从而使保险关系较其他财产保险更为复杂，保险人对此需要采取交叉责任条款来进行规范与制约。

第三，不同工程保险险种的内容相互交叉。如建筑工程中往往包含有安装工程项目，安装工程项目中也通常有建筑工程项目，科技工程中亦既有建筑工程也有安装工程，这一现象使各种工程保险具有了一定程度的相通性。

第四，工程保险承担的主要是技术风险。现代工程建设的技术含量很高，专业性极强，它们对于一般的自然风险通常具备相应的抵御能力，许多工程事故的发生往往是技术不良或未按照技术规程操作而导致的。因此，工程保险是技术性较高的保险业务，尤其是科技工程保险更是代表了现代保险业的最高水平。

二、建筑工程保险

（一）建筑工程保险的适用范围

建筑工程保险承保的是各类建筑工程，即各种民用、工业用和公共事业用的建筑工程，如房屋道路、桥梁港口、机场、水坝、娱乐场所、管道以及各种市政工程项目等，均可以投保建筑工程保险。建筑工程保险的被保险人大致包括以下三个类别：一是工程所有人，即建筑工程的最后所有者；二是工程承包人，即负责该建筑工程项目施工的单位，它又可以分为主承包人和分承包人；三是技术顾问，即由工程所有人聘请的建筑师、设计师、工程师和其他专业技术顾问等。当存在多个被保险人时，一般由一方出面投保，并负责支付保险费、申报保险期间的风险变化情况、提出原始索赔等。

建筑工程保险是财产保险的一种，由中国人民保险公司于 1980 年正式开办，主要承保对外工程。

（二）建筑工程保险的保险标的与保险金额

建筑工程保险的保险标的范围广泛，既有物质财产部分，也有第三者责任部分。为方便确定保险金额，在建筑工程保险单明细表中列出的保险项目通常包括如下三个部分：

第一，物质损失部分。包括建筑工程本身，工程所有人提供的物料和项目，安装工程项目，建筑用机器、装置及设备，工地内现成的建筑物，场地清理费，以及所有人或承包人在工地上的其他财产七项。每一项均须独自确定保险金额，七项保险金额之和构成建筑工程险物质损失项目的总保险金额。

第二，第三者责任。是指被保险人在工程保险期间因意外事故造成工地及工地附近的第三者人身伤亡或财产损失依法应负的赔偿责任，保险人对该项责任采用赔偿限额制。

第三，特种风险赔偿。是对保险单上列明的地震、洪水等特种风险造成的各项物质损失的赔偿。一般而言，保险人为了控制建筑工程中的巨灾风险，通常对保单中列明的特种风险单独规定赔偿限额，无论保险期间发生一次或多次保险事故，保险人的赔偿均不得超过该限额。

（三）建筑工程保险的责任范围

建筑工程保险的保险责任可以分为物质部分的保险责任和第三者责任两大部分。其中物质部分的保险责任主要有保险单上列明的各种自然灾害和意外事故，如洪水、风暴、水灾、暴雨地陷、冰雹、雷电、火灾、爆炸等多项，同时还承保盗窃、工人或技术人员过失等人为风险，并可以在基本保险责任项下附加特别保险条款，以利于被保险人全面转嫁自己的风险。不过，对于错误设计引起的损失、费用或责任，换置、修理或矫正标的本身原材料缺陷或工艺不善所支付的费用、引起的机械或电器装置的损坏或建筑用机器、设备损坏，以及停工引起的损失等，保险人不负责任。对于被保险人所有或使用的车辆、船舶、飞机、摩托车等交通运输工具，也需要另行投保相关运输工具保险。

与一般财产保险不同的是，建筑工程保险采用的是工期保险单，即保险责任的起讫通常以建筑工程的开工到竣工为期。

保险人承担的赔偿责任则根据受损项目分项处理，并适用于各项目的保险金额或赔偿限额。如保险损失为第三者引起，适用于权益转让原则，保险人可依法行使代位追偿权。

（四）建筑工程保险的保险费率

1. 建筑工程保险费率的组成

（1）建筑工程所有人提供的物料及项目、安装工程项目、场地清理费、工地内已有的建筑物、所有人或承包人在工地的其他财产等，为一个总的费率，整个工期实行一次性费率。

（2）建筑用机器、装置及设备为单独的年度费率，如果保期不足一年，按短期费率计收保费。

（3）保证期费率，实行整个保证期的一次性费率。

（4）第三者责任险，实行整个工期一次性费率。

2. 确定建筑工程保险费率的依据

（1）保险责任范围的大小。

（2）工程本身的危险程度。

（3）承包人及其他工程关系方的资信、经营管理水平及经验条件。

（4）保险人本人以往承保同类工程损失的记录。

（5）工程免赔额的高低及第三者责任和特种危险的赔偿限额。免赔额的高低与费率成反比,第三者责任和特种危险的赔偿限额则与费率成正比。

三、安装工程保险

(一)安装工程保险的适用范围

安装工程保险,是指以各种大型机器、设备的安装工程项目为保险标的的工程保险,保险人承保安装期间因自然灾害或意外事故造成的物质损失及有关法律赔偿责任。安装工程保险是同建筑工程保险一起发展起来的保险业务,与建筑工程保险不仅存在着业务内容上的交叉,而且在业务经营方式上亦具相通性。

安装工程保险的适用范围也包括安装工程项目的所有人、承包人、分承包人、供货人、制造商等,即上述各方均可成为安装工程保险的投保人,但实际情形往往是一方投保,其他各方可以通过交叉责任条款获得相应的保险保障。

(二)安装工程保险的主要特点

安装工程保险的主要特点,可以概括为以下三点:

第一,以安装项目为主要承保对象,其中亦可包括附属建筑项目。

第二,安装工程的风险分布具有明显的阶段性。安装工程在试车、考核和保证阶段的风险最集中,造成损失的可能性更大。

第三,承保风险主要是人为风险,并具技术色彩。

安装工程保险与建筑工程险存在明显区别:

安装工程保险简称安工险,与建筑工程险同属综合性的工程保险业务,但又有其明显的特点。

以安装项目为主要承保依据。安装工程保险以安装项目为主体的工程项目为承保对象。虽然大型机器设备的安装需要进行一定范围及一定程度的土木建筑,但安装工程保险承保的安装项目始终在投保工程建设中占主体地位,其价值不仅大大超过与之配套的建筑工程,而且建筑工程的本身亦仅仅是为安装工程服务的。

安装工程在试车、考核和保证阶段风险最大。在建筑工程保险中,保险风险责任一般贯穿于施工过程中的每一环节;而在安装工程保险中,机器设备只要未正式运转,许多风险就不易发生。虽然风险事故的发生与整个安装过程有关,但只有到安装完毕后的试车、考核和保证阶段,各种问题及施工中的缺陷才会充分暴露出来。

承保风险主要是人为风险。各种机器设备本身是技术产物,承包人对其进行安装和试车更是专业技术性很强的工作,在安装工程施工过程中,机器设备本身的质量如何,安装者的技术状况、责任心,安装中的电、水、气供应,以及施工设备、施工方式方法等均是导致风险发生的主要因素。因此,安装工程虽然也承保着多项自然风险，但与人的因素有关的风险却是该险种中的主要风险。

（三）安装工程保险的保险标的与费率

安装工程保险的可保标的通常也包括物质损失、特种危险赔偿和第三者责任三个部分。其中，物质损失部分分为安装项目、土木建筑工程项目、场地清理费、承包人的机器设备、所有人或承包人在安装工地上的其他财产五项，各项标的均需明确保险金额；特种危险赔偿和第三者责任保险项目与建筑工程保险相似。

安装工程保险的费率，主要由以下六项组成：安装项目费率，对土木建筑工程、所有人或承包人在工地上的其他财产及清理费为一个总的费率，整个工期实行一次性费率；试车为一个单独费率，是一次性费率；保证期费率，实行整个保证期一次性费率；各种附加保障增收费率，实行整个工期一次性费率；安装、建筑用机器、装置及设备为单独的年费率；第三者责任保险，实行整个工期一次性费率。

四、科技工程保险

（一）科技工程保险的内容

科技工程保险业务与建筑工程和安装工程保险业务有许多相似之处，但该类保险业务更具专业技术性和科技开拓危险性，且与现代科学技术的研究和应用有直接关系。科技工程保险主要有海洋石油开发保险、航天工程保险、卫星保险和核电站保险等。

1. 海洋石油开发保险

海洋石油开发保险面向的是现代海洋石油工业，承保从勘探到建成、生产整个开发过程中的风险，海洋石油开发工程的所有人或承包人均可投保该险种。该险种一般被划分为普查勘探阶段、钻探阶段、建设阶段和生产阶段四个阶段。每一阶段均有若干具体的险种供投保人选择投保。每一阶段均以工期为保险责任起讫期。当前阶段完成，并证明有石油或有开采价值时，后一阶段才得以延续，被保险人亦需要投保后一阶段的保险。因此，海洋石油开发保险作为一项工程保险业务，是分阶段进行的。其主要的险种有勘探作业工具保险、钻探设备保险、费用保险、责任保险、建筑安装工程保险。在承保、防损和理赔方面，均与其他工程保险业务有相通性。根据国际惯例，海洋石油开发保险的投保事宜，是由海洋石油开发的承包或租赁合同规定的，即海洋石油开发保险是上述合同的基本条款之一。在承保经营中，保险人可以为投保人设计并提供多种保险服务，并根据海洋石油开发的阶段进程开展相应的保险业务。此外，海洋石油开发保险还必须以再保险为前提条件，以避免保险人的财务危机。

2. 卫星保险

卫星保险是以卫星为保险标的的科技工程保险，属于航天工程保险范畴，它包括发射前保险、发射保险和寿命保险，主要业务是卫星发射保险，即保险人承保卫星发射阶段的各种风险。卫星保险的投保与承保手续与其他工程保险并无区别。

3. 船舶工程保险

船舶工程保险是以被保险人建造或拆除的船舶及各种海上装置在建造、拆除过程中所造成的船舶和设备损失及第三者责任为保险标的的工程保险。主要有船舶建造保险和拆船保险。船舶工程保险主要承保各类船舶及海上装置如石油钻井平台在整个建造和拆除期间陆上、海上的各种风险。

4. 核电站保险

核电站保险以核电站及其责任风险为保险对象，是核能民用工业发展的必要风险保障措施，也是对其他各种保险均将核子风险除外不保的一种补充。作为一类新兴的科技工程保险业务，核电站保险起源于20世纪50年代，其特点是因风险具有特殊性而需要有政府作为后盾。核电站保险的险种主要有财产损毁保险、核电站安装工程保险、核责任保险和核原料运输保险等，其中财产损毁保险与核责任保险是主要业务。在保险经营方面，保险人一般按照核电站的选址勘测、建设、生产等不同阶段提供相应的保险，从而在总体上仍然具有工期性。当核电站正常运转后，则可以采用定期保险单承保。核能保险的种类：①核电站建筑安装工程险；②核电站运输险；③核电站机器损坏险；④核电站物质损失险；⑤核电站核责任险；⑥核电站利润损失险(机损险项下)。机损险项下的利损险主要是在保险期限内由于在机损险保单中保障的损失造成的利润损失。这种损失主要由固定费用和未实现利润组成。

核能保险的投保与承保在经营实践中通常需要有政府的直接支持，各国政府有关核损害事故赔偿的法律、法规等亦规定了核事故中应按绝对责任来承担损害赔偿责任，并对保险人在责任险项下的超赔给予财政补贴。因此，在整个财产保险中，核能保险更要求有政府的配合并需要政府的直接支持，从而明显地具有政策性保险的特点。

专栏 7-6 科技工程保险简介①②

科技工程保险是以各种重大科技工程或科技产业为保险标的的综合性财产保

① 资料来源：MBA 智库编辑，科技工程保险[N]，2016-9-23. https://wiki.mbalib.com/wiki/%E7%A7%91%E6%8A%80%E5%B7%A5%E7%A8%8B%E4%BF%9D%E9%99%A9.

② 资料来源：MBA 智库编辑，航天保险[N]，2016-9-23. https://wiki.mbalib.com/wiki/%E8%88%AA%E5%A4%A9%E4%BF%9D%E9%99%A9.

险,它是随着现代高科技、新技术的发展和广泛应用而逐渐发展起来的一种特殊工程保险业务。科技工程保险的最大特点就是高额投资,价值昂贵,且分段进行,保险人既可按工程的不同阶段承保,又可连续取保。目前我国的科技工程保险业务主要有海洋石油开发保险、航天工程保险、核能工程保险等。科技工程保险产品的研发与开展,为我国高科技工程的发展提供了重要的保障功能。

以航天工程保险为例,在20世纪80年代初期,为了支持我国航天事业的发展,经国务院批准,中国人民财产保险牵头,全国经营财产保险业务的九家财产保险公司依照利益共享、风险共担的原则组成了航天保险联合体,共同承保航天工程,特别是卫星发射保险业务,为我国航天事业作出了突出的贡献。

(二)科技工程保险的特征

科技工程保险的基本特征包括:

1. 保险标的的特征

保险标的不仅具有危险集中、价值高昂的特点,而且包含着极高的科技因素在内,是一个财产、利益和法律责任等的集合体。

2. 承保风险的特征

各种科技工程保险承保的风险都具有一切险的性质。

科技工程保险在客观上更多的是承保人为的风险,即由于技术原因、过失原因、产品原因等导致的财产和利益损失,从而与人的技术水平、认识能力和工作责任心等不可分割。

保险人在承保科技工程业务时,很难根据经验判断或根据以往的事故损失来准确把握其承保风险,从而使该类保险业务亦面临未知的巨大风险。

3. 承保环节的特征

科技工程保险在承保环节方面具有显著的阶段性。科技工程保险是随着现代高科技、新技术的发展而产生的保险,其从开始建设到投入使用需要多个高科技、新技术的应用,会产生多个环节。如海洋石油开发保险具有勘测阶段、钻探阶段、建设阶段、生产阶段,再如航天保险具有发射前、发射中、发身后等阶段。因此相对于其他险种,科技工程保险在承保环节具有明显的阶段性。

4. 风险管理的特征

基于科技工程保险承保风险和承保环节的特征,其风险管理特征也具有显著的复杂性、多样性和阶段性特征。首先,科技工程保险具有复杂性。科技工程保险为高科技和新技术下的新生风险类型,并且这一风险类型并无客观的期望灾害损失标准,导致该类风险管理具有复杂性和挑战性。其次,科技工程保险具有多样性。科技工程保险是系列科技成果的集合，其存在多个环节下的多个风险点，需要针对各个环节的各个风险点进行有效的风险管理，因此该类风险具有多样性。最后，科技工程保险具有阶段性。科技工程具有多环节的特征，因此针对其风险管理也就具有阶段性特征，在不同的风险管理阶段，面临的风险类型、风险程度可能会存在较大差异。

基于科技工程风险管理的上述特性，需要加大其风险管理能力，据此，一方面，国家对科技工程保险会给予高度的关注，采取政策性手段来直接干预科技工程的保险事务；另一方面，保险人在经营中会特别注意采用多种手段来管理风险。

第五节 火灾保险

火灾保险是以各种不动产和动产，如房屋、厂房、机器设备、家具等作为保险标的的一种保险，从17世纪至今的三百多年中，火灾保险经历了一个长期发展过程。

一、火灾保险的发展

从保险标的来看，从早期的只承保不动产，逐步扩大到动产，再发展到与动产或不动产标的有关的利益，如预期利益和租金收入等。

从承保风险来看，早期的火灾保险只承保单一的火灾风险，并且只承保火灾风险所造成的直接损失，后来逐步扩展到与火灾相关的爆炸、闪电及雷击。进入现代社会以后，火灾保险的承保风险又扩展到包括火灾在内的各种自然灾害和意外事故。保险人既可以以附加保单的形式承保地震、地陷、洪水、飓风、雪崩、泥石流等风险，也可以承保盗窃、机损等风险；不仅可以承保直接损失，也可以承保间接损失，如营业中断损失、租金损失等。

从赔偿范围来看，早期的火灾保险一般只负责赔偿保险标的的损失，而现在的赔偿范围通常都包括施救费用等在内。

从保单形式来看，早期各个保险人均使用自己的保单。自美国马萨诸塞州和纽约州分别于1873年和1876年通过法律要求使用标准保单，并推出了标准火险保单(SFP)以后，美国的其他州和其他国家也纷纷效仿，由此减少了损失理赔的麻烦和法院解释的困难。目前的火灾保险通常都使用标准保单形式承保。

二、火灾保险的概念及特征

火灾保险，简称火险，是指以存放在固定场所并处于相对静止状态的财产物资为保险标的，由保险人承担保险财产遭受保险事故损失的经济赔偿责任的一种财产保险。早期的火灾保险仅承保火灾，承保的对象亦限于不动产。随着社会经济的发展，物质财富不仅种类日益繁杂，而且面临的其他风险亦日渐扩大，因此，火灾保险也在不断发展。现在的火灾保险承保的风险范围已经扩展到火灾及其他各种自然灾害，乃至意外事故损失；承保的标的也扩展到各种不动产与动产；在承保形式上既有主险，也有附加险。

作为最富传统意义的一类财产保险业务，火灾保险的独特之处在于：首先，火灾保险的保险标的只能是存放在固定场所并处于相对静止状态下的各种财产物资。这一限制实际上将处于流动状态的货物、运输工具以及处于生长期的各种农作物、养殖对象排除在外，从而在标的范围上局限于各种固定资产、流动资产和生活资料。如果投保人的投保标的不符合这一规定，不可能从保险人处获得火灾保险的保障。其次，火灾保险承保财产的地址不得随意变动。保险合同强调被保险人的保险财产必须存放在保险合同约定的固定地址范围内，在保险期间不得随意变动，否则，保险人可以不负责任。如果被保险人确实需要变动保险财产存放地点，亦须征得保险人的同意。最后，与其他保险业务相比，火灾保险承保的标的异常复杂，既有土地、房屋、机器、设备，又有各种各样的原材料、燃料、在产品、商品及生活消费资料，每一张保单承保的内容显然包括多项标的，而其他保险的保险标的结构却较单纯。

三、火灾保险的适用范围

从保险业务来源角度看，火灾保险是适用范围最广泛的一种保险业务，因为任何组织或家庭、个人均有着自己的财产物资或代替他人管理着财产物资，并均会遇到各种风险，从而需要向保险公司转嫁自己的风险。因此，各种企业、团体及机关单位均可以投保团体火灾保险，所有的城乡居民家庭和个人均可投保家庭财产保险。

就保险标的范围而言，火灾保险的可保财产包括：房屋及其他建筑物和附属装修设备，各种机器设备、工具、仪器及生产用具，管理用具及低值易耗品、原材料、半成品、在产品、产成品、库存商品和特种储备商品及各种生活消费资料等。对于某些市场价格变化大、保险金额难以确定、风险较特别的财产物资，如古物、艺术品等，则需要经过特别约定的程序才能承保。对不能用货币衡量其价值的财产或利益、非实际的物资（如货币等）、非法财产以及应当投保其他险种的财产物资，均不在火灾保险的承保范围内，如生长期农作物只能投保农业保险，各种交通运输工具则通常投保专门的运输工具保险等。

四、企业财产保险

企业财产保险是在火灾保险的基础上演变和发展而来的，它是以各类企事业单位、机关团体等的各项财产为保险标的，由保险人承担火灾以及自然灾害和意外事故造成的保险财产损失的保险，是我国财产保险业务的主要险种之一。

(一)企业财产保险的保险标的

根据《保险法》第十二条规定："财产保险的被保险人在保险事故发生时，对保险标的应当具有保险利益。"因此，企业财产保险标的必须符合三个条件之一：属于被保险人所有或与他人共有而由被保险人负责的财产；由被保险人经营管理或替他人保管的财产；其他具有法律上承认的与被保险人有经济利害关系的财产。

从保险合同的角度看，企业财产保险中的财产分为可保财产、特约可保财产、不可保财产三类：

①可保财产。这类财产既可以用会计科目来反映，如固定资产、流动资产、账外资产等；又可以用企业财产项目类别来反映，如房屋、建筑物、机器设备、材料、商品物资等。

②特约可保财产。这类财产可以分为两种：一是在无须加贴保险特约条款或增加保险费的情况下予以特约承保的财产；二是必须用特约条款并增收保险费方可承保的财产。前者主要是因为这些财产的市场价格变化较大，或受某些风险的影响较小，如金银、珠宝、古玩、艺术品等，即后者主要是为了满足部分行业的特殊需要，如铁路、桥梁、堤堰、码头等。

③不可保财产，保险条款规定不予承保的财产。对财产不予承保的原因有：第一，这些财产不属于一般性的生产资料或商品，如土地、矿藏等；第二，这些财产缺乏价值依据或很难鉴定其价值，如票证、文件、技术资料等；第三，承保这些财产会与政府的有关法律法规相抵触，如违章建筑、非法占有的财产等；第四，必然会发生危险的财产，如危险建筑；第五，应该投保其他险种的财产，如运输过程中的物资应投保货物运输保险，领取执照正常运行的机动车应投保机动车辆保险，畜禽类应投保养殖业保险等。

(二)企业财产保险的保险责任

企业财产保险根据承保风险的责任范围不同，分为基本险和综合险。

1. 基本险的保险责任

基本险的保险责任包括：火灾及相关危险，包括火灾、爆炸、雷电；有关意外事故，包括飞行物体及空中运行物体的坠落，被保险人的供电、供气、供水设备因火灾等保险事故发生引起停电、停水、停气的意外；施救费用，包括采取必要的合理的施救措施，造成保险财产损失和进行施救、整理所支付的合理费用。

2. 综合险的保险责任范围

在基本险的基础上，综合险的保险责任增加了暴雨、洪水、台风、龙卷风、雪灾、冰凌、泥石流、崖崩、突发性滑坡、地面下陷下沉等重大自然灾害风险。

地震也是可以承保的风险，但许多国家的保险公司往往将其单列出来承保，以便控制这类特殊的风险。

被保险人拥有财产所有权的自用的供电、供水、供气设备因保险事故遭受损坏，引起停电、停水、停气以致造成保险标的直接损失，保险人按照本保险合同的约定也负责赔偿。

3. 企业财产保险的除外责任

企业财产保险的除外责任主要有五类：战争、军事行为或暴动行为；核子污染、被保险人的故意行为；各种间接损失、保险标的本身缺陷、保管不善而致的损失，保险标的变质、霉烂、受潮虫咬及自然磨损、自然损耗、自燃、烘焙所造成的损失；由于行政行为或执法行为所致的损失；锅炉及压力容器爆炸造成其本身的损失，以及其他不属于保险责任范围内的损失和费用等。

不过，企业财产保险的具体责任范围仍然需要由具体的保险条款规定。此外，企业财产保险还有各种附加险，如盗窃险、矿下财产特约保险、露堆财产保险、橱窗玻璃破损险、机器损坏险、营业中断险、破坏性地震险等。

（三）企业财产保险的保险金额

企业财产保险的保险金额根据财产种类不同，采用不同的方法确定。

1. 固定资产的保险金额

企业固定资产保额的确定方式主要有四种：

①按账面原值确定保险金额。即以固定资产建造或购置时的原始账面价值为保险金额，在账面原值与实际价值比较一致的情况下，可采用此方法。

②按账面原值加成数确定保险金额。即在账面原值的基础上再附加一定成数，使之趋近于重置价值，以此作为保险金额；它是在账面原值与实际价值差距过大时，为使被保险人在损失后获得充分保障而采用的一种方法。

③按重置价值确定保险金额。即以重新购置或重建某项固定资产所需支付的全部费用为保险金额。当账面原值与实际价值差距过大时，也可直接按重置价值确定保额。

④按其他方式确定保险金额。如由被保险人依据公开估价或评估后的市价确定保险金额。

2. 流动资产的保险金额

流动资产保额的确定方式主要有两种：一是流动资产的保险金额由被保险人按最近几个月任意月份的账面余额确定；二是由被保险人自行确定，即以投保月份往前倒推最近几个月中的任意一个月的流动资产账面余额确定。

3. 账外财产和代保管财产的保险金额

账外财产和代保管财产的保险金额可以由被保险人自行估价或按重置价值确定。

(四)企业财产保险的保险费率

保险费率是保险人向被保险人收取保险费的计算标准,也是依据保险金额计算保险费的比率,分为基本险费率和附加险费率。企业财产保险的费率确定通常需要综合考虑如下因素:

建筑结构和建筑等级。根据建筑行业的有关规章,建筑物通常被划分为一等、二等、三等,等级越高其质量与抗风险能力越强,其保险费率相应降低,反之亦然。

占用性质。即建筑物的使用性质、用途不同,风险亦不同,保险费率亦相应有所不同。

承保风险的种类及多寡。承保风险的种类越多,则保险人承担的责任越大,保险费率也相应地提高,反之亦然。

地理位置。保险标的所处的地理位置是否适宜,周围有无特定风险,对保险财产的影响甚大。

投保人的防灾设备及防灾措施。在同样条件下,投保人的防灾设备与措施越健全,则风险越不易发生,损失越易控制,保险人对此往往给予相应的费率优惠。

此外,投保人的安全管理水平、历史损失数据、市场竞争因素亦是确定现时费率的重要参考依据。

(五)企业财产保险的承保期限

企业财产保险期限一般为一年。根据《保险法》第十三条规定:"依法成立的保险合同,自成立时生效。投保人和保险人可以对合同的效力约定附条件或者附期限。"一年期是指从保险合同成立的当日零时起,到保险期满日的 24 时止,超过保险期限时,保险人不承担赔偿责任。保单到期前,保险人可通知投保人办理续保手续,以便到期顺利办理续保手续,以保持财产保险的连续性,避免保险中断。

(六)企业财产保险的赔偿处理

赔偿处理是当保险标的遭受保险责任范围内的自然灾害意外事故时,保险人根据保险合同及有关法律规定受理被保险人索赔要求,进行现场查勘、责任审核、核实损失和给付赔款等工作,使受损企业及时得到经济补偿,从而保证生产、经营的持续进行。在赔偿处理时,保险合同是双方的唯一依据。

1. 受理索赔的证明和资料

保险事故发生后,按照保险合同请求保险人赔偿保险金时,投保人、被保险人或者受益人应当向保险人提供其所能提供的与确认保险事故的性质、原因、损失程度等有关的证明和资料。根据《保险法》第二十二条规定:“保险人按照合同的约定,认为有关的证明和资料不完整的,应当及时一次性通知投保人、被保险人或者受益人补充提供。”

2. 核定及赔偿时限

《保险法》第二十三条规定:“保险人收到被保险人或者受益人的赔偿保险金的请求后,应当及时作出核定;情形复杂的,应当在三十日内作出核定,但合同另有约定的除外。保险人应当将核定结果通知被保险人或者受益人;对属于保险责任的,在与被保险人或者受益人达成赔偿保险金的协议后十日内,履行赔偿或者给付保险金义务。保险合同对赔偿保险金的期限有约定的,保险人应当按照约定履行赔偿保险金义务。”“保险人未及时履行前款规定义务的,除支付保险金外,应当赔偿被保险人或者受益人因此受到的损失。”

3. 保险金的赔偿

财产损失后,保险金的赔偿是保险人赔款的重要部分,保险人应该按照保险合同约定履行赔偿责任。根据《保险法》第五十五条规定:“投保人和保险人约定保险标的的保险价值并在合同中载明的,保险标的发生损失时,以约定的保险价值为赔偿计算标准。投保人和保险人未约定保险标的的保险价值的,保险标的发生损失时,以保险事故发生时保险标的的实际价值为赔偿计算标准。保险金额不得超过保险价值。超过保险价值的,超过部分无效,保险人应当退还相应的保险费。保险金额低于保险价值的,除合同另有约定外,保险人按照保险金额与保险价值的比例承担赔偿保险金的责任。”

4. 残值处理

保险标的遭受损失后的残余部分,一般作价折归被保险人,作价折归被保险人的金额按照保险合同中的约定,视保险金额与保险标的的保险价值的具体情况,按比例扣除。

5. 施救费用的赔偿

保险事故发生时,被保险人应当尽力采取必要的措施,防止或者减少损失。根据《保险法》第五十七条规定:“保险事故发生后,被保险人为防止或者减少保险标的的损失所支付的必要的、合理的费用,由保险人承担;保险人所承担的费用数额在保险标的损失赔偿金额以外另行计算,最高不超过保险金额的数额。”

6. 代位求偿权的行使

如果保险标的的损失是由第三者造成的,保险人自向被保险人赔偿保险金之日起,在赔偿金额范围内代位行使被保险人对第三者请求赔偿的权利。根据《保险法》第六十条规定:“被保险人已经从第三者取得损害赔偿的,保险人赔偿保险金时,可以相应扣减被保险人从第三者已取得的赔偿金额。保险人依法行使代位请求赔偿的权利,不影响被保险人就未取得赔偿的部分向第三者请求赔偿的权利。”第六十一条规定:“被保险人故意或者因重大过失致使保险人不能行使代位请求赔偿的权利的,保险人可以扣减或者要求返还相应的保险金。”

7. 重复保险的分摊

如果企业财产保险的保险标的存在重复保险,则投保人应当将重复保险的有关情况通知各保险人。根据《保险法》第五十六条规定:“重复保险的各保险人赔偿保险金的总和不得超过保险价值。除合同另有约定外,各保险人按照其保险金额与保险金额总和的比例承担赔偿保险金的责任。”

专栏 7-7 企财险理赔案例分析①

一、承保情况

被保险人××发电厂机器损坏保险,总保险金额 31.2 亿元,收取保费 177.84 万元。保险期限自 2019 年 8 月 15 日零时至 2020 年 8 月 14 日 24 时止。

二、出险情况

2019 年 9 月 21 日(05:00:18)#4 机组负荷 251 MW,4 A 真空泵电流突降至 139 A;(05:00:21)#4 机凝汽器真空—95.26 KPa 快速降低;(05:00:32)凝汽器真空降至—88 KPa,“凝汽器真空低”报警,4 B 真空泵自启不成功,立即手启不成功;(05:00:41)凝汽器真空降至—80 KPa,机组跳闸,首出“凝汽器真空低”;(05:10:03)手停 4 A 真空泵。拆解后 4 A 真空泵泵壳靠近驱动端侧上部出现破损孔洞,真空泵转子叶片有断裂现象,更换备用泵。4 A 真空泵经解体外观检查,除叶片断裂损坏外,其他未发现叶轮叶片焊口裂纹、夹渣以及叶片汽蚀现象。检查 4 B 真空泵开关外观正常,过流保护动作。

三、保险责任认定

第一,保险地址××发电厂与实际查勘地址吻合;

第二,出险时间在保险期限之内,按照保险双方《交费协议》约定,被保险人已全部交清保费;

第三,事故出险原因是泵内压力过大及电压问题,符合机损险保险责任。

综上判断,本案属于保险责任。

① 资料来源:××财产保险股份有限公司。

四、损失核定

本保险人真空泵中A泵需要维修更换，根据采购单，采购价格为295 000.00元，由物资集团统一采购，价格予以认可，扣除税金13%，最终核损金额为261 061.95元。

五、投保比例

按照整套机组进行投保，该套设备2007年已开始使用，予以认可足额投保。

六、赔款计算及支付

经了解，对于本次事故所涉及的标的无重复保险的情况。

残值按照10%扣除。

保单约定：每次事故免赔额为100 000元。

赔款金额=(核损金额－残值)×投保比例×(1－免赔率)=261 061.95×(1－10%)×100%－100 000=134 955.76(元)。

五、家庭财产保险

家庭财产保险是以城乡居民家庭或个人的有形财产为保险标的的保险。与企业财产保险相比，家庭财产保险的特点在于投保人是以家庭或个人为单位，业务分散，额小量大，风险结构以火灾、盗窃等风险为主。家庭财产保险主要险种有普通家庭财产保险、家庭财产两全保险、投资保障型家庭财产保险等。同时，可以增加盗窃险等附加险。

(一)普通家庭财产保险

1. 普通家庭财产保险的保险标的范围

凡城乡居民及家庭成员的自有财产，以及代他人保管或与他人共有的财产，均可投保家庭财产保险。普通家庭财产保险是一种通用型家庭财险业务。

普通家庭财产保险的可保财产包括：房屋及附属设备、室内装潢、室内财产，包括家用电器文体娱乐用品、衣物和床上用品、家具及其他生活用品等。代他人保管或与他人共有的财产须特约承保。

普通家庭财产保险的不可保财产包括：有些财产如金银、珠宝、首饰、有价证券、邮票、古玩、字画、文件、账册、图表等，由于这些财产或价值难以确定，或是不属于实际的物资，不属于家庭财产保险的范围。另外，法律规定不允许个人收藏、保管或拥有的财产、违章建筑和正处于紧急危险状态的财产、用于从事工商业生产经营活动的财产和出租用作工商业的房屋等也属不可保财产。

2. 普通家庭财产保险的保险责任

普通家庭财产的责任范围与企业财产综合险的责任范围基本相同。

3. 普通家庭财产保险的保险金额

由于普遍家庭财产一般无账可查,而且财产的品种、质量、新旧程度千差万别,所以保险金额一般由投保人根据财产的实际价值自行估价确定,且在保单上分项载明。一般可分为房屋及附属设备、室内家庭财产及代保管或与他人共有财产三项。一旦发生损失由保险人在保额限度内按实际损失全部赔付。

4. 普通家庭财产保险的保险期限

普通家庭财产保险的期限为一年,保险责任从保险合同成立的当日零时起,到保险期满日的24时止。期满续保,需要另办投保手续。

5. 普通家庭财产保险的保险费率

一般家庭财产保险的保险费率由保险人根据时间和地理位置、财产性质等因素制定相应的费率表,投保人根据费率表的规定交纳保险费。保险费率包括基本险费率和附加险费率,如中途退保,保险人需按日扣除应收保险费,剩余部分退还投保人。

6. 普通家庭财产保险的赔偿处理

普通家庭财产的赔偿处理参照企业财产保险的赔偿处理。

(二)家庭财产两全保险

家庭财产两全保险是在普通家庭财产保险的基础上衍生的一种家庭财产保险业务,它兼有经济补偿和到期还本的双重性质,是家庭财产保险的一种特殊形式。保险人以被保险人所交保险储金所生利息作为保险费收入,当保险期满时,无论是否发生过保险事故或是否进行过保险赔偿,其保险储金均须返还给被保险人,保险期限为三年或五年。另外,家庭财产两全保险的其他内容均与普通家庭财产保险相一致。

(三)投资保障型家庭财产保险

投资保障型家庭财产保险是保险人为适应新的保险需求而开发的新型的保险产品,它不仅具有保障功能,还具有投资功能。保险人以被保险人所交保险投资金作为保险费收入,当保险期满时,无论是否发生过保险事故或是否进行过保险赔偿,均可领取保险投资金本金并获得一定的投资收益。

(四)附加保险

为满足投保人的各种需要,家庭财产保险还开办了附加险,最普通的是附加盗窃险。其保险责任是对存放于保险地址室内的保险财产因遭受外来的、有明显痕迹的盗窃行为所致损失,以及对存放于保险地址室内、院内、楼道内的自行车遭到全车失窃或部分被盗的损失,保险人负赔偿责任。

本章参考文献

1. 吴小平．保险原理与事务．北京：中国金融出版社，2002.
2. 孙祁祥．保险学．北京：中国人民大学出版社，2021.
3. 魏华林，林宝清．保险学．北京：高等教育出版社，2018.

重要概念

财产保险　财产损失险　可保财产　农业保险　家庭财产保险
货物运输保险

复习思考题

1. 简述财产保险的基本特征。
2. 农业保险有哪些显著的特点？
3. 简述货物运输保险的显著特征。
4. 简述财产保险理赔的注意事项。

保险案例

1. 酒驾后找好友"顶包"骗保三人犯保险诈骗罪被判刑①

案情回顾：

车主陈某于2018年3月10日凌晨开车带朋友王某在市区江滨路喝酒。散场后，陈某有事留在温州，就把车借给王某。王某开车没多远，就在市区百里西路发生了交通事故，先是撞上隔离带，而后与同向一辆轿车发生追尾，所幸无人员伤亡。事发后，陈某知道自己酒驾，没有报警，并支付给对方5 000元赔偿费。之后，陈某想到车子维修需要不少费用，于是打算找人顶包，向保险公司理赔。

王某打电话叫来陈某，并通过朋友找到一家酒吧的客户经理胡某。胡某答应为王某顶包，而陈某本想让王某自行承担修理费，可碍于面子，也就没有开口。王某这一套"障眼法"成功骗取保险公司8.7万元保费。可保险公司在多次查看现场

① 资料来源：刘玺东，姚平．酒驾出事故找人顶包，骗保不成二人均获刑罚．法制周刊官方百家号，2018-12-06. https://baijiahao.baidu.com/s?id=1619092651216565731&wfr=spider&for=pc（本案例略有调整）.

资料后，认为此次报案出险存在可疑之处。事发时间，宽敞的百里西路车流量很少，驾驶员竟先撞上隔离带，再追尾前车，很有酒驾嫌疑。于是，保险公司向警方报警。

市公安局经侦支队六大队迅速展开调查。经侦查，确认是陈某某酒后驾车，叫人顶包，骗取保费。不仅王某入罪，顶包的胡某也因伙同诈骗入狱。而车主陈某因为是保险人，8.7 万元保费也是打入他的账户，因此难逃法网。

案例解读：

保险诈骗罪是指以非法获取保险金为目的，违反保险法规，采用虚构保险标的、保险事故或者制造保险事故等方法，向保险公司骗取保险金，数额较大的行为。

近年来，随着经济的发展，家用车辆的数量逐年增加，而车辆保险诈骗案件也时有发生。保险公司要进一步加强对事故中理赔主体身份、维修票据等的审核。同时，广大车主切勿贪图小利，共同骗取保险理赔金的行为也属违法，一旦构成犯罪，将被依法追究刑事责任。

2. 古树遭车碰受损保险赔“营养费”①

案情回顾：

2020 年 6 月 13 日，市民陈某驾驶一辆小型汽车，因操作不当，碰撞一株百年古树，致古树保护栏受损、树皮破裂。该古树系挂牌二级保护古树木，树龄有 120 年。经公安交警事故认定，驾驶员陈某某负事故全部责任。

作为古树的管理单位，所在城市绿化管理大队委托本地一家资产评估事务所对受损古树修护费用进行了评估。有关部门经现场实地勘查，提出对受损古树提出修护处理意见：将原有撞损保护设施拆除重修，古树表皮技术处理，并采取挂营养液等防护措施，加强养护三年。就赔偿事宜，各方未能达成一致意见，因此诉讼到法院，请求法院依法确认损失。

××财产保险股份有限公司对车辆行驶中碰撞古树导致财产损失，由保险公司按照保险合同理赔没有异议，但对评估机构的资质、评估过程以及赔偿金额提出质疑，认为作为古树的无形资产损失部分不应赔偿。主审法官经向省、市多家相关资产评估、鉴定机构问询了解，当地尚无对古树名木的价值评估、鉴定机构，查阅的类似赔偿案例也鲜见，而省外具有对古树名木作出评估鉴定机构的鉴定费用却又高昂，此古树树体本身损失并不十分严重，遂力举调解结案。该案最终在参照修复和评估意见的基础上达成了调解协议，由××财产保险公司赔偿 22 000 元给绿化大队用于古木护栏修复和营养管护，驾驶员承担案件诉讼费用。

① 资料来源：××财产保险股份有限公司，2020.10.29（资料有删改）。

3. **林木保险理赔案例**①

××保险某分公司承保甲公司森林综合保险，因"利奇马"台风带来的降水造成积水十余天，抑制移植苗木和抗涝性差苗木根系呼吸，部分林木出险死亡现象。经查勘确认，实际成灾 3 777.35 亩，承保比例 97.08%，赔款 1 100.11 万元。具体情况如下：

①承保情况

2018 年 11 月 8 日，××保险公司承保甲公司森林综合保险，承保经济林 48 868.99 亩，单位保险金额 3 000 元/亩，保险期间 2018 年 11 月 9 日至 2019 年 11 月 8 日。主要保险责任：在保险期间内，由于台风、暴雨直接造成保险林木的损失，保险人按照保险合同的责任条款进行赔偿。

②报损情况

2019 年 8 月 10 日受"利奇马"台风影响，甲公司种植的商品林大面积遭遇涝灾，致使种植商品林大面积受损。接到报案后，保险公司派出查勘人员作初步查勘，林区内出现大面积积水，但由于降雨量过大，河水倒灌，造成积水无法排出，大量苗木浸泡水中，部分地块积水时间长达 12 天，导致苗木缺氧，出现叶子干枯掉落，植株大量死亡的灾情。2019 年 9 月 14 日，甲公司经过统计核实，其共有 22 个培育区均向我公司报告林木受损，受灾面积 36 429.4 亩，报损 521 个地块，死亡树(苗)木 81.85 万棵。

③责任认定情况

经过现场查勘摸底，大量树种干枯死亡，共涉及白蜡、国槐等 156 个树种。主要原因一是耐水力较强的林木，如白蜡、国槐、丝棉木等，因区域积水深度过大，时间过长，导致根部缺氧，呼吸困难，从而影响树木生长，造成树木死亡；二是部分树种耐淹能力较弱，如北栾、楸树、木槿等，水仅淹浸地表或根系大部时，即导致枯萎无法生长，造成植株死亡。

根据××县气象局出具的 2019082601 号文件，2019 年 8 月 10—14 日累计降水 382.5 mm，超过 24 小时 50 mm 降水量，构成条款约定的暴雨责任。

④查勘定损情况

利奇马台风过后，林木过水时间较长且受损面积较大，导致保险公司无法第一时间进入现场，本案查勘时点较出险时点已经过去 1 月有余。为快速掌握受损情况开展有效查勘，保险公司以被保险人提供的分培育区到地块报损清单为依据，对受损区域开展随机抽取地块，对角线选择样本点，现场清点样本点死亡苗木占比的

① 资料来源：××财产保险股份有限公司。

方式，通过测定样本地块种植面积、种植密度、死亡株数占比，考虑样本地块面积占抽样样本的整体种植面积权重后，加权平均计算各个培育区的受灾面积。

现场查勘共抽取 227 个样本地块，抽样地块涉及受灾面积 1.41 万亩，占总报损面积 31.32%(3.64 万亩)。根据每个培育区样本的加权平均损失率，逐一确定每个培育区内的成灾面积，最终核定被保险人商品林 22 个培育区的损失面积为 3 777.35 亩。

经核对被保险人提供的 37 份确权文件和 37 份流转合同，实际流转面积与投保时提供的种植面积存在差异，22 个培育区原投保资料显示种植面积为 48 868.99 亩，实际流转面积 50 339.24 亩。因流转合同与投保地块无法一一对应，材料也无法区分承保地块与非承保地块范围，故按照整体数据确定投保比例，投保比例为 97.08%。

⑤赔付情况

根据××公司提供的土地流转合同，流转土地面积为 5.03 万亩，投保面积 4.89 万亩，投保比例为 97.08%，赔款为 1 100.11 万元。

赔款＝$\sum$(每个培育区报损面积×加权平均损失率)×保险金额×投保比例

＝3 777.35×3 000×97.08%

＝1 100.11 万元

保险知识小视频

车辆保险典型失信案例

第八章　责任保险

中国的责任保险最早开始于20世纪50年代的初期，当下中国责任保险市场是改革开放之后逐步发展起来的，责任保险产生的基础不仅在于民事责任风险的客观存在，而且在于人类社会的进步所带来的法律制度的不断完善。特别是近年来，随着我国法律制度建设的不断完善，各类经济赔偿案件屡见不鲜，责任保险在经济发展中的作用越来越被政府机关及全社会各类经济主体所认可。从内容上来看，责任保险主要包括公众责任保险、产品责任保险、雇主责任保险和职业责任保险等类型，它们有着不同的承保方式和赔偿方式。

◈ 学习要点

1. 掌握责任保险的含义与特点。
2. 掌握公众责任险的分类。
3. 理解产品责任险的特点，影响产品责任保险费率厘定的因素。
4. 理解雇主责任险的含义及特点。
5. 了解职业责任险的含义。

第一节　责任保险概述

一、责任保险的概念

责任保险是在被保险人依法应负损害赔偿责任时，由保险人承担其赔偿责任的保险。这种保险以被保险人依法应承担的责任为保险标的，以第三者请求被保险人赔偿为保险事故，其保险金额即被保险人向第三者所赔偿损失的价值。企业、团体、家庭和个人在各种生产活动或日常生活中，由于疏忽、过失等行为对他人造成人身伤亡或财产损害，依法应承担的经济赔偿责任，可以通过投保有关责任保险转移给保险人。我国《保险法》第六十五条规定，责任保险是指以被保险人对第三者依法应负的赔偿责任为保险标的保险。

由死亡、伤残、火灾、洪灾等原因引起的损失都是一种自然风险，换句话说，这样的损失是由自然的或物理方面的原因所引致的。而责任风险则是完全不同的另一类风险，它纯粹属于一种法律的创造。正是由于人们在现代经济社会中的活动都是在一定的法律范围之内进行的，所以才可能出现因违反法律而造成他人的损伤或他物的损害，并由此产生经济上赔偿责任的问题。例如，如果没有环境污染防治法，造成污染的人就不会对受害者承担赔偿责任；没有食品卫生法，损害消费者权益的单位和个人也不会有所谓的法律责任。只有存在着对某种行为以法律形式确认为应负经济上的赔偿责任时，有关单位和个人才会出现通过保险来转嫁这种风险的需求，责任保险的必要性和重要性才会为人们所认识和接受。

二、责任保险的特点

责任保险属于广义财产保险的范畴，经营中遵循财产保险的一般理论和原则。但是责任保险的保险标的是被保险人的侵权赔偿责任和合同责任，不是有形的物质财产，因此仍然存在一些区别于物质损失财产保险业务的特点。

(一)民事法律制度的发展与完善是责任保险产生和发展的基础

只有民事法律制度，尤其是侵权法律制度不断发展和完善，人们在日常的生产经营活动和生活活动中违反相关民事法律制度的规定，需要承担民事损害赔偿责任主体就可能有投保责任保险的需求，他们希望通过投保该类保险特别是侵权赔偿责任行为险，来转嫁自己面临的责任风险。因此，民事法律制度的发展与完善是责任保险产生与发展的基础。

(二)责任保险的补偿对象具有二重性

物质财产损失保险的补偿对象通常就是被保险人本人，一般不涉及第三者。责任保险对被保险人因侵权或者违约需要承担的对受害人的经济赔偿责任而遭受的损失给予补偿。因此，尽管其直接补偿对象是被保险人，但是这些保险金最终都会落入受害人的手中。也就是说，责任保险的直接补偿对象是被保险人，间接补偿对象是受害人。

(三)责任保险只有赔偿限额而无保险金额

物质财产损失保险合同中，保险人承担的最高赔偿限度是保险金额，其一般根据投保时保险标的实际价值来确定。责任保险承保的是被保险人依照法律规定或者合同约定应对第三者承担的经济赔偿责任和由此引发的法律费用，而被保险人应该承担的赔偿金额和法律费用事先都不能确定，这就会造成保险人承担保险赔偿责任的高度不确定性，使保险人面临巨大的经营风险。因此，为了有效控制这种经营风险，稳定保险经营，多数情况下保险人会在责任保险合同中约定一系列赔偿限额（也称责任限额）作为其承担赔偿责任的最高限度。当然，并不是所有责任保险必须在合同中约定赔偿限额。如英国的保险公司很多时候在责任保险合同中不约定任何赔偿限额，而是按被保险人的实际损失来承担赔偿责任。

（四）责任保险的承保基础比较特殊

物质财产损失保险一般采用事故发生制保单承保，即保险人对任何发生在保险期限内属于保险责任范围内的事故负责赔偿，而不论事故被发现和索赔提出是在什么时候，只要索赔在法律上是有效的就可以。但是责任保险中有相当一部分业务经常采用索赔发生制保单承保，即保险人对发生在保单追溯期（如果有）内和保单有效期内，且在保险有效期内和延长报告期（如果有）内向保险人报告其发生并向保险人提出索赔的事故负责赔偿。

追溯期是保险人向被保险人提供的从保险期限开始时间向前追溯到一定日期的前溯期间；延长报告期也称扩展报告期，是保险人为不再打算续保的被保险人提供的用来报告发生在追溯期开始之后且在保险期限结束之前的保险事故的额外期间。对于在保险期限或者延长报告期内报告且发生在追溯期或者保险期限内的保险事故，保险人通常都负责赔偿。对于那些具有较长潜伏期的责任风险（例如医疗责任风险、环境责任风险等）而言，采用期内索赔制保单承保对保险人和被保险人双方都是有利的。

（五）责任保险的费率有不断上涨的内在要求

尽管责任保险和物质财产损失保险都属于财产保险，在理论上保险费率决定于保额损失率，但是物质财产损失保险的费率，主要受自然灾害和意外事故的发生概率影响，而责任保险的费率主要受被保险人的赔偿责任大小影响。由于两个方面的原因，责任保险被保险人的赔偿责任不断上升必然导致责任保险费率有上涨的内在要求。第一，从世界范围来看，侵权责任法在立法和司法两个方面都越来越倾向于保护受害人，被保险人需要承担赔偿责任的概率和赔偿责任大小都呈现上升趋势。第二，很多责任保险的保险责任都涉及人身伤亡的赔偿责任，而人身伤亡的赔偿责任通常和社会人均收入水平紧密挂钩，在经济发展速度较快的国家和地区（例如我国），必然会导致被保险人赔偿责任的快速上涨。即使是财产赔偿责任也会由于存在较高的通货膨胀而导致赔偿责任呈现上涨趋势。这也就是说，责任保险不能简单地根据过去的保额损失率来确定现在和未来的费率，否则，在经济快速增长的国家和地区很容易使责任保险经营陷入“亏损→提高费率→再亏损→……”的循环之中。

(六)责任保险赔偿处理的方式比较特殊

通常情况下,责任保险的赔偿处理同物质财产损失保险相比要复杂得多。第一,由于责任保险赔偿的是被保险人因承担对第三者的损害赔偿责任而遭受的经济损失,因此赔偿处理的时候一般涉及第三方,而物质财产损失保险的赔偿处理一般不涉及第三方。第二,责任保险的赔偿责任产生后,被保险人承担的赔偿金额通常是由法院或仲裁机构根据致害人责任的大小及受害人的财产或人身的实际损害程度来裁定,并受到赔偿限额和免赔额的限制和调整。第三,责任保险和其他补偿性保险产生竞合时赔偿处理比较复杂,对于如何处理,世界各国的相关法律法规都没有给出明确规定,一般需要根据实际情况决定具体处理方法。第四,责任保险理赔过程中针对某事故受害人的所有索赔都应在受害人第一次提出索赔时对应的保险单项下进行赔偿。

三、责任保险与财产保险的关系

(一)从保险标的来看

责任保险的标的是被保险人对第三者依法应承担的损害赔偿责任,因为它不是实体财产,故没有保险价值可言。因此,责任保险的保险金额是由当事人依照需要来约定,没有超额保险之说。

(二)从保险事故来看

责任保险的保险事故,一方面需要被保险人对于第三者依法应负赔偿责任;另一方面又需要被保险人接受赔偿的请求,两者缺一不可。因此,责任保险虽以被保险人对于第三者的损害赔偿责任为标的,但如果该项赔偿责任虽已发生,第三者却并没有向被保险人提出赔偿请求,则被保险人仍无损失可言,保险人也不必对此负赔偿责任。换句话说,只有在被保险人受到第三者的赔偿请求时,保险人才对被保险人负有赔偿责任。

(三)从保险目的来看

在狭义的财产保险中,保险人所补偿的是被保险人自己的经济损失,即赔偿前提只是被保险人的保险财产遭受损失,赔款也直接支付给被保险人,并归被保险人所有;责任保险的目的主要在于补偿被保险人于法律上对第三者履行损害赔偿责任的损失,而不是补偿由保险事故所导致的被保险人自己的财物所遭受的损失。因此,在责任保险中,保险人直接保障的是被保险人的利益,间接保障的是第三者的利益。

四、责任保险与民事损害赔偿的关系

责任保险所承保的对象主要是致害人依法应负的对受害人的民事赔偿责任，即法律责任。所谓责任，是指由于当事人某种侵权或违约行为的发生而需依法承担的一定的义务。这种义务的特点在于，它的产生必须以一定的义务存在而又被背弃为前提。它是由某种义务派生出来的新义务，一般可分为刑事责任、民事责任和行政责任。而责任保险所承保的法律责任则主要是民事责任，民事责任主要包括过失责任和绝对责任两种。

(一)过失责任

过失责任是指被保险人因任何疏忽或过失而违反法律规定的应尽义务，或违背社会公共生活准则而致他人人身伤亡或财产损毁时，对受害人应承担的赔偿责任。过失责任可因“作为”而导致，也可因“不作为”而导致。换句话说，做了一件不应当做的事情，或者没有做一件应当做的事情，由此造成他人人身伤亡或财产损毁。例如，吃完西瓜以后将西瓜皮随地乱扔，导致路人摔伤并损坏其刚从商店购买的一台电视机，这是“作为”；再比如，在骑自行车时，不作任何示意而突然转弯，由此撞倒正常行走的路人，这是“不作为”。无论是“作为”还是“不作为”，两者均应对所构成的过失负法律赔偿责任。过失的直接后果往往是使无辜的他人受到损害，在这种情况下，受损害的一方有权向致害方提出损害赔偿的要求，这种要求也应当为法律所保障。因此，过失责任是责任保险所承保的主要责任风险。

(二)绝对责任

绝对责任是指不论行为人有无过失，根据法律规定均应对他人受到的损害负赔偿的责任。在这里，损害后果或事实是确定民事责任的决定性因素。换句话说，在一起民事损害事故中，只要不是受害人自己故意所致，其人身损伤或财产损害就必须由行为人承担赔偿责任，而不问行为人是否存在过失。例如，许多国家的法律规定，雇员在工作时受到意外伤害，不论雇主有无过失，均应承担赔偿责任；有些国家的法律规定，消费者因使用某种产品造成伤害，即使未能证明产品的生产者有过失，后者也要对这种伤害负绝对责任；宠物的拥有者对其所拥有的宠物对他人所造成的伤害负有绝对责任等等。法学上的这一原则实际上是为了使公众得到更充分的完全保障，它显然与一般的民事损害赔偿原则(以过失为条件)有本质的区别。

总之，责任保险一方面剔除了故意行为所致的民事损害赔偿责任，将故意行为列为除外责任，因而缩小了致害人转嫁民事损害赔偿责任的范围；另一方面，它又可以扩展无过失责任的承保，超越了民法中一般民事损害赔偿责任的范围。因此，责任保险的承保对象不能等同于一般民事损害赔偿责任。

五、责任保险赔偿构成要件

由于责任保险的诸多特点,所以责任保险赔偿相对比较复杂,责任保险赔偿构成要件是指导该险种正确、科学理赔的依据。

(一)被保险人发生属于责任保险范围内的保险事故

这是保险人履行赔偿义务的基础条件。如果被保险人发生的事故不在责任保险范围内,是除外原因和除外费用,即使被保险人因主观过错或者根据法律规定无过错行为而产生法律上的民事损害赔偿责任,保险人也不承担赔偿责任。

(二)被保险人对受害者依法应负担损害赔偿责任

这是保险人履行赔偿义务的前提条件。保险人承担的损害赔偿责任产生的原因有两个方面:一是被保险人主观上有过错,即由于被保险人主观过错导致受害者遭受物质上和精神上的损害;二是被保险人根据法律规定的无过错行为产生的损害赔偿责任。保险人对除此之外原因产生的损害赔偿责任都不予负责。

(三)受害者向致害者(被保险人)提出损害赔偿请求

这是保险人履行赔偿义务的必要条件。由于责任保险的标的是一种无形的民事损害赔偿责任,即被保险人对受害者的损害赔偿责任。如果受害者基于多方面的原因,并没有向致害者提出赔偿请求,根据财产保险补偿原则,被保险人无损失,保险人无须承担赔偿责任,以防被保险人产生不当得利。由此可见,缺少这一要件,保险人就可以不承担赔偿责任。

(四)保险人在责任保险赔偿限额内对被保险人损失予以补偿

这是保险人履行赔偿义务的限制条件。由于责任保险的标的是被保险人在法律上的损害赔偿责任,而不是具体的财产,所以责任保险合同只规定保险人的赔偿限额,对赔偿限额外的损失不予补偿。当然,也不是无论损失多少,一律按赔偿限额予以赔偿。由此可见,被保险人选择赔偿限额的档次直接决定着其能否得到足额补偿。

(五)保险人直接向受害者支付赔偿金应符合法律规定

这是保险人直接向受害者履行赔偿义务的法律条件。我国《保险法》第六十五条规定:“保险人对责任保险的被保险人给第三者造成的损害,可以依照法律的规定或合同的约定,直接向该第三者赔偿保险金。”本条所指的合同,不仅指保险合同,还包括被保险人与受害的第三者达成的协议。如果保险人同意双方协议约定的赔偿金额，而且赔偿金额在赔偿限额之内的，就可以按协议支付赔偿金；如果双方协议约定的赔偿金额大于保险人赔偿限额的，保险人只需按赔偿限额支付保险赔偿金，其余部分由被保险人自己负责赔偿。因此，在法律有规定或者合同有约定的情况下，保险人才能直接向受害者赔偿保险金，否则保险人没有直接向受害者赔偿保险金的义务。

第二节　公众责任保险

公众责任保险又称普通责任保险，主要承保被保险人在各个固定场所或地点、运输途中进行生产、经营或其他活动时，因发生意外事故而造成的他人人身伤亡或财产损失，依法应由被保险人承担的经济赔偿责任。投保人可就工厂、办公楼、旅馆、住宅、商店、医院、学校、影剧院、展览馆等各种公众活动的场所投保公众责任保险。不同场所的责任保险，可以有不同的内容和条件。保险人在公众责任保险中主要承担两部分责任：一是在被保险人造成他人人身伤害或财产损失时，依法应承担的经济赔偿责任；二是在责任事故发生后，如果引起法律诉讼，由被保险人承担的相关诉讼费支付责任。但保险人的最高赔偿责任不超过保单上所规定的每次事故的赔偿限额或累计赔偿的限额。

公众责任保险适用的范围非常广泛，其业务复杂、险种众多。它主要包括综合公众责任保险、场所责任保险、承包人责任保险、承运人责任保险和个人责任保险等。

一、综合公共责任保险

综合公共责任保险是一种综合性的责任保险，它承保被保险人因非故意行为或活动所造成的他人人身伤亡或财产损失，依法所应承担的经济赔偿责任。保险人承担的综合责任有以下几种：

(1)合同责任。该责任指因合同规定而使合同一方承担某些情况下所引起的经济赔偿责任。

(2)产品责任。该责任指被保险人放弃其制造、贩卖、处理或分配的货物的所有权后，在被保险人处所以外的地方发生意外事故而产生的经济赔偿责任。

(3)业主及工程承包人的预防责任。该责任指工程进行期间或完工之后由于工程的疏忽或缺陷而发生的意外事故而导致的经济赔偿责任。

(4)完工责任。该责任指一项工程在完工或放弃之后，在被保险人处所之外所发生的意外事故所导致的经济赔偿责任。

(5)个人伤害责任。该责任承保被保险人由于某些特定理由而造成他人肉体伤害以外的损失而导致的经济赔偿责任。它包括错误的拘禁、扣留，恶意诽谤、中伤，或非法闯入、逐出，或侵犯隐私等行为需要经济方式予以补偿的。

二、场所责任保险

场所责任保险是公众责任保险中业务量最大的一个险别，它是公众责任保险的主要业务来源。根据场所的不同，它又可以进一步分为旅馆责任保险、电梯责任保险、车库责任保险、展览会责任保险、娱乐场合责任保险（如公园、动物园、影剧院、溜冰场、游乐场、青少年宫、俱乐部等）、商店责任保险、办公楼责任保险、学校责任保险、工厂责任保险、机场责任保险等若干具体险种。场所责任保险的承保方式通常是在普通公众责任保险保单的基础上，加列场所责任保险条款，但也可以设计专门的场所责任保险单予以承保。

三、承包人责任保险

承包人责任保险承保的是各种建筑工程、安装工程、装卸作业和各类加工的承包人，在进行承包合同项下的工程或其他作业时所造成的损害赔偿责任。承包人是指承包各种建筑工程、安装工程、装卸作业以及承揽加工、定做、修缮、修理、印刷、设计、测绘、测试、广告等业务的法人或自然人。承包人责任的特点在于，责任产生于承包人从事受托工作的过程中，虽然行为人是承包人，但与之相联系的却是发包人或委托人的工程项目或加工作业等活动。因此，承包人有转嫁损害赔偿责任风险的必要。

四、承运人责任保险

承运人责任保险承保的是承运人根据运输合同、规章或提货单等与发货人或乘客建立承运、客运关系，在承担客运、货运的运输任务过程中，对旅客、乘客或托运人所发生的责任事故，依法负有损害赔偿责任。由于运输工具种类繁多，运输对象分为客、货两大类，运输方式又有直接运输和联合运输之分。因此，承运人责任保险也只能根据不同的运输方式和运输对象来进行设计。较常见的承运人责任保险有旅客责任保险、承运货物责任保险、运送人员意外责任保险等。

五、个人责任保险

个人责任保险主要承保私人住宅及个人在日常生活中所造成的损害赔偿责任。任何个人或家庭都可以将自己或自己的所有物（动物或静物）可能造成损害他人利益的责任风险通过投保个人责任险而转移给保险人。主要的个人责任保险有住宅责任保险、综合个人保险和个人职业保险等。

第三节　产品责任保险

产品责任保险是指承保产品制造者、销售者因产品缺陷而致他人人身伤害或财产损失而依法应由其承担的经济赔偿责任的责任保险。

早期的产品责任保险主要承保一些直接与人体健康有关的产品，如食品、饮料、药品和化妆品等。后来，随着商品经济的发展和科技在社会生活中的广泛应用，保险人承保的范围也日益扩大。从各种日用、轻纺、机械、石油、化工、电子工业产品，到大型飞机、船舶、成套设备、钻井船、核电站、卫星等，均可投保产品责任保险。

一、产品责任保险的主要特点

(一)产品责任保险强调以产品责任法为基础

一般来说，受害者(用户、消费者或其他人)与致害者(生产者、销售者或修理者)既没有合同关系，也不一定有直接联系。如果没有一定的法律规定，受害者的索赔将没有依据，产品责任也不易划分，因此产品责任法是产品责任保险的运作基础。

(二)产品责任保险的发展同产品有着内在联系

虽然存在产品责任保险不承担产品本身的损失，但它与产品有着内在的联系，即产品质量越好，产品责任的风险就越小，反之亦然；产品种类越多，产品种类的风险就越复杂，反之亦然；产品销售量越大，产品责任的风险就越广泛，反之亦然。

(三)与其他种类的责任保险相比，产品责任保险的承保区域范围十分广泛

公众责任保险一般承保被保险人在固定场所之内的责任风险；职业责任保险承保的风险责任通常规定必须发生在职业场所内，雇主责任保险的区域范围大多规定在雇主的工作场所内。然而，产品责任保险的范围可以规定为全国或出口国，乃至全世界各个地方。

二、产品责任保险的责任范围

产品责任保险包括保险责任和除外责任两大项，同时还需要规定赔偿限额和保险期限。

(一)产品责任保险的保险责任

产品责任保险的保险责任可分为被保险人承担的损害赔偿责任、被保人承担的其他合理责任两项。

1. 被保险人承担的损害赔偿责任

在保险期限内,被保险人生产、销售、分配或修理的产品发生意外或偶然事故,由此造成使用、消费或操作该产品的人或其他任何人的人身伤害、疾病、死亡或财产损失,依法应由被保险人承担的损害赔偿责任,保险人在保单规定的赔偿限额内予以赔偿。承保这项责任的条件是,该产品责任事故须发生在制造、销售场所范围之外的地点。

2. 被保险人承担的其他合理责任

产品责任事故发生后,是否由被保险人承担经济赔偿责任以及赔偿数额的高低,原则上应通过法院来裁定,由此而产生的诉讼费用(抗辩费用、律师费用、取证费用)等,保险人应予负责。但是如果因法律费用很高,保险人为了避免或减少这项支出,对一些索赔金额不大、责任比较明确的案件,通常与受害人协商解决或通融赔付。此外,有些产品制造者、销售者和修理者为了避免在法院诉讼影响其对外声誉,也愿意和受害人私下协商解决索赔问题,在不损害保险人利益并取得保险人同意的情况下,保险人亦可承担有关费用的补偿责任。因此,被保险人为产品责任事故所支付的法律费用及其他经保险人事先同意支付的合理费用,保险人也负责赔偿。

(二)除外责任

保险人对下列原因导致的产品责任一般不予承保:

第一,根据合同或协议应由被保险人承担的其他确定的责任。产品责任保险承担的是被保险人的法律赔偿责任,因此对被保险人按合同或协议规定应承担的确定责任,保险人不负责赔偿。

第二,根据劳工法或雇主责任法应由被保险人承担的对其雇员的损害赔偿责任。这一责任应由劳工保险或雇主责任险承保。

第三,对由被保险人所有、照管或控制的财产的损失,保险人不予承保这种损失应通过有形财产保险获得保障。

第四,对产品仍在制造或销售场所,其所有权尚未转移至用户或消费者手中时的责任事故,除外不保。这种责任属于公众责任保险的承保范围。

第五,对由被保险人故意违法生产、出售或分配的产品,如生产假冒产品、出售变质食品等,所造成的人身伤亡或财产损失,除外不保。

第六，对被保险产品本身的损失，及被保险人因收回有缺陷产品造成的费用及损失不保。

第七，对被保险人事先所能意料的产品责任事故所造成的损害赔偿责任，保险人不予负责。

第八，对消费者或使用者不按照被保险产品的说明去安装、使用，或在非正常状态下使用时造成的损害事故，保险人不予负责。

（三）赔偿限额和保险期限

赔偿限额和保险期限的约定，均是为了明确和限制保险人所承担的产品责任风险范围。一般来说，被保险人因产品责任事故对受害人应赔偿的金额大小，由法院判决或双方协商确定。但保险人不可能承担无限责任，它只能在赔付限额内赔付，超过保单赔偿限额的部分就只能由被保险人自己承担。

产品责任保险的保险期限通常都是一年，但强调按时续保，以保持其连续性。对于使用年限较长的产品，也可投保三年、五年期的产品责任保险。

三、影响产品责任保险费率厘定的因素

一般来说，影响产品责任保险费率的因素有以下几个：

（一）产品的特点和可能对人体或财产造成损害的风险大小

危险程度越高，费率也就相应越高。例如，药品对人体造成损害的风险要高于服装，波及面也很广，其使用必须非常谨慎，因此费率应当比服装要高。

（二）产品数量和产品价格

对于同类产品的投保数量大、价格高、销售额也高、保险费收入绝对额较大，因此费率可相对降低，反之亦然。

（三）承保的地区范围

即承保产品的销售地区范围的大小。一方面，承保的地区范围大，风险也大，产品责任保险费率亦高，如世界范围或出口销售的产品就比国内销售的产品责任风险要大；另一方面，承保销往产品责任严格的国家和地区，比产品责任不严格的国家或地区风险要大，因为前者的索赔金额高，且大多实行绝对责任制原则，故费率也较高。

（四）产品制造者的技术水平和质量管理情况

产品制造者的技术水平高，质量管理好，产品检测严，其产品的合格率就高，因此其费率也应当低一些。事实上，优质产品本身就是避免或减少产品责任事故风险的关键。

(五)赔偿限额的高低

在产品的其他条件相同的情况下,赔偿限额越高,费率越高,因为高限额意味着承担着高风险。但是,费率与限额之间并非成比例增长。

专栏 8-1　产品责任保险典型案例①

案情回顾:

生产升降机设备的A公司向保险公司投保产品责任险。在此期间,某粮库工作人员B在使用A公司出产的升降机维修粮库时,由于升降机侧翻,不幸从8米多高处摔下,致使颅骨骨折、脑部损伤,花费治疗费用10万余元。A公司据此向保险公司索赔,保险公司接到报案后即派人对现场进行了查勘,发现升降机的底部安全止推没有展开,并且事故现场地面有25度的坡度,属于明显的操作不当,应予拒赔。B向A公司索赔,A公司认为在保险公司同意赔偿之前,自己不会赔偿。因此,B向法院直接起诉保险公司,要求赔偿10万元。

原告代理人称,依据《保险法》第五十条之规定,保险公司可以直接向第三者支付保险赔偿金。因此,既然法律规定保险人有直接向第三者赔偿保险金的义务,那么,原告就有权起诉保险公司并享有向保险公司请求直接赔偿的权利。

保险公司则认为,原告混淆了两种不同的法律关系,即损害赔偿关系和保险赔偿关系。原告和A公司之间属民事侵权法律关系,而A公司与保险公司之间则是保险合同法律关系。保险公司既非侵权责任人,原告也非合同当事人,保险公司与原告之间无任何法律关系。因此,将保险公司列为被告没有任何法律依据。

此外,《保险法》第五十条只是规定了保险人可以直接向第三人赔偿,而非规定第三人有权直接向保险人索赔,只有在法律规定或者合同约定的前提下,第三者才可以对保险人直接提出索赔。本案原告与A公司之间的《产品责任险保险条款》中没有约定第三人可以向保险人直接索赔。同时,保险公司也提出本起事故是原告操作不当引起的,不属于产品责任问题,保险公司不应承担赔偿责任。

一审法院审理后认为,根据保险法第五十条之规定,原告有权向保险公司索赔,保险公司主张事故属于原告违规操作所致证据不足,不予采信。

案例点评:

从中国《保险法》第五十条的立法本意来看,该条虽然承认第三者可以依法请求保险人给付保险金,但并未明确第三者对保险人的直接请求权。由于本案《产品

① 资料来源:慧择网编辑部．责任保险案例详解．慧择网,2017-8-27. https://xuexi.huize.com/study/detal-166178.html.

责任险保险条款》没有约定第三者有权直接向保险人索赔,第三者依法不享有直接请求权。

但从另一方面讲,虽然责任保险第三者不受合同的直接保障,可是间接上享受合同约定的利益。责任保险虽以被保险人的赔偿责任为前提,但保险人仅以责任的终结裁判而不一定要求被保险人实际已经支付了第三者经济赔偿金为前提。从保护第三者的利益出发,如果第三者能得到责任保险的直接索赔权,那么就可以避免被保险人逃避或延期对第三者赔偿的风险。第三者在获得保险赔偿后可就不足部分再向被保险人索偿。

第四节　雇主责任保险

雇主责任保险所承保的是被保险人(雇主)的雇员在受雇期间从事工作时,因遭意外而导致伤、残、死亡,或患有与职业有关的职业性疾病而依法或根据雇佣合同应由被保险人承担的经济赔偿责任。雇主所承担的这种责任包括过失行为乃至无过失行为所致的雇员人身伤害赔偿责任。保险人为了控制风险,并保障保险的目标与社会公共道德准则相一致,均将被保险人的故意行为列为除外责任。

一、雇主责任保险与人身意外伤害保险的区别

雇主责任保险与人身意外伤害保险承保的虽然都是自然人的身体和生命,但两者有着本质的不同。

(一)性质不同

雇主责任保险所承担的是雇主的民事损害赔偿责任或法律赔偿责任,它是一种无形的利益标的,属于责任保险范畴;而人身意外伤害保险承保的是被保险人自己的身体和生命,是一种有形的实体标的,它属于人身保险的范畴。

(二)保险责任不同

雇主责任保险仅负责赔偿雇员在工作时及工作场所内所遭受的意外伤害;人身意外伤害保险则对被保险人不论是否在工作期间及工作场所内所遭受的伤害均予负责。

(三)责任范围不同

雇主责任保险可负责雇员因职业性疾病而引起的伤残或死亡及医疗费用;人身意外伤害保险不负此项责任。

(四)承保条件不同

雇主责任保险需要以民法和雇主责任法,或雇主与雇员之间的雇佣合同作为承保条件;在人身意外伤害保险中,只要是自然人均可向保险人投保。

(五)保障效果不同

雇主责任保险的被保险人是雇主,但在客观上却是直接保障雇员(第三者)的权益,保险人与被保险人的雇员之间并不存在保险关系;人身意外伤害保险的保险对象是被保险人,直接保障的也是被保险人,保险人与被保险人之间是直接的保险合同关系。

(六)计费与赔偿的依据不同

雇主责任保险的保险费与赔款均以被保险人的雇员的若干个月工资收入作为计算基础;人身意外伤害保险则是按照保险双方约定的保险金额(最高赔偿标准)来计算保险费和赔款的。

二、雇主责任保险的保费与赔偿限额的计算

(一)保费的计算

雇主责任保险一般采用预收保费制。保费是按不同工种雇员的适用费率乘以该类雇员年度工资总额计算出来的,原则上规定在签发保单时一次缴清。雇主责任保险的费率一般按不同行业和不同工种的雇员分别计算。有的同一行业基本上适用同一个费率,有些工作性质比较复杂、工种较多的行业,则还需规定每一个工种的适用费率。厘定雇主责任保险费率的另一个依据是赔偿限额,即参考保险人代雇主承担其对雇员伤残、死亡责任的多少个月工资额的赔偿责任。在同一工种条件下,限额越高,费率越高,但不一定成比例增长。

雇主责任保险保费的计算公式为:

应收保费＝A工种应收保费＋B工种应收保费＋…

其中,各工种应收保费＝各工种年工资总额×费率

各工种年工资总额＝该工种人数×月平均工资收入×12

如用符号表示,则有:

$$\sum x_i f_i = x_1 f_1 + x_2 f_2 + \cdots + x_n f_n$$

在上式中,$\sum x_i f_i$ 代表各工种应收保费之和,x 代表年工资总额,f 代表该工

种适用费率,i 代表工种。

如果有附加责任,还应另行计算,一并相加,形成该笔保险业务的全额保费收入。

(二)赔偿限额

赔偿限额是雇主责任保险人承担赔偿责任的最高限额。它以雇员工资收入为依据,由保险双方当事人在签订保险合同时确定并载入保险合同。雇主责任保险赔偿限额的特点在于:保单上仅规定以若干个月的工资收入为限,具体的赔付金额还需通过计算每个雇员的月平均工资收入及伤害程度才能获得。赔偿限额的计算公式为:赔偿限额=雇员月均工资收入×规定月数

确定赔偿限额时,需要考虑以下因素:

第一,每个雇员的工种及月工资数。

第二,死亡赔偿限额应为每一雇员若干个月的工资额的总和。具体以多少个月工资额为宜,保险人可规定若干个档次由被保险人做出选择;也可以根据有关法律、法规,或由保险双方来协商确定。一般而言,死亡赔偿限额应低于永久性伤残的赔偿限额。

第三,伤残赔偿限额。确定方式与死亡赔偿限额相同,但要考虑其养老伤残抚养的生活保障,其最高限额应超过死亡赔偿限额。

(三)重复保险分摊

若雇主责任保险构成重复保险,即同一雇主向两家或两家以上的保险人投保雇员的雇主责任保险时,各保险人一般仅承担比例责任。在不超过赔偿限额的条件下按自己承保金额占全体保险人总承保金额的比例计算赔偿金额。如果重复保险的索赔仅涉及一个雇员,就以该雇员的赔偿限额作为保险人承担责任的赔偿限额参与分摊;如果涉及若干人,就以该若干人的赔偿限额之和作为保险人承担责任的赔偿限额参与分摊。重复保险比例分摊的计算公式为:

$$\text{应付赔偿金额}=\frac{\text{本保单项下相应的赔偿限额}}{\text{全部保单项下赔偿限额之和}}\times\text{索赔金额}$$

专栏 8-2　雇主责任保险典型案例[①]

一、承保情况

被保险人系××重工机械有限公司员工,保险期间为 2020 年 9 月 10 日至 2021

① 资料来源:××财产保险股份有限公司.2020.12.29(有删改).

年 9 月 9 日，年交保费 58 580.00 元，每人伤亡责任限额 60 万元，医疗费 8 万元/人，免赔额为 100 元。

二、责任损失认定

本案基本情况是：2021 年 5 月 15 日上午，李××在车间工作时被叉车挤在柱子上，当场死亡。接报案后首先确认死者身份是否是被保险人的员工，是否是在工作场所内从事本职工作，是否属于工作期间出险。死者的保险情况，单位为员工购买保险的情况。李××死亡后，单位与家属是如何处理的。因人员死亡，还有继承人的问题需要确认。

三、调查经过

针对以上问题，首先确认李××的身份，在被保险人的投保名单中。经现场查勘，调取被保险人的考勤打卡记录、监控影像，确认出险地点是该公司的结构件车间，出险当天李××是早上 6 点 45 打卡上班，出险时间是上午 8 点多，属于工作时间。具体的事故经过是李××在车间工作时，另一位工友徐××驾驶小型叉车倒车中撞上李××并将他挤到车间柱子上。事故发生后，徐××下车扶起倒地的李××，车间内其他工人过来查看情况并有人拨打了 120。120 到场后经检查，李××已无生命体征，确认当场死亡。据此确认，该案构成保险责任。

××保险公司工作人员继续核实其他相关情况：李××有新农合保险，没有工伤保险；被保险人除在该保险公司为其员工投保雇主责任险外，还在其他保险公司为其员工投保了团体意外险，死亡保额 20 万元。李××的父母已去世多年，现有法定继承人 2 人，配偶温××健在，儿子李×健在。被保险人以银行转账的形式分 2 次(20 万元和 100 万元)向李××的配偶温××的个人银行账户支付死亡赔偿金，合计赔偿 120 万元，并提供了银行转账凭证。

四、赔款理算

被保险人在我公司投保的雇主责任保险，每人伤亡责任限额是 60 万元，在人寿公司的团体意外保险保额是 20 万元。被保险人已赔付死者家属 120 万元，我公司应按合同约定赔付被保险人 60 万元。

第五节 职业责任保险

职业责任保险是指承保各种专业技术人员因工作上的疏忽或过失，而造成合同一方或他人的人身伤害或财产损失的经济赔偿责任的保险。

一、职业责任保险的必要性

在从事专业技术工作中，不论工作人员如何恪尽职守，损害赔偿责任事故也是不可能绝对避免的，其原因如下：

(一)原材料或产品有缺陷

如药品大多数具有副作用，补药也只能适度并根据具体对象使用；少数西药过敏性明显，有的甚至会损伤肌体或人体器官等。

(二)人们自身的知识技术和经验的局限

人类认识客观世界的活动虽然在不断地发展，但由于生命、时间和精力等，又确实决定了人们自身的不足也是难以避免的。同时，由各种专业技术工作的本质所决定，专业技术人员需要不断创新并应用新技术。在这种情况下，工作本身的职业责任风险也就是不可避免的了。

(三)主观上的疏忽或过失

无论什么人，无论工作怎样尽心尽力，有时也难免在工作上出现失误。如设计师在绘图时出现细微偏差，药剂师在出药时错拿药品等。虽然这种事情发生的概率很低，但一旦发生，所产生的后果有时将是非常严重的。

由此可见，职业责任风险的存在不以人们的主观意志为转移(故意或恶意行为除外)。它虽然由人为原因所致，但与自然灾害等风险一样，也有存在的客观性、发生的偶然性等特征。人们对于职业责任风险，除采取各种预防措施进行积极防范并加强工作责任心以外，还应当采取某些防范措施(如职业责任保险)以转嫁或分散、控制风险，避免纠纷和利益损失，保障受害方的经济权益不受损害。

二、职业责任保险费率的厘定

保险费率的确定是职业责任保险中一个非常复杂而且十分重要的问题，各种职业都有其自身的风险与特点，因此也需要有不同的费率。一般来说，厘定责任保险的费率或收取职业责任保险的保险费，应着重考虑的因素包括：职业种类，工作场所，业务数量，被保险人及其雇员的专业技术水平，被保险人及其雇员的工作责任心和个人品质，被保险人职业责任事故的历史统计资料及索赔、处理情况，赔偿限额、免赔额和其他承保条件。

在综合考虑上述因素以后，保险人制订出标准不一的保险费率，以适应各类专业技术人员投保不同的职业责任保险的需要。

三、职业责任保险的赔偿

由职业责任事故导致的索赔发生后，保险人应进行严格审查，如果确属保险人应当承担的责任事故损失，保险人应当按照合同迅速办理。一般而言，保险人承担的赔偿责任有赔偿金和法律费用两项。在赔偿金方面，保险人或者采取规定一个累计的赔偿限额，而不是规定每次事故的赔偿限额的办法；或者采取规定每次索赔或每次事故赔偿限额而不规定累计限额办法；法律诉讼费用则在赔偿限额之外另行计算。如果被保险人最终赔偿金额超过了保险赔偿限额，则保险人只能按比例分担法律费用，其计算公式如下：

$$\text{应赔偿法律费用}=\text{实际支付的法律费用}\times\frac{\text{保险赔偿限额}}{\text{被保险人最终赔偿金额}}$$

举例来说，某设计院投保以事故发生为基础的设计师责任保险，保单注明每次赔偿限额为20万元。在保险期内，一在建工程倒塌，建筑单位向该设计院提出索赔，理由是设计图纸有错误。经法院判决，该设计院应赔偿建筑单位损失40万元，法律费用2 000元亦由设计院承担。

按赔偿限额规定，保险人支付保险赔偿金20万元，余下的20万元应由被保险人(设计院)自己承担。对于法律费用，则两家按比例分摊。对保险人来说，则有

$$\text{应赔偿法律费用}=2\,000\times\frac{200\,000}{400\,000}=1\,000(\text{元})$$

在该案中，保险人共计应赔付被保险人职业责任损失20.1万元。

四、职业责任保险的主要种类

职业责任保险的划分有不同的方式。它可以以投保人为依据，也可以以被保险人所从事的职业为依据，还可以以承保方式为依据。

(一)以投保人为依据划分

职业责任保险可以分为普通职业责任保险和个人职业责任保险两类。普通职业责任保险多以单位为投保人，以在投保单位工作的个人为被保险人；个人职业责任保险多以个人为投保人和被保险人，保障的也是投保人自己的职业责任风险。

(二)以承保方式为依据划分

职业责任保险可以分为以事故发生为基础的职业责任保险和以期限内索赔为基础的职业责任保险。

第一,发生式索赔责任保险。以事故发生为基础的责任保险叫作发生式索赔责任保险,它是指保险公司仅对保单有效期内发生的事故所引起的损失负责,而不论原告是否在保险有效期内提出了索赔。采用这种方式的一个最大的问题是,保险公司在该保单项下承担的赔偿责任往往要拖很长时间才能确定,而且由于通货膨胀等因素,最终索赔的数额可能大大超过当时疏忽行为发生时的水平。在这种情况下,如果索赔数额超过保单的赔偿限额,超过部分应由被保险人自行负责。

第二,期限内索赔式责任保险。以期限内索赔为基础的责任保险叫作期限内索赔式责任保险。它是指保险公司仅对保单有效期内提出的索赔负责,而不论导致该索赔的事故是否发生在该保单有效期内。从发生职业上的疏忽行为到受害方提出索赔,常常可能间隔一个很长的期限,例如 1 年、5 年,甚至更长的时间。因此如果不对时间做出限制,保险公司所承担的风险将非常大。为了避免这一问题的出现,保单一般均规定一个追溯时期,保险公司仅对从该追溯日期开始后发生的疏忽行为,并在保单有效期内对其提出的索赔负责。

(三)以被保险人所从事的职业为依据划分

职业责任保险可以分为医疗责任保险、律师责任保险、会计师责任保险、建筑师责任保险、设计师责任保险、兽医责任保险、教师责任保险等众多业务种类。这种划分是保险人确定承保条件和保险费率的主要依据。

1. 医疗责任保险

医疗责任保险也叫医生失职保险,它承保医务人员由于医疗事故而致病人死亡或伤残、病情加剧、痛苦增加等,受害人或其家属要求赔偿的责任风险,这是职业责任保险中占主要地位的险种。

2. 律师责任保险

律师责任保险承保被保险人作为一个律师在自己的能力范围内,职业服务中所发生的一切疏忽、错误或遗漏过失行为的责任风险。它包括一切侮辱、诽谤,以及赔偿被保险人在工作中发生的或造成的对第三者的人身伤害或财产损失。

3. 建筑工程技术人员责任保险

由于新型建筑材料和建筑技术的应用,建筑、工程项目面临越来越大的风险。建筑工程事故的发生,既可能对合同对方造成损害,也可能损害其他没有合同关系的自然人和法人的利益。建筑、工程技术人员责任保险一般均以期限内索赔为基础进行承保。

4. 会计师责任保险

会计责任保险承保由于被保险人违反会计业务上应尽的责任和义务,而使得他人遭受损害,依法应负的赔偿责任。这种赔偿责任仅仅限于金钱损害,不包括身体伤害、死亡及实质财产的损毁。

5. 代理人及经纪人责任保险

该保险承保由于各种代理人、经纪人(股票、债券、保险等)业务上的错误、遗漏、疏忽或其他过失行为,致使他人遭受损害的经济赔偿责任。这项责任保险还可扩展承保保险代理人、经纪人对其保险人的责任,即由于其未能依照授权或指示所引起的保险人的损失。

此外,职业责任保险还有美容师责任保险、教育工作者责任保险、情报处理者责任保险、退休人员责任保险等险种。

第六节 我国责任保险发展现状

中国的责任保险最早开始于20世纪50年代的初期,当下中国责任保险市场是改革开放之后逐步发展起来的,特别是近年来,随着我国法制制度建设的不断完善,各类经济赔偿案件屡见不鲜,责任保险在经济发展中的作用越来越被政府机关及全社会各类经济主体所认可。责任保险发展有赖于国家或地区经济实力的增强,法制的完善,公众自我保护意识的提高,保险经营技术的改进等诸多因素。

在政策引导及市场刺激的双重作用下,责任保险已成为近年来保险行业重点发展的险种之一,保费收入一直处于高速增长态势。从2013年开始,责任保险保费增速一直维持在17%以上,尤其在近三年,责任保险在国内的发展呈现了更快增长的势头。中国银行保险监督管理委员会的数据统计,2019年,全国责任保险年保险费为757.87亿元,平均年增长率超过25%,远远超过产险整体保费增速。但不得不提的是,责任保险作为财产保险领域中相对小众的保险种类,在整个财产保险市场中所占的比例依然较小。2019年,责任保险保费收入在财产险市场份额中占比仅为5.80%。在保险市场相对发达的国家,责任保险在财产保险中的占比通常在30%左右,有的甚至高达45%。

当前,我国责任保险发展不足的主要原因有三:

(1)强制险种推广缓慢。目前,我国保险市场上唯一一个全国强制性险种就是机动车交通事故责任强制保险(简称交强险),而交强险虽然叫责任保险,但是在保险市场的业务统计中,将其归在机动车辆保险范畴内。在责任保险领域中,虽然也有部分地区将某些险种规定为强制险种,比如医疗责任保险、旅行社责任保险等,这些都是地区行业内规定的行业强制保险,仅限于行业部分地区,并未在全国范围内大面积的实施。另有,环境污染责任险、安全生产责任险等是近年来各级政府积极呼吁推广的险种,但在具体实施环节中依然困难重重,很难取得突破性进展。

(2)责任保险有效供给不足。虽然目前各保险公司在银保监会备案的责任保险险种有 1 500 多个,但在责任保险市场上真正形成保费收入的险种却极其有限。当前,人们对责任保险的需求呈现多元化的特点,而保险市场产品的同质化、单一化难以满足企业和个人的需求,出现了有效供给不足的问题。国内保险公司主要经营的产品依然是公众责任险、产品责任险、雇主责任险、职业责任险四大类,以及由此衍生出来的各类产品。由于缺乏基础数据支持,以及保险公司风险控制技术水平的制约,新的责任险种难以开发,导致了责任保险市场供给不足的问题。综合来看,新领域责任保险开拓难度大、定价缺乏数据支持、缺少风险评估技术支持等原因,较大程度地制约了国内责任保险市场的发展。

(3)法制化程度相对落后。责任保险的发展与一国法律的发展密切相关。法制环境不健全是制约我国责任保险发展的主要因素之一。目前,虽然我国公民的法律索赔意识已有了较大提高,但我国的法律法规不够细化,社会生活的许多领域还没有相关立法,这造成实际生活中许多损害责任认定不清,导致许多责任保险的开展尚不具备必要的法制条件。

虽然,我国的责任保险发展中存在着诸多的问题,但是近些年来伴随着社会民众保险意识与消费者维权意识的增强,责任保险呈现稳健的发展态势,社会需求量得以显著提升。尤其在《最高人民法院关于审理人身损害赔偿案件适用法律的解释》《国务院关于加快发展现代保险服务业的若干意见》《安全生产责任保险实施办法》等相关法律法规相继出台,必将给责任保险发展带来有利的契机和有力的促进。我国财产保险也将面临结构上的新一轮调整,在这次调整中,责任险的发展将使我国的财产保险业迎来持续快速发展的崭新时代。

本章参考文献

1. 吴小平．保险原理与事务．北京:中国金融出版社,2002.
2. 孙祁祥．保险学．北京:中国人民大学出版社,2021.
3. 魏华林,林宝清．保险学．北京:高等教育出版社,2018.

重要概念

责任保险　过失责任　绝对责任　公众责任保险　产品责任保险

雇主责任保险　职业责任保险

复习思考题

1. 简述你对责任保险的认识。

2. 责任保险主要包括哪些内容?

3. 简述产品责任保险的除外责任包括的内容。

4. 简述雇主责任保险与人身意外伤害保险的区别。

保险案例

1. 同一人名下的两辆车发生追尾事故保险公司是否在第三者责任保险险范围内赔偿

2017 年 10 月 10 日,甲为自己新买的一辆现代汽车投缴了保险,包括机动车交通事故责任强制保险、机动车第三者责任保险等险种,并支付了相应的保费。保险公司没有当场将以上保险单交给任先生。2017 年 10 月 12 日,甲的妻子乙驾驶该车与任先生驾驶的一辆奔驰汽车发生追尾事故,两车均不同程度受损。这辆奔驰汽车是甲在事故发生前两个多月购买的。经交管部门认定,乙负事故的全部责任。甲在汽车维修公司维修奔驰汽车花费修理费 7.8 万元,及车辆损失鉴定评估费 1 800 余元。

保险公司则认为,原告作为肇事车辆的被保险人,对其本人所有的奔驰车在交通事故中所遭受的财产损失,不属于机动车第三者责任保险及机动车交通事故责任强制保险中关于第三者的规定范围,被告不应对被保险人自己的财产承担第三者责任险的赔偿责任。

天津市开发区法院一审认为,原、被告之间为保险合同关系,原告支付保险费用后,在保险金额的范围内,被告作为保险人对于因保险事故产生的损失应当承担赔偿保险金的责任,因此作出上述判决。保险公司不服提出上诉。①

请问二审法院该如何判决?

2. 无证驾驶保险公司能否拒赔

2015 年 3 月 29 日,深圳某公司分部经理李某驾驶轻型货车到外地谈生意,在通过逆向行驶方式强行超车时撞上一辆同向行驶的自行车,骑车人方某被撞倒地,碾压致死。按照交警当时的现场勘察认定,李某驾驶机动车在非机动车道上行驶,且没有驾驶执照,应承担交通肇事的全部责任。方某妻子及一双儿女悲痛万分,提出了 582 982.07 元的交通肇事赔偿要求,其中包括误工费、交通费、丧葬费、死亡

① 资料来源:人民法院报.2019.5.5.

赔偿金、被抚养人生活费及精神损害抚慰金等内容。李某和他所在公司愿意承担赔偿责任，但同时又想到，肇事车辆是属于被保险车辆，是不是应当由保险公司承担一部分赔偿费用？于是他们找到投保的保险公司，对方答复：该车肇事时，驾驶员为无机动车驾驶证人员，遂以所签《保险合同》的有关条款约定"无有效驾驶证，保险人对保险车辆的损失或第三者、乘客、驾驶员的经济赔偿均不负责任"，因此拒绝赔付。由于保险公司拒赔，方家人迟迟没有得到赔偿金，遂将李某、车辆所属公司和保险公司三方，全都告上法庭。①

请问法院该如何判决？

保险知识小视频

责任保险的特点与发展

① 资料来源：深圳商报．2020．3．6．

第九章　信用保险与保证保险

信用保险和保证保险都是随着商业信用和银行信用的普遍化以及道德风险的频生而发展起来的。它们一方面反映出一个社会的市场经济成熟程度,另一方面对于促进一个国家的国内和国际贸易活动,保障市场经济的正常秩序,起到了重要的作用。本章分为两节内容:信用保险和保证保险。

◈ 学习要点

1. 掌握信用保险的作用和种类;出口信用保险的特点。
2. 理解出口信用保险的经营原则。
3. 掌握保证保险的特点和种类。
4. 了解忠诚保证保险的内容。
5. 了解履约保证保险的内容。

第一节　信用保险

我国的信用保险产生于20世纪80年代初期。1983年初,中国人民保险公司上海市分公司与中国银行上海分行达成协议,试办了我国第一笔中长期出口信用保险业务。1986年初,中国人民保险公司上海分公司按有关协议,开始试办短期出口信用保险。1988年,国务院正式决定由中国人民保险公司试办出口信用保险业务,该公司设立了信用保险部。1994年成立的中国进出口银行的主要业务之一是经营我国的出口信用保险业务。2001年12月18日中国出口信用保险公司正式揭牌运营。2019年,我国信用保险业务规模为200.43亿元,占财产保险业务总规模的比例约为1.53%。

一、信用保险概述

(一)信用保险的产生

信用是商品买卖中的延期付款或货币借贷行为,这种借贷行为表现为以偿还为条件的商品和货币的让渡。即债权人用这种形式赊销商品或贷出货币，债务人则按规定日期支付欠款或偿还贷款，并支付利息。

信用保险是在这种借贷活动中，商品赊销方（卖方）赊销商品后不能得到相应的偿付，即赊购方（买方）出现信誉危机后产生的。商品运动过程中使用价值让渡和价值实现的分离是信用危机产生的必要条件，商品生产的盲目性则是信用危机产生的充分条件。信用危机的出现在客观上要求建立一种经济补偿机制以弥补债权人所遭受的损失，从而能够充分发挥信用制度对商品生产的促进作用。可见，信用保险正是随着信用制度的发展而发展起来的。

（二）信用保险的概念

信用保险是指权利人向保险人投保债务人（被保证人、义务人）的信用风险的一种保险。信用保险是以债务人的信用作为保险标的，在债务人未能如约履行债务清偿而使债权人遭受损失时，由保险人向被保险人即债权人提供风险保障的一种保险。

二、信用保险的作用

信用保险的作用主要体现在以下几个方面：

（一）有利于保证企业生产经营活动的稳定发展

银行向企业发放贷款必然要考虑贷款的安全性，即能否按期收回贷款。企业投保了信用保险以后，将保单作为一种保证手段抵押给贷款银行，通过向贷款银行转让保险赔款，要求保险人向贷款银行出具担保等方式，使银行得到收回贷款的可靠保证，解除银行发放贷款的后顾之忧。可见，信用保险的介入使企业较容易得到银行贷款，这对于缓解企业资金短缺，促进生产经营和发展均有保障作用。

（二）有利于促进商品交易的健康发展

在商品交易中，当事人能否按时履行供货合同，销售货款能否按期收回，一般受到多种因素的影响，而商品的转移又与生产者、批发商、零售商及消费者有着连锁关系，一旦商品交易中的一道环节出现信用危机，不仅会造成债权人自身的损失，而且常常会引起连锁反应，最终阻碍商品经济的健康发展。有了信用保险，无论在何种交易中出现信用危机，均有保险人提供风险保障。

（三）有利于促进出口创汇

外贸出口面向的是国际市场，风险大，竞争激烈，一旦出现信用危机，出口企业就会陷入困境，进而影响市场开拓和国际竞争力。如果企业投保了出口信用保险，在当被保险人因商业风险或政治风险不能从买方收回货款或合同无法执行时，可以从保险人那里得到赔偿。因此,出口信用保险有利于出口企业的经济核算和开拓国际市场,最终促使其为国家创造更多的外汇收入。

三、信用保险的分类

信用保险有两种基本的分类方法,一是根据保险标的性质进行分类,二是根据保险标的所处地理位置进行分类。

(一)根据保险标的性质分类

根据保险标的性质,可以将信用保险分为商业信用保险、银行信用保险和国家信用保险。如果保险标的是商品赊购方(买方)的信用,这种信用保险则为商业信用保险;如果保险标的是借款银行的信用,这种信用保险则为银行信用保险;如果保险标的是借款国的信用,这种信用保险则为国家信用保险。

(二)根据保险标的所处地理位置分类

根据保险标的所处位置,可以将信用保险分为国内信用保险和出口信用保险。如果保险标的是国内商人的信用,这种信用保险则为国内信用保险;如果保险标的是他国商人的信用,这种信用保险则为出口信用保险。

四、信用保险的内容

(一)一般商业信用保险

一般商业信用保险又称国内信用保险,它是以国内贸易中赊购方的买方信用、接受预付款的卖方信用、借贷活动中的借方信用等为保险标的的信用保险。国内信用保险一般承保批发业务,不承保零售业务;承保 3～6 个月的短期商业信用保险,不承包长期商业信用保险。

其主要险种有:贷款信用保险、赊销信用保险、预付信用保险、个人贷款信用保险。

1. 贷款信用保险

贷款信用保险是保险人对银行或其他金融机构与企业之间的借贷合同进行担保,以承保借款人信用风险的保险。在市场经济较为发达的国家,贷款信用保险是很常见的信用保险业务,它是银行转嫁贷款信用风险的必要手段。在商品经济条件下,由于企业经营管理不善或决策失误以及自然灾害和意外事故等因素的存在,贷款不能及时偿还或受损的风险是客观存在的,因此有必要建立起相应的贷款信用保险制度以维护正常的金融秩序。

在贷款信用保险中,贷款方(即债权人)是投保人,当保单签发后,贷款方即成为被保险人。银行对贷出的款项具有全额可保利益，当企业无法归还贷款时，债权人可以从保险人那里获得补偿。贷款人在获得保险人的补偿后，必须将债权转让给保险人，由保险人履行代位追偿权。贷款信用保险的目的是保证银行信贷资金的安全性。

贷款信用保险的承保金额应是银行贷出的全部款项。保险人在厘定保险费时，应与银行利率相联系，着重考虑的因素还包括：企业的资信情况；企业的经营管理水平与市场竞争力；贷款项目的期限和用途；不同的经济地区等。

2. 赊销信用保险

赊销是商业信用的一种形式，它是指卖者先向买者交付货物，经过一定时期以后再收取货款的交易方法，它分一次收款和分期收款两种形式。赊销信用保险就是为国内商业贸易（批发）中延期付款或分期付款行为提供信用担保的一种信用保险业务。在这种业务中，投保人（被保险人）是制造商或供应商，保险人所承保的是买方的信用风险。赊销信用保险的目的在于保证被保险人即债权人能按时收回赊销货款，以保障商业贸易的顺利进行。

赊销保险一般适用于一些以分期付款方式销售的耐用商品，如汽车、船舶、住宅等。这类商业贸易往往数额较多，金额较大，一旦买方无力偿付分期支付的贷款，就会造成制造商或供应商的经济损失。

赊销保险的特点是期限较长、风险比较分散，承保业务手续较为复杂，保险人必须在仔细考察买方资信情况的条件下才能决定是否承保。

3. 预付信用保险

预付也是商业信用的一种形式，它是指购买者先向卖者交付货款，经过一定时期以后才取得货物的一种交易方式。预付信用保险是保险人为卖者交付货物提供信用担保的一种信用保险业务，在这种业务中，投保人（被保险人）是商品的买方，保险人所承保的是买者的信用风险。

4. 个人贷款信用保险

个人贷款信用保险是指在金融机构对自然人进行贷款时，以债务人的信用作为保险标的的信用保险，它所承保的是金融机构由于债务人的违约而遭受的风险。贷款信用保险是保险人面向个人的一种特别的业务，由于个人情况千差万别，且居住分散，风险大小不一，保险人在开办这种业务时，必须对借款人借款的用途、经营情况、信誉、私有财产物等做全面的调查了解，必要时还应当要求借款人提供反担保或私人财产的抵押。

（二）出口信用保险

出口信用保险是以出口贸易中外国买方的信用为保险标的的，或在海外投资中以借款人的信用为保险标的的信用保险。它是在国内信用保险的基础上发展起来的，目前已经成为信用保险中的一个重要险种。这种保险要承担的风险特别巨大，且难以使用统计方法测算损失概率，所以一般商业性保险公司均不愿经营这种保险，出口信用保险大多数是靠政府支持而经营的。

1. 出口信用保险的产生

第一次世界大战以后，为了适应国际贸易发展的需要，欧美一些国家中的少数私营保险公司开始办理出口信用保险。20 世纪 30 年代资本主义大危机以后，许多西方国家为了重振出口贸易，先后成立了由政府直接经营或由政府授权的官方、半官方性质的出口信用保险机构，经办出口信用保险，为本国出口商提供收汇风险的保障。进入 20 世纪 70 年代以后，随着国际贸易竞争的加剧，不少国家为了鼓励出口，纷纷举办出口信用保险，为出口商提供收汇风险保障。

出口信用保险虽然起源于进出口贸易，但出口信用保险的发展并不是出口贸易发展的结果；相反，它是出口贸易发展的一个重要条件。目前出口信用保险是国际上公认的贸易促销手段，它不仅是出口商获取银行贷款的前提条件，也是出口商开拓新市场，扩大出口的安全保障。

2. 出口信用保险的特点

出口信用保险不同于一般的商业性保险，它的主要特点是：

(1)不以盈利作为经营的主要目标。出口信用保险产生的直接原因是出口贸易发展的需要。在政府的支持下，各开办出口信用保险业务的机构均公开地宣称其经营目标是保护本国出口商的利益，为出口商扩大出口提供安全保障。但是，不以盈利为经营目标并不意味着出口信用保险机构不讲究经济效益。相反，出口信用活动中的高风险要求出口信用保险机构严格控制风险，加强管理。

(2)风险高、控制难度大。出口信用保险承保的是出口商的收汇风险。造成出口商不能安全收汇的风险主要是政治风险和商业风险。政治风险一般包括买方所在国实行外汇管制，禁止或限制汇兑；买方所在国实行进口管制，买方的许可证被撤销；买方所在国或有关的第三国颁布延期支付命令；买方国战争、骚乱、暴动或其他非常事件等。商业风险通常包括买方无力偿还债务或买方破产；买方收货后拖欠货款；货物出运后买方违约拒绝收货或拒绝付款等。

除了政治风险和商业风险以外，由于出口商所在国与买方所在国分属不同的国家，彼此在政治、经济、外交、法律，以及经营作风、贸易习俗等方面相差甚大，由此造成买方违约的原因非常复杂。正因为如此，出口信用保险业务出险的概率大，而且很难控制。

(3)政府参与的程度高。由以上诸多特点所决定，出口信用保险是由政府支持和参与的一项政策性很强的险种。政府对出口信用保险的支持和参与主要体现在以下几个方面：一是财务上鼎力相助。为了充分发挥出口信用保险对国家出口的促进作用，各国政府通过贷款、设立赔款准备金、票据贴现和再保险等方式，向出口信用保险注入大量的资金。二是规范经营和管理。许多国家在出口信用保险业务开办伊始或办理过程中，颁布专门的法律或有关政令，对办理出口信用保险的宗旨、经营目标和方针政策、财务核算办法、机构和人员的设置及归属等都有明确规定。三是参与重大经营决策。许多国家政府专门设立由有关政府部门，如外交、工业、贸易、中央银行、财政等官员参加的部际委员会(或咨询委员会或顾问委员会)，委员会定期召开会议，批准出口信用保险的承保方针、地区政策和进行重大经营项目的决策。有一些国家的出口信用保险机构还需向国会提交年度财务报告并通过议会审批。三是提供各项优惠政策。如免征一切税赋、赋予保险人较大的资金运用权限等。

3. 出口信用保险的种类

经过一百多年的发展，出口信用保险已成为品种齐全、覆盖面广、运作灵活的保险险种。根据出口标的的性质、信用期限的长短、保险责任起讫时间以及承保方式等的不同需要，各国保险人对出口信用保险设计了不同的险种。

根据卖方向买方提供信用期限长短的不同，出口信用保险可以分为短期出口信用保险和中长期出口信用保险。短期出口信用保险是承保支付货款信用期不超过180天的出口贸易的保险。它一般适用于大批量、重复性出口的初级产品和消费性工业制成品。中长期出口信用保险是承保信用期在1年以上的出口贸易的保险。它一般适用于大型资本性货物，如飞机、船舶、成套设备等的出口。中长期出口信用保险也可以承保海外工程承包和技术服务项目的费用结算的收汇风险。

根据保险责任的起止时间不同，出口信用保险可以分为出运前信用保险和出运后信用保险。出运前出口信用保险主要承保出口贸易合同签字后，出口商在支付了产品设计、制造、运输及其他费用以后，由于国外买方的政治风险和商业风险所致损失的风险。它开始于贸易合同生效之日，终止于货物出运之时。出运后出口信用保险主要承保在商品出运后，由于国外买方的政治风险和商业风险所导致的出口商的货款不能及时收回的风险。它开始于货物出运日，止于保险合同终止之时。

根据贸易活动项下使用银行融资方式的不同，出口信用保险可以分为买方出口信贷保险和卖方出口信贷保险。买方出口信贷保险适用于买方使用银行贷款项下的出口合同。它是对卖方在向使用银行贷款的买方出口资本性货物时，由于买方所在国的商业风险和政治风险所致损失进行承保的保险。卖方出口信贷保险适用于卖方使用银行贷款项下的出口合同。它所承保的是在卖方信贷项下,卖方向买方出口资本品或半资本品时,由于买方所在国的商业风险和政治风险而使卖方遭受损失的风险。

此外,根据承保方式的不同,出口信用保险可以分为综合保单出口信用保险、特别保单出口信用保险和选择保单出口信用保险;根据保障风险的不同,出口信用保险可以分为单保商业风险出口信用保险、单保政治风险出口信用保险、既保商业风险又保政治风险的出口信用保险,以及汇率风险出口信用保险;根据出口合同标的的不同,出口信用保险可以分为服务保单出口信用保险、银行担保出口信用保险、保函支持出口信用保险、贸易展览会出口信用保险等。

4. 出口信用保险的经营模式

由于各国和地区在政治、经济、法律制度以及出口信用保险历史沿革上的差异,出口信用保险的经营模式亦有所不同。归纳起来,主要有以下几种:

(1)政府直接办理模式。该模式的特点是,办理出口信用保险业务的机构本身就是政府的职能部门,其业务收入与赔款支出直接纳入国家预算。英国是世界上最早建立出口信用保险制度的国家,其出口信用保险机构——出口信用担保局是政府的职能部门。日本是由通产省国际贸易管理局下属的进出口保险课经营出口信用保险业务的,“二战”结束后,日本出口商的出口风险得到了政府的充分保障,出口保险合同全部记在政府名下,保险人为日本政府,出口保险课具体负责办理。由于政府对出口的大力支持,日本出口商在开拓海外市场中异常活跃。

(2)政府成立全资公司模式。该模式的特点是,依照国家法律或政府命令,由财政出资组建全资国有公司,专门办理出口信用保险业务。政府只负责制订经营政策和方针及提供资金上的支持,并不具体进行经营。加拿大、印度和韩国以及我国香港都是运用该种模式。

(3)政府机构控股模式。该模式的特点是,办理出口信用保险业务的机构是一家股份公司,政府部门或公共机构占有该公司超过半数以上的股权,政府作为该公司最大的股东控制其经营。此类机构一般开立两个经营账户,即国家账户和商业账户,在国家账户上记录风险大的业务,在商业账户上记录风险小的业务。公司除经营出口信用保险和担保业务以外,还经营其他保险及相关业务。法国、荷兰出口信用保险公司均采用该种模式。

(4)政府委托私人机构模式。该模式的特点是,政府制定政策,委托私人机构办理,国家承担最终风险。德国的赫尔梅斯信用保险公司和阿根廷出口信用保险公司是该模式的典型代表。

5. 出口信用保险的经营原则

出口信用保险的经营既要遵循保险经营的一般原则,又要符合出口信用保险业务自身的特点。因此,除了适用于其他险种的可保利益原则、最大诚信原则、风险分担原则以外,出口信用保险还强调遵循以下原则:

(1)买方信用限额申请原则。买方信用限额申请原则是出口信用保险经营的特有原则,它是指出口商根据保险条款的规定,为其对特定国外买家的信用销售向出口信用保险公司申请买方信用限额。买方信用限额具有以下特性:第一,买方信用限额是保险人向出口商支付赔款的最高限额。第二,买方使用限额可循环使用。出口商为某一海外买方申请的买方信用限额,经保险人批复,可以循环使用,即该信用限额不受时间、出口商品性质的限制,除非保险人书面通知被保险人更改或终止此信用限额。

(2)买方风险控制原则。买方风险控制原则是指出口信用保险人控制损失的原则。在出口信用保险,特别是短期出口信用保险中,出口商的风险主要来自买方信用,而不同买方的违约对保险人所造成的损失是不同的。所以,应对买方进行风险分析,进而采取不同的控制方法。

(3)赔款等待期原则。该原则是出口信用保险定损核赔所应遵循的主要原则之一。它的主要内容是,在被保险人提出索赔申请,并按照保险条款的规定提交有关损失已经发生的证明文件后,保险人不立即定损核赔,而是等待一段时间后再作处理。实行赔款等待期原则的意义主要在于:第一,承保标的的风险已经发生,但出口商的货款仍有收回的可能性;第二,能迫使出口商有动力协助保险人追讨债务人的欠款,从而减小损失;第三,有的国家法律对拖欠违约有不同的释义。

各国出口信用保险机构对赔款等待期的具体规定是不同的,一般为4～6个月,但对出口信用保险中能立即定损核赔的风险,如买家破产等,则不需要规定等待期。

专栏9-1　出口信用保险典型案例:质量纠纷带来的风险①

案情回顾:

2011年7月,××公司A公司向中国出口信用保险公司报损,称英国买家B公司拖欠其货款。中国出口信用保险公司发函调查,B公司回函称A公司的货物有质量问题。在与A公司核实情况后,A公司提供了出货前B公司制定QC出具的质量报告,及B公司同意出货的邮件,并指出贸易合同中曾约定质量问题的

① 资料来源:中国出口信用保险公司网站.2019.6.5.

提出需要在买家收货后30日内提出。而中国出口信用保险公司要求B公司出具质量问题证明时,B公司无法提供,且无法提供在收货30日内提出质量问题的证明。

案例解读:

此信用保险涉及的问题为质量纠纷问题,在这一问题上需要把握的原则是:“谁主张,谁举证”“口头无效原则”。B公司主张A公司的产品存在质量问题,就需要举证提供质量问题证明,而口头阐述无效。

关于质量纠纷举证的三种不同程度分别为:买家未提供有效证据、买家提供部分有效证据、买家提供有效证据。此案例中,B公司并未提供任何有效证据,因此需要B公司支付拖欠账款。

案例启示:

针对质量纠纷带来的风险需要:

(1)提前在合同中约定质量异议期条款;

(2)事先约定质量认证方式:质检报告,邮件确认出货等;

(3)质检环节注意保留证据;

(4)特别注意质检报告中是否有担保出运及其他相关字样;

(5)若有严重质量争议,将按照保单条款第十三条(二)约定处理。

第二节 保证保险

保证保险业务最早始于美国,随后西欧不少国家和日本也陆续开办。在我国,保证保险在2004年被作为业务开展。但是,“保证保险”并没有被写进《保险法》中。2004年保监会在颁布的《保险公司管理规定》中,将保证保险作为和信用保险并列的一种保险业务。2006年国务院在发布的《国务院关于保险业改革发展的若干意见》中,指出“稳步发展住房、汽车等消费信贷保证保险”,该表述将保证保险作为一种保险加以对待。2019年,我国保证保险业务规模为843.10亿元,占财产保险业务总规模的比例约为6.45%。

一、保证保险的含义与特点

保证保险是指在商业活动中,作为权利人的一方当事人要求保险人将另一方当事人作为被保证人,并承担由于被保证人的信用风险而使权利人遭受商业利益损失的保险。保证保险是由被保证人的作为或不作为致使被保险人(权利人)遭受经济损失引起。

保证保险是随着道德风险的频生而发展起来的。在有些国家,一些企事业单位和团体在招收就业人员时,要求应聘人员必须提供企事业单位和团体认可的保证人方能够就业。就业期间,如果由于被保证人的营私舞弊行为而使雇主受损时,保证人要承担赔偿责任。

与一般的商业保险相比较,保证保险有如下特点:

第一,一般商业保险中,保险关系是建立在预期“将发生损失”的基础之上的,即有损失才有保险关系存在的必要性。在保证保险中,保险人是在“没有损失”的预期下提供服务的,换句话说,如果保险人预期将发生损失,它将不向被保证人提供保险。

第二,一般保险的当事人只有保险人与投保人,而保证保险却涉及三方面当事人,即保险人(保证人)、权利人(被保险人或受益人)、义务人(被保证人)。例如,承包商向一家房地产公司保证,他将按照设计说明书来建造一所大楼;市府官员向该市的人民许诺,他将忠实地履行自己的职责;监护人向法院保证,他将小心地看管未成年人的财产,并且仅仅为了他或者她的利益而使用钱财;雇员在接受工作时向雇主保证,他将忠实地履行自己的各项义务。在上述场合,承包商、市府官员、监护人和雇员都是被保证人,他们是保证保险中可能给权利人造成损失的一方,房地产公司、城市居民、未成年人和雇主是被保险人(权利人),保证人即保险公司。

第三,在被保证人未能依照合同或协议的要求履行自己的义务,由此给权利人带来损失,而被保证人不能补偿这一损失时,由保险人(保证人)代为赔偿。然后,保险人有权向被保证人追回这笔赔付,为了保证日后能够做到这一点,保险人在提供保证时,可以要求被保证人提供反担保。

第四,一般的保险合同是在投保人和保险人之间确定的,变更和终止民事权利义务关系的协议,通常不涉及第三方。但由于保证保险涉及保险人、权利人和义务人三方面的关系,因此,变更和终止民事权利义务关系的协议也就自然涉及这三者。

二、保证保险的内容

保证保险的业务种类有很多,并且划分标准也不一样。我们这里主要介绍忠诚保证保险、履约保证保险和海外投资保险。

(一)忠诚保证保险

忠诚保证保险是一种在权利人因被保证人的不诚实行为而遭受经济损失时,

由保险人作为保证人承担赔偿责任的保险。例如，当雇员由于偷盗、侵占、伪造、私用、非法挪用、故意误用等不诚实行为造成雇主受损时，保险人负责赔偿。忠诚保证保险主要包括个人忠诚保证保险、指名忠诚保证保险、职位忠诚保证保险和总括忠诚保证保险等。

1. 个人忠诚保证保险

个人忠诚保证保险是以某一特定雇员为被保证人的忠诚保证保险。该雇员的名字列在保单上，如果该雇员离开了公司，这一保险将终止。但它并不适用任何接替该雇员的人，除非保单上做了特定的说明。

2. 指名忠诚保证保险

指名忠诚保证保险是以特定的正式雇员为被保证人的忠诚保证保险，它与个人忠诚保证保险的不同之处在于，它是对几个而不是某一个雇员保险。同个人保证保险一样，每一个雇员的名字都必须列在保单上，并做出相应的保证金额规定。例如：

张三，总裁……………………5 000 元

李四，出纳员…………………30 000 元

王五，簿记员…………………10 000 元

指名忠诚保证保险虽然要求被保险人指明所保证的每一个雇员的职位，在上例中，张三所做的是总裁的工作，李四所做的是出纳员的工作，王五所做的是簿记员的工作。但是，这种形式的保证保险是对人而言而不是对职位而言的。换句话说，如果张三不做总裁工作而改做簿记员的工作，指名忠诚保证保险对他仍然适用。但是，在这种被保证人变动工作的情况下，指名忠诚保证保险通常要求被保险人通知保险公司，如果该职位的风险较前一种大，被保险人还需要缴纳额外的保费。

3. 职位忠诚保证保险

职位忠诚保证保险是以各种职位及其人数作为被保证人的忠诚保证保险。它与指名忠诚保证保险的不同之处在于，它不列出被保证人的姓名，而只是列出各级职位及其人数。每一职位都有规定的保证金额，例如：

1 个簿记员………………………15 000 元

2 个出纳员………………………5 000 元

5 个销售员………………………2 000 元

上式中，每个簿记员职位的忠诚保证保险是 15 000 元，每个出纳员职位的忠诚保证保险是 5 000 元，每个销售员职位的忠诚保证保险是 2 000 元。

如果被保险人只投保某一特定职位中的若干被保证人，那么只要在此职位的

人，即属于被保证人，而不论何人在此职位，这就是单职位的忠诚保证保险。如果被保险人在同一保证保险合同中承保了多个不同职位，并且每一职位都有各自确定的保证金额，则为多职位忠诚保证保险。

如果某一职位中的雇员人数超过了职位忠诚保证保险中规定的人数，保险公司对于这一职位的责任就相应减少了。在这种情况下，它只承担保单上所规定的责任的一个部分。

例如，一个被保险人购买了如下的职位忠诚保证保险：

2 个簿记员……………………………5 000 元

2 个出纳员……………………………12 000 元

1 个会计 ……………………………20 000 元

现在，假定被保险人在出纳员这个职位上增加了 1 个人，即共有 3 个出纳员，但是没有通知保险公司。这时，如果由于出纳员的过失造成了损失，保险公司的责任被限定为每人 8 000 元。其具体的计算如下：

$$\frac{\text{保单中规定的出纳员人数}}{\text{该单位实际雇用的出纳员人数}}\times\text{该职位的保险金额}=\frac{2}{3}\times 12\,000=8\,000$$

4. 总括忠诚保证保险

总括忠诚保证保险以全部在册正式雇员为被保证人，保证合同中不列姓名、职位，而是分别按人数的多少来计算保费的忠诚保证保险。

(二)履约保证保险

履约保证保险是在被保证人不按约定履行义务，从而造成权利方受损时，由保险人负责赔偿的一种保险。在实践中，履约保证保险主要有以下四种形式：

1. 合同履约保证保险

合同履约保证保险是为了保证被保证人能够履行他与权利人签订的合同的保证保险。如建筑工程合同保证保险是承保被保证人(工程中标人、承包人等)按照所签订的建筑合同的规定，完成工程的一种保证保险。如果承包人没有按照合同规定完成工程，应由保证人(保险人)会同招标人安排其他承包人继续完成，或由保证人承担因未履行合同而导致的损失的赔偿。

2. 司法履约保证保险

在司法程序中，原告或被告向司法部门提出某项要求时，司法部门根据具体情况，要求其提供保证。这时，法院面临着原告或被告违约的风险，司法履约保证保险是指对这件风险进行承保的一种保证保险。司法履约保证保险主要包括两大类：信托保证保险和诉讼保证保险。

信托保证保险。信托是指当事人为特定人的利益管理或处分其财产的一种法律制度。设立信托关系的人为委托人，经他人委托承担管理或处理信托财产的人为受托人，享受信托利益的人为信托受益人。一般来说，信托保证保险是保证由法院所指定的受托人能够履行自己职责的保险，如遗嘱执行人、财产管理人、遗产管理人、监护人、清算人等都属于受托人。受托人必须忠实地履行自己的职责，如果委托给他的财产出现了损失，受托人应当承担责任。

信托担保的财产主要有以下几种类型：死亡人的遗产、未成年人的财产、无行为能力人的财产、破产或清算的财产等。

诉讼保证保险。诉讼保证保险主要有保释保证保险与上诉保证保险两种。保释保证保险是保证人保证被保释人在规定时间内出庭受审的保险，如果未能履约，保证人将缴纳罚款。上诉保证保险是指当上诉法院维持下一级法院的判决时，保证人要保证上诉人支付原判决金额及其利息和诉讼费用。

3. 特许履约保证保险

特许履约保证保险是一种担保从事经营活动的领照人遵守法规或义务的保证保险。即保证人保证领照人（被保证人）能够按照规定履行其义务。如果被保证人的行为违反政府法令或有损于国家利益和社会公共利益，由此造成损害时，由保证人承担其责任。

4. 公职人员履约保证保险

公职人员履约保证保险是一种保证人为政府公职人员提供的保证保险。其内容主要包括由于公职人员的不诚实或欺诈等造成的损失；在职人员未能恪尽职守，以致损害国家利益造成的损失承担赔偿责任。

专栏 9-2　忠诚保证保险和履约保证保险法人区别

第一，忠诚保证保险一般是雇员对雇主的保证，它只涉及雇主与雇员之间的关系；而履约保证保险则在工商业和社会活动等各个方面都广泛使用。

第二，忠诚保证保险所承保的风险是雇员的不诚实或欺诈，所以人们有时也称之为不诚实保证保险；而履约保证保险所承保的风险是被保证人履行一定义务的能力或意愿，与诚实或欺诈没有很大关系。

第三，忠诚保证保险可由被保证人投保，也可由权利人（被保险人）投保；而履约保证保险则必须由被保证人本人投保。

(三)海外投资保险

投资保险是于 20 世纪 60 年代在欧美国家形成的。此后，它成了海外投资者进行投资活动的前提条件。在我国，投资保险首先是为了适应外国投资者的需要于1979年开办的。从1980年开始，我国对外投资日渐增加，也需要保险人提供投资保险服务。

投资保险承担的是特殊的政治风险，责任重大，因此通常由政府设立的保险机构办理，商业性的保险公司或民间保险公司很少经营此种业务。

海外投资保险是一种政府提供的保证保险。其实质上是一种对海外投资者的“国家保证”，不仅由国家特设机构或委托特设机构执行，国家充当经济后盾，而且针对的是源于国家权力的国家危险，而这种危险通常是商业保险不给予承保的。

海外投资保险是非盈利性的政策性险种。该保险是鼓励企业对外投资，保证海外投资企业规避各种由于政治风险和信用风险所产生的不确定性损失。其保险标的为无形债权与利益，即本国投资企业进行对外投资或贷款后，应当向外国收回的款项、股息或红利。为避免海外投资企业疏忽信息调查、事前逆向选择风险、事后防范措施，以及企业心理因素方面的道德风险，该项保险采用不足额保险，借以降低损失幅度和损失频率。

从发达国家海外投资保险的法律形式来看，既有属于国内法范畴的单边投资保险制度，也有属于国际法范畴的双边投资保险制度。在单边投资保险制度下，由投资者所在国家单独制定海外投资保险制度，设立保险机构，并不要求投资接受国确认或缔结双边协定，从而属于国内法调整范围。双边投资保险制度以对外投资国与投资接受国共同签署具有法律效力的协议为前提，它要求投资接受国予以确认。无论是双边投资协定还是多边投资协定，因属于政府间的协议，均具有国际法性质。

为解除海外投资者的顾虑，促使其对外投资，西方国家纷纷建立海外投资保险制度，承诺一旦投资者在东道国遇到国家风险而导致投资损失时，由政府的投资保险机构予以补偿。我国对各国所签的双边投资保护协定中，规定的主要保护风险是国有化风险、货币汇兑险、战争与内乱险。

三、保证保险与信用保险的联系与区别

(一)信用保险与保证保险的联系

信用保险和保证保险作为财产保险经营的两项保险业务，既存在联系又相互区别。信用保险和保证保险的联系主要表现在以下几个方面：

第一，信用保险和保证保险本质上都是一种信用担保形式。虽然现代信用保险和保证保险所承保的义务人信用发生了扩展，不再限于商业信用和银行信用，而是向道德、法律等方面的信用扩展。但是，无论是信用保险还是保证保险，早期都

是保险人向权利人担保义务人的信用，提高义务人的信用水平，为了促进信用交易的完成而产生的，现在也仍然没有改变这一基本属性。

第二，信用保险和保证保险都属于财产保险业务。国外保证保险业务主要由符合条件的保险公司出具保函或者保证书经营，且依赖于风险的汇集和分散技术，在本质上具有保险属性。根据我国的法律环境，单纯的保证担保业务是不被承认为保险业务的，而保单式保证保险虽然也具有保证担保的性质，但是除了经营中运用风险汇集分散技术，在本质上具有保险属性外，在形式上保证保险合同和信用保险合同一样，都具备《保险法》关于保险合同要素的规定。也就是说，信用保险和保证保险都属于财产保险业务。

第三，信用保险和保证保险所承保的都是权利人面临的义务人的信用风险，也就是信用保险和保证保险都是以义务人的信用风险作为保险标的。不过，信用保险以权利人作为被保险人，而保证保险是被保证人根据权利人的要求，请求保险人承担自己（被保险人）信用的保险。也就是说，二者的被保险人不一样。

第四，信用保险合同和保证保险合同产生纠纷，通常都应该适用保险法。保证保险相较于信用保险而言，虽然其保证担保属性更为明显，形式上也比较接近担保法中的保证，但是除非合同纠纷的症结在于该保险的担保本质，不是合同的一些形式上的问题，且不能依据保险法规得到有效的解决，才应该适用担保法的规定。

（二）信用保险与保证保险的区别

广义上，保证保险和信用保险承保的标的都是信用风险，但二者存在着明显的区别，主要表现为：

1. 承保形式不同

保证保险是通过出立保证书来承保的，该保证书同财产保险单有着本质区别，其内容通常很简单，只规定担保事宜；而信用保险是通过保险单来承保的，其保险单同其他财产险保险单并无大的差别，同样规定责任范围、责任免除、保险金额（责任限额）、保险费、损失赔偿、被保险人的权利义务等条款。

2. 保险主体构成不同

保证保险是义务人应权利人的要求投保自己的信用风险，义务人是被保证人，由保险公司出立保证书担保，保险公司实际上是保证人，保险公司为了减少风险往往要求义务人提供反担保。这样，除保险公司外，保证保险中还涉及义务人、反担保人和权利人三方；信用保险的被保险人是权利人，承保的是被保证人（义务人）的信用风险，除保险人外，保险合同中只涉及权利人和义务人两方。

3. 风险程度不同

在保证保险中，义务人交纳保费是为了获得向权利人保证履行义务的凭证。

保险人出立保证书，但履约的全部义务还是由义务人自己承担，并没有发生风险转移。保险人收取的保费是凭其信用资格而得到的一种担保费，风险仍由义务人承担，只有在义务人没有能力承担的情况下才由保险人代为履行义务。因此，对保险人来说，经营保证保险的风险是相当小的；在信用保险中，被保险人交纳保费是为了把可能因义务人不履行义务而使自己受到的损失风险转嫁给保险人，保险人承担着实实在在的风险。

本章参考文献

1. 杨娟，周艳玲．保险学原理与实务．北京：清华大学出版社，2021.
2. 孙祁祥．保险学．北京：中国人民大学出版社，2021.
3. 魏华林，林宝清．保险学．北京：高等教育出版社，2018.

重要概念

信用保险　保证保险

复习思考题

1. 信用保险的作用是什么？它有哪些种类？
2. 简述出口信用保险的特点。
3. 简述出口信用保险的经营原则。
4. 保证保险的特点是什么？它有哪些种类？
5. 简述忠诚保证保险的内容。
6. 简述履约保证保险的内容。

保险案例

1. 借款保证保险合同案例

2011 年 4 月 13 日，A 农行与 B 保险公司签订《汽车消费贷款保险业务合作协议书》（以下简称《保险协议书》）。合同约定：为培育汽车消费市场，A 农行不能一次性向指定汽车销售商支付货款的购车人提供购车消费贷款，并督促购车人向 B 保险公司办理汽车消费贷款保证保险和机动车辆保险。购车人（投保人）如不能按期偿还贷款本息，保险公司承担连带还款责任。机动车辆消费贷款保险实行 10%的绝对免赔率。

2011 年 5 月 15 日，A 农行与王某签订《消费借款合同》。合同约定：A 农行向王某发放汽车消费贷款 14 万元，借款期限自 2011 年 5 月 15 日起至 2013 年 5 月 15 日止，年利率为 6.534%，按季还本付息 18 810.73 元。若王某不能按期足额还本付息，A 农行有权提前收回已发放的贷款，并按规定对逾期的本金按日万分之二点一计收逾期利息，合同还对其他事项作了详细约定。

同日，A 农行与 B 保险公司、王某三方签订《分期还款消费贷款履约保险合同》(以下简称《保险合同》)。合同约定：A 农行向王某发放 14 万元汽车消费贷款，王某向 B 保险公司购买"分期还款履约保险"等险种，若王某连续六个月未履行合同规定的还款计划，保险公司负责向 A 农行赔付王某所欠所有未清偿贷款本息及逾期利息。保险金额为 154 000 元，保险费 3 080 元，保险费由王某一次足额交纳。保险期限为自 2011 年 5 月 15 日零时起至 2013 年 11 月 15 日零时止。另约定，B 保险公司所承担的分期还款履约保险责任为不可撤销的连带责任。

合同签订后，A 农行依约发放了贷款，王某于同日向原告出具了借款凭证，向 B 保险公司交纳了保险费。

此后，王某分别于 2011 年 9 月 5 日，12 月 20 日，12 月 28 日三次共偿还贷款本金 33 317.50 元，利息 4 446.51 元。从 2012 年 2 月起未履行还本付息的义务，B 保险公司亦未履行保险责任。截止到 2013 年 3 月 31 日，王某尚欠本金 106 682.42 元及利息 5 879.32 元未付。2013 年 3 月 24 日，A 农行诉至法院要求王某和保险公司连带给付本金 106 682.42 元及利息 5 879.32 元。①

请问法院该如何判决？

2. 房主意外猝死保险公司还贷

2014 年 12 月 31 日晚，刚刚搬完家的房某和妻子一同来到新房查看门锁。当时，该楼走廊没有通电，楼梯间光线昏暗，房某和妻子一前一后在摸索中行进。房某行走至 6 楼和 7 楼之间的缓步台时，被捆绑在该楼梯扶手上的铁丝撞到，随即房某倒地不起，妻子立即拨打 120 急救。此后，沈阳市急救中心出具死亡证明书——房某为猝死。

房家的新房是在 2014 年 5 月 16 日以丈夫房某的名义贷款购买的，贷款额为 20 万元。当年 9 月 15 日，房某与银行签订了贷款合同。同时，房某还与保险公司签订《个人住房综合保险条款》。合同第五条约定：被保险人在保险期内因遭受意外伤害事故导致死亡和伤残，致使丧失全部或部分还贷能力，由保险人按比例承担被保险人出险时余下的全部或部分还贷责任，房某还交了 2 000 多元的保险费。

① 资料来源：证券时报 . 2019. 9. 1

房妻在丈夫出事后立即向保险公司报案,但保险公司并没有到现场勘查。

此后,房妻依据丈夫生前的保险协议找到保险公司理赔,但保险公司以房某不是意外事故为由,拒绝理赔。房妻以保险公司违约,与银行共同将其告上法庭,要求法院判令其按照合同约定履行还贷保险责任义务,共计 19.9 万元。①

请问法院该如何判决?

3. 雇员忠诚保证保险中雇主损失纠纷案例

A 公司 2017 年 11 月向保险公司投保了雇员忠诚保证保险,多年连续投保,保险期限 1 年。保险单列明的被保险雇员为全体雇员。2018 年 9 月该公司得到员工举报:运输部货车司机赵某不按该公司规定的线路送货,并且利用伪造的高速公路发票报销,骗取公司钱财。该公司得到举报后,立即找到赵某谈话,调查相关情况。当晚,赵某突然失踪。该公司立即向公安机关报警,随后又向保险公司报案并提出索赔。

保险公司得到报案后,立即着手调查。经查,A 公司(即雇主)每天都要通过公路运送大量货物给周边的客户。为了保证货物运送安全,也便于内部管理,A 公司制定了主要客户的送货线路。规定线路的基本原则是以高速公路为最优先线路。每个货车司机在上岗前,都被告知了送货线路。但由于该地区的交通发达,高速公路、国道、省道等各级公路遍布,从 A 公司到客户仓库可以有多条行车线路。雇员赵某对于这些道路情况非常了解,于是他在送货时(包括返程)就避开高速公路,而绕行其他公路。然后再利用伪造的“高速公路通行费发票”到 A 公司报销,骗钱现金。事情败露后,赵某潜逃。

A 公司聘请了注册会计师对此事件进行了专门审计,在赵某报销的单据中查出伪造的“高速公路通行费发票”数百张,累计票面金额十多万元。注册会计师调查认为,A 公司的内部控制制度比较健全,会计报销的复核监督手续能够落实。司机出车的报销单证也有严格的审核手续。但由于这些伪造的“高速公路通行费发票”十分逼真,相关人员难以辨别真伪。

保险公司经过调查、分析认为,雇员赵某通过欺诈行为,骗取雇主钱财,并且本案中没有适用的保险除外责任,雇员忠诚保证保险的保险责任成立。但对于雇主在此次事件中的实际损失状况,却有不同的看法。A 公司认为,赵某利用数百张伪造的“高速公路通行费发票”,骗取了十多万元现金,被骗的金额就是其实际损失。但保险公司认为,赵某虽然违反雇主的规定,利用伪造发票报销,但最终还是将货物送到了客户的仓库。而且赵某也是按照“规定线路”所应该花费的金额进行

① 资料来源:沈阳日报 .2020.4.1

报销的。这个金额正是雇主应该承担的运输费用，并没有实际意义上的超额支出。因此，不能认为雇主因雇员的欺诈行为蒙受了损失。

由于双方对实际损失存在着明显争议，A公司随即就相关权益上诉法院。请问法院该如何判决？

保险知识小视频

信用保险与其发展

第十章　人身保险

人的一生中，会遇到许多意想不到的风险，如疾病、意外伤害、过早死亡等。这些风险事故的发生会给人们的生活、生命安全及社会发展带来严重的危害。尽管人类已采取各种措施以提高预防和抵御这些风险的能力，但无论如何也不可能完全避免这些风险的发生，从而产生了人身保险的需求。

◈ 学习要点

1. 掌握人身保险的概念及特征。
2. 重点掌握人身保险合同的常见条款。
3. 掌握人寿保险的相关内容。
4. 掌握人身意外伤害保险及其保险责任。
5. 掌握健康保险的特征及种类。

第一节　人身保险概述

一、人身保险的概念与分类

人身保险是以人的寿命和身体为保险标的的保险。人身风险是客观存在的，包括生、老、病、死、伤、残等，因此人身保险的保险责任包括当被保险人在合同期限内发生死亡、伤残、疾病等保险事故或达到合同约定的年龄、期限时由保险人给付保险金。

保险业发达的国家和地区如西欧、北美、日本等，按照保险构造技术的不同，将人身保险业务划分为寿险和非寿险两大类。寿险即人寿保险，健康和意外伤害保险划归非寿险范围，在人身保险业务范围内与人寿保险构成相对的两大种类。

我国人身保险业务一般分为三大类，即人寿保险、健康保险和意外伤害保险。这是按照保险合同所涵盖的保障范围来划分的。本章也将按照这种分类方法来逐一介绍人身保险业务。

人身保险还可以有许多其他分类方式。例如，按实施方式，可分为自愿保险与强制保险；按投保主体，可分为个人人身保险与团体人身保险；按保单是否参与分红，可分为分红保险和不分红保险；按被保险人的风险程度，可分为标准体保险和次标准体保险等。

二、人身保险的特征

人身保险以人的寿命或身体为保险标的，因而具有一些不同于财产保险的特点。

（一）保险标的的不可估价性

人身保险的保险标的是人的寿命和身体，而人的寿命和身体是很难用货币来衡量其价值的。对于财产保险，保险标的在投保时的实际价值是确定保险金额的客观依据，但人身保险金额的确定没有人的生命和身体的实际价值作为客观依据。在实务中，人身保险的保险金额是由投保人和保险人双方约定后确定的，此约定金额既不能过高，也不宜过低，一般会从两个方面来考虑这个问题，一方面是被保险人对人身保险需要的程度，另一方面是投保人缴纳保费的能力。对于人身保险的需求程度可以采用“生命价值”理论或者“人身保险设计”的方法来进行粗略的测算，而缴费能力则主要是根据投保人的职业和经济收入来判断。

（二）保险金额的定额给付性

人身保险金额的确定与给付的特殊性是由于人的生命和身体无法用货币衡量这一特殊性决定的。人身保险是定额给付性保险（健康保险的一些险种例外）。补偿原则是保险的基本原则，其派生出来的重复保险分摊原则和代位追偿原则也是保险经营中非常重要的原则。人身保险标的的特殊性使被保险人发生保险责任范围内的保险责任时，不能像财产保险那样根据事故发生时财产损失的实际程度支付保险赔款，并以保险金额为最高限额。人身保险只能按照保险合同规定的保险金额支付保险金，不能有所增减。因此，人身保险一般不适用补偿原则，也一般不存在比例分摊和代位追偿。同时，人身保险一般没有重复投保、超额和不足额投保等问题。

值得注意的是，人身保险中的医疗保险可以采用定额给付方式，也可以采用补偿方式。当采取补偿方式时，适用补偿原则，保险人对被保险人给付的医疗保险金不超过被保险人实际支出的医疗费用，可以进行比例分摊和代位追偿。

（三）保险期限的长期性

人身保险合同，特别是人寿保险合同一般是长期合同，保险期限可为人的一生,在既定的保费缴纳方式下,人身保险的保费收入稳定,可积聚巨额的、可供长期运用的资金,保险人可从中获得收益,也可以利息方式返还给投保人,如分红保险等。但也正因为其保险期限的长期性使人身保险的经营易受到外界因素的影响,这些影响因素如下所述:

1. 利率因素的影响

人身保险合同一般具有长期性,并且多数人身保险单具有保障性和储蓄性两种性质,因此在人身保险的长期合同中都有预定利率假设,即保险人承诺给投保人的利率保证。这种预定利率与银行利率的变动有着直接的关系。一年期业务和短期业务往往可以忽略利率因素的影响,长期合同中利率因素则会产生很大的影响,时间越长,利率产生的影响越大。也就是说,同样的本金在不同利率的积累下,经过较长的时间,最终的积累值相差极大。

2. 通货膨胀因素的影响

通货膨胀是经济发展过程中难以避免的一种经济规律,传统寿险的主要特征是固定利率和固定给付,即保险合同规定的预定利率和约定的保险金额不会因为通货膨胀的存在而改变,因此持续的通货膨胀会导致人身保险实际保障水平的下降。如某一人寿保险合同,其保险金额是 10 万元,保险期限是 30 年。若在第 20 个保单年度发生了保险事件,保险人则给付保险金 10 万元。但在日常生活中,由于通货膨胀的影响,保障水平会远远低于 10 万元。

为了克服通货膨胀的影响,主要的办法是进行险种的不断变革。目前比较流行的利率敏感性险种主要包括:变额寿险、万能寿险、变额万能寿险、变额年金等,这些险种都可以在一定程度上消除通货膨胀对人身保险的影响。

3. 预测因素偏差的影响

人身保险合同尤其是人寿保险合同的长期性,使保险公司对于未来某些因素的预测变得非常困难,因此面临着预测偏差的风险。影响人寿保险费率的因素有死亡率、利率、费用率、失效率和平均保额因素,但为了简化对人寿保险费率厘定原理的分析过程,往往主要考虑死亡率因素、利率因素、费用因素,这三个因素就是我们常说的计算人寿保险费率的三要素。

对于死亡率因素,各家寿险公司之间的经验死亡率差别是很大的。高的经验死亡率可能是低的经验死亡率的 1.5 倍。实际上死亡率因素会变动的,往往与预测有所偏差,如果死亡率的预测偏低,会影响公司的偿付能力;偏高则会损害被保险人的利益或丧失市场竞争能力。

对于利率因素,寿险公司的预定必须十分慎重,因为寿险公司预定的利率能否实现,要看其未来投资收益。我国利率自 1996 年不断下调,使保险公司的实际收益水平不断下降，但是保险公司承诺给客户的利率是不能因此而改变的，显然这将给保险公司的经营稳定带来很大的冲击，利差损很大。利率因素永远是动态的，它不可能长期稳定于某个固定值周围，而多数寿险合同是长期合同，因此对于利率因素可能发生的变动及其对寿险业务的影响必须进行非常谨慎的预测。

对于费用率因素的考虑也有类似的问题。不同的公司费用率一般是不同的，同一保险公司在不同时期其费用率的预测也是有一定的偏差的。

（四）生命风险的相对稳定性

作为人身保险中重要部分的人寿保险，其主要风险因素是死亡率。死亡率的规律直接影响人寿保险的成本。对于死亡保险而言，死亡率越高，则费率越高。影响死亡率的因素很多，如年龄、性别、职业、个人偏好等。当然，死亡率也是随着经济的发展、医疗保健技术、条件等的提高和生活水平的提高而不断降低，它也是在变动的。但据死亡率的研究结论，死亡率因素较其他非寿险风险发生的概率的波动则是相对稳定的，所以在寿险经营中的巨灾风险相对较少，经营稳定性较强，对于再保险的运用相对于财产保险较少，保险公司只对大额的次标准体保险进行再保险安排。

（五）保险费率的均衡性

人身保险，尤其人寿保险，风险是以死亡率为基础测定的。不同年龄的人死亡率不同，特别是人到晚年，死亡率更是加速度上升。如果单纯按危险率来确定保险费率，那么保险费率就会年年变动。被保险人年龄越大，保费越高，而大多数被保险人在晚年最需要保险保障的时候就会因无力缴纳高额保费被迫退出保险，这样人寿保险就失去了存在的意义；而且还可能出现身体健康的人因费率上升而退出保险，体弱多病的人因其危险程度增大而坚持投保的逆选择现象，而且自然保费实际操作复杂，对保险人的经营很不利。为了避免费率频繁变动，使人到晚年仍可获得保险保障，保证保险人的正常经营，人身保险一般采用“平均保费法”，以均衡的费率代替每年更新的自然保险费率。

（六）人身保险的储蓄性

除提供一般保险保障外，大多数人身保险还具有储蓄性。在大部分人身保险业务中，无论保险事故是否发生，被保险人都可以收回一部分保险费（一般称作保单的现金价值）。因为人身保险的多数险种具有这种储蓄性质，所以人身保险被保险人可以在规定的额度内，用保单作抵押向保险人借款，也可以在中途解除保险合同时领取退保金等。

三、人身保险合同的常见条款

世界各国的保险监管部门,为了使不同保险人的人身保险条款比较统一,在各自的保险法律、法规中都规定了一些标准条款,供保险人设计保险条款时采用。在我国最新修订的《保险法》中,人身保险合同一节也规定了若干标准条款,如年龄误报条款、宽限期条款、复效条款、受益人条款以及自杀条款等,并且在保险合同第十六条规定不可抗辩条款适用范围扩展到了被保险人的健康状况。以下是国际上常见的人身保险标准条款。

(一)不可抗辩条款

不可抗辩条款又称不可争议条款。此条款规定,自保单生效之日起满两年后,保险人将不得以投保人在投保时的隐瞒、误告、遗漏或不实说明作为理由,而主张合同无效或拒绝给付保险金。即保险人有两年的时间来调查投保人或被保险人的诚信情况,若发现投保人或被保险人违反了诚信原则,保险人可以解除保险合同,且不退还已收的保费。但两年过后,保险人丧失此权利。

保险合同是最大诚信合同,它要求投保人在投保时如实告知、据实回答保险人的询问,否则保险人有权解除保险合同。但在人寿保险业务的实务中,如果不加时间限制,保险人就可能滥用该规定,特别是对长期性的人寿保险合同来说,更是如此。死亡保险合同保障的是受益人的利益,经过很多个保单年度后,不易查清当时的告知是否属实,且被保险人死亡后,受益人也不一定了解当时的告知情况,保险人因投保人或被保险人的不实告知而解除合同或拒付保险金,受益人的保障就失去了,从而实际上让受益人承担了投保人的误告之责。因此为了保护被保险人或受益人的利益,许多国家都制定了不可抗辩条款。

我国《保险法》第十六条规定:"订立保险合同,保险人就保险标的或者被保险人的有关情况提出询问的,投保人应当如实告知。投保人故意或者因重大过失未履行前款规定的如实告知义务,足以影响保险人决定是否同意承保或者提高保险费率的,保险人有权解除合同。前款规定的合同解除权,自保险人知道有解除事由之日起,超过三十日不行使而消灭。自合同成立之日起超过二年的,保险人不得解除合同;发生保险事故的,保险人应当承担赔偿或者给付保险金的责任。"

可见,不可抗辩条款在我国属于法定条款。这一条款的实施,对于平衡保险公司与被保险人之间的利益冲突,保护处于弱势地位的被保险人及受益人的合法权益以及改善社会公众对保险业的负面印象都发挥了巨大的作用。

在保险实务中,该条款有例外情况。一般来说,保险人基于以下几种事由所提出的抗辩不受不可抗辩条款的约束:①在不可抗辩期间发生事故的,解除权不因不可抗辩期间的届满而消灭，保险人仍可以告知义务有瑕疵而解除合同。英美立法一般规定本契约自成立日起经过2年以后，定为不可争，但以被保险人未亡为条件，以防止投保人或受益人可能进行的规避。②未缴纳保险费的情形，不受不可抗辩条款的约束。③投保人必须对保险标的具有可保利益，以防止利用生命赌博和道德危险因素。因此，保险利益的争辩不在此规则的调整范围内。④此条款虽适用一般的欺诈行为，但特别严重的欺诈行为仍可能使合同无效，如冒充被保险人进行体检等行为。

专栏 10-1 不可抗辩适用案例①

2008年9月，王某自己投保了某寿险及附加终身重疾险，保险金额分别为12万元和4万元。2010年11月，王某被医院诊断为脑干梗塞后遗症、Ⅱ型糖尿病并高血压病3级、高脂血症(均属于保险合同约定的重大疾病范围)。2011年3月3日，王某向保险公司申请理赔。同年3月11日，保险公司作出拒赔决定：解除保险合同，退还所交保费12 000元。经多次协商理赔未果，王某遂诉至法院，要求保险公司给付保险金。

庭审中，保险公司辩称，王某在投保前曾因患冠心病、Ⅱ型糖尿病住院治疗，而在投保前王某未履行如实告知义务，因此保险公司有权解除保险合同。

法院经审理认为：保险合同生效日为2008年9月29日，保险公司于2011年3月11日才提出与原告解除保险合同，已超出法律规定的2年期限，原告作为投保人依法享有取得理赔款的权利，遂判决保险公司赔偿投保人王某4万元。

(二)宽限期条款

多数人寿保险合同是长期性的，并且缴费期限也是长期的。在这种情况下，投保人就可能有多种因素，如疏忽、外出、经济变化等原因而不能按时缴纳保险费，如果保险人据此解除保险合同，不仅将使投保方失去保障，也不利于自身业务的巩固。因此通常会规定宽限期条款。

宽限期条款规定，投保人在交纳续期保费时，保险人给予其一定的宽限时间(通常为1个月或2个月)，在这一期限内，投保人即使未缴保费也不影响保单的有效性，也就是说，如果在宽限期内发生保险事故的，保险人承担给付保险金的责任，但要从保险金中扣除当期应交的保险费和利息。若宽限期满，投保人仍未交付保

① 案例来源：罗真，朱艳超．合同成立逾两年投保人未如实告知亦可获赔．中国法院网，2013-11-22. https://www.chinacourt.org/article/detail/2013/11/id/1149133.html.

险费,保险合同自宽限期满翌日效力中止。例如,王先生以自己的生命为保险标的,向某寿险公司购买了一份10年期的定期寿险,保险金额为10万元,以普通的年缴保费方式支付保险费。王先生在交纳了首期保费后,由于出差在外未能在保单规定的期限(60天)内续缴保费,在保单没有另外规定的情况下,该保险合同效力中止,也就是说,若王先生在过了宽限期后,即使发生了保单中规定的责任范围内的事故,保险人也不会给付保险金。但如果王先生是在宽限期内发生了保险事故,保险人还是应给付小于10万元的保险金(10万元再扣除当期应缴纳的保费和利息)。

我国《保险法》第三十六条规定:"合同约定分期支付保险费,投保人支付首期保险费后,除合同另有约定外,投保人自保险人催告之日起超过三十日未支付当期保险费,或者超过约定的期限六十日未支付当期保险费的,合同效力中止,或者由保险人按照合同约定的条件减少保险金额。被保险人在前款规定期限内发生保险事故的,保险人应当按照合同约定给付保险金,但可以扣减欠缴的保险费。"

(三)复效条款

合同履行过程中,在一定的期间内,由于失去某些合同要求的必要条件,致使合同失去效力,称为合同中止;一旦在法定或约定的时间内所需条件得到满足,合同就恢复原来的效力,称为合同复效。该条款规定:人寿保险单因欠缴保费而效力中止的,投保人可以在一定期限内申请复效。

为了保护被保险人和受益人的利益,保险人给投保人交纳保险费的宽限期,在宽限期结束后仍未交纳应付保险费的,保险合同的效力中止。一旦投保人重新具备缴纳保险费的能力并且愿意补缴合同效力停止期间的保险费和利息,保险合同效力将恢复。但如果中止期限届满,投保人仍未能就复效问题与保险人达成一致意见并补缴保险费,那么保险人有权解除保险合同。被中止的保险合同可以在合同中止后的二年时间内申请复效。

投保人如果申请合同复效,须满足以下条件:①必须在规定的期限内提出复效申请。②被保险人要符合可保条件。③申请复效时须补缴失效期间未缴的保险费和利息。

我国《保险法》第三十七条规定:合同效力依照本法第三十六条规定中止的,经保险人与投保人协商并达成协议,在投保人补交保险费后,合同效力恢复。但是,自合同效力中止之日起满二年双方未达成协议的,保险人有权解除合同。

(四)保费自动垫缴条款

该条款规定:投保人在合同有效期内已缴足2年以上保险费的,如以后的续期保险费超过宽限期仍未交付，而保险单当时的现金价值足以垫缴应缴保险费及利息时，除投保人事先另以书面作反对申明外，保险人将自动垫缴其应缴保险费及利息，使保险单继续有效。如果垫缴后，投保人续期保费仍未交付，垫缴应继续进行，直到累计的贷款利息达到保单上的现金价值时，保险合同的效力中止，此中止适用复效条款。如果被保险人在垫缴期间发生保险事故，保险人应从给付的保险金中扣除贷款利息。规定该条款的目的是减少保单失效，维持较高的续保率。

(五)不丧失价值条款

人寿保险合同的投保人享有保单现金价值的权利，不因保险合同效力变化而丧失。也就是说，即使保险单失效了，保单中的现金价值所有权不变。

在人寿保险发展之初，对保险单失效后是否给付投保人保险单中的现金价值没有统一的规定。因此，各保险人做法不一，有的保险人给付保险单持有人部分现金价值，有的保险人没收失效保险单的现金价值，使其成为保险公司的利润来源之一。后来，这些做法逐步被人们认识到对投保人极不公平。因此，一些国家的法律规定，储蓄性的人寿保险单失效，其投保人对保险单享有的现金价值权利不丧失。

由于人寿保险实行均衡费率，投保人在交付一定时期(一般为二年或三年)保险费之后，人寿保险合同就具有了一定量的现金价值，且大部分险种的现金价值是不断递增的。这部分现金价值如同储蓄存款一样(在不发生给付的情况下)，应为投保人所拥有。也就是说，当保险费交给保险人后，其中的一部分用于支付保险人的费用，大部分被积存用作责任准备金，保险事故发生前，保险人也可以使用这部分现金价值；保险事故发生后，投保人可以取回全部保险金；而当投保人不愿继续投保而致使保险合同失效时，投保人仍然享有现金价值的权利，因此称为不丧失价值条款。

专栏 10-2　保单现金价值

保单现金价值：又称解约退还金或退保价值，是指带有储蓄性质的人身保险单所具有的价值。在长期寿险契约中，保险人为履行契约责任，通常需要提存一定数额的责任准备金。当被保险人于保险有效期内因故要求解约或退保时，保险人按规定，将提存的责任准备金减去退保手续费的余额退还给被保险人，这部分余额即解约金，亦即退保时保单所具有的现金价值。

(六)保单贷款条款

该条款规定：人寿保险单经过两年时间后，投保人可以以保单为质押向保险人申请贷款。根据不丧失价值条款,保单经过一定时期之后会积存一定的现金价值,且该现金价值归保单持有人所有。因此,如果投保人有经济上的临时性需要,保险人应该将该现金价值暂时借给投保人使用。贷款的金额只能是保单现金价值的一定比例,如75%或80%等。保险人将按照保单上规定的利率收取利息。当贷款本利和达到保单的现金价值时,投保人应按照保险人的通知日期还清款项,否则保单失效。因为它相当于投保人已经领取了退保金,所以此种失效一般不得申请复效。如果被保险人或受益人领取保险金时,保险单上的借款本息尚未还清,保险人将在保险金内扣除贷款本息。

保单贷款的期限多以6个月为限,贷款利率略高于或等于金融机构的贷款利率,通常到期可以自动更新。保单贷款并非真正的"贷款",一般贷款是指债权人借款给债务人,两者签订协议,约定债务人到期还本付息。保单贷款与一般贷款的区别在于:在保险人给予保单贷款时,投保人并未许诺将来还贷款。更准确地说,保单贷款是保险人将最终必然要支付的款项预付给投保人。实行保单贷款方便了投保人,降低了保单解约率,增加了保险人的资金运用渠道。但由于贷款金额较小,笔数较多,保单贷款的净收益率远小于保险人将此笔资金应用于其他投资所能得到的净收益。所以,该条款实际上是保险人给予投保人的优惠条款。

(七)年龄误报条款

被保险人的年龄是确定保险费率的重要依据之一,也是保险人是否承保的条件。投保人是在申请投保时提供被保险人的年龄的,保险人则是在发生保险事件时对被保险人的年龄进行核实的。一般规定:①在被保险人生存期间发现年龄误告,可调整保费而维持原保额不变;②在被保险人死亡时发现年龄误告,则只能按真实年龄调整保额;③在真实年龄超过保险公司规定的最高年龄时,保险合同自始无效,保险人退还保险费。

我国《保险法》第三十二条规定:"投保人申报的被保险人年龄不真实,并且其真实年龄不符合合同约定的年龄限制的,保险人可以解除合同,并按照合同约定退还保险单的现金价值。保险人行使合同解除权,适用本法第十六条第三款、第六款的规定。投保人申报的被保险人年龄不真实,致使投保人支付的保险费少于应付保险费的,保险人有权更正并要求投保人补交保险费,或者在给付保险金时按照实付保险费与应付保险费的比例支付。投保人申报的被保险人年龄不真实,致使投保人支付的保险费多于应付保险费的,保险人应当将多收的保险费退还投保人。"

被保险人死亡时发现年龄误报,保险金额的调整方法举例如下:

【例】某人投保10年期的定期寿险,保险金额为10万元,保费的缴纳方式是

10 年限交，投保年龄为 30 岁，年交保费为 3 300 元。6 年后，此被保险人死亡。保险人在理赔时发现此被保险人投保时的实际年龄为 31 岁，而 31 岁的人年交保费为 3 500 元。因此，保险人实际应给付受益人的保险金调整为多少？

【解析】保险人应给付受益人的保险金为：

$$100\,000\times(3\,300/3\,500)=94\,286(\text{元})$$

即保险人给付受益人保险金 94 286 元。

(八)自杀条款

所谓自杀，在法律上是指故意剥夺自己生命的行为。如果没有主观上的故意，则不能称为自杀。在人寿保险合同中，一般都将自杀作为责任免除条款来规定，这主要是为了避免蓄意自杀者通过保险方式谋取保险金，防止道德危险的发生。但自杀毕竟是死亡的一种，有时被保险人遭受意外事件的打击或心态失常亦会做出结束自己生命的行为，并非在有意图谋保险金。为了保障投保人、被保险人、受益人的利益，很多国家在人寿保险合同中都将自杀列入保险责任范围，但规定保险合同生效一定期限后(通常是 2 年)发生被保险人的自杀行为，保险人才承担给付保险金责任。

我国《保险法》第四十四条规定："以被保险人死亡为给付保险金条件的合同，自合同成立或者合同效力恢复之日起二年内，被保险人自杀的，保险人不承担给付保险金的责任，但被保险人自杀时为无民事行为能力的人除外。保险人依照前款规定不承担给付保险金责任的，应当按照合同约定退还保险单的现金价值。"如果自杀发生在两年以后，保险人履行给付保险金责任。

在寿险业务中，曾在很长一段时间内将自杀作为除外责任，人们认为如把自杀包括在保险责任范围内，会助长道德风险。但是，后来人们发现对自杀完全免除责任是不尽合理的，因为：

第一，人寿保险是保障受益人的利益的，因此当被保险人与受益人并非为同一人的情况下，被保险人自杀，若保险人一概不负给付保险金责任，会给受益人带来生活上的困难。

第二，自杀也是组成死亡率中的若干原因之一，这种死亡是包括在据以计算保险费的死亡表之内的。所以，保险人完全把自杀排除在保险责任之外是不合理的，因为投保人已为自杀缴付保险费了。

第三，虽然为了保护保险公司的利益，防止某些蓄意自杀以谋取保险金的行为是必要的，但对这种损害保险公司利益的逆选择行为规定一个免责期限就可以了。根据心理学的调查，一个人在一两年以前即开始自杀计划，这一自杀意图能够持续

2年期限并最终实施的可能性很小。因为随着时间的推移、环境的变化、新机会的出现,人的不理智决定会发生改变。因此,自杀条款的规定既可避免道德风险的发生,也可最大限度地保障被保险人和受益人的利益。

需要注意的是:自杀条款只适用于死亡为给付条件的合同,不适用意外伤害,在人身意外伤害保险中,对被保险人故意自杀,保险人一律不承担保险金给付责任。

专栏10-3①

2003年4月,香港影星张国荣选择自杀退出生命,除了留给影、歌迷无限的怀念以外,死因谜团与所留下的财产如何处置,也倍受人们关心。

张国荣先生去世后,负责他生前人寿保险的香港某保险公司正式开具了一张价值四千多万港元的人寿保险理赔单,但没有理赔自2002年1月自杀未遂后签署的一张千万(美元)保额的保险。原因是什么?

自杀条款:合同成立两年内的自杀行为不属于理赔范围。

(九)保单转让条款

人寿保险单是一种特殊的金融资产,其现金价值逐年递增,同时它需要在一定的条件下,才能从依法占有变为实际占有。人寿保险单持有人在不侵犯受益人的既得权利的情况下可以将其保单转让。转让分为绝对转让和质押转让两种。绝对转让是指把保单所有权完全转让给另一个所有人。如母亲购买了一份以其女儿为被保险人的寿险保单,在其女成人时,将保单赠予她,这就属于绝对转让。质押转让是指把保单作为被保险人的信用担保或贷款的质押品。人寿保单的转让仅仅是一种民事权利和义务的转移,并不改变被保险人。

保单转让时,必须书面通知保险人,否则不发生法律效力。通常,受让人取得保单后,一方面取得了权利,另一方面也要承担相应的原保险合同规定的一些尚未履行的义务。《保险法》第三十四条规定:"以死亡为给付保险金条件的合同,未经被保险人同意并认可保险金额的,合同无效。按照以死亡为给付保险金条件的合同所签发的保险单,未经被保险人书面同意,不得转让或者质押。父母为其未成年子女投保的人身保险,不受本条第一款规定限制。"

① 案例来源:佚名.保险学案例[OL].豆丁网,2011-10-28. http://www.docin.com/p-278853726.html.

专栏 10-4　北京银保监局消费者风险提示：选购保险五步走守护您的幸福家①

为进一步维护广大消费者合法权益，倡导健康保险消费观，北京银保监局提示，选购人身保险五步走，守护您的幸福家：

第一步，了解保险产品的主要功能。人身保险产品按照保障责任来看，主要分为意外伤害保险、健康保险、人寿保险和年金保险。意外伤害保险服务于人们因意外事故而导致身故、伤残或其他意外的医疗保障；健康保险服务于看病就医等健康保障；人寿保险服务于被保险人的死亡、全残或生存到保险期满给付保险金；年金保险服务于养老保障和子女教育规划等保障。不同的人身保险产品，侧重不同的风险保障。尽管部分分红、投连、万能等寿险产品具有投资功能，但本质上仍属于保险产品，收益水平与保险公司经营状况和投资能力相关，不宜与银行存款、国债、基金等金融产品进行片面比较，更不能仅把其作为银行存款的替代品。

第二步，客观分析自身的保险需求。保险需求一般分为家庭经济责任、紧急预备金、子女教育规划以及养老规划。人生不同阶段，面对的风险不同，保险需求也有所不同。通常来说，年轻时偏重家庭经济责任，相关保险可以为父母、配偶提供部分经济支持；中年时偏重子女教育储备和养老储备，同时对健康保障的需求也逐步增加；老年时偏重养老、健康护理和财产传承等。消费者可以根据自身的家庭情况和所处的人生阶段，选择合适的产品。建议在分析自身保险需求时，首先考虑保障，再根据经济条件安排储蓄和投资理财规划。

第三步，根据需求匹配合适产品。通常来说，家庭经济责任和紧急预备金可以通过购买保障型产品来转移突发风险带来的经济损失，典型的保障型产品包括意外伤害保险、健康保险和定期寿险等；子女教育和养老规划可以通过购买人寿保险或年金保险进行储蓄准备。投资连结保险产品适合具有理性的投资理念、追求资产高收益同时又具有较高风险承受能力的投资人。

第四步，选择与经济实力相当的保费开支。消费者要充分考虑风险对自身和家庭的影响程度来设定保额。此外，一年期以上人身保险产品缴费方式分为一次性缴纳和分期缴纳两种，消费者应根据收入稳定性和可分配性来确定适合的缴费方式。总的来说，保险费的支出应与自身的经济条件相适应，一般不超过年收入的15%为宜。

第五步，仔细阅读保险条款确认权利义务。购买保险时，消费者要仔细阅读保险条款，尤其是作出特别提示的免责事项、投保人和被保险人义务、保障范围、犹豫

---

① 资料来源：中国银行保险监督管理委员会北京监管局，2021.9.26.

期、退保损失等重要事项。对于不清楚的条款应要求保险销售从业人员履行说明义务,确保心中有数。同时,如果保险公司就被保险人有关情况进行询问,投保人应当如实告知,避免因未告知或告知不准确而影响保险合同效力,做到明明白白买保险。

第二节 人寿保险

一、人寿保险的概念与种类

人寿保险是以人的寿命为保险标的,以人的生死为保险事件,当发生保险事件时,保险人履行给付保险金责任的一种人身保险。人寿保险是人身保险的主要组成部分,当被保险人在保险有效期内发生合同规定的保险事件时,保险人按照约定给付死亡保险金或满期生存保险金。

人寿保险的产品种类随着人们对寿险产品的需求、金融产品的发展,以及现实条件的成熟而不断增加。其主要险种体系可以分为传统型人寿保险和创新型人寿保险两大类。其中传统人寿保险是最基本的险种,它保障的是人的生、死等基本危险,包括死亡保险、两全保险和生存保险。年金保险是一种特殊的生存保险。创新型人寿保险包括分红保险、万能保险、变额寿险等带有投资理财功能的险种。

二、传统型人寿保险

(一)死亡保险

死亡保险是以被保险人的死亡为保险事件,在保险事件发生时,由保险人给付保险金的一种保险。它保障的是被保险人的受益人在被保险人死亡后能维持一定的生活水平。按照保险期限的不同,可分为定期死亡保险和终身死亡保险。

1. 定期死亡保险

定期死亡保险即定期寿险,是以被保险人在保险合同规定的一定期限内发生死亡事件而由保险人给付保险金的一种人寿保险。也就是说,如果被保险人在规定的期限内死亡,保险人向受益人给付保险金;如果被保险人在期满仍然生存,保险人不需给付保险金,也不退还保费。通常,定期寿险的特点可以概括为以下几点:

(1)保险期限灵活,可长可短。一般可在合同中约定年限,也可约定保险期限达到一定的年龄为保险期满。

(2)保费低廉。定期寿险的保费低廉是因为它提供的完全是危险保障,不包括储蓄的性质。在保险有效期内,发生合同约定的死亡事件,保险人则给付保险金;倘若期满未发生合同约定的死亡事件,保险人与被保险人所签订的保险合同结清。

由于其低费率高保障,使被保险人的逆向选择机会增加,也容易诱发道德风险。

(3)可续保性。几乎所有的一年期、五年期、十年期等定期寿险保单都包含一项续保选择权。该选择权允许保单持有人在保单到期时,不经可保性检查便可以续保,通常续保的期限长度有一定的限制,保单持有人续保时的年龄也有一定限制。

(4)可转换性。很多定期寿险都可以进行转换,即允许保单持有人将定期寿险转换成终身寿险或其他等额的寿险而无须提供可保性证明。通常,定期寿险的可转换期较保单有效期要短,过了可转换期而没有提出保单转换的要求,则视为自动放弃该权利。

2. 终身死亡保险

又称终身寿险,即终身提供死亡保障的保险。在保险合同有效期间发生保险责任范围内的事件,不论被保险人何时死亡,保险人都给付保险金。通常,终身寿险的特点为:保险期限是被保险人的终身;保险金额通常保持不变,除非保单有特约条款允许在一定情况下进行调整,如按物价指数调整。保单经过一定年限就具有了现金价值,投保人对保单现金价值具有处置权。

几乎所有的终身寿险都基于生命表所假设的100岁为人的寿命极限,尽管实际上许多被保险人能生存至100岁以后,但保险人在定价时,假定所有被保险人的最大寿命为100岁。在中国,生命表中规定的最高年龄为105岁。这样,为求得公平,保险人就应在被保险人生存至100岁或105岁时就支付全部保险金,而不是等到被保险人在100岁或105岁后死亡时支付。

(二)生存保险

生存保险是以被保险人于保险期满或达到某年龄时仍生存为给付保险金条件的一种人寿保险。生存保险保障的目的主要是为年老的人提供养老保障,或者为子女提供教育基金等。

1. 单纯的生存保险

单纯的生存保险以被保险人在保险期满或达到某年龄时仍生存为给付条件,并一次性给付保险金。若被保险人在保险期限内死亡,则不能得到保险金,且所缴保费也不予退还。在寿险实务中,单纯的生存保险一般不能作为独立的险种。

2. 年金保险

年金保险是指在被保险人生存期间,保险人按照合同约定的金额、方式,在约定的时间开始有规则地、定期地向被保险人给付保险金的保险。年金保险大多数用于养老,所以又称养老年金保险。

年金保险可以按不同的标准进行分类。

(1)按缴付保费的方式分类,可分为定缴年金和分期缴费年金。

定缴年金是指保费由投保人在投保时一次全部缴清,然后于约定时间开始,可以在缴保费后不久,也可以在很长时期以后,按期由年金受领者领取年金。

分期缴费年金是指年金保费是由投保人采取分期缴付的方式,如在一个规定时期内按年缴费,也可以按半年、季、月缴费,然后于约定给付开始日起按期由年金受领者领取年金。

(2)按年金给付开始日期分类,可分为即期年金和延期年金。

即期年金是年金受领者在订立合同后,仅间隔一个给付期间就开始按期领取年金。即期年金必须采用趸缴保费的方式。

延期年金是指购买年金保险后,须经过一定时期,这个一定时期必须比一个给付期间隔长,如几年或几十年才开始给付第一次的年金。人们通常在工作时期购买延期年金,以满足其退休后的生活需要。延期年金可以是趸缴保费方式购买,也可以用分期缴费方式购买。延期的时间越长,缴付保费的方式也就越灵活。

(3)按被保险人人数分类,可分为单生年金和联合年金。

单生年金是指被保险人为一个人的年金保险,并以其本人的生存作为给付年金的条件。联合年金是指有两人或两人以上的被保险人,以他们的同时生存作为年金给付的条件,只要其中一个死亡则终止保险金给付。

(4)按年金给付条件分类,可分为生存年金、确定年金和定期生存年金。

生存年金是以年金受领者的生存作为给付年金的条件。即年金受领者在合同规定的期限内生存,可以按期领取年金,直到死亡为止。

确定年金是以合同约定的一定期限为给付年金的条件,而不受年金受领者是否生存的限制。即在合同约定的时期内,无论年金受领者是否生存都可以由年金受领者或其受益人领取年金。

定期生存年金在一个规定时期期满或年金受领者死亡时停止给付年金,以两者先发生的为准。

(5)按年金给付金额是否变动分类,可分为定额年金和变额年金。

定额年金是指每期年金给付额保持不变。

变额年金是指每期年金给付额会有所变化,给付额主要是根据投资收益进行调整,以保持年金的实际购买力,抵消通货膨胀的冲击。

(三)两全保险

两全保险是既提供死亡保障,又提供生存保障的一种保险。两全保险中的死亡给付对象是受益人,而期满生存给付的对象是被保险人。

从数学的概念上看,两全保险的保险人提供两种承诺:①若在保险有效期内被保险人死亡,向其受益人支付保单规定数额的死亡保险金。②若被保险人生存至保险满期,则也向其支付保单规定数额的生存保险金。这样,在保险期内提供死亡给付,只需在生存保险中增加一个同期的定期寿险。可以看出,两全保险中的两个因素:均衡定期寿险及生存保险合在一起,构成了两全保险的保障。

从经济学的角度看,两全保险可以分为两个部分:保额递减的定期寿险及保额递增的储蓄性保险。储蓄部分的价值,保单持有人可以通过退保及保单贷款获得,递增的储蓄部分与递减的定期寿险部分相结合,恰好等于保单规定的保额。

三、创新型人寿保险

创新型人寿保险相对于传统寿险的主要区别在于充分考虑了通货膨胀的影响。在我国,主要包括分红保险、万能寿险和变额寿险。

专栏 10-5　创新型人寿保险的产生与发展①

20 世纪 70 年代至 80 年代,欧美国家正值高通货膨胀及高利率时代,消费者想通过购买金融工具来获取高回报,银行和证券公司开发出大量创新的金融产品,从而吸引了大量的个人金融资产,而保险公司的传统型保险产品的给付选择无法应对高通胀,造成保险公司的资金外流,这就迫使欧美的寿险业者纷纷调整传统型寿险产品的设计方向,开发出"投资型保险",即创新型寿险产品。

20 世纪 70 年代后期,投资型保险(基金连结保险)在英国的保险市场上逐渐取代传统型保险,越来越多的传统型业者开始拓展与共同基金相结合的寿险商品,再加上在股票市场的稳定获利,大多数英国人开始意识到创新型产品的好处,需求不断上升。从 1987 年至 1997 年间,英国的基金连结保险在寿险市场上的份额由 39%提高到 50%,增长了 11%。

1976 年,美国 Equitable 人寿保险公司开发出称为"变额保险"的第一代创新型寿险产品。从 80 年代开始,变额保险在美国获得迅速发展,共有 30 多家保险公司销售此类保单。截至 1999 年,变额保险在美国寿险市场所占份额已超过 30%。

---

① 资料来源:荆涛. 人寿与健康保险. 北京:北京大学出版社,2011.

(一)分红保险

分红保险是指保险人除了按照保单所载明的保险责任对被保险人进行给付以外,还将该产品经营中所取得的一部分盈利以保单红利的方式返还给保单持有人的保险。对客户来说,购买这种保险,不仅可以享有充分的保险保障,还能够从保险公司经营的利润中获得稳定、较高的投资回报。

在最初的相互保险公司的组织结构中,公司的所有人就是保单持有人,他们参与公司的利润分配。后来股份制寿险公司为了吸引客户并规避利率风险,同时考虑到保单持有人的公平性,开始推出一种可以将保单盈余返还给客户的保险,即分红保险。

目前,分红保险在世界各国的人寿保险市场上占有较高的比例。在北美地区,所有的相互保险公司以及一些股份制寿险公司的人寿保险主流产品均带有分红性质。在北美地区,80%以上的产品具有分红功能;在德国,分红保险占该国人寿保险市场份额的85%;在我国香港,这一数字更是高达90%。

(二)万能寿险

万能寿险是一种缴费灵活、保额可调整的非约束性寿险。万能寿险是为了满足要求保费支出较低且方式灵活的寿险消费者的需求,在1979年后最早出现于美国寿险市场。

万能寿险和传统寿险相比具有以下特点:

1. 保费缴付的灵活性

万能寿险对投保人首期保费的金额有最低的限制,以后各年的保费则由保单持有人来决定,但未来各年的保费必须足够支付定期寿险的费用,否则保单的效力中止。万能寿险通常也规定了最高限制金额,保单持有人可以在最低与最高金额之间决定自己的缴费金额。在不低于最低保险金额的前提下,如果是减少保险金额,不需要提供可保证明;如果是增加保险金额,则需要提供可保性证明。

2. 保险金额的可调整性

万能寿险有两种供投保人选择的给付方式:方式A是一种均衡式给付。在该模式下,净风险保额每期都会进行调整,以使净风险保额和与现金价值之和成为均衡的死亡保险金。这样,如果现金价值增加,则风险保额就会等额减少,反之,若现金价值减少,则风险保额就会等额增加。方式B是一种随保单现金价值变化而变化的给付方式。在该模式下,死亡给付金额为均衡的净风险保额与保单现金价值之和。这样,如果现金价值增加,则死亡给付额会等额增加。

3. 保险账户的透明性

在万能寿险经营中,每个保单持有人可单独设立账户,该账户的收入项目有新缴纳的保费、保证利息和超额利息。支出项目有定期寿险费用和管理费用。收入项目与支出项目相抵后的余额用来增加保单的现金价值量。保险人每年向保单持有人寄送报告,说明各账户的具体收支情况。

(三)变额寿险

变额寿险在不同的国家有不同的名称,美国叫变额寿险,英国称为单位连接保险,加拿大叫权益连接保险,新加坡和中国称为投资连结保险(简称投连险)。20世纪70年代初,变额寿险出现在欧洲和加拿大,1976年美国的人寿保险公司也开始销售这个险种。变额寿险是通货膨胀的产物。20世纪70年代初,整个西方资本主义国家发生了严重的通货膨胀,传统的固定保险费、固定保险金额的险种受到了极大的挑战,甚至整个保险业都受到了威胁。在此背景下,一种保险费固定而死亡给付金额不固定但有最低保证的新险种就产生了,即变额寿险。经营变额寿险的保险人将本保险的资产设立单独账户,单独进行投资,死亡给付金额将随着投资结果进行调整。

保险人为了稳妥经营,大多采用了投资组合方法。保险人提供的投资账户有股票基金、债券基金和货币市场基金等。保单持有人有投资选择权,他们可以决定净保费投入各种基金的比例或投入每一种基金的限额。保险人每年还要向保单持有人寄送报告,以说明他们所持有保单的现金价值、死亡保障金额和各项费用。

变额寿险大多是终身寿险。投保的根本目的是希望受益人得到较大的死亡保险金数额,但最终结果如何取决于投资业绩。如果投资收益率高,现金价值和死亡保障都会增加;如果投资收益率低,只能保证最低死亡给付金额。也就是该保单的死亡给付包括两个部分:第一部分是保单约定的最低死亡给付额,这一部分是固定的;第二部分是可变的死亡给付部分,即随投资收益变化的部分。投资收益超过保单预定利率的部分用来购买一份额外的保险。这份保险通常按纯费率购买,购买时间可以按天、按周、按月、按年进行,如果投资收益低于保单预定的利率,则会相应减少过去已增加了的保额,直至保额的最低限度。保单持有人承担了几乎全部的投资风险,但死亡率和费用率的变动风险仍由保险人承担。

变额寿险还提供许多传统的保单选择权,如家庭定期保障、意外死亡保障、保费豁免保障和保证可保。变额寿险的保单抵押贷款一般以现金价值的75%为限,这是因为变额寿险的现金价值数额波动性比较大。保单持有人要求退保时,退保金根据当时的保单现金价值计算。

第三节 人身意外伤害保险

一、人身意外伤害保险的概念与分类

(一)人身意外伤害保险的概念

人身意外伤害保险是以被保险人因遭受意外伤害造成死亡或残疾为给付保险金条件的一种人身保险。

人身意外伤害保险有三层含义:①必须有客观的意外事故发生,且事故原因是意外的、偶然的、不可预见的;②必须有客观事故造成被保险人人身的死亡或残疾的结果;③意外事故的发生和被保险人遭受人身伤亡的结果,两者之间有着内在的、必然的联系,即意外事故的发生是被保险人遭受伤害的原因,而被保险人遭受伤害是意外事故的后果。

意外伤害保险的保障项目主要有两项:①死亡给付,被保险人因遭受意外伤害造成死亡时,保险人给付死亡保险金。②残疾给付,被保险人因遭受意外伤害造成残疾时,保险人给付残疾保险金。死亡给付与残疾给付是意外伤害保险的基本责任。

意外伤害保险的派生责任包括医疗费用给付、误工给付、丧葬费给付和遗属生活费给付等责任。医疗费用给付,即被保险人因遭受意外伤害事故支出医疗费用时,由保险人按合同约定予以补偿。意外伤害医疗不是意外伤害保险的责任范围,它必须经当事人同意,以特约条款方式附加于意外伤害保险单或人寿保险单上。误工给付,即被保险人因遭受意外伤害,暂时丧失劳动能力时,由保险人给付停工收入保险金。此险种一般不能单独投保,只能作为意外伤害保险的附加险。丧葬费给付和遗属生活费给付,一般情况下也是作为意外伤害保险的附加险或在附加责任中体现。

(二)意外伤害保险的分类

1. 按保险责任分类

按保险责任分类,人身意外伤害保险主要包括三种:①意外伤害死亡残疾保险,其保险责任是死亡给付和残疾给付。②意外伤害医疗保险,其保险责任是意外造成的医疗费用给付。③意外伤害停工收入损失保险,其保险责任是意外造成暂时丧失劳动能力的停工收入给付。

2. 按保险危险分类

按保险危险分类,人身意外伤害保险可分为两种:

①普通意外伤害保险。它所承保的危险是在保险期限内发生的各种意外伤害。即指被保险人在保险有效期内,因遭受意外伤害而致死亡、残疾或暂时失去工作能力时,由保险人给付保险金的保险。

②特种意外伤害保险,它是以特定时间、特定地点或特定原因发生的意外伤害为保险危险的意外伤害保险。如旅行意外伤害保险。特种意外伤害保险还包括游泳者意外伤害保险、索道游客意外伤害保险、登山意外伤害保险和电梯乘客意外伤害保险等。

3. 按保险期限分类

按保险期限分类,意外伤害保险分为三种:①一年期意外伤害保险,即保险期限为1年的意外伤害保险业务。②极短期意外伤害保险,即保险期限不足1年,往往只有几天、几小时甚至更短的意外伤害保险。如索道游客意外伤害保险、航空意外伤害保险等。③多年期意外伤害保险,其保险期限超过1年的意外伤害保险。

4. 按承保方式分类

按承保方式分类,意外伤害保险可分为两种:个人意外伤害保险和团体意外伤害保险。个人意外伤害保险,即以个人方式投保的人身意外伤害保险。团体意外伤害保险,即以团体方式投保的人身意外伤害保险,其保险责任、给付方式均与个人投保的意外伤害保险相同。该保险也就是一个团体内的全部或大部分成员集体向保险公司办理投保手续,以一张保险单承保的意外伤害保险。团体指投保前即已存在的机关、学校、社会团体、企业、事业单位等,而不是为了投保而结成的团体。

二、人身意外伤害保险的保险责任

人身意外伤害保险的保险责任与死亡保险的保险责任既有重合又有区别。人身意外伤害保险的保险责任是被保险人因意外伤害所致的死亡或残疾,不负责疾病所致的死亡。死亡保险的保险责任是被保险人因疾病或意外伤害所致的死亡,不负责意外伤害所致的残疾。

意外伤害保险的保险责任由三个必要条件构成,即被保险人在保险期限内遭受了意外伤害;被保险人在责任期限内死亡或残疾;被保险人所受意外伤害是其死亡或残疾的直接原因或近因。三者缺一不可。

(一)被保险人遭受了意外伤害

被保险人在保险期限内遭受意外伤害是构成意外伤害保险责任的首要条件。这一条件包括以下两方面的要求:一是被保险人遭受意外伤害必须是客观发生的事实,而不是臆想或推测的。二是被保险人遭受意外伤害的客观事实必须发生在保险期限之内。

(二)被保险人死亡或残疾

被保险人在责任期限内死亡或残疾，是构成意外伤害保险的必要条件之一。这一必要条件包括以下两个方面的要求：

1. 被保险人死亡或残疾

死亡即机体生命活动和新陈代谢的终止。在法律上发生效力的死亡包括两种情况，①生理死亡，即已被证实的死亡。②宣告死亡，即按照法律程序推定的死亡。《中华人民共和国民法典》第四十六条："自然人有下列情形之一的，利害关系人可以向人民法院申请宣告该自然人死亡：(一)下落不明满四年；(二)因意外事件，下落不明满二年。因意外事件下落不明，经有关机关证明该自然人不可能生存的，申请宣告死亡不受二年时间的限制。"

残疾包括两种情况：①人体组织的永久性残缺，如肢体断离等。②人体器官正常机能的永久丧失，如丧失视觉、听觉、嗅觉、语言能力、运动能力等。

2. 被保险人的死亡或残疾发生在责任期限之内

责任期限是意外伤害保险和健康保险特有的概念，指自被保险人遭受意外伤害之日起的一定期限(如 90 天、180 天、360 天等)。

如果被保险人在保险期限内遭受意外伤害，在责任期限内生理死亡，则显然构成保险责任。但是如果被保险人在保险期限内因意外事故下落不明，自事故发生之日起满二年，法院宣告被保险人死亡后，责任期限已经超过。为解决这一问题，可以在意外伤害保险条款中订立失踪条款或在保险单上签注关于失踪的特别约定，规定被保险人确因意外伤害事故下落不明超过一定期限时，视同被保险人死亡，保险人给付死亡保险金，但如果被保险人以后生还，受领保险金的人应把保险金返还给保险人。

责任期限对于意外伤害造成的残疾实际上是确定残疾程度的期限。如果被保险人在保险期限内遭受意外伤害，治疗结束后被确定为残疾，且责任期限尚未结束，当然可以根据确定的残疾程度给付残疾保险金。但是，如果被保险人在保险期限内遭受意外伤害，责任期限结束时治疗仍未结束，尚不能确定最终是否造成残疾以及造成何种程度的残疾，那么，就应该推定在责任期限结束这一时点上被保险人的组织残缺或器官正常机能的丧失是否是永久性的，即以这一时点的情况确定残疾程度，并按照这一残疾程度给付残疾保险金。以后，即使被保险人经过治疗痊愈或残疾程度减轻，保险人也不追回全部或部分残疾保险金。反之，即使被保险人加重了残疾程度或死亡，保险人也不追加给付保险金。

(三)意外伤害是死亡或残疾的直接原因或近因

在意外伤害保险中，被保险人在保险期限内遭受了意外伤害，并且在责任期限内死亡或残疾，并不意味着必然构成保险责任。只有当意外伤害与死亡、残疾之间存在因果关系，即意外伤害是死亡或残疾的直接原因或近因时，才能构成保险责任。

意外伤害与死亡、残疾之间的因果关系包括以下三种情况：①意外伤害是死亡、残疾的直接原因。即意外伤害事故直接造成被保险人死亡或残疾。当意外伤害是被保险人死亡、残疾的直接原因时，构成保险责任，保险人应该按照保险金额给付死亡保险金或按照保险金额和残疾程度给付残疾保险金。②意外伤害是死亡或残疾的近因。即意外伤害是引起直接造成被保险人死亡、残疾的事件的最初、最有效的原因。③意外伤害是死亡或残疾的诱因。即意外伤害使被保险人原有的疾病发作，从而加重后果，造成被保险人死亡或残疾。

当意外伤害是被保险人死亡、残疾的诱因时，保险人不是按照保险金额和被保险人的最终后果给付保险金，而是比照身体健康者遭受这种意外伤害给付保险金。

专栏 10-6　猝死属于意外伤害保险的责任范围吗？[①]

56 岁的甲某，是福建省古田县人，2015 年 12 月 30 日夜晚，甲某在自己的寝室意外死亡，其家属同时向保险公司报案。甲某生前为发展食用菌生产，分别向农村信用社和邮政储蓄银行借款 16 万元，甲某还办理了借款人意外伤害保险。

对于甲某死亡能否获得保险赔偿的问题，家属认为：昨天人还是好好的，突然间死亡怎么不是意外伤害？保险公司认为，意外伤害死亡是指被保险人遭受外来的、突发的、非本意的、非疾病的外因，导致身体受到伤害的客观事件。但猝死的直接原因是疾病造成的，比如心肌梗死、脑出血、肺栓塞、急性坏死性胰腺炎等，并在短时间内死亡，所以猝死不属于意外伤害死亡，不能给付保险金．双方争执不下，诉至法院。

最终福建正信司法鉴定所根据当地医院提供的医疗诊断证明和现场勘查，对甲某死亡作出法医学鉴定意见：死者甲某系原有高血压疾病的基础上，头部受到钝性外力的作用导致急性特重型闭合性颅脑损伤，诱发脑干功能衰竭死亡，不属于意外伤害，判决保险公司胜诉。

三、人身意外伤害保险的保险金给付

意外伤害保险属于定额给付保险，当保险责任构成时，保险人按保险合同中约

① 资料来源：魏振书．猝死≠意外伤害死亡．中国保险报·中保网，2016-1-14. http://chsh.cbimc.cn/2016-01/14/content_181790.htm.

定的保险金额给付死亡保险金或残疾保险金。

在意外伤害保险合同中,死亡保险金的数额是保险合同中规定的,当被保险人死亡时如数支付。

残疾保险金的数额由保险金额和残疾程度两个因素确定。残疾程度一般以百分率表示,残疾保险金数额的计算公式是:

残疾保险金=保险金额×残疾程度百分率

在意外伤害保险合同中,应列举残疾程度百分率,列举得越详尽,给付残疾保险金时保险方和被保险方就越不易发生争执。但是,列举不可能完备穷尽,残疾程度百分率列举得无论如何详尽,也不可能包括实务中可能发生的所有情况。对于残疾程度百分率中未列举的情况,只能由当事人之间按照公平合理的原则,参照列举的残疾程度百分率协商确定。协商不一致时可提请有关机关仲裁或由人民法院判决。

在意外伤害保险中,保险金额不仅是确定死亡保险金、残疾保险金数额的依据,而且是保险人给付保险金的最高限额,即保险人给付每一被保险人死亡保险金、残疾保险金累计以不超过该被保险人的保险金额为限。当一次意外伤害造成被保险人身体若干部位残疾时,保险人按保险金额与被保险人身体各部位残疾程度百分率之和的乘积计算残疾保险金,但如果各部位残疾程度百分率之和超过100%,则按保险金额给付残疾保险金。

被保险人在保险期限内多次遭受意外伤害时,保险人对每次意外伤害造成的残疾或死亡均按保险合同中的规定给付保险金,但给付的保险金累计以不超过保险金额为限。

第四节 健康保险

专栏 10-7 扩大商业健康保险供给①

坚持健康保险保障属性,引导商业保险机构创新完善保障内容,提高保障水平和服务能力。鼓励商业保险机构适应消费者需求,提供包括医疗、疾病、康复、照护、生育等多领域的综合性健康保险产品和服务。用足用好商业健康保险个人所得税优惠政策,适时扩大相关保险产品范围。逐步将医疗新技术、新药品、新器械

① 资料来源:中国银行保险监督管理委员会《关于促进社会服务领域商业保险发展的意见》(银保监发〔2020〕4号)。

应用纳入健康保险保障范围，引导商业保险机构开发与癌症筛查、诊断和治疗相关的产品，支持医学创新，服务国家"癌症防治实施方案"。鼓励商业保险机构参与博鳌乐城国际医疗旅游先行区建设，提供与医疗旅游相衔接的健康保险服务。加快发展医疗责任保险、医疗意外保险，研究开发疫苗接种不良反应补偿保险。力争到2025年，商业健康保险市场规模超过2万亿元，成为中国特色医疗保障体系的重要组成部分。

一、健康保险的概念及特征

（一）健康保险的概念

健康保险是以人的身体为对象，保证被保险人在保险有效期间因保险责任范围内的疾病或意外事故所致伤害的费用或损失获得补偿的一种保险。健康保险中，有的给被保险人支付临时的残疾补偿，或是长期的每月或每周生活补助，有的提供全部或部分的收入损失补偿；也有的是在残疾时，给付一笔保险金，如双目失明或肢体残缺等情况。而相当一部分健康保险则集中在承保医疗费用方面。

（二）疾病的含义及其成立条件

我们在这里强调疾病的一个重要原因是，相当一部分健康保单只承保由于疾病造成的费用损失等，而对于意外事故造成的费用损失或收入损失不予承担给付保险金责任。那么明确疾病的含义及其成立的条件是划清责任的关键。

疾病是指由于人体内在的原因而造成精神上或肉体上的痛苦或不健全。构成健康保险所指的疾病必须有以下三个条件：

1. 由于明显非外来原因所造成的

由于外来的、剧烈的原因造成的病态视为意外伤害，而疾病是由身体内在的生理原因所致。但若因饮食不慎、感染细菌引起的疾病，则不能简单视为外来因素。因为外来的细菌还是经过体内抗体的抵抗以后，最后才形成疾病。因此，一般讲，要以是否是明显外来的原因，作为疾病和意外伤害的分界线。

2. 由于非先天的原因所造成的

健康保险仅对被保险人的身体由健康状态转入病态承担责任。由于先天原因，身体发生缺陷，例如：视力、听力的缺陷或身体形态的不正常，这种缺陷或不正常则不能作为疾病由保险人负责。

3. 由于非长存的原因所造成的

在人的一生中，要经历生长、成年、衰老的过程，因此在机体衰老的过程中，也会显示一些病态，这是人生必然要经历的生理现象。对每一个人来讲，衰老是必然的，但在衰老的同时，诱发出其他疾病却是偶然的，需要健康保险来提供保障。但是，属于生理上长存的原因，即对人到一定年龄以后出现的衰老现象，则不能称之为疾病，也不是健康保险的保障范围。

（三）健康保险的特征

1. 保险性质的双重性

健康保险既有对患病给付一定保险金的险种，也有对医疗费用和收入损失进行补偿的险种，其给付金额往往是按照实际发生的费用或收入损失而定。也就是说健康保险的一些险种具有人寿保险的属性，一些险种具有损害保险的属性。正因为如此，有些国家把医疗费用保险列入损害保险，允许财产保险公司承保健康保险。我国新修订的《保险法》也规定“经营财产保险业务的保险公司经保险监督管理机构核定，可以经营短期健康保险业务和意外伤害保险”。

2. 承保标准的复杂性

健康保险的承保条件一般比寿险的承保条件更加严格，其对疾病产生的因素，需经相当严格的审查，一般是根据被保险人的病历来判断。另外，为防止已经患有疾病的被保险人投保，保单中常规定一个等待期或观望期，等待期或观望期多为180天（不同的国家有不同的规定），被保险人在等待期或观望期内因疾病支出医疗费用或收入损失，保险人不负责任。等待期或观望期结束后，健康保险保单才正式生效，即观察期内所患疾病推定为投保以前患有的。健康保险中，对在体检中不能达到标准条款规定的身体健康要求的被保险人，一般按照次健体保单来承保，或提高保费，或重新规定承保范围。对于被保险人所患有的特殊疾病，可单独制订特种条款，额外收费或注明为除外责任。

3. 代位追偿的适用性

健康保险中保险人一般拥有代位求偿权。代位求偿权主要是防止被保险人通过保险而获取额外收益。对于具有损害性质的保险，保险人所支付的保险金至多只是保险事故造成的实际损失的赔偿，被保险人不能因保险事故发生而得到额外的赔偿。在健康保险中，被保险人发生医疗费用支出后，若医疗费用已经从第三方全部或部分赔偿，保险人可以不再给付保险金，或只给付第三方赔偿后的差额部分。若保险人已经支付医疗保险金，而保险事故责任应当由第三方承担时，被保险人应当将向第三方的追偿权转移给保险人。

4. 成本分摊的制约性

健康保险的基本责任主要是疾病（通常不包括分娩）医疗给付责任，即对被保险人的疾病医治所发生的医疗费用支出，保险人按规定给付相应的疾病医疗保险金。由于健康保险风险大、不易控制和难以预测的特性，因此，在健康保险中保险人对所承担的疾病医疗保险金的给付责任往往带有很多限制或制约性条款，通常使用的条款有免赔额条款、比例给付条款、给付限额条款等。

专栏 10-8　关于投保健康保险的小知识①

近年来，商业健康保险在满足人民群众多样化、多层次和个性化的健康保障需求方面发挥了积极作用，受到越来越多消费者的关注。为此，重庆银保监局发布2021年第5号消费提示，向广大消费者介绍投保健康保险的小知识。

健康保险是指以因健康原因导致损失为给付保险金条件的人身保险，包括疾病保险、医疗保险、失能收入损失保险、护理保险等。

(1)投保健康保险宜早不宜迟。一是年龄是保费高低的一个重要参考，通常年龄越小保费相对越便宜。二是健康保险的核保会随着年龄增大而愈加严格，尤其是当身体出现健康方面的问题时，可能会被保险公司以增加保费、责任除外等形式予以承保或直接拒保。三是很多疾病都有年轻化趋势。

(2)注意健康保险"观察期"。观察期又称等待期或免责期，是指保险合同生效后保险公司不承担保险金赔偿或给付责任的一段时间。通常大部分医疗保险及重大疾病保险均有观察期的约定，消费者在投保时一定要仔细阅读条款，充分了解观察期的时间长短，避免因观察期出险发生理赔纠纷。

(3)认真履行如实告知义务。在投保健康保险时，应如实告知被保险人健康情况(如既往病史、体检异常指标等)，不可因担心被拒保而故意隐瞒，进而在日后被保险公司拒赔、解除合同或不退还保费等。

二、健康保险的种类

健康保险是一个很大的范畴，具体包括医疗保险、残疾收入保险、长期护理保险等。在我国，健康保险主要包括医疗保险、疾病保险(重疾险)、残疾收入保险和长期护理保险。

(一)医疗保险

1. 普通医疗保险

普通医疗保险给被保险人提供治疗疾病时所相关的一般性医疗费用，主要包括门诊费用、医药费用、检查费用等。这种保险比较适用于一般社会公众，这种保

① 资料来源：中国银行保险监督管理委员会重庆监管局，2021.3.17.

险的保费成本较低。由于医药费用和检查费用的支出控制有一定的难度，所以这种保单一般也具有免赔额，保险费用则每年规定一次。每次疾病所发生的费用累计超过保险金额时，保险人不再负保险责任。

2. 住院保险

由于住院所发生的费用是相当可观的，故将住院的费用作为一项单独的保险，住院保险的费用项目主要是每天住院房间的费用、住院期间医疗的费用、利用医院设备的费用、手术费用、医药费等。住院时间长短将直接影响其费用的高低，而且住院费用比较高，因此这种保险的保险金额应根据病人平均住院费用情况而定。为了控制不必要的长时间住院，这种保单一般规定保险人只负责所有费用的一定百分比，如90%。

3. 手术保险

这种保险提供因病人需做必要的手术而发生的费用。这种保单一般是负担所有的手术费用。

4. 综合医疗保险

该保险是保险人为被保险人提供的一种全面的医疗费用保险，其费用范围包括医疗和住院、手术等一切费用。这种保单的保险费较高，一般确定一个较低的免赔额以及适当的共保分担比例，如85%。

5. 特种疾病保险

某些特殊的疾病往往给病人带来的是灾难性的费用支付，如癌症、心脏疾病等。这些疾病一经确诊，必然会产生大范围的医疗费用支出。因此，通常要求这种保单的保险金额比较大，以足够支付其产生的各种费用。特种疾病保险的给付方式一般是在确诊为特种疾病后，立即一次性支付保险金额。

(二)重大疾病保险

重大疾病保险的含义是指被保险人在保险期限内被确诊患有保单规定的重大疾病或者因疾病身故时由保险人一次性给付保险金的保险。

严格来说，重大疾病保险属于医疗保险中的特种疾病保险范畴。重大疾病保险的推展始于1983年的南非，推出该险种的动机是基于那些医疗费用昂贵、疗程长久的疾病。当时保障疾病仅有癌症、脑血管意外、心脏病以及冠状动脉手术四种，而且必须搭配寿险、意外险等。在南非销售成功以后，目前该险种在世界各国已经推广，成为健康保险的重要种类。

一般情况下，重大疾病保险具有如下几个基本特点：

1. 定额给付性

重大疾病保险与医疗保险相比，最大的特点就是它是定额给付的，也就是说，只要被保险人在保险期限内患有保单中约定的疾病,并且符合所规定的医学指标,则由保险人一次性按照合同约定金额给付重大疾病保险金,至于被保险人患病以后的具体治疗地点、过程和实际花费,与保险人并无关系。

2. 保险期限较长

这是重大疾病保险与医疗保险的另一个区别,重大疾病保险一般都能使被保险人“一次投保,终身受益”。保险期限可以为10年、20年或者终身等。

3. 保费交付方式灵活多样,且通常设有宽限期条款

重大疾病保险的保险费可以按年、半年、季、月分期交付,也可以一次交清,大部分重疾险采用年缴均衡保费的方式。

4. 经营上的复杂性

由于重大疾病保险中涉及许多保险和医学方面的知识,专业性极强。对重大疾病定义不明确或者对保险条款的曲解都会引起理赔争议。因此重大疾病保险的承保和理赔,需要比一般寿险更多的文件和信息。

专栏10-9　重大疾病保险赔付①

邱小姐,上海人,普通上班族,2009年10月,邱小姐有了小宝宝,为了给孩子的未来做好准备,她希望投保一些能兼具寿险和健康保障的保险产品。后来经过权衡,邱小姐投保了某保险公司的重大疾病保险和女性保险,保额共50万元人民币,保障比较全面。

2011年4月,邱小姐在体检时发现甲状腺上有个小结节,第二天去医院进行检查,检查后医生说要做手术,她马上办理了住院手续,同时给她的代理人——陈女士打了电话,说自己要住院。邱小姐当时没有想到自己患的是癌症,以为只会产生一些医疗费用。后来手术确诊是甲状腺乳头状腺癌,邱小姐马上告诉了陈女士。住院期间,在陈女士的帮助下,邱小姐准备好了大病和住院等方面的理赔资料。

出院结账后3天,保险公司通知邱小姐可以报销其所有的住院医疗和手术费用以及每日住院给付,共计8 000多元,同时获得20万元重大疾病理赔款。从邱小姐开始办理理赔手续到获得理赔款,一共只有1个月左右的时间,其间没有反反复复,邱小姐自己都没想到理赔过程会如此顺利。出院之后,医生建议邱小姐好好休息,时常复查、坚持吃药。现在,邱小姐的生活和往常一样健康。

① 案例来源:佚名.重大疾病理赔要注意什么.向日葵保险网,2014-7-16. http://www.xiangrikui.com/jiankang/zhongji/20140715/389722.html.

(三)残疾收入补偿保险

1. 残疾的定义

在残疾收入补偿保险保单中,关于残疾的定义有很多方式,这里讨论完全残疾和部分残疾的定义。

完全残疾一般指永久丧失全部劳动能力,不能从事原职业或任何新的工作而获得工资收入。关于永久丧失劳动能力的定义有许多不同,通常可采用的标准有:不能从事任何职业;不能从事与其正规教育培训、经验相关的职业;不能从事个人喜欢的职业等。保险公司一般采用较为严格的定义。对于双眼、双手或双脚等完全失去正常功能的情况,一般也被认为是完全残疾。完全残疾给付保险金额一般比残疾前的收入少一些,经常是原收入的75%～80%。

部分残疾是与全部残疾相对而言的,是指部分丧失劳动能力。如果我们把全部残疾认为是全部收入损失,部分残疾则意味着被保险人还能从事一些有收入的其他职业。在这种情况下,保险人给付的将是全部保险金的一部分。其计算表达式如下:

部分残疾给付＝全部残疾给付×(残疾前的收入-残疾后的收入)/残疾前的收入

2. 残疾收入补偿保险的含义

残疾收入补偿保险也称为丧失劳动能力收入补偿保险,是对被保险人在残疾、疾病或意外受伤后不能继续工作时所发生的收入损失补偿的保险。如果一个人因疾病或意外伤害事故而不能参加工作,那么他就会失去原来的工资收入。这种收入的损失数额可能是全部的,也可能是部分的,其时间可能较长,也可能较短。

3. 残疾收入补偿保险的分类及给付方式

残疾收入补偿保险可分为两种:一种是补偿因伤害而致残疾的收入损失,另一种是补偿因疾病造成的残疾而致的收入损失。在实践中,因疾病而致的残疾比因伤害所致的更为多见一些。收入补偿保险的给付一般规定为以下三种方式:

(1)按月或按周进行补偿。这是根据被保险人的选择而定,每月或每周可提供金额相一致的收入补偿。

(2)按给付期限进行补偿。给付期限可以是短期或长期,短期补偿是为了补偿在身体恢复前不能工作的收入损失,而长期补偿则规定较长的给付期限,一般是补偿全部残疾而不能恢复工作的被保险人的收入,通常规定给付到60周岁或退休年龄,如被保险人死亡则停止给付。短期给付期限一般为1～2年。

(3)按推迟期进行补偿。在残疾后的前一段时间称为推迟期,在这期间不给付任何补偿,推迟期一般为3个月或6个月,这是由于在短时间内被保险人还可以维持一定生活，同时，通过取消对短期残疾的给付可减少保险成本。

（四）长期护理保险

长期护理保险是指对被保险人因为年老、严重或慢性疾病、意外伤残等因素导致身体上的某些功能全部或部分丧失，生活无法自理，需要入住养老院接受长期的康复和支持护理，或在家中接受他人护理时支付的各种费用给予补偿的一种健康保险。

20 世纪 70 年代，该险种起源于美国，随后进入法、德、英、爱尔兰等欧洲国家和南非，在亚洲，日本于 2000 年将长期护理保障作为公共服务产品引入国家社会保障体系，要求 40 岁以上的人都要参加新的长期护理保险方案。

在我国，长期护理保险还处于起步阶段，仅有少数保险公司开设这一险种。

专栏 10-10　2021 年第 1 号消费提示：给老年群体的购买保险产品建议①

(1)切忌贪图小便宜。老年人在选购保险产品时切勿过分在意销售活动的礼品和优惠，更应该仔细了解产品本身内容，结合自身实际情况，选择合适的保险产品，不要因为礼品和优惠而忽略产品的适用性，最终缺失关键保障。

(2)合理选择保险产品。老年人身体机能随年龄增长逐步下降，在相对健康的情况下，应首要考虑防范疾病风险以及意外风险的产品，对销售人员推荐的其他产品，要认真了解保险责任，充分结合自己的经济情况，考虑缴费周期，不要盲目购买超过自身经济能力的产品。

(3)用好保单"犹豫期"。在收到保险合同后，一般都会有"犹豫期"，如果购买到不合适的产品，可以在"犹豫期"内详细了解保险合同内容，也可以拨打保险公司官方客服电话咨询不清楚的问题，一旦发现与自己投保意向不符等情况，可在"犹豫期"内向保险公司提出申请，即可全额退还所交保费。

(4)认真对待新保单"双录"和回访。根据有关监管规定，人身保险公司须对保险兼业代理机构等销售渠道的部分产品销售过程进行现场同步录音录像("双录")，尤其向 60 周岁(含)以上年龄的投保人销售一年期以上人身保险产品时必须进行"双录"；在投保人收到保险合同后须进行回访，内容涉及投保人对保单信息的认知情况以及关键风险的知晓情况。老年人务必认真对待，如实回答，切忌听从销售人员"指示"回答。

(5)如实告知很重要。老年人罹患慢性疾病的概率较大，在投保时，核保要求也相对严格，但一定不能心存侥幸，刻意隐瞒既往病史，否则，可能日后被保险公司拒赔、解除合同或不退还保费等。

---

① 资料来源：中国银行保险监督管理委员会重庆监管局，2021.3.7.

(6)拒绝任何代签行为。投保时切记要在核对所有信息后本人亲笔签名,包括亲笔抄录风险提示等内容,特别是当被保险人是自己子女时,一定要子女完全知情并由子女亲笔签名,杜绝一切形式的代签名。

本章参考文献

1. 张月飞,张晓奇. 保险学. 北京:清华大学出版社,2020.
2. 徐爱荣,李鹏. 保险学. 上海:复旦大学出版社,2021.
3. 庹国柱. 保险学. 北京:首都经济贸易大学出版社,2021.
4. 林义. 社会保险(第四版). 北京:中国金融出版社,2021.
5. 魏华林,林宝清. 保险学. 北京:高等教育出版社,2021.

重要概念

人身保险　人寿保险　死亡保险　定期死亡保险　终身死亡保险　年金保险　两全保险　分红保险　变额寿险　万能寿险　健康保险　人身意外伤害保险　残疾收入补偿保险　重大疾病保险

复习思考题

1. 简述人身保险的特征。
2. 简述寿险合同常用条款。
3. 简述人寿保险的主要分类及特点。
4. 简述万能寿险的特点。
5. 简述意外伤害的含义及构成要件。
6. 简述意外伤害保险保险金给付规定。
7. 简述重大疾病保险的基本特点。

保险案例①

2012 年 4 月,小佳与福建某保险公司签订了人身保险合同。合同约定:小佳向该保险公司投保某款终身寿险,被保险人也是小佳,基本保险金额为 10 万元。

① 资料来源:佚名. 人身保险案例分析. 向日葵保险网. 2016 年 3 月 23 日.

在保险期间，若小佳因意外伤害身故或因疾病身故，保险公司将按她身故之日的保险金额给付身故保险金；她自保险合同生效之日起两年内自杀的，保险公司不承担给付保险金的责任。

合同签订后，小佳依约交纳了保险费。2012年6月11日晚，她被人发现死于某宿舍院内。经当地公安局的法医学尸体检验，鉴定为“小佳系高处坠落死亡”。就在小佳死亡前一周，她刚被当地县医院确诊为抑郁症。小佳死后，她的家属要求保险公司支付保险金。保险公司的理赔人员到现场勘查后发现，小佳坠落大楼的天台、楼层围栏均只有0.9米高，围栏未见毁损和塌方，非主动攀爬无法坠落大楼，由此推断出她不是意外身故。公安机关未对此事件立案侦查，可证明小佳非他杀身故，再结合她死前患有抑郁症，因而推定出她为自杀身亡，由此拒赔。

无奈之下，小佳的家属只得将保险公司告上法庭。一审法院经审理认定，小佳的家属没有证据表明小佳“高坠死亡”为意外伤害导致的死亡结果，因而她的死亡不属于本案保险理赔范围，遂驳回小佳家属的诉讼请求。小佳的家属不服，提起上诉。福州市中院经终审审理，改判保险公司向小佳的家属支付保险赔偿金10万元。

思考讨论题：

(1)本案中保险公司能否免除保险赔偿责任的关键判断依据应该是什么？

(2)保险公司有没有充分的证据证明小佳死亡的原因是自杀呢？

保险知识小视频

人身险典型案例

第十一章　再保险

新中国成立前，我国的再保险业务多由外国保险公司控制，1949年起，我国再保险行业发展才算真正开始。我国再保险发展自新中国成立以来主要分为四个阶段：萌芽、雏形、探索、成长。再保险行业经历了百废待兴时期的强制法定分保阶段，随后逐步放开强制分保，并向全球市场打开，市场活力得到逐步的释放。目前已经形成了多家内地公司和多家海外公司分公司共同经营、有序竞争的发展格局。

◈ 学习要点

1. 理解再保险的含义以及再保险的产生和发展趋势。
2. 理解再保险的作用及其与原保险的关系。
3. 掌握再保险主要的业务方式及其各自的适用范围。
4. 熟悉再保险合同的基本形式及其各自的优点和适用范围。
5. 了解再保险市场及发展趋势。

第一节　再保险概述

无风险无保险，无保险亦无再保险。再保险是保险人直接保险业务经营的重要环节和经营内容，它是直接承保人扩展直保业务承保能力并对其进行风险管理的不可缺少的工具，是分散保险公司经营风险的传统有效方式，能在业务上、财务上及经营上给予分出公司极大的帮助。

一、再保险的概念

在我国，再保险(reinsurance)的定义在《再保险业务管理规定》(中国银行保险监督管理委员会令2021年第8号)(以下简称《再保险管理规定》)中指出，再保险是保险人将其承担的保险业务，部分转移给其他保险人的经营行为。因此，再保险亦称分保，是保险承保人在原保险(直接保险)合同的基础上，通过签订再保险合同，将其承担的风险和责任，部分转嫁给其他保险人的经营活动，故又称为"保险人的保险"。接受风险责任转嫁的一方叫再保险人或分保接受人或分入人；向再保险人转嫁风险责任的一方叫原保险人（直接保险人）或分保分出人。财产保险的再保险业务同财产保险直接保险业务一样，都是对财产保险风险和责任的承担、分散和转移。再保险合同与原保险合同在权利、义务等方面也有许多雷同之处，特别是再保险合同与原保险合同所适用的保险原则，如保险利益原则、最大诚信原则和损失补偿原则等，均具有一致性。

二、再保险的作用

再保险的基本职能是分散风险，就是把一个保险人承担的自然灾害和意外事故的责任，在共同承担风险责任的同业之间进行分摊。再保险对保险企业经营管理发挥着重要作用，既有利于保险公司分散风险、稳定经营，又有利于保险公司增加业务、促进发展。

（一）分散风险、稳定经营

当保险人不断承保直接业务之后，随着保险业务金额的增加，其风险积累越来越大，特别是当保险人承担了一些自然灾害、意外事故、高科技等风险比较集中的直接保险业务时，其面临的风险责任很大。根据大数法则，财产保险人承保标的的风险单位越多，风险的分散就越彻底，保险的财政稳定性就越好。但这里有一个条件，即不仅要求保险标的的性质（特别是损失经验）一致，还要求保险金额大致相等。前者通过承保时的风险选择易于满足，但保险金额却很难限定在某一额度内。这样，某类业务中有少量保额相当高的承保标的时，将使该类业务的稳定性变坏。而通过再保险，将超过一定额度的风险责任转移出去，自留的同类业务其保额就实现了均衡化，既未减少所接受的业务量，又达到了提高直接保险业务经营的财务稳定性的目的。

（二）降低成本，提高效益

财产再保险可以使分出公司降低经营成本，提高经济效益。这是由于：

第一，再保险使分出公司增加了业务量，保费收入自然增加，而管理费却不会按比例增加。

第二，在发生保险损失时，分出公司可以向再保险人摊回相应的赔款，因而与没办理再保险相比，分出公司减少了赔款支出，从而降低了自身的赔付率。

第三，增加了直接保险人可运用资金。有的国家的保险法规定，保险公司在计算未满期责任准备金时不能扣除营业费用。但保险公司办理比例再保险后，不仅要在分保费中扣存未满期责任准备金(期限一年),而且要取得分保佣金。此外,保险公司在收到直接保险投保人交纳的保险费和支付再保险费之间有一定的时间差,特别是合同分保,再保险费要在季度末或半年之末才支付。这样,分出公司就保持了较多的可运用资金。

分出公司通过再保险,一方面降低了经营的业务成本;另一方面又增加了佣金收入(比例再保险)和可运用资金,从而必然增加获利机会,提高经济效益。

(三)增加业务、促进发展

财产保险公司的承保能力,受其资本和准备金等自身财务状况的限制。《保险法》对此做了专门规定。因此,资本薄弱的财产保险公司不能承保超过自身财力的大额业务;即使是资本雄厚的保险公司,也不敢轻易承保大额业务,这势必影响到保险人的业务来源及业务量。如果有了再保险的支持,保险公司就可以大胆承保超过自身财力的大额业务,从而扩大了保险人的业务承保能力和业务量。由于保险公司通过再保险将超过自身财力的部分责任转移了出去,因而他所承担的责任仍控制在正常标准的范围之内。

此外,再保险对社会经济发展也能产生积极作用。再保险不仅能促进一国国内保险业经营水平的提高,还能通过建立国际业务,增强与世界保险市场的联系,进而形成巨额的全球性的联合保险基金,共同满足现代化生产和高新技术发展对保险的需要。

三、再保险种类

(一)按责任分配形式划分

再保险的主要目的就是要将直接业务中的保险责任限制在自身财务能力所允许的自留额内。在实务中,划分自留额与分出额的计算基础有两种。按该责任分配形式不同,再保险分为比例再保险与非比例再保险。

比例再保险是以保险金额为划分自留额与分出额的计算基础,即将每一风险单位的保险金额限制在自留额以内,超出部分分出。比例再保险包括成数再保险、溢额再保险、成数溢额混合再保险三种。

非比例再保险,又称超赔分保,是以赔款金额为划分责任的基础,即当分出公司赔款超过一定额度或标准时,其超过部分由接受公司负责,直至一定额度或标准的分保方式。非比例分保包括险位超赔分保、事故超赔分保、赔付率超赔分保三种。

(二)按分保安排形式划分

按分保安排形式划分,可将再保险划分为临时分保、合同分保、预约分保。

临时分保是分出公司在有分保需要时临时洽谈分保协议的再保险行为,对于该项业务的分出和接受,分出公司和接受人均无义务,可自由选择。临时分保是最古老、最原始的分保方式,目前仍被广泛运用。

合同分保是双方预先订立分保合同,在约定时期内凡是合同规定的业务,分出人有义务分出,接受人有义务接受,双方均受合同约束,无权选择的分保方式。这是现代再保险市场中最主要的分保安排方式。

预约分保是介于临时分保和合同分保之间的一种分保方式。分出人对预约合同规定的业务是否分出可以自行决定,而接受公司则只有接受的义务,没有权利选择。

(三)按分保对象划分

再保险中安排业务时往往以某一类业务为基础,因而根据分保对象不同可将再保险分为火险分保合同、水险分保合同、意外险分保合同、责任险分保合同等。在实务中有时亦可将几类业务综合在一份分保合同内,这往往被称为"一揽子"综合分保合同。

(四)按分保性质划分

按分保性质的不同可将再保险划分为法定分保和自愿分保。

法定分保,即按国家有关法律规定强制办理的分保,是国家干预再保险,这在一定意义上是保护民族保险业,促进民族保险业发展的手段。我国曾经规定除人寿险业务外,保险公司应当将其承保的每笔保险业务的20%按照国家有关规定办理再保险。一般法定分保均由国家再保险公司经营。

自愿分保,即原保险人在自愿平等的基础上自由选择接受公司与之协商订立分保合同,作为双方分出和接受直接业务风险的法律依据的分保形式,亦可称商业分保。

四、再保险相关概念

(一)再保险相关各方

在再保险业务中,需要将业务分散出去的转移风险责任方叫作原保险人或(分保的)分出人;把接受转移风险责任方叫作再保险人或(分保的)分入人,也叫分保接受人。

表 11-1 分保与转分保业务当事双方名称对比

分保业务的表达	转移风险责任方	接受转移风险责任方
按“原保险/再保险”表达	原保险人	再保险人
按“分入/分出”表达	(分保)分出人或分出公司	(分保)分入人或分入公司、分保接收人
转分保业务	转分保分出人	转分保接受人

再保险业务不是“一次性”的,分保接受人还可以将其接受的再保险业务再一次转移出去,分给其他保险人,这种业务活动叫转分保。与转分保业务相关的当事双方分别被称为转分保分出人和转分保接受人。分保与转分保业务当事双方名称对比,见表 11-1 所示。其他相关概念见表 11-2 所示。

表 11-2 再保险相关词语注解

序号	名称	解释
1	直接保险	也称原保险,是相对再保险而言的保险,由投保人与保险人直接订立保险合同的保险业务
2	转分保	指再保险接受人将其分入的保险业务,转移给其他保险人的经营行为
3	合约分保	指保险人与其他保险人预先订立合同,约定将一定时期内其承担的保险业务,部分向其他保险人办理再保险,再保险接受人需按照约定分保条件承担再保险责任的经营行为
4	临时分保	指保险人临时与其他保险人约定,将其承担的保险业务,部分向其他保险人逐保单办理再保险,再保险接受人需逐保单约定分保条件并承担再保险责任的经营行为
5	再保险分出人	指将其承担的保险业务,部分转移给其他保险人的保险人;本规定所称再保险接受人,是指承接其他保险人转移的保险业务的保险人
6	分出业务	指再保险分出人转移出的保险业务;本规定所称分入业务,是指再保险接受人接受分入的保险业务
7	直接保险公司	也称原保险公司,是相对再保险人而言,是指直接与投保人订立保险合同的保险人
8	保险联合体	指为了处理单个保险人无法承担的特殊风险或者巨额保险业务,或者按照国际惯例,由两个或两个以上保险人联合组成、按照其章程约定共同经营保险业务的组织

续表 11-2

序号	名称	解释
9	保险经纪人	指接受再保险分出人委托，基于再保险分出人利益，为再保险分出人与再保险接受人办理再保险业务提供中介服务，并按约定收取佣金的保险经纪机构

资料来源：中国银行保险监督管理委员会《再保险业务管理规定》（中国银行保险监督管理委员会令2021年第8号）。

（二）风险单位

所谓风险单位是指保险标的发生一次风险事故可能波及的最大损失范围，它是保险人确定其能够承担的最高风险责任的计算基础。在再保险业务活动中，关于再保险"费用"的一系列概念都是针对某一个风险单位而言的。风险单位是再保险的基本概念，在再保险方式的讨论中会频繁使用这个概念。

风险单位又称危险单位，在不同的场合有不同的含义。如船舶险以每一艘船为一个风险单位，人身险则以每一个人为一个风险单位，火险一般以一栋独立的建筑物为一个风险单位。火险中，如何划分数栋建筑物毗邻在一起或一个高层建筑中承包了若干楼层的各个单位，就要考虑到建筑物的等级、使用性质、有无防火墙隔开、周围环境和防火与消防设备等各种因素等才能决定。一次大的灾害事故可能涉及一系列风险单位的责任或损失，保险术语称为"累计责任"。

（三）自留额与分出额

原保险人将原来承保的全部保险业务都转移给另外一个保险人的情况比较少见。一般当保险公司承保了某一保险业务，而这一业务又不属于该公司通常经营的范围，该保险公司可能让再保险人承担全部责任。在大多数情况下，原保险人只将原来承保的部分保险业务转移给再保险人，原保险人自己负责的保险业务称为自留额或自负责任，分给再保险人的保险业务称为分出额（分保额）。根据《保险法》规定："保险公司对每一危险单位，即对一次保险事故可能造成的最大损失范围所承担的责任，不得超过其实有资本金加公积金总和的百分之十；超过的部分应当办理再保险。"自留额与分保额的数量通常用保险金额或者赔款额表示，它实际上代表了双方保险责任的大小。

（四）分保费、分保佣金与盈余佣金

实际上，再保险是原保险人向再保险人投保，因此就像直接保险业务一样，原保险人在分出风险责任的同时，也要向再保险人支付一定的保费，这个费用就被称为分保费，也叫再保险费（reinsurance premium）。

再保险人根据分得的分保费的数额，也要向原保险人支付一定的费用，作为原

保险人在展业及管理过程开支的补偿，这项支出补偿性质的费用被称为分保佣金，也叫再保险手续费(reinsurance commission)。分保佣金存在的原因很简单，原保险人在获得直接保险业务过程中支付了各种费用，如广告费、推销费以及签发保单手续费等，而再保险人得到其中的部分业务，却没有支付任何其他费用。因此，再保险人在分入业务的同时，应该以支付佣金的方式负担相应的费用。

除了分保佣金，再保险人还可能向原保险人支付盈余佣金，也叫纯益手续费。当再保险人取得的分保业务获得了盈利，它应该将利润的一部分返还给原保险人，原因是再保险业务能否盈利与原保险人的经营管理质量有关，原保险人在最初承接业务时要求越严格，承保后的管理越仔细，原保险及其再保险业务获利的可能性越大。如果再保险人从原保险人的有效经营中获得益处，应对原保险人以佣金的形式给予回报。

分保费对于任何形式的再保险业务都是必需的，因为它是作为再保险人分担原保险人风险责任补偿的基本形式。但是分保佣金与盈余佣金在某些再保险业务中却不一定存在，如非比例再保险业务中就没有分保佣金，这与再保险业务具体的实施方式有关。

专栏 11-1　数字化再保险登记清结算平台发布①

2021 年 10 月 26 日，在第三届陆家嘴国际再保险会议上，国际一流再保险中心建设的核心载体——数字化再保险登记清结算平台正式向全球发布。

据了解，该平台是上海保险交易所抓住数字技术变革机遇，基于自研区块链技术，按照统一的数据规范和交易规则，为再保险交易和对账清结算提供中后端数字化服务的公共产品和公共服务。平台能在不改变现有再保险交易模式和内部流程的情况下，自动实现机构间交易数据实时交互、可信存证、账务清分、资金结算等功能，具体来看：

一是登记交易功能。各交易主体能通过保交链进行再保险交易数据的实时交互，并完成业务数据自动登记，有效确保各方数据信息一致。平台能生成标准的数字化合同和账单并推送至交易双方，以此作为后续结算的依据，助力提升再保险业务规范化、数字化水平。

二是对账清算功能。基于登记交易层生成并完成签署的合同和账单信息，平台能实时为再保险交易对手各方生成对账清算单，改变长期困扰再保险公司间市场的账款错配、对账不便和流程冗长问题，有效降低再保险行业人力成本。

① 资料来源：陈婷婷．全球首创数字化再保险登记清结算平台正式发布．北京商报，2021.10.26.

三是资金结算功能。平台能利用登记交易层完整的交易数据以及对账清算层实时的对账数据，依托保交所成熟的资金结算体系，为再保险交易对手提供便捷的场内再保险资金结算服务。为确保各方资金结算数据和状态的一致性，平台还对所有的再保险账单结算状态进行跟踪，并实时推送到相关交易对手。平台也将为开展跨境再保险交易试点、再保险资金跨境便利化、再保险业务增值税电子化等政策落地发挥金融基础设施的服务、监测和管理作用。

据悉，平台已于2018年开展试运行，首批试点获得了市场机构的高度评价，在优化再保险业务流程、提升协同效率、降低运营成本方面具有显著作用。

据了解，该平台在全国乃至全球应用，填补了全球再保险基础设施空白，锻造全球再保险行业数字新基建，能有效形成再保险信息流、数据流和资金流的中心节点和双循环链接点，加快再保险行业数字化转型，推动行业效率指数级提升，在维护国家金融安全、参与全球市场竞争、提升中国金融标准规则全球辐射力等方面具有重大战略性、突破性意义。

(五)再保险准备金

再保险准备金包括保费准备金和赔款准备金。

保费准备金是指分出公司留存一部分应支付给分入公司的再保险费，以确保分入公司能依照合同履行义务。

赔款准备金是分出公司另外再留存一部分应支付给分入公司的再保险费，以支付已经发生但尚未得到支付的赔款。

五、再保险与原保险、共同保险的关系

(一)再保险与原保险

从再保险与原保险的关系来看，原保险是再保险的基础，再保险是原保险的后盾。再保险与原保险的区别如下。

1. 保险关系的主体不同

原保险是保险人与投保人或被保险人之间的合同关系，主体一方是保险人，另一方是投保人与被保险人；在再保险合同关系中，处于保险人位置上的是再保险人，而处于投保人或被保险人位置上的是原保险人，而不是一般意义上的被保险人，因为主体双方均为保险人，因此再保险也被称为“保险人之间的保险”。

2. 保险标的不同

在原保险合同关系中，保险标的是被保险人的财产、利益、责任、信用，也可以

是人的生命和身体，在保险事故发生时，保险人对被保险人的财产、利益和责任损失给予赔偿，或在约定的条件出现时，保险人按照合同的规定向被保险人或受益人支付保险金；而在再保险合同关系中，保险标的是原保险人的保险责任，在合同约定的原保险人的赔偿或给付保险金的责任出现时，再保险人按照合同的规定对原保险人的赔偿责任给予补偿。

3. 合同性质不同

在原保险合同关系中，依保险类别的不同，保险合同的性质也不相同。财产保险合同属于经济补偿性质的合同，人身保险合同属于定额给付性质的合同。也就是说，原保险合同既可以是补偿性质的合同，也可以是给付性质的合同。而在再保险合同关系中，其保险标的是分出人承担的经济补偿或给付责任。因此，再保险合同应该说是一种性质特殊的责任保险合同，所有的再保险合同都属于经济补偿性质的合同，再保险人负责对原保险人所支付的赔款给予一定的补偿。

表 11-3　再保险与原保险的区别

项目	双方当事人	标的	保险性质	付费方式
原保险	投保人和(或)被保险人与保险人	财产及相关利益、责任、信用、人的生命和身体	给付性或补偿性	单向付费
再保险	保险人与保险人	原保险人承担风险责任	完全经济补偿	双向付费

(二)再保险与共同保险的联系与区别

与再保险相类似的一种保险方式是共同保险，两者都是有两个以上的保险人参加的风险分散形式，但它们的性质有根本区别的。共同保险(coinsurance)指的是多个保险人共同直接承保标的物，再保险则是由一个原保险人独立承担直接标的物以后，再将其中一部分风险责任分摊给其他保险人，其他保险人相对于原保险人均是间接承保。在共同保险中，每个参与共同保险的保险人都与被保险人之间建立直接法律关系；而再保险人只与原保险之间有关系，与被保险人之间没有关系。

表 11-4　再保险与共同保险的区别

项目	共同保险	再保险
承保方式	多个保险人直接承保标的物	一个保险人直接承保，其他保险人间接承保
与被保险人关系	各保险人与被保险人构成直接的法律关系	再保险人与原保险人直接相关，与被保险人无直接相关

共同保险通常在保险金额巨大的情况下采用，由投保人同时与数个保险人协商达成一致后，各保险人在各自承保金额限度内承担相应的风险责任。就此而言，共同保险与再保险都体现了保险的灵活与方便。

第二节　再保险业务方式

一、比例再保险

根据我国《再保险管理规定》，比例再保险是指以保险金额为基础确定再保险分出人自留额和再保险接受人分保额的再保险方式。因此，比例再保险是以保险金额为基础来确定分出公司自留额和接受公司分保责任额的再保险业务类型。在比例再保险中，分出公司的自留额和接受公司的责任额都表示为保额的一定比例，该比例也是双方分配保费和分摊赔款的依据。

比例再保险主要有三种，即成数再保险、溢额再保险与成数溢额混合再保险。

(一)成数再保险

1. 成数再保险的概念及基本操作

成数再保险是指原保险人将每一风险单位的保险金额，按约定的比率向再保险人分保的方式。按照这种再保险方式，不论分出公司承保的每一风险单位的保额大小，只要是在合同规定的限额之内，都按照双方约定的比率来分担保险责任，每一风险单位的保险费和发生的赔款，也按双方约定的固定比率进行分配和分摊。因此，这种再保险方式的最大特点是绝对化的、按比例的再保险，也是最简便的再保险方式。在实务中，成数再保险的分出责任，可以由一家接受公司全部接受，也可以由多家接受公司共同接受，一般没有限制，各个再保险人接受的份额也不必相同。

由于成数再保险对每一风险单位都按一定比例分配责任，故在遇到巨额风险责任时，将使原保险人和再保险人承担的责任仍然很大。因此，为了使承担的责任有一定范围，每一份成数再保险合同都按每一风险单位或每张保单规定一个最高责任额(即合同限额)，分出公司与接受公司在这个最高责任额中各自承担一定的份额。

2. 责任、保费和赔款的计算

例如，某船舶成数分保合同，承保的是四艘船的保险业务，规定凡对于直接承保的每一风险单位，分出公司自留 40%，分出 60%，同时规定了每一风险单位的最高限额为 1 000 万元。具体分保情况按照以下三个步骤进行说明。

(1)第一步:分散责任。合同中承保的是四艘船的保险业务,各风险单位的具体保险金额分配按照规定成数(分出公司自留 40%、分出 60%的比例)划定,见表 11-5 所示。

表 11-5　某成数再保险保险金额的分配表　　万元

风险单位	各单位保额	原保险人自留额 40%	再保险人外保额 60%	剩余保额
1 船	200	80	120	0
2 船	600	240	360	0
3 船	1 000	400	600	0
4 船	1 200	400	600	200

(2)第二步:分配保费。原保险人与再保险人根据规定的成数(比例)支付保费。假设保费按照保险金额的 1%收取,上述 4 个风险单位的保费分配情况,见 11-6 所示。

表 11-6　某成数再保险保险费的分配表　　万元

风险单位	各单位保额	各单位保费	自留额 40%	外保额 60%	剩余保额
1 船	200	2	0.8	1.2	0
2 船	600	6	2.4	3.6	0
3 船	1 000	10	4.0	6.0	0
4 船	1 200	12	4.0	6.0	2

上述四艘船的投保人,根据每艘船确定的保险金额,向原保险人上缴了保费(分别为保险金额的 1%),即 2 万元、6 万元、10 万元和 12 万元。在此基础上,原保险人与再保险人根据事先确定的成数分配保费:针对每一个风险单位,根据 1 000 万元保险金额的限定范围,其相应的 1%保费(即 10 万元)范围内,原保险人自留 40%,再保险人得到 60%;限额外的保费(表 11-6 中第四风险单位的剩余保额为 2 万元)分配给承担剩余保额的保险人。

(3)第三步:分担赔款。在保险期内,如果各风险单位发生风险事故,造成一定的损失,保险人就要根据保险合同支付相应的赔款额。假如这 4 艘船发生风险事故造成的损失(赔款)分别为 2 万元、0、30 万元和 240 万元。原保险人与再保险人支付赔款的分配情况,见表 11-7 所示。

表 11-7 某成数再保险赔款额的分配表 万元

风险单位	保额	保费	赔款	自留赔款 40%	分摊赔款 60%	剩余赔额
1 船	200	2	2	0.8	1.2	0
2 船	600	6	0	0	0	0
3 船	1 000	10	30	12.0	18.0	0
4 船	1 200	12	240	80.0	120.0	40

在这里,原保险人与再保险人根据事先确定的成数分摊赔款额:前 3 艘船保额均在 1 000 万元限额内,所以各船的总赔款额 2 万元、0 和 30 万元,均在保险人与被保险人之间按照 40%和 60%进行分摊。

第 4 艘船的 240 万元赔款额的分摊,应先根据规定限额占总保额的比例,确定限额内的赔款额,即(1 000 万元/1 200 万元)×240 万元=200 万元;再将这 200 万元的赔款额在原保险人与再保险人之间按照 40%和 60%进行分摊;剩余的赔款额(240 万元−200 万元=40 万元)再由剩余保额的保险人负担。

3. 成数再保险的优点与缺点

成数再保险的优点在于:一是成数再保险合同双方的利益具有一致性,即成数再保险对每一风险单位的责任均按保险金额由分出和接受公司按比例承担,不论业务良莠、大小,不论经营结果是盈是亏,双方利害关系均一致,因此,成数分保合同很少发生争执;二是手续简化,节省人力和费用,从前述计算实例可以看出,采用成数分保,保额、保费分配,赔款分摊都很简单,分保实务和分保账单编制的手续简化,从而可以节省人力、时间和管理费用。

对分出公司来说,成数再保险的缺陷主要有二:一是缺乏弹性。它虽然手续简便,但按固定比例分配保额,便失去了灵活性,质量好的业务不能多留,质量差的业务也不能少留,这样,往往不能满足分出公司获得准确再保险保障的需求。对于分入公司来说比较有利,因为这恰恰避免了逆选择;二是不能均衡风险责任。由于成数再保险的每笔业务的保险金额均按固定比例变动,分出人对于危险度高低、损失的大小无法加以区别并作适当安排,因而它不能使风险责任均衡化,就是说,原保险保险金额高低不齐的问题依然存在。虽然合同通常有最高责任额的限制,但这只能起到防止责任累积的作用,而且有了该最高责任的限制,对于超过限额的部分,还需另作其他再保险安排。

4. 成数再保险的运用

成数再保险的上述特点,决定了它比较适合于:

(1)新创办的公司。这类公司由于缺乏经验,采用成数再保险,可以得到再保险人在风险分析、承保审定、赔款处理技术等方面的帮助。

(2)新开办的险种。它由于缺乏实际经验和统计资料,采用成数再保险方式比较稳妥。

(3)汽车险、航空险。其出险频率高,赔款频繁,成数再保险可发挥其手续简便、双方共命运的优势。

(4)保额和业务质量比较平均的业务。例如,粮食运输及其运输船舶,每船的保额大致相同,采用成数分保时限额不会太高,业务比较稳定,并可收取较高分保佣金,同时免去了责任累积之虑。

(5)各类转分保业务。转分保业务由于其手续烦琐,采用其他方式分保比较困难,一般也都采用易于计算的成数再保险。

(6)由于成数再保险条件优惠,在国际保险中往往用作再保险业务交换,争取回头业务。

(7)属于同一保险公司系统的母公司和子公司之间,以及集团内部分保,为简化分保手续,一般也采用成数分保方式进行分保。

此外,成数再保险还可与其他再保险方式混合使用。

(二)溢额再保险

1. 溢额再保险的概念

溢额再保险是分出公司对每一风险单位的保额确定一个自留额,而只将保额超过自留额的部分即溢额,分给再保险人承担,并分别按照自留额和溢对保额的比例来分配保费和分摊赔款的再保险业务方式。

2. 溢额再保险的三要素

(1)自留额。自留额是分出公司按业务质量的好坏和自己承担责任的能力,在订立溢额再保险合同时确定的,通常以固定数额表示。

(2)分保限额。在溢额再保险中,双方签订的再保险合同中再保险人所承接的最高额度称为分保限额。这个限额通常以自留额的一定倍数来表示。

(3)线数。分保限额与自留额的比例称为线数。如分出公司自留额为 50 万元,分保限额为自留额的 5 倍,即 250 万元,可以称之为 5 线合同。

对于分出公司承保的巨额业务,可以签订多个溢额再保险合同,按合同签订的顺序,有第一溢额再保险合同、第二溢额再保险合同和第三溢额再保险合同等。

溢额再保险在计算保额、保费与赔款时,先分配保额,再计算保额之比,然后用这个比例去计算保费与赔款。

3. 溢额再保险基本操作

溢额再保险与成数再保险的共同之处是：都以保额为基础来确定分保关系，自留额与分出额都表示成保额的一定比例关系；它们的区别在于：溢额再保险的自留额是一个确定的自留额，不随保额的大小而变动，也就是说，它对保额的比例不因保额不同而变动；而成数再保险的自留额表现为保险金额的固定百分比，随保额的大小而变动。

例如，某溢额分保的自留额确定为 40 万元，每笔业务或每个风险单位保额超出 40 万元的部分（溢额）便分给接受人。现有 3 笔业务，保额分别为 40 万元、80 万元和 200 万元。则第一笔无须分保，第二笔要分出 40 万元，第三笔则要分出 160 万元。溢额与保险金额的比例即为分保比例。本例中第二笔业务的分保比例为 50%，第三笔分保比例为 80%。

在溢额再保险中，自留额是厘定再保险限额的基本单位，超过自留额的部分即溢额通常是以自留额的一定倍数（再保险中称为线数）来限定的。

例如，某溢额再保险合同的限额（容量）为 20 线，则一线的责任为再保险限额的 5%。假定自留额为 100 万元，则合同限额或合同容量即为 2 000 万元。溢额再保险线数的确定要根据原保险人的业务内容和自留能力（如平均保额大小及其与平均自留额的关系、最高保额的大小与自留额的关系、巨额标的承保状况等）综合考虑。

由于承保业务的保额增加或由于业务的发展，分出公司有时需要设置不同层次的溢额。依次称为第一溢额、第二溢额等。当第一溢额的分保限额不能满足分出公司的业务需要时，则可组织第二甚至第三溢额、第四溢额。

4. 溢额再保险责任、保费分配和赔款分摊的计算

例如，某溢额分保合同规定，每个风险单位的自留额为 200 万元，第一溢额规定为 3 线（即 600 万元），第二溢额规定为 2 线（即 400 万元），仍然超出部分另外办理分保。依旧假设保险费率为保险金额的 1%，具体分保情况如表 11-8 所示。

表 11-8 中，风险单位 1 与风险单位 2 的保险金额都没有超过规定的自留额 200 万元，不需要进行分保，全部风险责任自留。

风险单位 3 与风险单位 4 的保险金额都超过了自留额，超出的部分（溢额）需要办理分保，但这两个单位超出自留额的部分为 200 万元和 600 万元，均没有超过第一溢额 3 个线数的规定（200×3＝600 万元），因此只需办理一层分保。在这里，随着原保险金额被分出，自留比例不再是 100%，而是随着保险金额的变化而变化。风险单位 3 与风险单位 4 的自留比例分别是 50%和 25%。

表 11-8　溢额再保险分配表费用　　万元

风险单位	总额			自留额				分保额				
	保险金额	保费	赔款	自留额	保费	自留比例/%	自担赔款	溢额层次	分保额	保费	分保比例/%	分摊赔款
1	100	1	2	100	1	100	2	无	0	0	0	0
2	200	2	0	200	2	100	0	无	0	0	0	0
3	400	6	6	200	2	50	3	第一	200	2	50	3
4	800	8	4	200	2	25	1	第一	600	6	75	3
5	1 000	10	10	200	2	20	2	第一	600	6	60	6
								第二	200	2	20	2
6	2 000	18	100	200	2	10	10	第一	600	6	30	30
								第二	400	4	20	20
								其他	800	8	40	40

风险单位 5 的保险金额 1 000 万元中不仅超过了 200 万元的自留额，还超过了第一溢额的线数规定 600 万元分保额，最后仍有超额款 200 万元(1 000－200－600)需要作第二层分保。此时，风险单位 5 的自留比例为 20%。

风险单位 6 的保险金额最大，达到了 2 000 万元，相继超过了自留额 200 万元、第一溢额 3 线规定的 600 万元分保额以及第二溢额 2 线规定的 400 万元分保额，最后余下的 800 万元将由原保险人自留或另外安排分保。此时，风险单位 5 的自留比例为 10%。

总之，在本例对溢额再保险的计算中可以看到：无论原保险金额怎样变化，原保险人的自留额始终控制在 200 万元以内，但是随着超出数额分别由第一溢额再保险人和第二溢额再保险人相应承担，原保险人的自留额比例在不断变化，这个比例是原保险人与再保险人分担保费并进一步分摊赔款的重要依据。

5. 溢额再保险的特点

溢额再保险的特点主要有以下两点：

(1)可以灵活确定自留额。对分出公司来讲，可根据自己不同的业务种类、质量和性质灵活确定自留额，这不论在业务的选择上，还是在节省分保费支出等方面，都具有优越性；分出公司在第一溢额外，尚可洽定第二、第三溢额，对大额业务的处理也有较大弹性。虽然如此，接受公司由于不必顾虑逆选择，且在合同容量较大时，业务量也较多，接受公司可经常保有稳定的业务来源。

(2)比较烦琐费时。例如水上货运险，办理溢额再保险时，要根据业务单证按每条船、每一航次进行登卡登记和管理限额，并计算出不同分保比例以及按该比例逐笔计算分保费，如发生赔款，也得一笔笔按不同比例分摊。在编制分保账单和统计分析方面也比较麻烦。

（三）成数与溢额混合再保险

成数再保险与溢额再保险同属于以保险金额为基础的比例再保险方式，它们各有特点，实践中也可以将两者结合起来使用，称为成数与溢额混合再保险(combined quota share and surplus reinsurance)。成数与溢额混合再保险在操作上通常采取两种不同的程序：一种是成数之上溢额的混合再保险，另一种是溢额之内成数的混合再保险。两者在本质上没有多大的差别，只是操作程序不同，前者更偏重成数再保险，后者更偏重溢额再保险。

成数之上溢额的混合再保险是指原保险人先安排成数再保险，但规定一个最高限额，当某风险单位的保险金额超过了这个限额，超出部分再根据溢额再保险的形式办理。例如，原保险人先订立成数分保合同，自留比例为 40%，最高限额为 200 万元，超出部分作溢额分保，溢额分保线数为 3 线。这样，对于限额 200 万元以下保险金额采取成数分保的形式，40%自留，60%分保；对于超出 200 万元以上的部分作溢额分保全部分出，分出最高限额为 3 线 600 万元。

溢额之内成数的混合再保险是指原保险人先安排溢额再保险，规定自留额和溢额线数，其中自留的部分通过成数再保险办理。例如，原保险人先订立溢额合同，规定自留额为 200 万元，溢额的线数为 3 线，其中自留额范围内的原保险人自留 40%，分出比例为 60%。这样，对于自留额 200 万元以内的保险金额只有 40%由原保险人自留，60%的自留额需要分出；对于超出 200 万元以上的部分按照一般溢额分保全部分出，分出最高限额为 3 线 600 万元。

二、非比例再保险

根据我国《再保险管理规定》，非比例再保险是指以赔款金额为基础确定再保险分出人自负责任和再保险接受人分保责任的再保险方式。因此，非比例再保险是以赔款为基础来确定再保险双方的保险责任，故又称损失再保险或超过损失再保险。这种再保险是指原保险人赔款超过一定额度或标准时，再保险人对超过的部分负责，故又称第二危险再保险。从概念可知，非比例再保险合同有两个限额：一是分出公司根据自身财力确定的自负责任额即起赔点；二是接受公司承担的最高责任额。

非比例再保险赔款额分担的一般原则是：赔款责任有先有后，一般先规定原保险人自己负担的赔款额，超过这一限额的赔款再分配出去，由再保险人承担，当然再保险人承担的额度也可能有上限的规定。在非比例再保险中，“超额”赔款是分担非比例再保险的核心含义，根据对“超额”的不同确定方式，可以将非比例再保险分为三种形式：险位超赔再保险、事故超赔再保险和赔付率超赔再保险。

(一)超额赔款再保险及其运用

超额赔款再保险简称超赔分保，对原保险人因同一原因所发生的任何一次损失，或因同一原因所导致的各次赔款的总和，超过约定的自负赔款责任额时，其超过部分由接受公司负责到一定额度。在实务中超赔分保又有险位超赔分保和事故超赔分保之分。

1. 险位超赔再保险

(1)险位超赔再保险定义。险位(风险单位)超赔再保险是以每次保险事故中每一风险单位所发生的赔款来计算自负责任额和再保险责任额。假若一个风险单位赔款总金额不超过自负责任额，全部损失由分出公司赔付；若一个风险单位总赔款金额超过自负责任额，则超过部分由接受公司负责到约定限额。

关于险位超赔在一次事故中的赔款计算，有两种情况：一是所有发生损失的风险单位都按合同分摊赔偿责任，没有险位限制，也就没有风险单位个数限制；二是每次事故中的损失，接受人负责摊赔的险位有限制，一般为险位限额的2～3倍，即每次事故接受公司只摊赔2～3个风险单位的损失。

(2)计算方式。某险位超赔再保险合同中，对每个风险单位规定100万元的险位限额，假如一次事故造成4个风险单位赔款分别是50万元、100万元、200万元、800万元。根据险位超赔再保险的规定，原保险人应分别负担50万元、100万元、100万元、100万元，再保险人应分别负担0、0、100万元、700万元(图11-1)。

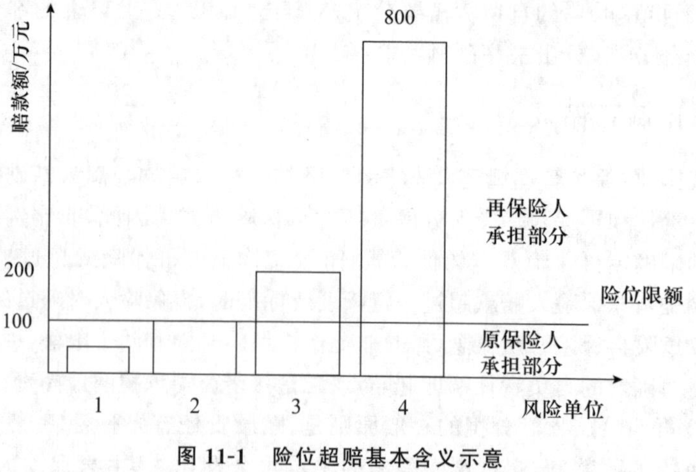

图11-1 险位超赔基本含义示意

需要指出的是，在一次风险事故中遭受损失的不只是一个风险单位，再保险人的赔款额可能随着风险单位的增加而累积。正如上例中，针对一次事故 4 个风险单位 1 250 万元的赔款总额，原保险人只承担其中的 350 万元，再保险人则要承担 800 万元。为避免再保险人累积承担过多的赔款损失，险位超赔再保险通常可能做出两种规定：一种是分别对各风险单位的赔款额规定最高限额，在最高限额以内的部分由再保险人负责承担，超出最高限额的部分则由原保险人承担。这种方式对各风险单位的超额赔款不作累计、没有总额限制，再保险人对每个风险单位都做出最高限额内的超额赔付。

例如“对某一超过 100 万元以后的 500 万元实施险位超赔再保险”，这句话中的 100 万元是指每个风险单位的险位限额，500 万元是指每个风险单位的超额赔款最高限额(图 11-2 中的 600 线)。仍然假设一次事故造成 4 个风险单位赔款分别为 50 万元、100 万元、200 万元、800 万元，则原保险人分别负担 50 万元、100 万元、100 万元、100 万元，再保险人分别负担 0、0、100 万元、500 万元。

其中，第 4 个风险单位 800 万元赔款额的分配情况：原保险人自留 100 万元；再保险人只承担 500 万元而不是 700 万元，因为再保险人对每个风险单位承担的超额赔款受到最高限额 500 万元的限制；超出的 200 万元赔款通常由原保险人自己承担(图 11-2)。

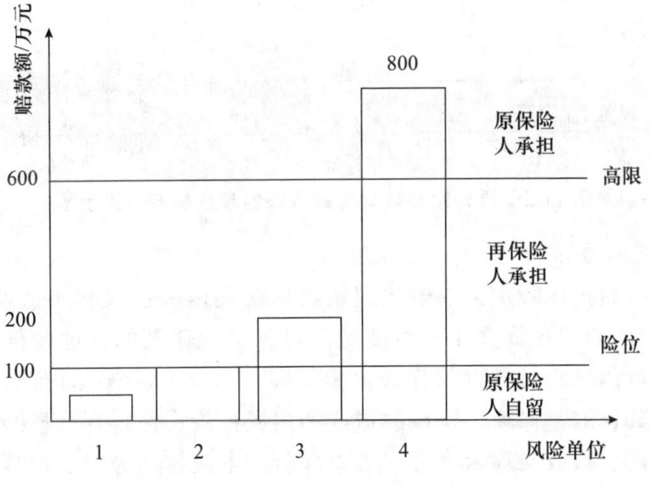

图 11-2　对各风险单位有最高限额的险位超赔方式示意

为避免再保险人累积承担过多的赔款损失，险位超赔再保险通常还可能做出另一种规定，即对一次风险事故各风险单位的赔款总额规定一个最高限额(事故限额),一般确定在险位限额的 2 倍至 3 倍。事故限额的规定意味着一次风险事故中,再保险人承担风险单位的个数是有限的。如果各风险单位的赔款总和在规定的事故限额之内,再保险人对各个风险单位都履行超额赔付责任;如果事故限额内不能满足所有风险单位的赔款总额,则仅对有限数量的风险单位予以超额赔付,累计超过事故限额的其他风险单位不予赔付。

仍然以"对某一超过 100 万元以后的 500 万元实施险位超赔再保险"为例,依然假设一次事故造成 4 个风险单位赔款分别为 50 万元、100 万元、200 万元、800 万元,但规定事故限额为 100 万元,则原保险人对前三个风险单位分别负担 50 万元、100 万元、100 万元,再保险人相应负担 0、0、100 万元。

由于再保险人在前三个风险单位累计的超赔款已经达到 100 万元的事故限额,再保险人对第 4 个风险单位不再履行超赔责任,第 4 个风险单位的 800 万元赔款全部由原保险人负担(图 11-3)。

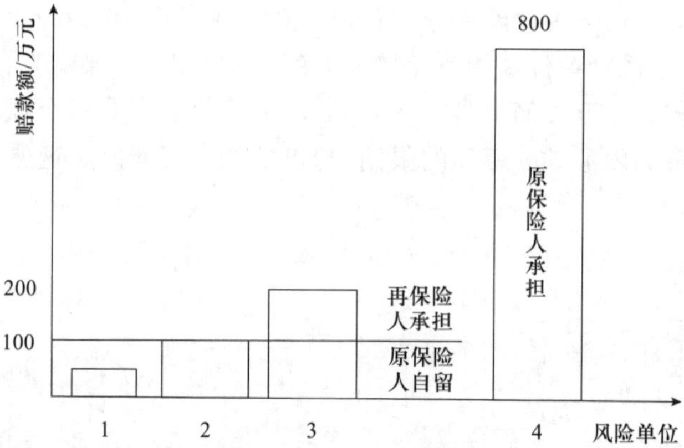

图 11-3　累计超赔额有事故限额的险位超赔方式示意

2. 事故超赔再保险

(1)事故超赔再保险定义。事故超赔再保险是以一次灾害事故所发生的赔款总和来计算分出公司自负责任额和接受公司分保责任额的。这种再保险方式,是以一次事故、群体风险所导致的总赔款为基础,不管列入摊赔的保单数目有多少,保额有多大,其目的是保障一次事故造成的累积保险责任得到分摊,常用于巨额和巨灾风险的再保险,故又称为异常灾害再保险。事故超赔分保的最高责任额,依当事人的协议而定,通常依起赔点的大小、业务内容与密集程度以及过去赔款的经验等情况来决定。如果起赔点太高,即自负责任额度太大,则分出公司的赔款责任必然过大;若起赔点太低,即自负责任额度订得太低,则可能使接受公司责任过分沉重,再保险费也很高昂。于是,便产生了分层再保险的安排,即将整个超赔保障数额分成若干层，便于不同的再保险人接受。这样，每一层的再保险额度虽然不高，但各层次额度累计会达到很高的金额，且各层的接受公司责任额不至过分沉重，保费也相对低廉，对分保双方都有利。

在这种分保合同中，第一层的起赔点就是分出公司的自负责任额；第二层的起赔点或称基数为第一层自负责任额与该层再保险责任额的合计；第三层起赔点则为第二层起赔点加上第二层再保险责任额之和，以下各层类推。

(2)计算方式。某保险人安排一超过500万元以上、由接受公司负责至1亿元的巨灾事故超赔再保险合同，原保险人自留赔款责任500万元，剩余赔款分层次安排如下：

第一层：超过500万元以上的500万元；

第二层：超过1 000万元以上的1 500万元；

第三层：超过2 500万元以上的2 500万元；

第四层：超过5 000万元以上的5 000万元。

即第一层接受人承担500万元的赔款责任，第二层接受人承担1 500万元的赔款责任，第三层接受人承担2 500万元，第四层接受人承担5 000万元，累计1亿元。

事故超赔再保险，涉及一次事故的划分。在实务中，有的巨灾事故如台风、洪水、地震等，在合同中对一次事故用时间长短来界定，有的还有地区范围规定。例如，台风、飓风、暴风雨连续48小时算一次事故，地震、洪水连续72小时算一次事故；洪水还规定地理上的界限，如以河谷或分水岭划分。

3. 超额赔款的运用

超额赔款再保险在火灾保险、海上保险、意外伤害保险等方面都被广泛运用。

在火灾保险方面运用，主要出于两个方面的考虑；一是弥补比例再保险之不足；二是防备异常灾害损失。例如大火、风暴、地震等灾害损失。这些异常灾害往往涉及面广，损失惨重，如果应用成数再保险，不能有效分散其风险责任，而如果单独应用溢额再保险，以风险范围为单位自留，势必使自留的风险单位增多，很不安全。

在海上保险方面运用，是为了避免全损、共同海损、单独海损等巨大损失，直接保险人通过这种超额赔款再保险获得再保险保障。货物运输险，原来大多采用成数或溢额再保险，但现在由于业务量增加很快，采用超额赔款再保险方式的明显增长。船舶险方面，也因船只日益大型化和保额庞大而不得不采用超赔分保来分散承保风险。

在人身意外伤害保险方面运用，尤其在汽车险和责任险方面，已经出现了没有超赔再保险不行的现象。

(二)赔付率超赔再保险

1. 赔付率超赔再保险的概念

超赔付率再保险是在某特定期间内(通常为1年),分出公司某一特定部门业务的赔付率超过约定自负责任的标准时,超过部分的赔款由接受公司负责一定的额度。接受公司的责任额度有一最高限度,以赔付率表示,同时还有一定金额限制。由于这种再保险可以将分出公司某一年度的赔付率控制于一定的标准之内,所以对分出公司而言,又有停止损失再保险(或损失中止再保险)之称。

例如,某分出公司就某类业务安排赔付率超赔再保险,赔付率在80%以下由自己负责,接受公司负责超过80%的赔款直至150%。合同期内各年业务经营和分保情况,如表11-9所示。

2. 赔付率的计算

赔付率是赔付率超赔再保险的中心问题,在实务中,通常采用以签单年度的净保费收入与同一年度赔款净额之比,作为该年度赔付率。

即:赔付率=(赔款净额/年净保费收入)×100%,其中:

年净保费收入=毛保费+加保费-退保费-佣金-再保费支出-保费税款-盈余佣金;赔款净额=发生赔款(包括理赔及诉讼费用)-收回的赔款-摊回的再保险赔款。

赔付率超赔再保险常以3~5年为合同期限,但赔付率须每年计算。由于要按签单年度的会计账计算,则要等各签单的责任全部满期后才能精确计算,因此习惯上要延续两个年度于第三年底加以调整。但由于仍免不了有未决赔款要进行估计,且有些赔案不能在短期内全部解决,致使再保险的赔付率确定要牵延数年,合同内通常要约定最终决算年限,一般为5年。

例如,某赔付率超赔再保险合同约定赔付率为80%,如果一年内实际发生赔付率超过80%,则超出部分由再保险人负担。但再保险人负担有限额,这个限额可以用赔付率表示如40%,即再保险人负担赔付率在80%~120%的赔款额损失。

现在假设某年原保险人净得保费收入分别为100万元和1 000万元的不同情况下,针对几种可能的赔款发生额,分别计算原保险人与再保险人的赔款分担,如表11-9。

表 11-9 某赔付率超赔再保险赔款分担表 万元

赔款额	保费收入	赔付率(赔款额/保费收入)	原保险人承担	再保险人承担
20		20%	20	0
80		80%	80	0
100	100	100%	80	20
120		120%	80	40
150		150%	80+30=110	40
200		20%	200	0
800		80%	800	0
1 000	1 000	100%	800	200
1 200		120%	800+200=1 000	200
1 500		150%	800+500=1 300	200

结合表 11-9 进行分析,当保费收入为 100 万元时,再保险人赔款数额主要决定于 80%～120%赔付率范围之间的损失,即原保险人负担 80 万元以内的赔款,再保险人在此基础上最多负担 40 万元,超出部分仍有原保险人负担;当保费收入为 1 000 万元时可以看到,原保险人相应负担 80%赔付率范围以内,即 800 万元以内的赔款,再保险人虽然也相应承担赔款率 80%～120%范围之间的超额,即最多 400 万元的赔款额,但同时还受到赔款额应小于 200 万元最高限额的规定,因此当赔款额为 1 200 万元和 1 500 万元时,再保险人都仅承担 200 万元,其余部分仍由原保险人承担。可见,两种不同形式的赔付率超赔限额的规定,以先达到者或小数额者优先。

3. 赔付率超赔再保险的运用

赔付率超赔再保险的功能在于:当分出公司的承保业绩在某年突然变化而遭受严重打击时,将亏损控制在分出公司的财力等各方面条件所能承受的范围之内。它是保险人在安排成数、溢额再保险和超额赔款再保险后,为进一步稳定业务经营而安排的再保险。

对于小额损失集中、发生损失频率高的保险业务,采用这种再保险方式比较多。因为小额损失多,若采用超赔再保险,则起赔点要定的特别低,但这势必支付大量再保险费。因而最经济而简便的办法是安排赔付率超赔再保险,既节省保费又保障自己不致发生严重亏损。

赔付率超赔再保险在农作物保险方面运用较多。在有的国家,企业自保较为普遍,但为防范重大火灾发生使企业财务发生困难,这些自保公司均要购买赔付率超赔再保险予以保护。

(三)比例再保险与非比例再保险的比较

为了加深对再保险的理解,我们对比例再保险与非比例再保险业务方式进行比较,从而进一步明确不同再保险方式是如何实现再保险功能的。

1. 再保险业务双方风险责任划分的依据不同

从定义中可知,比例再保险与非比例再保险最大的区别在于,再保险业务双方风险责任划分的依据不同。比例再保险依据的是将要承担的风险,即保险金额来分担保险责任。非比例再保险依据的是受到的风险损失,即赔款额来分担保险责任。

2. 再保险业务双方保险责任分担的依据不同

在比例再保险中,原保险人与再保险人按照一定比例分担保险责任,保险额、保险费和赔款额均按这个固定比例分配,再保险费与原保险费的也以相同比例计算。在非比例再保险中,再保险人只承担超过一定额度的赔款责任,与保险金额无关,且再保险费率采取单独费率制度,保费和赔款的分担比例是不确定的。

3. 再保险佣金的规定不同

比例再保险常有再保险佣金的规定,非比例再保险则没有再保险佣金的规定。

4. 产生、发展和应用状况不同

比例再保险与非比例再保险是随着再保险的发展需要而先后产生的,比例再保险产生于再保险发展的初期,也是最传统的再保险方式;随着风险情况的变化,人们对再保险的方式提出了新的要求,非比例再保险应运而生并快速发展,成为目前十分重要的一种再保险方式。非比例再保险扩大了原保险人的承保能力,并控制原保险人负担的责任,特别是巨灾风险以及年度赔款累积的风险,同时由于大量小额赔款由原保险人自负,减少了再保险费的支出,增加实际的保费收入。总之,无论哪种形式的再保险都是在原保险基础上对风险损失的再次分配。

在保险实务中,各类再保险安排方式经常被相互配合运用,以取得分散风险、转移损失、节省再保险费的最佳效果。例如,成数、溢额复合再保险,溢额超赔、成数超赔复合再保险,超赔、成数复合再保险等。

表 11-10 再保险基本方式的主要特点

再保险基本方式		基本含义和特点	优点	缺点	评价与应用
比例再保险	成数再保险	保费、赔款均按同比例分担,双方利益一致。对再保险人有利	手续简单节省管理费用	原保险人选择余地小,不利于再保险业务经营;风险分担不均衡,不能用于巨大风险	较少单独使用,用于小公司、新公司、新业务;特殊险;转分保等情况
	溢额再保险	原保险人可根据业务质量好坏选择自留额。对原保险人有利	可使保险责任均衡化,原保险人的责任不受保险额影响,增加经营的稳定性	根据不断变化的自留比例、分保比例逐一计算分保费和赔款额,手续烦琐,经营费用高	应用广泛,适用保险额不平衡,如火险、海上保险、人身险等再保险
	成数溢额混合	成数之上溢额的混合溢额之内成数的混合	弥补了两种方式单独运用的不足,既减少成数分保中分保费的过多支出,又使溢额分保中保费和责任相对平衡,对双方都有利		适用于转分保、海上保险业务等
非比例再保险	险位超赔	针对每一风险单位固定赔款限额,低于限额由原保险人承担;高出限额由再保险人承担	在火灾保险、海上保险、意外伤害保险等方面有广泛应用,能够避免风险集中与累积造成赔款过重		中小型灾害损失赔款
	事故超赔	针对一次巨灾事故,以多个风险单位发生的赔款总和为基础确定赔款额分配			自然灾害损失巨大的赔款
	赔付率超赔	依据赔付率是否超过事先约定从而确定原保险人与再保险人承担的赔款责任	保护分出公司在一定时期内,小额损失集中、发生损失频率高的保险业务		适合农作物雹灾保险。通常安排在其他再保险方式后

第三节　再保险经营管理

一、再保险合同

(一)再保险合同的含义

再保险合同主要指双方订立再保险权利和义务关系的法律文件。再保险合同的主体是保险人和再保险人,合同的客体是再保险标的,即原保险人根据原保险合同承担的风险责任。

再保险合同中,原保险人享有的主要权力是当约定的保险赔偿责任发生时,从再保险人摊回赔款,主要义务是按规定支付再保险费,并将原保险的有关情况告知再保险人。再保险人的主要权力是收取再保险费、监督原保险人履行再保险合同义务,并根据需要检查原保险人的账册、分保记录等,再保险人的主要义务是按照再保险合同规定履行损失赔偿责任。

(二)再保险合同的条款

再保险合同一般由合同文本、分保条及附约三部分组成。

第一部分是合同文本,主要条款一般包括:承保范围、合同形式、自留金额比例、计算限额的基础、错误与遗漏条款、共命运条款、保费、手续费、赔款的处理与通知方法、准备金的扣除与返还、查账条款、责任的开始与中止、合同变更条款、仲裁条款、注销通知等。其中,某些条款是再保险业所特有并得到广泛认可的,如共命运条款、错误与遗漏条款、保护再保险人利益条款。原保险合同适用的最大诚信原则、保险利益原则等同样适用于再保险。

第二部分是分保条(也称分保建议),指原保险人制定并提供给再保险人的要约性质的文件,主要内容包括:合同名称、期限、需要分保的险别、分保方式、自留额、合同限额等,再保险人可以据此判断是否接受分保。

第三部分是附约,主要包括对文本的修改变更或注销。

(三)再保险合同的安排形式

再保险合同主要有临时再保险、合同再保险及预约再保险等三种安排形式。

第一,临时再保险(facultative reinsurance)是指原保险人根据业务需要,临时选择再保险人,经协商达成协议,逐笔成交的再保险形式。临时分保的特点是非常灵活,原保险人和再保险人对每笔业务的分出分入都有自由选择的权利,双方根据具体情况做出各自的决策。此外,临时分保时间性较强,再保险人需要对原保险人发出的要约作出迅速反映，否则原保险人将面临较大风险，得不到及时的保障。由于临时分保业务需要逐笔办理，手续繁杂，管理费用高。临时分保是最早采用的再保险方式，特别适用于高风险、不稳定的项目。

第二，合同再保险(treaty reinsurance)是指原保险人与再保险人事先订立再保险合同，在一定时期内，双方严格按照合同约定实施的再保险形式，也称为固定再保险(obligatory reinsurance)。合同分保的主要特点是连续性，原保险人和再保险人在合同期内必须按照约定分出分入，没有更多的选择权，合同约定范围内的每笔业务自动成交。这种方式简化了手续，提高了效率，有利于双方建立稳定的业务关系，使得原保险人能及时分散风险，再保险人也能获得稳定的业务来源。合同再保险是目前应用最为普遍的再保险形式，是再保险合同形式的主流。

第三，预约再保险(open cover)是指双方事先订立再保险合同，但此合同对原保险人与再保险人的约束性不同。原保险人对于合同规定范围内的业务可以自由选择是否分保或分保多少；而再保险人没有选择的自由，再保险人必须无条件接受原保险人的决定。预约再保险是介于临时再保险和合同再保险之间的一种再保险形式。很显然，它对于原保险人有利，但对再保险人则是不利的，它使再保险人业务来源不稳定且质量难以控制。因此，只有在合同再保险超过限额需要另外安排分保，而临时分保手续烦琐时，才考虑这种形式的再保险。

除了以上三种基本的再保险安排形式，实践中还存在其他一些特定的再保险安排方法。如分保交换，它是指保险人之间互换再保险业务，分出公司一方面将业务分出，同时又要求接受公司提供相应的分入业务或回头业务，又称为互惠分保。

二、再保险市场及发展趋势

(一)再保险市场及其组织形式

再保险市场是建立在发达的保险市场基础之上，由从事再保险业务的买卖双方以及再保险经纪人组成。再保险的买方是再保险的需求方，主要指直接承保公司；卖方是再保险的供给方，主要指专业再保险公司、再保险集团等。再保险市场的供需主体都是保险人，无论哪一方都面临风险，需要再保险给予保障，因此某一再保险的需求和供给方都有可能成为另一再保险的供给方和需求方。

第一，经营直接业务的保险公司是再保险最主要的需求者，通过再保险分散风险、稳定经营。直接承保公司同时也提供一定的再保险业务，但多是以互惠交换业务的方式提供再保险，即所谓的分保交换。再保险业务开始只在经营直接业务的保险公司之间进行，后逐渐出现了专门从事再保险业务的保险公司。目前全球有200多家专业再保险公司(表11-11)，主要集中在欧、美地区和日本等国。

第二，再保险集团是由一国或多国众多保险公司联合组成，有全球性也有区域性的。再保险集团具有相互合作的性质，集团中每个成员公司既是原保险人又是再保险人。集团的章程、合同文本以及分配原则等重大事项由集团商定。再保险集团的主要作用是解决单个公司承保能力不足的问题，同时加强对外竞争力，避免内部相互争夺。再保险集团在发展中国家较为常见，但不同的集团业务经营方式有所不同。如，中国再保险（集团）股份有限公司的前身为中保再保险有限公司，源于1949年10月成立的中国人民保险公司。1999年3月23日，经中国国务院批准，原中国保险监督管理委员会同意，中保再保险公司更名为中国再保险（集团）公司。2007年10月9日，经有关部门批准，中国再保险（集团）公司改制为股份有限公司，公司以42 479 808 085元注册资本金在再保险行业排名亚洲第一、全球第五，在国内再保险市场占有83%的份额，对保险市场的稳定健康发展发挥着重要的保障作用。此外，还有一种针对特殊风险处理的联营性的再保险集团，例如核保险集团、自然灾害保险集团等。

第三，专属保险公司是大企业、大财团自设的保险公司，主要为其公司和子公司提供保险，并办理再保险，也称为企业自保公司。专属保险公司诞生于20世纪60年代的百慕大，后发展十分迅速，百慕大也因此成为世界著名的自保市场。由于专属保险公司既能够方便母公司的承保，又可以降低再保险的成本，因而在世界再保险市场上占有重要的地位。

还有，再保险经纪人，主要为买卖双方建立再保险关系提供中介服务。由于再保险业务通常涉及其他国家、地区的业务情况，需要再保险经纪人提供大量的业务信息、设计再保险计划、促成再保险交易并提供各种技术服务。世界重要再保险市场伦敦劳合社全部通过再保险经纪人分出和分入业务，在再保险经纪人的帮助下签订的再保险合同，再保险经纪人可向再保险人收取手续费，一般合同及临时分保手续费大约为2.5%到5%，超额赔款业务可高达10%。

世界上第一家专业再保险公司，是1852年创办的德国科隆再保险公司。它也是仍在营业的世界十大再保险公司之一。目前，世界上各种组织形式的保险公司众多，按照业务量大小，2020年世界主要再保险公司如表11-11。

表11-11　2020年世界主要的再保险公司　　百万美元

名次	公司名称	国家	普通保费	寿险保费
1	慕尼黑再保险集团	德国	13 072.3	3 882.5
2	瑞士再保险公司	瑞士	10 265.7	5 428

续表 11-11

名次	公司名称	国家	普通保费	寿险保费
3	通用/科隆再保险公司	美国	5 830	2 005
4	GE 全球再保险公司	美国	5 551	1 841
5	汉诺威再保险公司	德国	4 837.9	1 579.6
6	劳合社	英国	5 743.6	—
7	格宁环球再保险集团	德国	3 462.3	1 037.4
8	斯考再保险公司	法国	2 809.2	493.7
9	安盛再保险集团	法国	3 294.8	—
10	安联再保险集团	德国	2 419.5	746

资料来源:搜狐网．全球十大再保险公司排名名单,2020.4.

(二)世界主要再保险市场

世界主要的再保险市场有英国再保险市场、欧洲大陆再保险市场、美国再保险市场和日本再保险市场。一些新兴的再保险市场,如亚洲、澳洲等地区再保险业务的发展也引人注目。

1. 布局全球化发展,实现多样化经营

在当今,再保险业务的开展具有风险等级高、承担额大、业务开展复杂等的特点,因此,需要再保险公司在全球范围内尽可能地分散风险,开展不同形式的业务组合,从而实现全球化经营目标。近些年,我国再保险业务的发展已将全球化作为战略的重点,在寻求发展的过程中不断进入高增长市场,寻找新客户、新风险及新利润点,发展多元化的风险组合业务。一方面,再保险公司全球化的新特点已由发展国际业务到目的地国家并购或设立新机构,更好地贴近客户、贴近需求,实现全球化经营。当今,全球化水平较高的国际保险公司,如慕尼黑再保险(集团)公司、瑞士再保险(集团)公司、汉诺威再保险(集团)公司的国际业务比重已超过 90%。这些再保险公司在巩固欧美发达市场的基础上,正积极布局东南亚等新兴市场。另一方面,我国再保险公司发展也加强全球化布局,在全球范围内设置各分支机构的同时,也通过并购海外的再保险公司扩大业务。中再保险(集团)公司通过一系列的全球布局,已在全球 10 个国家和地区拥有分支机构,成为国内保险业“走出去”的领头羊,在服务“一带一路”建设、支持中国企业走出去和海外利益保障方面发挥出积极作用。

表 11-12 主要再保险公司业务结构情况

发展类型	名称	国际业务比例/%
多元化国际再保险公司	慕尼黑再保险(集团)公司	96.7
	瑞士再保险(集团)公司	97.4
	伯克希尔哈撒韦(集团)公司	70 以上
国际再保险公司	汉诺威再保险(集团)公司	93.2
	美国再保险(集团)公司	56
区域性再保险公司	中再保险(集团)公司	13
	Great West Lifeco	78.4

资料来源:官兵．新形势、新格局下再保险集团发展战略简析．中国再保险(集团)股份有限公司战略发展部,2020.12.

2. 谋求平台化突破,创新商业化模式

目前,再保险市场竞争激烈、客户风险管理需求日趋复杂化以及再保险替代手段的出现,推动再保险公司加快“平台化”经营模式探索。这种模式的核心就是再保险功能从承保能力支持的单一功能,转变为从收集数据、分析保险需求、保单定价、产品设计、核保核赔、平台支持以及资本融通服务等多元功能的角色。再保险从保险产业链的下游进入保险产业链的中上游,从价值链的被动接受者,转变为产业链的主导者。目前,国际主要再保险公司的平台化商业模式已经从再保直保化的初级阶段向再保险业务价值链两端的发展。

(1)再保险价值链前段。即向前内化了直保公司的产品开发、风险分析、平台建设、渠道发展等保险核心价值链的重要部分,例如,第一,再保险集团积极把握客户需求,或单独开发产品,或与直保公司合作开发产品。第二,再保险集团为直保公司提供技术能力输出,在定价、风险管理、模型开发、渠道建设等方面进行深层次的合作。第三,再保险集团利用自身在产品和技术的优势,直接与分销渠道合作研发产品,触达保险服务链条的最终客户,直保公司只提供出单服务,相关业务的分保保费收入流入再保险公司。第四,再保险集团通过企业风险投资(CVC)、战略合作等手段,借助科技力量打造平台,实现平台化生态化发展。再保险核心功能的前向扩展,反映了再保险公司在保持核心竞争力的同时,为获得持久的盈利能力而拓宽服务领域、创新产品和增加细分市场的努力。

(2)再保险价值链后段。即再保险替代一部分狭义的和广义的资本市场功能,成为“风险转移”中介和新型“风险仓储”中介。再保险不仅承担传统的风险仓储或风险吸收功能,而且扮演了新型风险管理产品的批发商角色,再保险商通过保险连接证券或保险衍生品将风险转移到资本市场；或者开发多风险组合的优化安排，例如多险种、多年期产品及多触发器产品等，替代了资本市场在跨时风险分担方面的部分优势；或者向直保公司提供有限风险再保险等新型风险的承保安排，或明或暗扮演了资本提供者的角色。再保险核心功能的后向扩展，体现了再保险融资能力的提升，凸显了发达国家拥有成熟而灵活的资本市场的优势，以及再保险领域创新活跃的态势。

3. 提升科技化能力，开创数字化业务

近年来，全球经济开启了向数字化转型的新时代，科技已成为保险产业变革增长的重要驱动力。主要再保险集团自 2010 年开始，陆续制定和实施自己的技术愿景和数字化战略，内部管理层、组织架构、人才配备等“软件”和 IT 运营层面等“硬件”不断优化提升，为数字化转型打好基础，实现三个目标：一是实现客户体验的数字化，即提供给客户更好的数字化交互体验。二是实现运营管理的数字化，即打造敏捷的、具有快速反应能力的前台和集合运营数据和技术创新能力的、为前台提供强有力的中台支持。三是商业模式的数字化，即主要再保险集团建立科技创新孵化机制，投资初创型科技公司或与之战略合作方式，重点强化自身大数据分析能力，实现以技术驱动的保险产品创新方案，从而获取以数据为基础的市场价值和客户价值。

（三）中国再保险市场

我国再保险市场起步较晚、发展时间短，但从目前发展的趋势来看已占全球份额 8%左右，成为全球第二大再保险市场，成为国际性再保险业发展的战略目标市场。展望未来，党的十九届五中全会通过的《中共中央关于制定国民经济和社会发展第十四个五年规划和二〇三五年远景目标的建议》，为我国再保险行业“十四五”时期乃至 2035 年绘制了广阔的发展蓝图，提供了巨大发展机遇。一是“数字化”战略，加快数字化转型，加速推动业务与科技融合发展，注重科技转化率，助力业务创新、提升运营效率、赋能行业发展；二是注重内外部协同，广泛聚合多方资源，全面激发现有平台、积极拓展创新平台，通过平台发展推动集团业务布局、优化业务结构；三是聚焦风险管理价值链，依托深厚的数据积累和数据分析技术优势，通过股权投资、战略联盟等多种方式与利益相关方共同打造再保险特色产业互联网生态圈。

1. 大力发展数字化业务，引领再保险行业

坚持创新驱动发展战略，建设现代经济体系，强化国家战略科技力量，提升企业技术创新水平。近年来，再保险集团实施数字化战略，引入区块链、大数据、云计算、人工智能技术，向行业提供风险曲线、生命表、巨灾科技模型等行业基础设施和平台，获得了行业认可。下一步，再保险集团应加快推进科技化战略，充分发挥数据和技术

优势，加快产品创新、技术输出和平台赋能，打通与资本市场的连接，链接保险服务上下游产业链、供应链各环节，连接产学研和更多满足客户需求的其他行业服务资源，引领保险行业功能与服务升级，切实改变我国保险领域不平衡不充分的供给局面。

2. 加快产业升级，融入全球发展

加快构建以国内大循环为主体、国内国际双循环相互促进的新发展格局。“十四五”时期，再保险业务的开展将紧跟国家“一带一路”倡议和客户“走出去”实际需求，以境外分支机构为支点，把中国元素带出去，不断提升国际影响力，把政治风险、网络安全、清洁能源、营业中断等国内急需的保险产品拿进来，反哺国内金融市场创新发展。同时，为建设全球服务及合作网络体系，全面提升全球风险分散能力，重点打造“一带一路”国家战略建设，为中国再保险业务发展谋求利益。目前再保险业务将成为我国保险市场双循环相互促进的连接器和重要支点，落实“一带一路”倡议，加快全球化机构布局和业务发展步伐，在全球舞台搏击风浪，提高民族再保险企业的全球影响力和抗风险能力，尽快推动国内再保和直保市场的转型升级。

3. 实施科技驱动，打造再保险生态圈

加快平安中国建设，确保国家经济安全。近年来，再保险集团全面参与农业、巨灾、首台(套)重大装备、环污责任、重大公共卫生事件等国家灾害管理体系建设和试点，从费率厘定、开发产品、方案设计、发布自主知识产权的巨灾模型到提供全方位风险管理服务，已成为其中的重要一环。下一步，我国应推进平台化战略，充分发挥再保险在风险分散方面的天然优势，加快打造灾害管理平台生态圈，参与国家灾害管理领域的安全体系建设，聚焦我国各类战略性新兴产业，为前瞻性、战略性的国家重大科技创新、重大项目、重大风险提供保险支持，为我国战略科技力量崛起提供重要保障，确保国家数据安全和产业安全。

中国已进入全面建设社会主义现代化国家的新发展阶段，并开启加快高质量发展的“十四五”发展新征程，必将会进一步体现出在再保险领域产品创新能力、丰富业务品种和风险管理技术优势突出等特点，在服务中国发展新格局中展现新实力、培育新优势、创造新价值。

专栏 11-2　前海再保险健康险破冰实践：打造“保险＋在线诊疗＋药”全闭环①

2020 年初突如其来的新冠肺炎疫情打破了人们的常规生活方式，“隔离”“新冠疫苗”“核酸检测”等成为近两年的热词，保险行业如何敏锐把握消费者对抗击疫

① 资料来源：慧保天下．前海再保险健康险破冰实践：打造“保险＋在线诊疗＋药”全闭环．网易．2021.10.11. https://www.163.com/dy/article/GM1N2DM60519B2MI.html.

情以及医疗健康的新需求，将成为保险行业在“后疫情”时代破冰的关键。

新冠疫苗上市之初，大部分消费者对新冠疫苗接种后的副作用和有效性心存疑虑，并不愿意接种。作为一家专注于风险管理的再保险公司，前海再保险始终积极履行其肩负的企业社会责任，敏锐捕捉消费者对新冠疫情保险保障以及疫苗接种的需求场景，组建专业产品团队，独家研发并快速推出了包含新冠疫苗接种的意外伤害保险以及包含新冠责任的传染病医疗险，支持国家疫情防控工作。

据了解，新冠疫苗接种意外伤害险，通称“疫苗保险”，其产品责任包含了预防接种异常反应、预防接种偶合症、预防接种失效等原因导致的身故、伤残、医疗和住院津贴等，同时也包含了接种后再次感染的保障。

疫情之下，出门不便，医院防控升级，如何足不出户就能 7×24 小时看病就医，而且不用自费？早在 2019 年开始，前海再保险就一直着力于研究“云就诊”产品，整合行业内保险、药品及配送、医疗专家等优势资源，于 2020 年率先推出互联网门诊险，2021 年又与更多保险公司合作推广这一产品，为广大消费者提供一站式“视频问诊＋互联网配药＋保险”的全闭环健康管理服务。

近年来，随着我国经济的快速发展，居民生活水平的大幅提高，高血压、糖尿病、心脏病等慢性病患者以及亚健康人群数量呈现出快速增长的趋势，但很多保险计划却将这一类慢性病患者和亚健康人群拒之门外。前海再保险洞察到这类人群的困境，推出了行业首创的非标体人群自动核保系统，实现了 200 多种常见病的自动加费。它突破了传统的智能核保决策树模型，通过疾病模型、加费算法、场景优化三大创新，充分满足了多种疾病、多项异常告知客户的投保需求，每种疾病仅需回答 3 至 6 个问题即可完成评估，平均用时不到 3 分钟，极大提高了亚健康消费者的投保便捷程度。

据了解，前海再保险一直将亚健康人群的风险解决方案作为重要的战略方向之一，致力于通过研发驱动和科技赋能为行业提供创新的风险评估和产品解决方案，推动广大人民群众健康保障水平的提高。亚健康人群数量庞大，投保意愿强烈，但是其健康风险也更为复杂，对于风险评估技术的要求也更高，因此前海再加大风险评估和核保方面的科技投入，开发上线了在线自动化加费核保系统。该系统的上线，不仅让亚健康人群也能得到重疾保险保障，更是让这部分人群的投保流程变得简单快捷，省去了去体检、健康告知等环节。

“未来，前海再仍将通过科技赋能，发挥其在风险评估和风险定价方面的专业优势，与合作伙伴一起推出更多的非标体健康险产品，让更多的亚健康人群也能安享健康的美好生活。”前海再保险总经理范伟书表示。

本章参考文献

1. 孙祁祥．保险学．北京：中国人民大学出版社，2018.

2. 丁继峰．保险学．成都：西南财经大学出版社，2019.

3. 庹国柱．保险学．北京：首都经济贸易大学出版社，2021.

4. 徐爱荣、李鹏．保险学．上海：复旦大学出版社，2021.

重要概念

再保险　自留额　分出额　分出人　分入人　比例再保险　非比例再保险

复习思考题

1. 什么是再保险？它包括哪些种类？
2. 试述再保险对保险市场健康发展的意义。
3. 试比较比例再保险与非比例再保险的异同。
4. 试分析成数再保险与溢额再保险的利弊。
5. 试分析事故超赔再保险与赔付率超赔再保险的特点。
6. 思考一下我再保险市场的现状如何？主要存在哪些问题？

再保险案例

再保险公司将首当其冲承担苏伊士运河搁浅的成本①

业内消息人士称，再保险公司将为这艘导致苏伊士运河交通中断的货轮搁浅事件支付大部分费用，预计赔偿金额将高达数亿美元。

3月23日，这艘400米长的"Ever Given"号在运河搁浅，国际供应链陷入混乱，专业救援队伍花了近一周时间才将这艘船解救出来。

大约有400艘船只受到运河关闭的影响，其中一些船只不得不绕过非洲，将供应运往全球市场。

船舶通常有保护与赔偿(P&I)保险，包括第三方责任索赔，包括环境损害和伤害。arate hull and machinery(H&M)保单承保船舶的物理损失。

Ever Given旗下的P&I保险公司UK Club的首席索赔官Alan Mackinnon表示，运河当局预计会就运河可能受到的损害和收入损失向船主提出索赔，一些被

① 资料来源：物流巴巴．海运新闻，2021.4.9. https://www.5688.cn/news/detail-24075.html.

延误船只的船主还会单独提出索赔。

麦金农对路透表示："我预计我们将很快收到埃及当局的索赔要求，其他船东的索赔要求也将在未来几个月陆续到来。"

苏伊士运河管理局(Suez Canal Authority)主席 Osama Rabie 上月表示，由于堵塞造成的损失和损害可能达到 10 亿美元左右，但实际数额将在调查结束后计算，不过尚不清楚何时完工。

这家英国俱乐部将承担前 1 000 万美元的损益表损失。

除此之外，更广泛的保赔保险公司将承保至多 1 亿美元的赔付，届时伦敦劳合社(Lloyd's of London)等再保险公司将接手至多 21 亿美元的赔付。P&I 保险公司将承担另外 10 亿美元的部分保险。

当被问及是否能达到 21 亿～31 亿美元的上限时，英国俱乐部的麦金农说："我们有信心我们根本不在这个范围内。"

"对 P&I 行业来说，现在不是生死存亡的时刻。这可能是一笔大额索赔，但我们的结构足以应付大额索赔。"

DBRS 晨星分析师表示，投保的总损失"将保持在可控范围内，因为运河堵塞的时间相对较短"。

伦敦劳合社上周表示，这起事故可能会给商业保险和再保险市场造成至少 1 亿美元的"巨大损失"。

船队管理部门的副经理 Yumi Shinohara 说，他们还没有收到任何索赔要求。日本的 Shoei Kisen 是 Ever Given 的所有者。

经纪人说，像 Ever Given 这样大小的集装箱船，H&M 的保险限额通常在 1 亿元至 1.4 亿美元之间。

东京一位不愿透露姓名的保险消息人士表示，H&M 的三家日本保险公司将支付船体的打捞费用和所有修理费用。该船的日本主要船壳保险公司三井住友保险(Mitsui Sumitomo Insurance)拒绝置评。

其他保险业消息人士表示，日本船壳承保人也将向再保险公司分散风险敞口。

保险知识小视频

什么是再保险

第十二章　社会保险

在现实经济生活中，有一些损失是由基本风险所引起的。基本风险是起始的、非个人的或至少是个人所不能阻止的风险，它们不仅仅只是影响某一个很小的群体或一个团体，而是影响到很大的一组人群，甚至整个社会的人口。由于基本风险主要不在个人的控制之下，因此应当由社会而不是个人来应对它们，这就产生了社会保险的必要性。本章着重讨论社会保险的概念及其基本特征，社会保险资金的筹集，并就社会保险中养老、医疗、失业、工伤等主要险种做进一步的介绍。

◈ 学习要点

1. 掌握社会保险的概念和特征。
2. 掌握社会保险与商业人身保险的区别。
3. 了解社会保险各险种的主要内容。

第一节　社会保险概述

一、社会保险产生的客观条件

从社会保险的产生来看，它是在资本主义发展过程中，随着社会化大生产和商品经济的发展而逐渐发展并完善起来。社会化大生产和商品经济的发展从以下几个方面为社会保险的产生提供了客观条件：

(1)应对失去劳动能力或工作机会风险的需要。随着社会化大生产和市场经济的发展，大量的小生产者从农村涌入城市，从手工作坊进入大生产企业，成为除劳动力以外几乎一无所有的雇佣劳动者，他们一旦失去劳动能力或工作机会，其生存将面临严重的威胁。在短期内，这种情况也许可以通过亲友接济、同事扶助或社会慈善机构的救助来得到缓解，但长此以往是不可能的。

(2)应对非自愿失业风险的需要。在社会化大生产和产业升级调整中，技术与设备不断更新，市场环境不断变化，企业生产规模随之经常变动，产品与产业结构也会经常调整，由此，会导致非自愿失业人口的增加，在没有重新就业获取经济收入之前，这些人的生活难免会陷入困境。

(3)应对工作风险和意外事故得需要。在社会化大生产中，随着高科技、新工艺的运用，机械化操作越来越普遍，劳动节奏大大加快，操作难度也在加大，这就使得劳动过程中的风险因素和发生意外事故的可能性也随之增加了。为保护劳动者的身心健康，要求政府提供特定险种项目的呼声也日益高涨起来。

(4)应对家庭服务社会化的需要。社会化大生产的发展带来了家庭结构和人际关系的变化。家庭结构的小型化，家庭功能的简单化越来越成为当代家庭发展的趋势。随着越来越多的妇女走向社会、成为职业妇女，原先在传统社会中家庭所具有的对老、弱、病、残、生、死、孤、寡人员的照顾与服务的功能日益转向社会，由此使得越来越多的家庭乃至全体公民都希望以社会保险的形式来解除他们的后顾之忧。

另外，在社会化大生产和发展中，随着劳动生产率的大大提高，社会财富随之也大大增加了。这就为国家和社会推行社会保险制度奠定了可靠的物质基础。

二、社会保险的概念和特征

(一)社会保险的概念

社会保险是政府通过立法强制实施，运用保险方式处置劳动者面临的特定社会风险，并为其在暂时或永久丧失劳动能力、失去劳动收入时提供基本收入保障的法定保险制度。

(二)社会保险的基本特性

一是强制性。社会保险属于强制保险，而强制性是指国家通过立法强制实施。凡属于法律规定范围内的劳动者都必须参加社会保险，并按照规定履行缴纳保险费的义务，劳动者对于投保项目类别、给付标准等都没有选择的权利，完全按照国家统一规定执行。社会保险的强制性主要基于两点考虑：首先，通过强制可以把全体社会劳动者都置于社会保险的保障之下，从而保证既定政策目标的实现。其次，只有强制劳动者无论风险大小都必须参加，分散风险才有意义，强制性是社会保险顺利实施的重要保证。

二是社会性。社会保险是非盈利性保险，它不以盈利为目的，而以实现社会政策为目的。社会保险的社会性集中体现在保障范围和资金筹集的广泛性两个方面：首先，社会保险覆盖对象广泛，能够使所有的劳动者得到相应的保障，而且保障内容多样。其次，社会保险资金的筹集和运作方面体现了明显的社会性特征，社会保险资金来源广泛，不仅出自劳动者个人，还包括企业缴纳和政府的资助；社会保险机构收缴的保险费可以在不同地区、不同企业、不同年龄和健康状况者之间互相调剂。如果社会保险财务出现赤字影响其运作,国家财政负有最终责任。

三是公平性。社会保险对于社会所属成员具有普遍的保障责任,不论被保险人的年龄、就业年限、收入水平和健康状况如何,一旦丧失劳动能力或失业,政府即依法以提供收入损失补偿,以保障基本生活需要。社会保险定位于满足人们的基本生活需求,它所提供的保障水平介于社会救济与社会福利之间。社会保险追求人人享有基本保障的社会公平性,采取的是有利于低收入劳动者的原则,劳动者获得的保障水平不完全取决于被保险人缴纳的保费,而是通过不同劳动者互相调剂达成基本统一。这种互济性质的保险方式缩小了劳动者之间的生活差距,实现了社会公平,这与商业保险中权利与义务严格对等的性质完全不同。

四是普遍性。社会保险的普遍性体现在以下三个方面:首先,社会保险实施范围很广,一般把劳动者普遍面对的风险即生、老、病、死、残及失业等风险都列入相关的保险项目。其次,社会保险在一国范围内实施的一般规律是,先在工资收入者及其家属中实施,然后推广到全体居民,使所有社会成员都能得到保障。不仅如此,社会保险还有对侨居以及暂居本国的外国人实行收入补偿的趋势,也就是说,使外国人有获得社会保险的权利。最后,世界各国普遍把建立社会保险制度作为重要的社会政策,都要根据本国的经济实力逐步建立并不断完善和发展。

(三)社会保险与商业人身保险的关系

1. 社会保险与商业人身保险的差异

社会保险与商业人身保险都是针对人的生命和身体而建立的风险分散机制,具有保险的一般共性,两者使用的风险转移和资金运用技术也是相似的,但是它们在很多方面存在区别(表 12-1)。

表 12-1 社会保险与商业人身保险的区别

项目	社会保险	商业人身保险
保险目的和性质	实现社会政策目标,使社会成员获得基本生活保障	盈利为目的的等价交换的买卖行为
保险对象	广泛,劳动者或全体公民	有限,根据需要选择
实施方式	强制	自愿
法律依据	《劳动法》及相关政策	《保险法》《民法典》
经营主体	政府及其授权机构偏重行政管理	商业保险公司自主经营、自负盈亏
资金来源	劳动者个人、企业和国家共担	投保人
保障水平	满足全体劳动者基本生活需要,与缴纳的保费无必然等价关系	决定于对保障水平的特定需求,与缴纳的保费直接相关

从表 12-1 可以看出:第一,在保险的目的与性质上,社会保险具有明显的政策性目标,主要目的是保障社会成员基本生活,是非盈利性的;而商业人身保险是一种商业活动,属于等价交换的买卖行为,经营目的是盈利。

第二,在保险对象与实施方式上,社会保险的对象广泛而且实施方式是强制的,法律规定的劳动者都是社会保险的对象,有些国家甚至扩大到全体公民,体现出明显的社会性;商业人身保险的对象是有限的,完全由投保人本着自愿的原则,根据个人需要自行选择是否投保,如何投保。事实上,商业人身投保需求会受到个人经济能力的限制,低收入劳动者无力参保。

第三,在法律依据与经营主体上,社会保险的实施遵循国家有关的法律法规政策,对保费负担、给付资格和给付标准等事项不用当事双方特别约定;而商业保险需要通过签订具体的保险合同来确定当事双方的权利和义务,并严格遵守合同中的各项约定。相应地,社会保险由政府及其授权机构来经营的,偏重于行政管理;而商业人身保险由商业保险公司经营,完全是企业化自主经营、自负盈亏。

第四,在资金来源与保障水平上,社会保险资金的来源由劳动者个人、企业和国家共同负担,体现出社会保险的社会性特征;而商业人身保险资金主要来自投保人缴纳的保险费。在社会保险资金的支出方面,社会保险的保障水平定位在满足全社会劳动者的基本生活需要,不与其缴纳的保险费具有必然的等价关系;而商业人身保险的保障水平比较高,主要决定于人们对保障水平的特定需要和经济承受能力,获得的保障水平与缴纳的保费直接相关。

2. 社会保险与商业人身保险的共性

社会保险与商业人身保险既有很多差异,又有很多共性,它们之间相互促进、共同发展。

第一,两者在经营技术方面是可以借鉴的,例如生命表的制定、保险资金管理方面都是相通的,可以互相促进。

第二,在保险覆盖范围和保障程度方面,社会保险与商业人身保险互相补充。

第三,在开办的保险种类方面,两者也可以相互补充,商业保险为寻找新的市场空间,通常针对社会保险的不足而设计新险种,从而使各类风险保障机制不断得到完善。

3. 社会保险与商业保险相互影响

第一,社会保险增强了人们的保险意识,在经济能力许可的条件下,越来越多的人愿意通过商业保险获得更多的保障。事实证明,商业人身保险并不会因为社会保险的发展而受到影响。

第二,双方共同发展是有界限的,社会保险的保障水平必须限定在满足人们的基本生活需要,超过这个限度就会影响商业保险的发展空间。过于优越的社会保险保障会抑制人们对商业保险的需求,同时也不利于自身的发展,资金负担沉重。

例如,美国和日本的寿险业务虽然起步较晚,但其发展迅速,已超过了传统经营寿险的欧洲国家,主要原因是美国和日本的社会保障水平低于欧洲国家,人们对社会保障的不安全感促进了两国商业人身保险的发展。而在欧洲,社会保险为人们提供了优越的生活保障,极大地限制了对商业保险的需求,同时也使社会保险自身发展遇到阻碍。

三、社会保险基金的筹集与管理

(一)社会保险筹资模式及分类

社会保险筹资模式,可划分为现收现付筹资模式、基金完全积累筹资模式和基金部分积累筹资模式(混合筹资模式)。

1. 现收现付筹资模式

现收现付筹资模式运行的基本原理是:在长期稳定的人口结构下,由制度内生产性劳动人口负担老年劳动人口的退休养老费用,而现有生产性劳动人口的退休费用,则由下一代生产性劳动人口负担。因此,维系机制运转的基本约束条件是长期相对稳定的人口结构,劳动者代际间收入转移与再分配是其经济内涵。短期收支平衡是现收现付的基本特征。当然,为避免过于频繁地调整纳费水平,防止短期内可能出现的收支滑动,一般保留有小部分流动储备基金。在现实生活中,现收现付主要在社会统筹运行模式中采用。

现收现付筹资模式的优点是:①费率调整灵活,易于操作。②有助于实施保险金随物价或收入波动而调整的指数调节机制。③通过收入调节与再分配,在一定程度上有助于体现社会保险的共济性与福利性。

现收现付筹资模式的局限性表现在:①在人口老龄化的背景下,生产性人口与退休人口的比例严重失调,在职劳动者的经济负担日益严重,现收现付筹资模式难以为继。②现收现付筹资模式存在着某些不利于发展的因素,如过高的纳费比例会直接影响企业产品的竞争能力,进而影响经济发展。再如,由于存在对储蓄的挤出效应,由于缴纳的养老保险费与退休后获得的养老金收益之间并没有直接的必然的联系,它实际上造成了劳动力供给和需求之间的一个"税收楔子",降低了劳动力供给的数量,现收现付模式对储蓄和劳动力市场供求的消极影响,也会不同程度地影响到经济发展。

2. 基金完全积累筹资模式

基金完全积累筹资模式强调劳动者个人不同生命周期的收入再分配,即将劳动者工作期间的部分收入转移到退休期间使用。预提积累的缴费比例在一定的人口、经济发展及其他因素进行精算估计基础上确定，积累的基金数额构成保险金给付的基础，保险金给付数额最终取决于积累规模和投资收益。当然，利率水平、稳定的金融市场是基金完全积累筹资模式运行的重要条件。

基金完全积累筹资模式的优点是：①通过预提积累保险基金，有利于实现人口老龄化背景下对劳动者的经济保障。②强调劳动者的自我保障，激励机制强，透明度高。③有利于增加储蓄和资金积累，促进资本市场的发展，进而对经济发展具有重要推动作用。

基金完全积累筹资模式的局限性是：①对于长期性社会保险计划，积累的保险基金容易受到通货膨胀的影响，在动态经济和金融环境下，如何实现基金的保值增值，具有相当的难度。②受宏观经济和金融市场的不稳定性影响，社会保险基金在金融市场上的投资存在较大的风险性，可能严重影响社会保险基金的支付能力。③社会保险基金容易受政府行为干预，在一些特定情形下将社会保险基金用于弥补财政赤字。

3. 基金部分积累筹资模式(混合筹资模式)

基金部分积累筹资模式是一种介于现收现付筹资模式和基金完全积累筹资模式之间的混合筹资模式。基金部分积累筹资模式有几种形式：①在原有现收现付筹资模式的基础上，提高社会保险纳费比例几个百分点，除支付当年保险金外，还可以进行适度规模的积累，用于若干年后的保险金支付；②在引入个人账户的基金积累机制的基础上，保留部分社会统筹互助调剂的机制；③在多层次社会保险模式中，第一层次基本保险采用现收现付筹资模式，第二、第三层次保险采用基金完全积累筹资模式，在多层次保险模式框架内实施基金部分积累筹资模式。

作为一种混合筹资模式，基金部分积累筹资模式具有很大的优势，它吸收了两种模式的长处，将激励机制与统筹互济有机地结合起来，有利于克服单纯采用一种模式的弊端。尤其是能够有效应对人口老龄化对社会保险财务机制的严峻挑战，若能妥善实施基金管理和投资营运，还有助于促进经济发展。

(二)社会保险基金的筹集

1. 社会保险费含义及其特点

社会保险费是指社会保险机构通过各种渠道筹集的用于社会保险事业的费用，是社会保险基金的来源。社会保险费虽具有一般意义上保险费的基本要素，但它与商业保险费的性质完全不同，其主要特点概括如下：

一是社会保险费率厘定难。影响社会保险费用确定的因素很多，不仅需要对大量同类事件发生的概率进行统计，还要考虑失业风险的因素等社会其他各种不确定因素，因此，社会保险的成本计算不可能十分精确，社会保险费率的厘定有一定的困难。

二是社会保险保费缴纳与获得保障不成比例。社会保险费缴纳多少与缴纳时的收入水平有关，但所获得的保障水平都要遵循满足基本生活保障这一原则，这是由社会保险的社会公平性特征决定的。在商业保险中，保障水平完全取决于被保险人缴纳的保费，体现的是投保人个人权利与义务的公平对等。

三是社会保险的保费负担轻。由于社会保险不以盈利为目标，不需要纳税，而且管理费用通常由政府资助，因此社会保险的运营成本较低，保费负担轻，而且通常是由劳动者个人、企业和国家共同承担的。商业保险则是以盈利为目的，其保险费除了包含纯保费之外，还有包括经营费用、税收和利润在内的附加保费，因而费率较高，且由投保人全部承担。

2. 社会保险费的分担方式

一般而言，社会保险的保险费由个人、企业和政府三方承担。但在具体的分担比例上，不同国家的社会保险政策、社会保险险种之间是有区别的，可以采用多种方式。例如绝大多数国家医疗保险采取个人与企业共担的方式，国家并不给与直接的帮助。一般而言，社会保险费的分担比例取决于以下三个方面：

首先，社会保险分担比例因险种的不同而不同。风险的性质决定了险种的类别，也决定了主要责任者和保费的负担方式，即应该由哪一方多承担一些责任，多负担一些保费。偏重社会因素的风险，例如，失业风险更多是由于社会经济原因所引起的，政府应该负主要责任，多承担一些保费；偏重个人因素的风险，如年老、疾病风险，属于每个劳动者都可能遇到的纯粹自然风险，劳动者个人应承担更多的保费；有关企业责任的风险，如工伤风险与企业安全生产责任密切相关，因此企业应该承担工伤社会保险费用的大部分。

其次，社会保险分担比例还决定于各方负担保费的能力。劳动者个人、企业与国家三方负担保险费的能力都是有限的，保险费分担方式的确定必须从实际出发。绝大多数国家采用的方式是，雇员和雇主按照工资水平的一定比率交纳保费，政府再给以适当的补贴，三方承担的份额以各自的保费负担能力为限。由于发达国家政府财力雄厚，政府支付能力高一些，可以负担较大比例的保费，而在发展中国家，需要个人和企业负担的保费更多一些。

此外，每个国家所主张的社会保险政策，也对社会保险分担比例产生影响。各国根据国家传统和自身发展特点建立起来的社会保险政策各具特色，有些偏重国家支持，有些则偏重个人和企业责任。有时改变社会保险的分担比例还可以作为国家社会保险政策调整的手段，如国家要发展或限制某些险种，可以通过规定国家多承担保费或个人、企业多承担保费的办法加以鼓励或限制。由此可见,国家社会保险政策对社会保险费用分担比例有显著影响。

3. 社会保险费的确定方法

基本的社会保险费的确定方法有两种:比例保险费率制和均等保险费制。

第一种方式是比例保险费率制,它是以被保险人工资收入的一定百分比作为保险费率,进而确定保险费的方法。目前,多数国家大部分社会保险项目采用这种方式,并且所采用的比例可以根据收入水平的不同而不同,高收入者按照更高的比例支付保费,而低收入者维持较低的比例。由于各种规定和限制的不同,比例保险费率制又有固定比例制、差别比例制和累进比例制三种。固定比例制即无论被保险人实际收入的高低,均从中征收相同百分比的保险费。差别比例制是按照被保险人的工薪收入的不同将其划分为若干等级,并规定每一级的标准收入,然后按照标准收入和所规定的相应等级的比例计算保险费。累进比例制是根据被保险人的实际收入规定不同征收比例,即随收入的增加,收费的百分比也累进增加。

第二种方式是均等保险费制,即按照相同的绝对数额计收保费,无论被保险人工资收入的高低都缴纳完全相等的保费,这种方式计算简单但有失公平,只适用于丹麦、瑞典等以全体国民为保险对象的国家。

第二节 社会保险的主要类型

社会保险作为一种保证社会稳定的重要制度安排,为社会成员提供了广泛的保障。尽管由于政治、社会、经济条件的不同,各国社会保险的保障内容有所不同,但基本上都包含养老、医疗、工伤、失业保险等险种。

一、社会养老保险

社会养老保险是国家通过立法,使劳动者在达到国家规定的解除劳动义务的劳动年龄界限,或因年老丧失劳动能力的情况下,能够依法获得经济收入、物质帮助和生活服务的社会保险制度。社会养老保险制度遵循保障水平与社会生产力发展水平相适应,劳动者的权利与义务相对应,公平与效率相结合,社会互济与自我保障相结合的原则。我国社会养老保险包括城镇职工基本养老保险和城乡居民基本养老保险。

(一)城镇职工基本养老保险

城镇职工基本养老保险制度是参保职工或以个人身份参保人员按规定交纳养老保险费,在达到法定期限和法定退休年龄后,国家和社会为其提供物质帮助,以保障其因年老或疾病退出劳动领域后仍具有稳定、可靠的生活来源的一项社会保险制度。2005年底，国务院发布了《关于完善企业职工基本养老保险制度的决定》(国发〔2005〕38号)，自2006年1月1日起开始实施，制度内容包含以下几个方面。

1. 城镇职工基本养老保险参保范围

城镇各类企业职工、个体工商户和灵活就业人员都要参加城镇职工基本养老保险。

2. 城镇职工基本养老保险筹资方式

城镇职工基本养老保险筹资方式由用人单位和职工共同交纳基本养老保险费，具体包含单位交费和个人交费。

(1)单位交费。用人单位应按照国家规定的本单位职工工资总额的比例交纳基本养老保险费，企业交费的比例一般不得超过企业工资总额的20%，记入基本养老保险统筹基金。

(2)个人交费。个人账户的规模为本人交费工资的8%，全部由个人交费形成，单位交费不再划入职工个人账户。

交费工资，也称交费工资基数，一般为职工本人上一年度月平均工资(有条件的地区也可以为本人上月工资收入)。本人月平均工资低于当地职工月平均工资的60%的，按照当地职工月平均工资的60%作为交费基数。本人月平均工资高于当地职工平均工资的300%的，按照当地职工的月平均工资的300%作为交费基数。

职工基本养老保险个人账户指由社会保险经办机构为每位参加基本养老保险的人员，以居民身份证号码为标识设立的唯一的、终身不变的账户，主要用于记载和核算参保人员个人按规定比例交纳的基本养老保险费和利息，以及积累额变动情况。个人账户累计储存额是计发个人账户养老金的主要依据，个人账户以本人劳动时期的积累用于本人退休后的养老保障，主要体现个人的自我保障，也体现了个人基本养老保险权基本原则。个人账户具有强制储蓄性质，应属于个人所有，继承额按规定一次性支付给亡者生前指定的受益人或法定继承人。

(3)统一城镇个体劳动者和灵活就业人员的缴费政策。城镇各类企业职工、个体工商户和灵活就业人员都要参加企业职工基本养老保险。当前及今后一个时期，要以非公有制企业、城镇个体工商户和灵活就业人员参保工作为重点，扩大基本养老保险覆盖范围。要进一步落实国家有关社会保险补贴政策，帮助就业困难人员参保缴费。城镇个体工商户和灵活就业人员参加基本养老保险的缴费基数为当地上年度在岗职工平均工资，缴费比例为20%，其中8%记入个人账户，退休后按企业职工基本养老金计发办法计发基本养老金。

3. 城镇职工基本养老保险享受的待遇

(1)领取基本养老金。领取基本养老金必须符合两个条件,一是达到法定退休年龄,二是累计交费满 15 年。满足城镇职工基本养老保险领取条件的退休职工可以按月领取基本养老金至终身。基本养老金领取数额的确定采取"新人新制度、中人逐步过渡、老人老办法"的方式。"新人""中人"和"老人"根据《国务院关于建立统一的企业职工基本养老保险制度的决定》(国发〔1997〕26 号,以下简称《决定》)来区分。

①"新人"新制度。《决定》实施后参加工作的参保人员属于"新人"。"新人"交费年限(含视同交费年限,下同)累计满 15 年,退休后将按月发放基本养老金。基本养老金待遇水平与交费年限的长短、交费基数的高低、退休时间的早晚直接挂钩。他们的基本养老金由基础养老金和个人账户养老金组成。

退休时的基础养老金月标准以当地上年度在岗职工月平均工资和本人指数化月平均交费工资的平均值为基数,交费每满 1 年发给 1%。个人账户养老金月标准为个人账户储存额除以计发月数,计发月数根据职工退休时城镇人口平均预期寿命、本人退休年龄、利息等因素确定。

②"中人"逐步过渡。《决定》实施前参加工作、《决定》实施后退休的属于"中人"。由于《决定》实施前的工作年限里没有实行个人交费,其退休时的个人账户储存额中没有体现这段时间的劳动贡献,因此将这段时间确定为"视同交费年限",在发给基础养老金和个人账户养老金的同时,再依据视同交费年限长短等因素发给过渡性养老金。

③"老人"老办法。《决定》实施前已经离退休的参保人员属于"老人",他们仍然按照国家原来的规定发给基本养老金,同时随着基本养老金调整而增加养老保险待遇。

(2)改革养老金计发方法。基本养老金仍由基础养老金和个人账户养老金两部分组成,但基础养老金由原来按上年度社会平均工资的 20%计发,改为与上年度在岗职工平均工资、参保人员本人缴费年限和缴费水平三个因素挂钩,体现出缴费时间越长、缴费工资基数越大,基础养老金水平就越高。个人账户养老金的计发由原来的个人账户储存额除以 120,调整为个人账户储存额除以计发月数(计发月数根据 2000 年全国人口普查城镇人口平均期望寿命利率等因素确定,每个年龄段的人的计发月数从 56 个月到 233 个月不等)。

(3)丧葬补助金和抚恤金。参加基本养老保险的个人因病或者非因工死亡的,其直系亲属可以领取丧葬补助金和抚恤金。

①丧葬补助金。按上年度统筹地区社会平均工资的3个月计发(此为退休人员,离休人员为5 000元)。

②抚恤金。按上年度统筹地区社会平均工资的10个月计发(此为退休人员,离休人员为本人工资的20个月);符合供养条件的直系亲属生活困难补助费,按月发放,直至供养直系亲属死亡。

4. 其他

包括国家建立的基本养老金正常调整机制,根据职工平均工资增长,物价上涨情况,适时提高基本养老保险待遇水平,以及对企业退休人员实行社会化管理服务。

(二)城乡居民基本养老保险

2014年,国务院颁布了《关于建立统一的城乡居民基本养老保险制度的意见》(国发〔2014〕8号),政府在总结新型农村社会养老保险(以下简称"新农保")和城镇居民社会养老保险(以下简称"城居保")试点经验的基础上,决定将"新农保"和"城居保"两项制度合并实施,在全国范围内建立统一的城乡居民基本养老保险制度。

1. 城乡居民基本养老保险参保范围

年满16周岁(不含在校学生),非国家机关和事业单位工作人员及不属于职工基本养老保险制度覆盖范围的城乡居民,可以在户籍地参加城乡居民基本养老保险。

2. 城乡居民基本养老保险基金筹集

城乡居民基本养老保险基金由个人交费、集体补助和政府补贴构成。

(1)个人交费。参加城乡居民基本养老保险的人员应当按规定交纳养老保险费。交费标准目前设为每年100元、200元、300元等12个档次,各统筹区域可以根据实际情况增设交费档次,最高交费档次标准原则上不超过当地灵活就业人员参加职工基本养老保险的年交费额。参保人自主选择档次交费,多交多得。

(2)集体补助。有条件的村集体经济组织应当对参保人交费给予补助,补助标准由村民委员会召开村民会议民主确定,鼓励有条件的社区将集体补助纳入社区公益事业资金筹集范围。鼓励其他社会经济组织、公益慈善组织、个人等为参保人交费提供资助。补助、资助金额不超过当地设定的最高交费档次标准。

(3)政府补贴。政府对符合领取城乡居民基本养老保险待遇条件的参保人全额支付基础养老金。其中,中央财政对中西部地区按中央确定的基础养老金标准给予全额补助,对东部地区给予50%的补助;地方人民政府应当对参保人交费给予补贴,对选择最低档次标准交费的,补贴标准不低于每人每年30元;对选择较高档次标准交费的,适当增加补贴金额;对选择500元及以上档次标准交费的,补贴标准不低于每人每年60元，具体标准和办法由各统筹地区确定。对重度残疾人等交费困难群体，地方人民政府为其代交部分或全部最低标准的养老保险费。

3. 城乡居民基本养老金领取条件

参加城乡居民养老保险的个人，年满60周岁、累计缴费满15年，且未领取国家规定的基本养老保障待遇的，可以按月领取城乡居民养老保险待遇。新农保或城居保制度实施时已年满60周岁，且未领取国家规定的基本养老保障待遇的，不用缴费，从《关于建立统一的城乡居民基本养老保险制度的意见》实施之月起，可以按月领取城乡居民养老保险基础养老金；距规定领取年龄不足15年的，应逐年缴费，也允许补缴，累计缴费不超过15年；距规定领取年龄超过15年的，应按年缴费，累计缴费不少于15年。

4. 城乡居民基本养老保险待遇

城乡居民基本养老保险待遇由基础养老金和个人账户养老金构成，支付终身。

(1)基础养老金。中央确定基础养老金最低标准，建立基础养老金最低标准正常调整机制，根据经济发展和物价变动等情况，适时调整全国基础养老金最低标准。地方人民政府可以根据实际情况适当提高基础养老金标准；对长期交费的，可适当加发基础养老金，提高和加发部分的资金由地方人民政府支出。

(2)个人账户养老金。个人账户养老金的月计发标准，目前为个人账户全部储存额除以139(与现行职工基本养老保险个人账户养老金计发系数相同)。如果参保人死亡，个人账户资金余额可以依法继承。

专栏12-1　2020年度我国社会养老保险发展现状①

总体情况

2020年末全国参加基本养老保险人数为99 865万人，比上年末增加3 111万人。全年基本养老保险基金收入49 229亿元，基金支出54 656亿元。年末基本养老保险基金累计结存58 075亿元。

城镇职工基本养老保险情况

2020年末全国参加城镇职工基本养老保险人数为45 621万人，比上年末增加2 133万人。其中，参保职工32 859万人，参保离退休人员12 762万人，分别比上年末增加1 681万人和452万人。年末城镇职工基本养老保险执行企业制度参保人数为39 908万人，比上年末增加2 003万人。全年城镇职工基本养老保险基金总收入44 376亿元，基金支出51 301亿元。年末城镇职工基本养老保险基金累计

① 资料来源：人力资源和社会保障部《2020年度人力资源和社会保障事业发展统计公报》。

结存 48 317 亿元。2020 年，企业职工基本养老保险基金中央调剂比例提高到 4.0%，基金调剂规模为 7 400 亿元。

城乡居民基本养老保险发展现状

2020 年末城乡居民基本养老保险参保人数 54 244 万人，比上年末增加 978 万人。其中，实际领取待遇人数 16 068 万人。全年城乡居民基本养老保险基金收入 4 853 亿元，基金支出 3 355 亿元。2020 年末城乡居民基本养老保险基金累计结存 9 759 亿元。

二、社会医疗保险

(一)社会医疗保险概述

社会医疗保险定义为国家通过立法对被保险人因疾病、受伤需要治疗时，对所花费的医疗费用、暂时失去的收入等损失进行一定的补偿，以保障其基本生活的社会保险项目。我国的社会医疗保险制度由城镇职工基本医疗保险和城乡居民基本医疗保险制度组成。

(二)医疗保险原则

1. 风险共担原则

随着疾病和生育风险类别的增多，风险保障需求也随之增加，个体劳动者依靠自己的力量是远远不能够抵御疾病风险的；个体劳动者作为社会劳动力的形式存在，疾病风险需要由社会的力量来共同承担。

2. 健康保障面前人人平等的原则

医疗保险的一个重要的目标是保障基本的医疗需求，医疗过程中的被保险人不存在经济收入、职业性别的区别和影响，任何一个参加医疗保险的成员都有权利享受医疗保险所规定的医疗服务和保障。

3. 医疗保险基金管理的规范化原则

医疗保险的根本宗旨是既要保障参保人的医疗需求，同时要避免和减少医疗保险资金的浪费。因此，医疗保险资金的使用必须严格遵守相关的规范制度，保障医疗资源的合理使用，实现医疗资源使用效益最大化。

(三)城镇职工基本医疗保险

1998 年底，在总结各地试点经验和广泛征求意见的基础上，国务院出台《关于建立城镇职工基本医疗保险制度的决定》，计划用 3 年至 5 年的时间，逐步建立起城镇职工基本医疗保险制度，覆盖城镇全体劳动者。主要制度内容如下：

1. 城镇职工基本医疗保险参保范围

城镇所有用人单位，包括企业（国有企业、集体企业、外商投资企业、私营企业等）、机关、事业单位、社会团体、民办非企业单位及其职工。

2. 城镇职工基本医疗保险基金筹集

基本医疗保险基金由统筹基金和个人账户构成。职工个人缴纳的基本医疗保险费，全部计入个人账户。用人单位缴纳的基本医疗保险费分为两部分，一部分用于建立统筹基金，一部分划入个人账户。划入个人账户的比例一般为用人单位缴费的30%左右，具体比例由统筹地区根据个人账户的支付范围和职工年龄等因素确定。

(1)个人账户。个人交费全部划入个人账户，单位交费按30%左右划入个人账户。个人账户主要支付小额和门诊医疗费用个人账户专项用于本人医疗费用支出，可以结转使用和继承，个人账户的本金和利息归个人所有。

(2)统筹基金。单位交费中划入个人账户外其余部分建立统筹基金。统筹基金要按照“以收定支、收支平衡”的原则，根据各地的实际情况和基金的承受能力，确定起付标准和最高支付限额。统筹基金主要支付大额和住院医疗费用。

3. 医疗费用分担与管理

依据医疗保险的“风险共担，大病统筹，小病分流”原则，医疗统筹基金有明确的起付标准、最高支付限额以及在起付标准以上和最高支付限额以下医疗费用的个人负担比例，具体标准和数额由统筹地区根据以收定支、收支平衡的原则确定。通常，由于疾病发生的统筹基金的起付标准和最高支付限额，起付标准原则上控制在当地职工年平均工资的10%左右，最高支付限额原则上控制在当地职工年平均工资的4倍左右。起付标准以下的医疗费用，从个人账户中支付或由个人自付；起付标准以上、最高支付限额以下的医疗费用，主要从统筹基金中支付，个人也要负担一定比例。超过最高支付限额的医疗费用，可以通过商业医疗保险等途径解决。

4. 医疗保险和生育保险的合并改革

随着经济社会的发展变化，为实现强化基金共济能力，提升管理综合效能，降低管理运行成本，适应我国经济发展水平，优化保险管理资源的目的，2019年，国务院办公厅出台了《关于全面推进生育保险和职工基本医疗保险合并实施的意见》，遵循保留险种、保障待遇、统一管理、降低成本的总体思路，推进医疗保险和生育保险进行了合并改革。现行的城镇职工基本医疗保险为传统“五险”中医疗保险和生育保险的并称。

(1)医疗保险和生育保险的合并改革背景。2017年《国务院办公厅关于印发生育保险和职工基本医疗保险合并实施试点方案的通知》(国办发〔2017〕6号)实施，选取河北省邯郸市等12个地区作为两项保险合并实施试点。从实践来看，合并实施的12个试点城市生育保险覆盖面扩大，基金共济能力增强，监管水平提高；经办服务水平提升，享受待遇更加便利，社会各方反映良好。试点取得了积极成效，达到了整合两项保险基金及管理资源、强化基金共济能力、提升管理综合效能、降低管理运行成本的预期目标。

国务院有关总结报告指出，两项保险合并实施试点是推进建立更加公平更可持续社会保障制度的一项成功改革尝试，“保留险种、保障待遇、统一管理、降低成本”思路的科学性和可行性得到了验证，两项保险合并实施不影响个人待遇，不增加单位负担，有利于进一步加强基金抵御风险能力，地方和相关部门普遍支持，适于全面推开。

2019年国务院办公厅印发《关于全面推进生育保险和职工基本医疗保险合并实施的意见》(国办发〔2019〕10号，以下简称《意见》)，《意见》遵循“保留险种、保障待遇、统一管理、降低成本”的总体思路。“保留险种、保障待遇”指生育保险作为一项社会保险险种仍然保留，两项保险合并实施不增加单位和个人交费负担，职工生育期间的生育保险待遇不变。两项保险合并实施不是“合并”，并非取消生育保险。“统一管理、降低成本”，指通过实现两项保险参保同步登记、基金合并运行、征交管理一致、监督管理统一、经办服务一体化，提高行政效率，降低管理运行成本。

两项保险合并实施不涉及生育保险待遇政策的调整，而是在管理运行层面的一体化。生育保险和职工基本医疗保险在运行操作层面本身就具有合并实施的条件。一是覆盖范围都包括用人单位和职工；二是医疗服务项目有共同之处，特别是在医疗待遇支付上有很大共性；三是管理服务基本一致，都严格执行社保基金财务制度，都执行统一的定点医疗机构管理，统一的药品、诊疗项目和服务设施范围。

(2)合并改革主要内容。包括：

①统一参保登记。参保职工基本医疗保险的在职职工同步参保生育保险。完善保范围管理，促进实现应保尽保。统一参保登记，有利于进一步巩固和扩大生育保险覆盖面，有利于发挥社会保险的大数法则优势，有利于更好地保障生育职工的生育保险权益。

②统一基金征交和管理。生育保险基金并入职工基本医疗保险基金，统一征交，统筹层次一致。按照用人单位参加生育保险和职工基本医疗保险的交费比例之和确定新的单位费率。严格执行社会保险基金财务制度。从基金管理角度看，这样规定有利于提高征交效率，扩大基金共济范围，也没有增加用人单位的交费负担；同时明确设置生育待遇支出项目，既可保障女职工生育保险待遇，也为进一步完善生育保险待遇政策奠定基础。

③统一医疗服务管理。实行两项保险统一定点医疗服务管理，执行基本医疗保险、工伤社会保险、生育保险药品目录以及基本医疗保险诊疗项目和医疗服务设施范围，生育医疗费用原则上实行医疗保险经办机构与医疗机构直接结算。促进生育医疗服务行为规范，将生育医疗费用纳入医保支付方式改革范围，强化监控和审核。经过多年实践，医疗保险经办机构对医疗服务管理的专业化、精细化、信息化程度都有较大提高。两项保险合并实施后统一医疗服务管理，有利于整合医疗服务管理资源，进一步规范对生育医疗服务的管理，提高基金使用效率。

④统一经办和信息服务。两项保险经办管理统一由基本医疗保险经办机构负责，实行信息系统一体化运行，资源共享。整合经办服务力量和信息系统，能够提升经办服务能力，为参保单位和职工提供更加方便快捷的服务。

⑤确保职工生育期间生育保险待遇不变。参保人员生育医疗费用、生育津贴等各项生育保险待遇按现行法律法规执行，所需资金从职工基本医疗保险基金中支付。两项保险合并实施，不会导致参保职工的生育保险待遇降低，随着基金共济能力的提高，还有利于更好地保障参保人员待遇。

⑥确保制度可持续。通过整合两项保险基金，增强基金统筹共济能力。研判当前和今后人口形势对生育保险支出的影响，增强风险防范意识和制度保障能力。同时，合理引导预期，完善生育保险监测指标，实现可持续发展。制度的稳定可持续，将更有利于两项保险适应人口、经济和社会发展面临的新形势、新变化和新要求。

(四)城乡居民基本医疗保险

城乡居民基本医疗保险（以下简称城乡居民医保）是对城镇居民基本医疗保险（以下简称城镇居民医保）和新型农村合作医疗（以下简称“新农合”）两项制度的整合统一而建立的城乡居民基本医疗保险制度。

1. 城乡居民基本医疗保险制度整合的背景

2003 年与 2007 年，我国针对农村人口、城镇非就业人口分别建立了“新农合”、城镇居民医保制度。制度建立以来，覆盖范围不断扩大，保障水平稳步提高，制度运行持续平稳，对于健全全民基本医保体系、满足群众基本医疗保障需求、提高人民群众健康水平发挥了重要作用。然而随着经济社会快速发展，两项制度城乡分割的负面作用开始显现，存在着重复参保、重复投入、待遇不够等问题。在总结城镇居民医保和“新农合”运行情况以及地方探索实践经验的基础上，党中央、国务院明确提出整合城镇居民医保和“新农合”两项制度，建立统一的城乡居民医疗保险制度。

2016 年国务院发布《国务院关于整合城乡居民基本医疗保险制度的意见》（国发〔2016〕3 号）。明确提出，要合理划分政府与个人的筹资责任，在提高政府补助标准的同时，适当提高个人交费比重；城乡居民医保制度覆盖范围包括现有城镇居民医保和“新农合”所有应参保(合)人员，即覆盖除职工基本医疗保险应参保人员以外的其他所有城乡居民。建立统一的城乡居民基本医疗保险制度是推进医药卫生体制改革、实现城乡居民公平享有基本医疗保险权益、促进社会公平正义、增进人民福祉的重大举措，对促进城乡经济社会协调发展、全面建成小康社会具有重要意义。

2. 城乡居民基本医疗保险制度的主要内容

(1)统一覆盖范围。城乡居民医保制度覆盖范围包括现有城镇居民医保和“新农合”所有应参保(合)人员，即覆盖除职工基本医疗保险应参保人员以外的其他所有城乡居民。农民工和灵活就业人员依法参加职工基本医疗保险，有困难的可按照当地规定参加城乡居民医保。各地要完善参保方式，促进应保尽保，避免重复参保。

(2)统一筹资政策。坚持多渠道筹资，继续实行个人缴费与政府补助相结合为主的筹资方式，鼓励集体、单位或其他社会经济组织给予扶持或资助。各地要统筹考虑城乡居民医保与大病保险保障需求，按照基金收支平衡的原则，合理确定城乡统一的筹资标准。现有城镇居民医保和“新农合”个人缴费标准差距较大的地区，可采取差别缴费的办法，利用2～3年时间逐步过渡。整合后的实际人均筹资和个人缴费不得低于现有水平。完善筹资动态调整机制，在精算平衡的基础上，逐步建立与经济社会发展水平、各方承受能力相适应的稳定筹资机制。逐步建立个人缴费标准与城乡居民人均可支配收入相衔接的机制。合理划分政府与个人的筹资责任，在提高政府补助标准的同时，适当提高个人缴费比重。

(3)统一保障待遇。遵循保障适度、收支平衡的原则，均衡城乡保障待遇，逐步统一保障范围和支付标准，为参保人员提供公平的基本医疗保障。妥善处理整合前的特殊保障政策，做好过渡与衔接。城乡居民医保基金主要用于支付参保人员发生的住院和门诊医药费用。稳定住院保障水平，政策范围内住院费用支付比例保持在75%左右。进一步完善门诊统筹，逐步提高门诊保障水平。逐步缩小政策范围内支付比例与实际支付比例间的差距。

(4)统一医保目录。统一城乡居民医保药品目录和医疗服务项目目录，明确药品和医疗服务支付范围。各省(区、市)要按照国家基本医保用药管理和基本药物制度有关规定，遵循临床必需、安全有效、价格合理、技术适宜、基金可承受的原则，在现有城镇居民医保和新农合目录的基础上，适当考虑参保人员需求变化进行调整，有增有减、有控有扩，做到种类基本齐全、结构总体合理。完善医保目录管理办法，实行分级管理、动态调整。

(5)统一定点管理。统一城乡居民医保定点机构管理办法,强化定点服务协议管理,建立健全考核评价机制和动态的准入退出机制。对非公立医疗机构与公立医疗机构实行同等的定点管理政策。原则上由统筹地区管理机构负责定点机构的准入、退出和监管,省级管理机构负责制订定点机构的准入原则和管理办法,并重点加强对统筹区域外的省、市级定点医疗机构的指导与监督。

(6)统一基金管理。城乡居民医保执行国家统一的基金财务制度、会计制度和基金预决算管理制度。城乡居民医保基金纳入财政专户,实行“收支两条线”管理。基金独立核算、专户管理,任何单位和个人不得挤占挪用。

专栏 12-2　2020 年度我国社会医疗保险发展现状①

总体情况

2020 年参加全国基本医疗保险(以下简称基本医保)136 131 万人,参保率稳定在 95%以上。2020 年,全国基本医保基金(含生育保险)总收入 24 846 亿元,比上年增长 1.7%,占当年 GDP 比重约为 2.4%;全国基本医保基金(含生育保险)总支出 21 032 亿元,比上年增长 0.9%,占当年 GDP 比重约为 2.1%;全国基本医保基金(含生育保险)累计结存 31 500 亿元,其中职工基本医疗保险(以下简称职工医保)个人账户累计结存 10 096 亿元。

城镇职工基本医疗保险情况

参保人数持续增加。参加职工医保 34 455 万人,比上年增加 1 530 万人,增长 4.6%。其中在职职工 25 429 万人,比上年增长 5.0%;退休职工 9 026 万人,比上年增长 3.7%。在职退休比为 2.82,较上年上升 0.04。

企业、机关事业、灵活就业等其他人员,三类参保人(包括在职职工和退休人员)分别为 23 317 万人、6 387 万人、4 751 万人,分别比上年增加 1 050 万人、155 万人、325 万人,分别占参保总人数的 67.7%、18.5%和 13.8%,构成比例与上年基本一致。职工医保统账结合和单建统筹参保人员分别为 31 735 万人、2 720 万人,分别占职工医保参保总人数的 92.1%和 7.9%。

基金收支规模基本稳定。2020 年,职工医保基金(含生育保险)收入 15 732 亿元,比上年减少 0.7%。基金(含生育保险)支出 12 867 亿元,比上年增长 1.6%。2020 年,职工医保统筹基金(含生育保险)收入 9 145 亿元,比上年减少 8.6%;统筹基金(含生育保险)支出 7 931 亿元,比上年减少 0.1%;统筹基金(含生育保险)当期结存 1 214 亿元,累计结存(含生育保险)15 327 亿元。2020 年,职工医保个人

① 资料来源:国家医疗保障局《2020 年医疗保障事业发展统计快报》。

账户收入 6 587 亿元，比上年增长 12.8%；个人账户支出 4 936 亿元，比上年增长 4.5%；个人账户当期结存 1 650 亿元，累计结存 10 096 亿元。

享受待遇人次减少。受疫情影响，2020 年就诊量同比上年有所减少。参加职工医保人员享受待遇 17.9 亿人次，比上年减少 15.6%。其中：普通门急诊 15.0 亿人次，比上年减少 16.7%；门诊慢特病 2.3 亿人次，比上年减少 8.8%；住院 0.5 亿人次，比上年减少 12.3%。

2020 年，职工医保参保人员人均就诊 5.0 次，比上年减少 1.4 次；住院率 15.9%，比上年下降 2.8%。其中：在职职工住院率为 8.6%，比上年下降 1.5%；退休人员住院率为 36.0%，比上年下降 6.5%。

次均住院费用持续增长。2020 年，全国职工医保次均住院费用为 12 657 元，比上年增长 6.5%。

住院报销水平保持稳定。职工医保政策范围内住院费用基金支付 85.2%。二级、一级以下医疗机构政策范围内住院费用基金支付分别为 86.9%、88.7%，分别高于三级医疗机构 2.6%和 4.4%。

2020 年职工医保参保人员医疗总费用 13 357 亿元，比上年下降 4.6%，其中医疗机构发生费用 11 281 亿元，个人账户在药店支出费用 2 076 亿元。医疗机构发生费用中，退休人员医疗费用 6 683 亿元，比上年下降 5.3%；在职职工医疗费用 4 598 亿元，比上年下降 6.5%。

城乡居民基本医疗保险情况

参保人数略有减少。2020 年，参加全国城乡居民基本医疗保险（以下简称居民医保）101 676 万人，比上年减少 0.8%。其中成年人、中小学生儿童、大学生分别为 75 010 万人、24 610 万人、2 056 万人，分别比上年增长 −2.5%、4.6%、1.7%，分别占参保总人数的 73.8%、24.2%、2.0%。

基金收入规模不断扩大。2020 年，居民医保基金收入 9 115 亿元，支出 8 165 亿元，分别比上年增长 6.3%、−0.3%。2020 年，居民医保基金当期结存 949 亿元，累计结存 6 077 亿元。2020 年，居民医保人均筹资 833 元。

享受待遇人次和医疗费用有所下降。受疫情影响，2020 年居民医保参加人员共享受待遇 19.9 亿人次，比上年降低 8.4%。居民医保人均享受门诊待遇 1.80 次，与上年减少 0.15 次。2020 年，居民医保医疗费用 14 080 亿元，比上年减少 2.3%。

住院率有所下降。居民医保参保人员住院率为 15.1%，比上年降低 1.5 个百分点；次均住院天数 9.2 天，与上年持平；次均住院费用 7 546 元，比上年增长 7.1%。其中在三级、二级、一级及以下医疗机构的次均住院费用分别为 13 533

元、6 464 元、3 237 元，分别比上年增长 9.6%、6.4%、−1.3%。

住院报销水平稳步提高。居民医保政策范围内住院费用基金支付 70.0%，比上年提高 1.2 个百分点。按医疗机构等级分，政策范围内住院费用基金支付分别为：三级 65.1%、二级 73.0%、一级及以下 79.8%。其中二级及以下医疗机构政策范围内基金支付 74.6%，比三级医疗机构支付比例高出 9.5 个百分点。

三、工伤社会保险

(一)工伤社会保险概述

1. 工伤社会保险保险的定义

工伤社会保险也称职业伤害保险，是指劳动者由于工作原因并在工作过程中遭受意外伤害，或因接触粉尘、放射线、有毒有害物质等职业危害因素引起职业病后，由国家或社会给负伤、致残者以及死亡者生前供养亲属提供必要的物质帮助的一项社会保险制度。

工伤社会保险一方面可以保障因工作遭受事故伤害或者患职业病的职工，获得医疗救治和经济补偿，促进工伤预防和职业康复；另一方面可以分散用人单位的工伤风险。

2. 工伤社会保险的原则

工伤事故是劳动者在工作中发生的，因而工伤社会保险具有显著的赔偿性质，与其他社会保险项目相比，工伤社会保险制度遵循的一些特殊原则：

(1)无责任补偿原则。无责任补偿原则又称无过失补偿原则，包含两层意义：第一层含义是无论职业伤害的主要责任属于雇主或者是第三者还是个人，受伤害者都应得到一定的经济补偿；第二层含义是雇主不承担直接的补偿责任，由工伤社会保险基金进行支付。并且一般不需要通过法律程序和法院的裁决，该原则的建立可消除雇主责任制的弊端，可以及时有效地保障职工工伤社会保险待遇的实施，也可以使雇主从工伤赔偿事务中解脱出来，集中精力做经营。

(2)个人不交费原则。工伤社会保险费是由单位承担，个人不需要交纳相关的费用，这是工伤社会保险与养老保险、医疗保险的重要区别之一；企业有义务为付出劳动、创造利润的职工提供最基本的人身安全保障，负担全部的保费。

(3)区别因公和非因公的原则。认定工伤和非工伤是工伤社会保险内容核心之一，也是能否申请工伤社会保险待遇保障的重要区分依据。一方面，源于工伤社会保险待遇具有补偿的性质，涉及的医疗康复、伤残待遇和死亡抚恤待遇等保障内容相对其他保险而言，保障程度较高；另一方面，工伤社会保险待遇申请条件不受年龄和交费期限的限制。

(4)以工资损失为基础的补偿原则。工伤所造成的是对身体的一种伤害,这种伤害对职工本人身心和家庭造成的损失是无法用金钱来衡量的,因此工伤社会保险待遇是基于对个人工资收入损失的一种补偿。根据雇主和雇员风险共担的原则,工伤社会保险待遇通常是以受伤职工个人工资为基准确定一个适当的比例关系。

(5)预防、补偿和康复相结合的原则。“事前预防,事中补偿,事后康复”相结合的劳动保障机制能够更好地保护职工的安全和健康,促进社会安定和发展。“安全第一,预防为主”,事前预防是减少工伤事故发生的有效办法,对于职工的安全保障和社会利益来说,它比工伤补偿具有更积极、有效、长远的意义;事故发生时及时进行抢救和治疗,是工伤社会保险的基本功能;事故发生后,帮助职工尽早恢复健康,重新回到工作岗位;从被动补偿走向积极预防,真正地发挥职工劳动保障作用,不仅可以减少基金支出,提高生产安全率,还可以促进社会进步。

(二)工伤社会保险的认定

根据我国现行的《工伤保险条例》,工伤的认定包括以下三个方面内容。

1. 认定为工伤的情形

(1)在工作时间和工作场所内,因工作原因受到事故伤害的。

(2)工作时间前后在工作场所内,从事与工作有关的预备性或者收尾性工作受到事故伤害的。

(3)在工作时间和工作场所内,因履行工作职责受到暴力等意外伤害的。

(4)患职业病的。

(5)因工外出期间,由于工作原因受到伤害或者发生事故下落不明的。

(6)在上下班途中,受到非本人主要责任的交通事故或者城市轨道交通、客运轮渡、火车事故伤害的。

(7)法律、行政法规规定应当认定为工伤的其他情形。

2. 视同工伤的情形

(1)在工作时间和工作岗位,突发疾病死亡或者在48小时之内经抢救无效死亡的。

(2)在抢险救灾等维护国家利益、公共利益活动中受到伤害的。

(3)职工原在军队服役,因战、因公负伤致残,已取得革命伤残军人证,到用人单位后旧伤复发的。

职工有前款第(1)项、第(2)项情形的,按照本条例的有关规定享受工伤社会保险待遇;职工有前款第(3)项情形的,按照本条例的有关规定享受除一次性伤残补助金以外的工伤社会保险待遇。

3. 符合认定工伤或者视同工伤，但不得认定为工伤或者视同工伤的情形

(1)故意犯罪的。

(2)醉酒或者吸毒的。

(3)自残或者自杀的。

(三)工伤社会保险制度的主要内容

1. 工伤社会保险的对象

《工伤社会保险条例》规定，中华人民共和国境内的企业、事业单位、社会团体、民办非企业单位、基金会、律师事务所、会计师事务所等组织和有雇工的个体工商户应当依照本条例参加工伤社会保险，为本单位职工或者雇工缴纳工伤社会保险。目前，全国很多省份将公务员和参公事业单位的人员纳入了工伤社会保险制度。

2. 工伤社会保险的费率

国家根据不同行业的工伤风险程度确定行业的差别费率，并根据工伤社会保险费使用、工伤发生率等情况在每个行业内确定若干费率档次。行业差别费率及行业内费率档次由国务院社会保险行政部门制定，报国务院批准后公布施行。

3. 工伤社会保险待遇种类与享受资格

(1)工伤医疗待遇。工伤医疗待遇包括职工因工作遭受事故伤害或者患职业病进行治疗所产生的诊疗项目、药品、住院服务等相关医疗费用以及相关的工伤康复费用，在符合工伤社会保险相关规定的条件下，由工伤社会保险基金支付。

工伤职工因日常生活或者就业需要，经劳动能力鉴定委员会确认，可以安装假肢、矫形器、义眼、假牙和配置轮椅等辅助器具，所需费用按照国家规定的标准从工伤社会保险基金中支付。

(2)暂时性丧失劳动能力待遇。职工因工作遭受事故伤害或者患职业病需要暂停工作接受工伤医疗的，在停工留薪期内，原工资福利待遇不变，由所在单位按月支付。

停工留薪期一般不超过 12 个月。伤情严重或者情况特殊，经相关部门确认，可以适当延长，但延长不得超过 12 个月。工伤职工评定伤残等级后，停发原待遇，按照本章的有关规定享受伤残待遇。工伤职工在停工留薪期满后仍需治疗的，继续享受工伤医疗待遇。

生活不能自理的工伤职工在停工留薪期需要护理的，由所在单位负责。

(3)丧失劳动能力待遇。职工发生工伤，经治疗后伤情相对稳定，存在残疾、影响劳动能力的，需要对劳动功能障碍等级和生活自理障碍等级进行鉴定。根据鉴定结果确定工伤社会保险津贴待遇。

①伤残津贴。职工因工致残进行劳动功能障碍鉴定可分为十个伤残等级,最重的为一级,最轻的为十级。根据伤残等级,以本人工资为基础领取一次性伤残补助金,月伤残津贴(七到十级无此津贴)。一次性伤残补助金通常为一段时长的本人工资;月伤残津贴为伤残等级月津贴系数乘以本人工资。如一级伤残津贴包括一次性伤残补助金为27个月的本人工资,一级伤残月津贴为本人工资的90%。

②生活护理津贴。工伤职工已经评定伤残等级并经劳动能力鉴定委员会确认需要生活护理的,从工伤社会保险基金中按月支付生活护理费。

生活护理津贴根据生活自理障碍程度类别确定支付比例。生活完全不能自理、生活大部分不能自理或者生活部分不能自理3个等级的支付标准,分别为统筹地区上年度职工月平均工资的50%、40%或者30%。

③死亡补助和抚恤待遇。职工因工死亡,其近亲属从工伤社会保险基金中领取丧葬补助金、供养亲属抚恤金和一次性工亡补助金。

四、失业社会保险

(一)失业社会保险概述

1. 失业社会保险定义

失业社会保险是指国家以立法形式集中建立保险基金,对因失业而暂时中断收入的劳动者提供经济保障的制度。其目的是为失业者及其家庭在过渡时期维持基本生活水平提供补偿,避免生活水平急剧下降,同时兼顾职业介绍、培训等多种途径,促进失业者的再就业。

2. 失业社会保险的特点

失业社会保险具有社会保险的一般特点,包括强制性、互济性、社会性等。作为一种特设的保险项目,它还具备以下特点:

第一,失业社会保险的对象为失业的劳动者。失业社会保险中的失业是非自愿失业,是劳动者具备劳动能力,具有劳动意愿,并且愿意接受既定的工资水平和劳动就业条件,但由于其他主客观因素限制得不到工作而造成的失业。

第二,失业社会保险待遇有一定的期限。与养老保险和工伤社会保险可以长期享受保险待遇不同,失业社会保险待遇只能在法定的一定期限内申请领取。超过法定期限后,即使劳动者仍然处于失业状态,也不可以长期享受失业社会保险待遇。

第三,非自然因素通常是主要失业风险原因。一般而言,其他的社会保险项目所涉及的风险往往与人的生理变化等自然因素有关。而失业风险在一定程度上是社会、经济等环境因素引起的。

第四,保障内容的多样性。养老保险,工伤社会保险,医疗保险侧重于为生活提供经济补偿或给付保障;失业社会保险既有对失业者的生活保障,也有对劳动者再就业促进的服务保障。

(二)失业社会保险的主要内容

1. 失业社会保险金申领的条件

失业人员同时具备以下三个条件,才可享受失业社会保险待遇:第一,按规定参加失业社会保险,所在单位和个人已按规定履行交费义务满1年。第二,非因本人意愿中断就业的。第三,已办理失业登记,并有求职要求的。

所谓的非本人意愿中断就业,包括以下几种情况:

(1)终止劳动合同的。

(2)被用人单位解除劳动合同的。

(3)被用人单位开除、除名和辞退的。

(4)因用人单位以暴力、威胁或者非法限制人身自由的手段强迫劳动、与用人单位解除劳动合同的。

(5)因用人单位未按照劳动合同约定支付劳动报酬或者提供劳动条件,与用人单位解除劳动合同的。

(6)法律法规另有规定的。

2. 失业社会保险的筹资方式

失业社会保险基金的来源与其他保险基金的来源大体相同,主要分为两大类别。第一类是税收方式,如美国主要通过向企业征收失业社会保险工薪税的形式筹集资金。第二类是政府、企业和个人三方共同承担的方式,世界上约有半数以上的国家采用这种方法。我国主要采用第二种方法。

3. 失业社会保险金给付的期限

失业人员领取失业社会保险金没有等待期,但是有最长给付期。

失业人员失业前所在单位和本人按照规定累计交费时间满1年不足5年的,领取失业社会保险金的期限最长为12个月;累计交费时间满5年不足10年的,领取失业社会保险金的期限最长为18个月;累计交费时间10年以上的,领取失业社会保险金的期限最长为24个月。

重新就业后再次失业的,交费时间重新计算,领取失业社会保险金的期限可以与前次失业应领取而尚未领取的失业社会保险金的期限合并计算,但是最长不得超过24个月。

履行交费满1年可享受失业社会保险待遇。只要符合《中华人民共和国社会保险法》和相关法律法规中规定的失业社会保险金的领取条件,就可以领取失业社会保险金，而不管劳动者领取的次数多少。

4. 失业社会保险金领取标准

失业社会保险金的标准，按照低于当地最低工资标准、高于城市居民最低生活保障标准的水平，由各统筹区域确定。

5. 终止领取失业社会保险金的情形

领取失业社会保险金期间，如果发现以下情形，则终止失业社会保险金的领取。

(1)重新就业的。

(2)应征服兵役的。

(3)移居境外的。

(4)享受基本养老保险待遇的。

(5)被判刑收监执行或者被劳动教养的。

(6)无正当理由，拒不接受当地人民政府指定的部门或者机构介绍的工作的。

(7)有法律、行政法规规定的其他情形的。

五、长期照护保险

(一)长期照护保险概述

2016 年 6 月，国家人力资源和社会保障部出台了《关于开展长期护理保险制度试点的指导意见》，在全国选取上海市、山东省青岛市、新疆生产建设兵团石河子市等 15 个试点地区开展试点工作，其中山东省和吉林省被确定为长期照护保险国家重点联系省。在总结试点城市的基础上，2020 年 9 月，国家医疗保障局出台了《关于扩大长期护理保险制度试点的指导意见》，要求人力资源社会保障部原明确的试点城市和吉林、山东 2 个重点联系省份继续开展试点，其他未开展试点的省份可新增 1 个城市开展试点，于 2020 年启动实施，试点期限 2 年。截至 2020 年全国有 49 个城市纳入试点范围，山东省 16 地市全部纳入，数量全国最多。

1. 长期照护保险制度的定义

长期照护保险制度是指国家颁布相关法律法规，为那些因衰老、疾病、伤残或身心功能障碍而导致生活不能自理者，为其提供生活照料、医疗保健、康复护理、精神慰藉等综合性、持续性的长期照护服务，尽最大可能维持和增进失能、失智者身体机能，以保证其独立、有尊严的生活而建立的一种制度安排。

2. 长期照护保险的基本原则

根据党中央、国务院为应对人口老龄化，坚持以人民健康为中心，进一步健全更加公平更可持续的社会保障体系，不断增强人民群众在共建共享发展中的获得感、幸福感、安全感的总体要求，我国长期照护保险的基本原则是：

坚持独立运行，着眼于建立独立险种，独立设计、独立推进。

坚持保障基本，低水平起步，以收定支，合理确定保障范围和待遇标准。

坚持责任共担，合理划分筹资责任和保障责任。

坚持机制创新，探索可持续发展的运行机制，提升保障效能和管理水平。

坚持统筹协调，做好与相关社会保障制度及商业保险的功能衔接。

(二)长期照护保险的主要内容

1. 参保对象

长期照护保险试点阶段从职工基本医疗保险参保人群起步，重点解决重度失能人员基本护理保障需求，优先保障符合条件的失能老年人、重度残疾人。有条件的地方可随试点探索深入，综合考虑经济发展水平、资金筹集能力和保障需要等因素，逐步扩大参保对象范围，调整保障范围。

2. 资金筹集

探索建立互助共济、责任共担的多渠道筹资机制。对于城镇职工长期照护保险，筹资以单位和个人缴费为主，单位和个人缴费原则上按同比例分担，其中单位缴费基数为职工工资总额，起步阶段可从其缴纳的职工基本医疗保险费中划出，不增加单位负担；个人缴费基数为本人工资收入，可由其职工基本医疗保险个人账户代扣代缴。有条件的地方可探索通过财政等其他筹资渠道，对特殊困难退休职工缴费给予适当资助。建立与经济社会发展和保障水平相适应的筹资动态调整机制。

3. 待遇给付

长期照护保险基金主要用于支付符合规定的机构和人员提供基本护理服务所发生的费用。经医疗机构或康复机构规范诊疗、失能状态持续 6 个月以上，经申请通过评估认定的失能参保人员，可按规定享受相关待遇。根据护理等级、服务提供方式等不同实行差别化待遇保障政策，鼓励使用居家和社区护理服务。对符合规定的护理服务费用，基金支付水平总体控制在 70%左右。做好长期照护保险与经济困难的高龄、失能老年人补贴以及重度残疾人护理补贴等政策的衔接。

本章参考文献

1. 林义．社会保险(第四版)．北京：中国金融出版社，2021.

2. 李丽红，康意．保险学．北京：中国金融出版社，2020.

3. 孙祁祥．保险学(第七版)．北京：北京大学出版社，2021.

重要概念

社会保险　社会养老保险　社会医疗保险　工伤社会保险　失业社会保险　长期照护保险

复习思考题

1. 说明社会保险与商业保险的区别与联系。
2. 阐述城镇职工基本养老保险和城乡居民基本养老保险的主要内容。
3. 阐述城镇职工基本医疗保险和城乡居民基本医疗保险的主要内容。
4. 如何区别工伤与非工伤？
5. 申请领取失业社会保险的条件有哪些？

保险案例

单位能用商业保险代替社会保险吗？

2020年6月，张女士到一家房地产公司工作，当时公司并没有为其办理社会保险。6个月试用期后，公司决定与其签订2年的劳务合同，此时，张女士提出公司应为其缴纳社会保险，公司人力资源部门解释将为员工缴纳商业保险而不是社会保险，且商业保险的保险金额高于社会保险。请问该公司的做法是否合法？张女士是否有权利要求公司为其缴纳社会保险？

保险知识小视频

城镇企业职工如何办理养老保险跨省转移接续

第四篇

保险经营与管理

第十三章 保险资金运用及投资

对于保险行业来说，负债经营和保险资金运用是保险经营的两个轮子，其中保险资金运用及投资这个轮子不但对于保险经营非常重要，对于经济社会发展也正发挥着越来越重要的作用。

◈ 学习要点

1. 掌握保险准备金的概念及分类。
2. 重点保险资金运用的原则。
3. 掌握保险资金运用的形式与渠道。
4. 了解保险资金运用的组织模式。

第一节 保险准备金

一、保险准备金的含义及分类

所谓保险准备金，是指保险公司为保证其如约履行保险赔偿或给付义务而提取的、与其所承担的保险责任相对应的基金。各国一般都以保险立法的形式规定保险公司应提留的保险准备金，以确保保险公司具备与保险业务规模相应的偿付能力。保险准备金实际上包括资本金、公积金或总准备金及其他任意准备金（在未到期责任准备金和赔付准备金之外的准备金）以及未分配的利润等。

从保险准备金的构成来看，按不同的依据有不同的划分方法。

（一）按要求提存的约束力不同划分

（1）法定准备金。保险公司根据有关法律规定必须提取的准备金，如未到期责任准备金，其计算方法由法律规定。

（2）指定准备金。保险公司根据公司章程或主管机关指定提存的准备金，如保险保障。

（3）任意准备金。指保险公司任意提存的准备金。

(二)按准备金的性质不同划分

(1)股东准备金。属于股东所有的准备金,相当于未分配利润,如总准备金、特别危险准备金、非常准备金、留存利润和未分配盈余等。

(2)客户准备金。属于保险客户所有的准备金,一般称为业务准备金,又可细分为未到期责任准备金和赔付准备金,这种准备金实质上为保单持有者所有,是保险公司的负债。它从保费收入中计提,数额巨大,是保险准备金的主体部分,代表了保险准备金的本质特征。

(3)备抵准备金。属于有关资产账户备抵性质的准备金,该类准备金一般用于抵消相应资产科目的部分余额,如呆账准备金对应于应收未收保费、投资损失准备金对应于投资等。

(三)按计提基础不同划分

(1)税前列支准备金。它以保费或赔案数为计算基础,是保险公司为了计提责任准备金,亦即业务准备金,它属于保险客户所有,因而可以从保费收入中直接计提。

(2)税后列支准备金。主要包括总准备金、特别危险准备金等,它属于公司股东或业主所有,从而只能在保险公司的税后利润分配中计提。

二、保险准备金的提取

保险准备金的提取如图 13-1 所示。

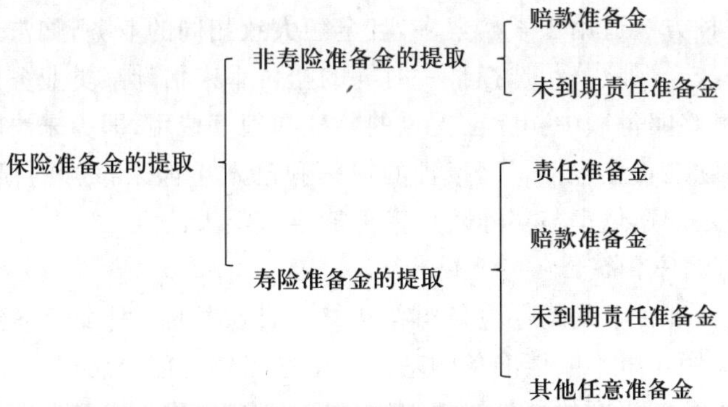

图 13-1 保险准备金的提取

(一)非寿险准备金及其计提

非寿险准备金主要包括未决赔款准备金(简称“赔款准备金”)和未到期责任准备金两种。此外,还有总准备金等。这里主要介绍赔款准备金与未到期责任准备金。

1. 赔款准备金

赔款准备金是衡量保险人某一时期内应付的赔偿责任及理赔费用的估计金额。

(1)赔款准备金计提的原因。赔款准备金计提的原因在于保险公司会计年度内发生的赔案中,总有一部分未能在当年决算结案。根据审慎经营的原则,保险公司对于这些已发生的赔案应依法提取赔款准备金,计入当期的营业支出中,以免利润的虚增。具体包括以下几种情况:

①未决赔案。被保险人已经提出索赔,但未与保险人就这些案件是否属于保险责任范围以内、保险赔付额应当为多少达成协议。

②已决未付赔案。保险人对索赔案件已经理算完毕,应赔付金额也已经确定但尚未支付。

③已发生未报告赔案。保险事故已经发生但尚未报告。

(2)赔款准备金计提的方法。赔款准备金计提的方法包括以下三种:

①个案估计法。通过检查赔付案件登记表,就尚未解决的案件逐笔估计其所需要的赔偿金,加上少数尚未报告的赔付案件的会计金额,即为应提取的赔款准备金。这种方法较大程度上依赖于保险公司理赔部门的经验判断,较适用于大额赔案。

②平均值法。保险公司首先根据以往的损失数据计算出各类赔付案件的平均值,并根据其变动趋势对其加以调整,再将这一平均值乘以已报告赔案数目得出未决赔款额。这种方法适用于索赔案多,且金额大致相同的业务,如汽车险。

③赔付率法。保险公司选择某一时期的赔付率来估计某类业务的最终赔付数额,从估计的最终赔付额中扣除已支付的赔款和理算费用,即为未决赔款额。这种方法计算的赔款准备金包括了已报告的损失和已发生但未报告的损失,但有时赔付率法下所假定的赔付率与实际赔付率可能会有很大出入。

2. 未到期责任准备金

未到期责任准备金是指保险公司在年终会计决算时,把属于未到期责任部分保费提存出来,用作将来赔偿准备的基金。留在当年的部分属于当年的收入,称为已赚保费;转入第二年度的部分属于下一年度的收入,称为未赚保费。

(1)未到期责任准备金计提的原因。一是保险公司对保险合同的剩余期限负有承保责任。二是当保险合同在到期前依法被解除时,其未到期部分的保费应退还投保人。

(2)未到期责任准备金的提存方法。未到期责任准备金应在会计年度决算时一次计算提取,提取的计算方法有年平均估算法、季平均估算法、月平均估算法和日平均估算法。

①年平均估算法，又称 50%估算法，1/2 法。

未到期责任准备金=当年自留保险费总额×50%。

自留保险费=全年保费收入+分入保费-分出保费

②季平均估算法，又称 8 分法。若以 An 表示某季度的自留保险费；Pn 表示某季度的未到期责任准备金；n 表示某季度，$n=1,2,3,4$；$(2n-1)/8$ 表示未到期责任准备金时间系数；P 表示全年未到期责任准备金，则：

$$Pn=An\times(2n-1)/8$$

$$P=P1+P2+P3+P4$$

③月平均估算法，又称 24 分法。若以 An 表示某月的自留保险费；Pn 表示某月度的未到期责任准备金；n 表示某月度，$n=1,2,3,4,\cdots,12$；$(2n-1)/24$ 表示未到期责任准备金时间系数；P 表示全年未到期责任准备金，则：

$$Pn=An\times(2n-1)/24$$

$$P=P1+P2+P3+\cdots+P12$$

④日平均估算法。若以 An 表示某日的自留保险费；Pn 表示某日的未到期责任准备金；n 表示某日，$n=1,2,3,4,\cdots,365$；$(2n-1)/730$ 表示未到期责任准备金时间系数；P 表示全年未到期责任准备金，则其计算公式为：

$$Pn=An\times(365-n)/730$$

$$P=P1+P2+P3+\cdots+P365$$

前三种方法的准确性有赖于计算期内保险业务的稳定性。如果保险公司的保费收入在计算期内呈递增趋势，则容易导致准备金计提不足，从而虚增了当期利润；如果保费收入呈递减趋势，则准备金提取过多，对国家而言会造成税收流失。

另外还有一点需要指出的是，财产保险中也存在保费分期缴付的现象；至于责任保险，由于保险期限比较短，且多采用追溯法，部分保费是等保险期满后根据实际损失再计收的，在以上两种情况下，未到期责任准备金已渐失其重要性。

3. 总准备金

总准备金是保险人从决算后的利润中按一定比例提取并逐年积累，用以应付巨大赔款时弥补亏损的资金。设置总准备金，既是保持保险人业务经营稳定和组织经济补偿的需要，也是巨型灾害和特大事故的发生在年度间不平衡的必然结果。

提取总准备金的计算方法是：总准备金＝当年实现的利润－当年所得税－调节税－利润留成

(二)寿险准备金及其计提

寿险准备金主要包括责任准备金、未到期责任准备金(适用于1年定期寿险、健康保险和伤害保险)、赔款准备金及其他任意准备金。其中最重要的是责任准备金，它是专门针对1年期以上的长期人寿保险计提的准备金，由保险人所收的纯保费中超缴的部分及其利息积累而成。未到期责任准备金和赔款准备金与财险准备金中的相关概念相似。

1. 寿险保费缴付方式

(1)自然保费。以每年更新续保为条件，签订一年定期保险合同时，各年度的纯保费。

(2)趸缴纯保费。毛保费中扣除附加保费的部分，并在投保之日一次性缴清的纯保费，相当于未来给付支出的现值。

(3)均衡纯保费：毛保费中扣除附加保费的部分，并在约定缴费期限内，每次缴费金额始终不变的纯保费，是一个年金的概念。

上述三种纯保费，尽管缴费方式不同，但其本质都是用于保险人未来的给付支出。

2. 寿险责任准备金的性质

(1)在自然保费缴费方式下，自然保费收入恰好等于当年给付的支出。所以，从理论上讲，在自然保费条件下，无须在营业年度末计提责任准备金。

(2)在趸缴纯保费方式下，由于以后的保险期限内投保人不再缴纳保费，而保险人的给付责任并没有在付费当期就结束，它还将对以后保险期限内的各年度承担保险的给付责任，所以保险人对趸缴方式下的长期性寿险合同，应在每个营业年度末计提长期责任准备金。

(3)在均衡纯保费方式下，保险金额在各缴费期限内是均衡的，但保险责任却是变动的。随着被保险人年龄的增长，死亡率在增加，死亡保险的给付可能性随之增加。因此，保险期限前期，均衡纯保费高于应付保险金支出后的结余，不能视为保险人的利润，而必须提取作为责任准备金，以备应付保险期限后期均衡纯保费不足以支出保险给付的差额。

3. 寿险责任准备金的计提

在计提寿险责任准备金时，有两个基本的前提假设：一是保险人在年初收取保费；二是在年末支付保险金，然后再依据生命表和资金收益率进行具体的计提。

计提寿险责任准备金的原则是收支平衡，即一定时间点上保险人收取的保费应等价于保险人支付的保险金额。用公式来表示就是：

支出的现值－收入的现值＝纯保费的终值－保险金的终值

一般情况下，上述等式的两端不为零，其差额即为应提取的寿险责任准备金，并且根据上述等式还可以推导出计算准备金的两种方法：预期法和追溯法。

(1)预期法。预先确定将来可能赔付的死亡给付，扣除将来可能流入的保费收入及投资收益后，其余额即为应提取的责任准备金数量。

(2)追溯法。保单生效后历年的纯保费收入，加上假定的投资利息，扣除假定支付的死亡给付后，其余额即为应提取的责任准备金。

第二节　保险资金运用概述

一、保险资金运用的含义

保险资金运用是指保险企业在组织经济补偿过程中，将积聚的保险基金的暂时闲置部分用于融资或投资，使资金增值的活动。该活动可为经济建设直接提供资金，同时增强保险企业经营的活力，扩大保险公司承保和偿付能力，降低保险费率，以便更好地服务于被保险人。

保险公司投资的最大目标是通过保险资金的有偿营运，创造最大的投资收益。保险资金从收到付之间的时间差和数量差为保险公司的资金运用提供了现实条件。

保险资金运用至今已有 300 余年的历史。据记载，早在 1683 年年初，英国的火险社就拿地租做担保，用以抵偿火险索赔。但真正能反映保险公司资金运用本质的则是在 20 世纪 80 年代以后。一方面，保险资金运用规模达到了空前势头和水平；另一方面，保险资金运用日益走向全球化和规范化。保险资金运用随着保险业的发展而发展，随着资本市场的成熟而成熟。在当今社会，保险公司的资金运用在各国经济发展中发挥着重要作用，已远远超出了为保险公司创造收益的意义。

二、保险资金的来源

保险公司的资金来源对保险投资具有两方面的影响：一是资金来源的规模客观上决定着保险投资的规模，二是资金来源的特点及相互间的关系影响着保险投资的形式和结构。

因为保险事故的发生具有随机性，保险公司在任何时候都必须保留相当数额的存款资金以供赔付之用。同时，保险公司的各项营业费用(如工薪支出)、税收等也需经常动用资金，因此，各国保险法律与政策规定，保险公司只能运用其总额货币资金中的一部分，包括资本金的绝大部分、保险总准备金与各种责任准备金。

保险资金的具体来源包括资本金、非寿险保险准备金、寿险保险准备金、资本公积金、未分配利润及盈余公积金、保险储金、“分离账户”资金和其他资金等。

(一)资本金

资本金是保险企业成立时，企业所有者投入的资金，一般表现为保险企业的注册资本。我国《保险法》规定，在全国范围内开办业务的保险公司，实收货币资本金不得低于5亿元人民币；在特定区域内开办保险业务的保险公司，实收货币资本金不得低于2亿元人民币。我国《保险法》还规定保险公司应以注册资本额的20%缴存保证金。

(二)非寿险保险准备金

1. 按各期保险收益的一定比例提取的总准备金

在发生巨灾前，总准备金长期处于闲置状态。

2. 根据保险公司承担的保险责任计提的各种责任准备金

包括未到期责任准备金和未决赔款准备金。因为保险公司责任期长短不等，并非所有的责任准备金都马上要用，从而使责任准备金中的相当部分暂时闲置。

总准备金的闲置和责任准备金的部分闲置为保险公司开展资金运营提供了条件。但由于非寿险业务的保险期限短，事故发生又均具有随机性，其闲置资金不适合进行长期投资。

(三)寿险保险准备金

寿险业务保险期很长，被保险人从投保到受领保险金要经过几年、十几年，甚至几十年才能实现。虽然从动态上看，寿险资金每年、每月甚至每日都要流进、流出，但相当部分的保险资金被长期闲置。由于寿险公司的危险不会太集中且不易发生危及公司生存的巨灾，因此，寿险公司的保险基金可供长期投资。

(四)资本公积金

它是由于保险企业实收资本大于注册资本、资产评估增值以及接受捐赠所形成的自有资金，资本公积金中以货币形态形成的部分可用于对外投资。

(五)未分配利润及盈余公积金

未分配利润是保险企业本年的损益以及历年积存的留于以后年度分配的利润。

盈余公积金是保险企业从税后利润中按法律规定或根据企业自身发展而提取

的企业基金。

(六)保险储金

保险储金业务,是指保险企业在办理保险业务时,不是直接向投保人收取保费,而是向投保人收取一定数额的到期应返还的资金(称为储金),以储金产生的收益作为保费收入的业务。可见,保险储金是保险企业开办的到期还本的储金保险的本金。

(七)“分离账户”资金

分离账户与固定账户不同,分配到分离账户的次账户的资金不会与保险公司的一般账户结合在一起,分离账户也不会有保证收益。保险公司将分离账户的投资与其他投资分开,保户必须自行承担所有分离账户基金投资所面临的风险。保险公司监督每一个分离账户的资金均按保户的选择投资,分离账户计算及记录其投资损益。

“分离账户”是长期寿险和投资基金相结合的保险创新品种,保险企业按预定的投资方案运用保户缴纳的资金,并根据实际收益率提取责任准备和调整保险赔付的额度。

(八)其他资金

其他资金主要包括保险企业各种资产的风险准备金以及对关联企业的应付款、应付税金和企业债务等。

三、保险资金运用的原则

保险资金运用的主要原则包括安全性原则、收益性原则、流动性原则和社会性原则。

(一)安全性原则

保险资金运用的安全性是指收回保险资金运用本金及预定收益的可靠程度,它是由保险资金的性质决定的。保险资金运用的安全性原则是保险资金来源对保险资金运用的最基本的要求,也是保险资金运用实践应遵循的首要准则。

(二)收益性原则

保险资金运用的收益性原则是指保险资金运用中必须以获取一定的收益为目标,保证一定的收益能力,这是由保险资金来源的性质决定的。由于资金运用的风险和收益都直接转嫁给保户,有时资金运用的收益性甚至是比安全性更优先考虑。

(三)流动性原则

保险资金运用的流动性原则是指保险资金运用过程中所形成的资产中必须有相应比例的流动性资产,以便在保险企业出现临时的现金需求时,能够迅速变现,而不至于引起额外的损失。保险资金运用的流动性原则是由保险基金运动的特点决定的。财险由于资金期限短,并且其保险事故发生的随机性高,使得财险资金运用对流动性的要求要远远高于寿险资金运用对流动性的要求。

(四)社会性原则

保险资金运用的社会性原则是指由于保险资金大部分来源于广泛的社会经济单位缴纳的保险费,因此保险资金运用必须兼顾自身经济利益和社会公共利益,使保险资金运用发挥更大的社会效益。

当然,保险资金运用的四个原则是相互联系的。其一,保险资金运用中自身的经济利益和社会公共利益之间既有相一致的一面,也有相抵触的地方,要求保险企业在资金运用中从长短期两个角度,合理安排,兼顾自身利益和社会利益。其二,安全性、收益性和流动性之间也是既矛盾又统一的关系:从统一性上讲,收益性和流动性以资金运用的安全性为前提,没有一定收益性和流动性的资金运用也使安全性失去了现实意义;从矛盾性上讲,三者又存在替代性,安全性和流动性高的资金运用收益性较低,反之亦然。因此,保险企业在资金运用实践中必须根据自身的实际情况,在三者之间实现合理的平衡。

四、保险资金运用的意义

(一)保险资金运用对保险企业自身的作用

保险资金运用的好坏对企业经营非常重要,发达国家的保险市场状况已经证实了这一点。近年来,很多国家保险市场的赔付率已经超过了100%,保险企业的利润主要来自投资收益。具体来说,保险资金运用对企业自身的作用表现在:有利于保险企业维持业务平衡,实现资产和负债的匹配;有利于保险企业提高经济效益;有利于加快保险基金的积累,提高保险企业的偿付能力;有利于提高保险企业的竞争能力,促进其直接业务的发展。

(二)保险资金运用对保险业发展的作用

我国保险业自恢复国内保险业务以来,发展迅速。但是,随着业务的不断深入,工作难度也越来越高,其中费率过高是影响保险业务进一步发展的一个重要因素。通过保险资金运用,可以增加保险企业的盈利,为合理地降低费率提供了物质保证,这样就能妥善地解决保险费率与保险业盈利的矛盾,使保险业的盈利愿望与社会降低保险费率的要求相一致。在不违反国家资金融通计划的前提下,保险业把保险资金运用与发展保险业务有机地联系起来,更有利于调动投保人的积极性,使保险业务的开展建立在更积极的基础上。保险业增加盈利的内在动因,致使其不断扩大保险业务量,而利用负债性资金的时间差,进一步增加盈利。如此形成良性循环,有利于保险事业的发展。另外,保险资金运用还有助于扩大保险在社会经济生活中的影响,提高人们的保险意识。

(三)保险资金运用对宏观经济的作用

保险资金运用在宏观经济中的作用是间接表现出来的,可以从社会再生产、进出口贸易、科技进步、金融资源配置等很多角度认识。例如:

其一,保障社会再生产的正常进行。保险资金通过发挥修补作用削弱意外事故造成的影响,从而保证社会再生产的连续性和稳定性。

其二,实现外汇收入的增加,增强国际支付能力。按国际惯例,进出口贸易都必须办理保险,其可以实现赚取保险外汇收入或者减少保险外支出。

其三,对于促进科技的发展具有重要意义。保险可以对新技术的使用提供风险保障,为企业开发新技术、新产品以及使用专利壮胆,促进先进技术的推广运用。

其四,有利于金融资源合理配置;有助于证券市场的活跃和稳定。

第三节 保险资金运用的形式与渠道

一、保险资金运用的组织模式及模式选择

(一)保险资金运用的组织模式

由于各保险公司在经营实力、业务结构以及投资管理能力和经验的不同,保险资金运用的组织模式主要可以分为以下三种:

1. 专业化控股投资模式或集中统一投资模式

专业化控股投资模式是指在一个保险集团或控股公司之下设产险子公司、寿险子公司和投资子公司等。这种投资模式中的投资子公司专门接受产险子公司和寿险子公司的委托进行保险投资活动,如图 13-2 所示。

集中统一投资模式是指在一个保险集团或控股公司下设产险子公司、寿险子公司和投资子公司,其中产险子公司和寿险子公司均将保险资金统一划到集团或控股公司,再由集团或控股公司将保险资金拨到专业投资子公司进行投资,如图 13-3 所示。

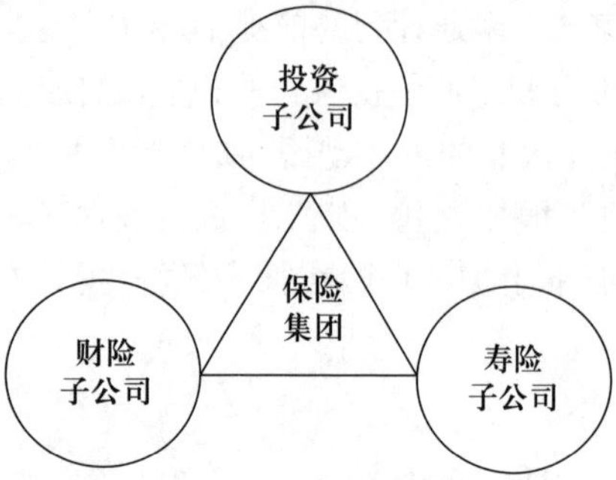

图 13-2 专业化控股投资模式

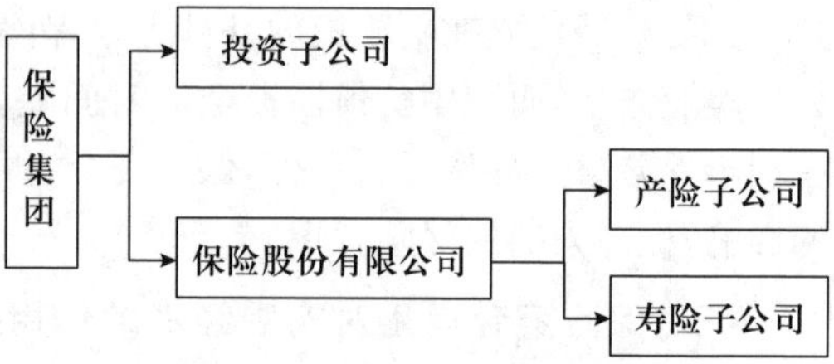

图 13-3 集中统一投资模式

无论是专业化控股投资模式还是集中统一投资模式，它的优点在于，能够适应管理专业化和服务多样化的要求，通过建立多层次的风险监控体系，可以有效的降低管理风险。

2. 内设投资部门投资模式

内设投资部门投资模式是指在保险公司内部设立专门的投资管理部门，如投资部或投资管理中心，具体负责本公司的保险投资活动。其优点是有利于保险公司的直接管理和监控，内部投资战略可以较好的传达和贯彻执行，有助于投资资产的安全性。缺点是存在内部暗箱操作的隐患，且该模式不能适应管理专业化和服务多样化的要求。

3. 委托外部机构投资模式

委托外部机构投资模式是指保险公司自己不进行投资和资产管理，而是将全部的保险资金委托给外部的专业投资公司进行管理。其优点是：保险资金可以得到专业机构的专业化管理，减少内部管理的费用和交易成本。其缺点是保险公司不能直接运用和管理保险投资资金，还要承受专业投资机构的投资风险。

(二)保险资金运用组织模式的选择

保险投资组织模式的多样化，以及各种模式所具有的优缺点，决定了保险公司在确定自己的投资组织模式时，需要根据资本市场的情形和公司自身的情况进行选择。

欧美国家的保险公司较为普遍地选择专业化控股投资组织模式和集中统一投资组织模式。在发达国家，多数保险公司都是通过设置投资子公司即选择专业化控股投资组织来进行保险投资活动的，如英国保诚公司、美国国际公司(即 AIG 公司)。

二、保险资金运用的形式及相关规定

保险资金运用的形式如图 13-4 所示。

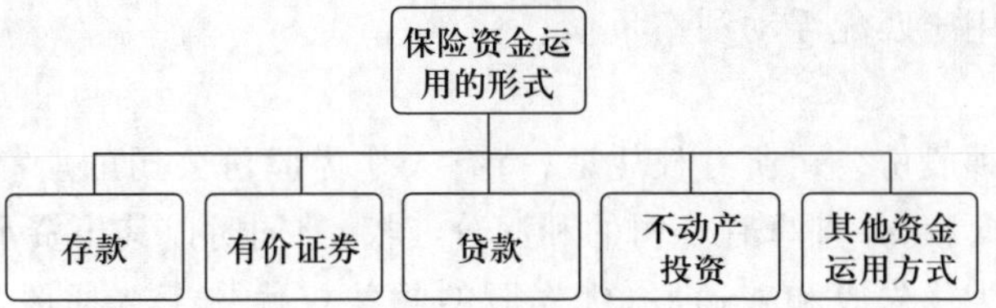

图 13-4　保险资金运用的形式

(一)存款

存款包括银行存款和信托存款。

1. 银行存款

银行存款具有非常高的安全性和流动性,但收益性较差,因此,银行存款主要用于应付保险企业的日常支付或用于匹配流动性较高的负债,也经常被保险企业用于等待更好的投资机会。保险公司在银行的存款由于数额巨大,可以采用协议存款的形式获得高于普通银行存款的利息。

2. 信托存款

信托存款是指保险企业委托他人运用的资金。信托存款的安全性、流动性及收益性与受托人的信用和资金运用能力以及信托协议的约定有关,采用信托的方式运用资金非常灵活。这种方式适合保险企业自身运用保险资金的能力和经验不足的中小保险企业。

(二)有价证券

有价证券主要包括债券、股票、证券投资基金等。

1. 债券

债券是证明持有人有权取得利息和到期收回本金的债务凭证。债券按发行人不同可分为政府债券、金融债券和企业债券。

(1)政府债券。政府发行或担保的债券,政府债券具有很高的安全性,常被人们称为金边债券。

(2)金融债券。由银行等金融机构发行的债券,金融债券的安全性和流动性一般比政府债券低,但其安全性一般也能满足保险资金运用的需要。此外,其收益性要比政府债券高。

(3)企业债券。工商企业为筹集资金而发行的债权债务凭证,就安全性和流动性而言,企业债券比政府债券和金融债券都低,但其收益性比它们都高。

另外,债券按不同的划分方式,还可以分为多种类型。债券的类型不同,所适用的保单也不同,如固定利率债券最适用于匹配寿险企业的固定责任保单,而浮动利率债券一般用于匹配浮动利率负债。

2. 股票

股票是一种股份公司所有权凭证，持有人作为股份公司的所有者对公司的重大事项拥有投票权，并且享有公司的利润分红权，但同时以其出资承担公司的经营风险。股票分为优先股和普通股，优先股的收益权优先于普通股，并且收益率固定，但在投票权上将受限制。保险企业一般选择上市公司的股票。由于股票本金的非返还性及股票价格的波动性，股票一般被认为是一种高风险、高收益的投资工具，适用于匹配自有资金和部分“分离账户”资金。

3. 证券投资基金

证券投资基金是指通过发行基金证券集中投资者的资金，交由专家从事股票、债券等金融工具的投资，投资者按比例分享其收益并承担风险的一种投资方式，属于有价证券投资范畴。证券投资基金的投资对象可以是上市股票和债券、银行同业拆借、金融期货、黄金及不动产等。

（三）贷款

贷款是指保险企业将资金贷放给单位或个人，按一定的期限货币资金获取利息的资金运用方式，按贷款条件划分，贷款包括信用贷款、经济担保贷款和抵押贷款。常被保险企业采用的贷款方式主要是抵押贷款，包括保单贷款、不动产和安全性良好的有价证券抵押贷款。

（四）不动产投资

不动产投资是指保险资金应用于购买土地、建筑物或修建住宅、商业建筑和基础设施建设等的投资。保险企业购买或修建不动产主要出于两种目的，一是因营业所需取得不动产，二是为取得利益而进行的与正常营业无关的不动产投资，作为保险资金运用方式的不动产投资主要指的是后一种情况。不动产投资主要用于匹配长期负债。

（五）其他资金运用方式

保险企业可选择的资金运用方式还有项目投资、货币市场投资和海外投资等。

项目投资一般是长期投资，投资风险性和项目管理的技术性要求较高，但其预期收益率也较高。这种投资方式一般适合于资金规模大，具备专业投资优势的大型保险企业。

保险资金货币市场投资主要包括票据贴现和同业拆借等。这几年来，随着金融市场的发展和完善，新型的投资方式随之产生，主要包括投资基金、金融租赁和金融衍生工具等。

海外投资是近年新开放的投资形式，有利于完善保险公司的投资结构，分散系统性风险。

三、保险资金运用的渠道

保险资金运用的渠道如图13-5所示。

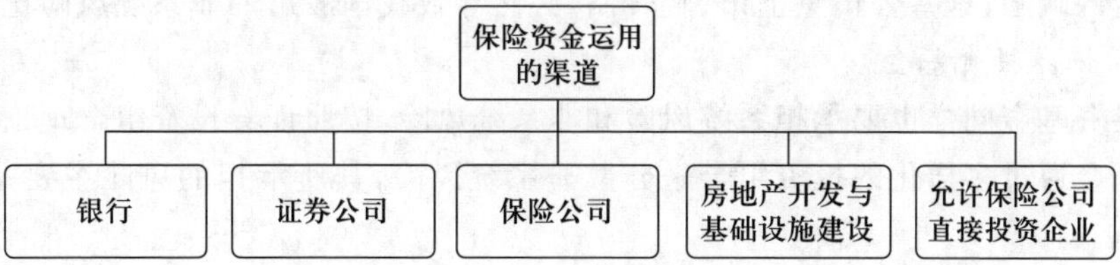

图 13-5 保险资金运用的渠道

(一)银行

保险公司可以将保险资金存入银行，将银行作为保险资金投资中介，还可以投资银行股票、股权。保险机构可以参股和控股部分管理水平较高、经营效益较好、拥有客户资源的商业银行，进一步加强保险业与银行业的战略合作。银行存款所面临的风险主要是利率风险。

(二)证券公司

有价证券交易主要面临的风险有市场风险、利率风险等系统风险，还有流动性风险、信用风险等非系统性风险。

1. 债券

债券是各国保险资金首选的工具，其违约风险低、流动性高的特点非常适合保险资金。债券投资所面临的风险主要是利率风险、信用风险和流动性风险。

债券是利率敏感性资产，债券价格会由于利率变化导致其内在收益率变化而出现反向变动，使保险公司面临债券出售价格波动的风险；即使保险公司持有债券一直到还本付息，也会面临所得利息的再投资风险。

债券的信用风险从低到高依次为国债、金融债券和企业债券，具体一项债券信用风险的大小可依据法定评级机构提供的债券评级来判断。

流动性风险在我国债券市场比较明显，究其原因，我国债券市场的流动性风险主要受市场规模影响：一方面，我国债券市场比较单一；另一方面，有的债券还没有完全上市流通。

2. 股票

股票所面临的风险主要有市场风险、利率风险、购买力风险等系统风险以及管理风险、流动性风险等非系统性风险。

(1)从系统风险角度来说，我国股市仍属发展中的新兴市场，具有复杂的市场结构和制度背景，尤其是具有明显的“政策市”特征，系统风险的比重远高于成熟市场。

(2)从非系统风险角度来说，我国的上市公司大部分是国企转制而来，由于现行制度的缺陷，这些公司重上市、轻转制，必然导致我国股市的非系统风险比较高。

3. 证券投资基金

投资基金同样也要承担系统风险和非系统风险，按照证券投资组合理论，证券投资基金通过多样化的投资组合来分散非系统风险，其所承担的风险主要是系统风险。

(三)保险公司

资金需要者以一定的利率和必须归还等为条件向保险公司借贷，保险公司在这种贷款行为中担当信用机构的角色。这种贷款面临的风险主要是系统风险。

(四)房地产开发与基础设施建设

1. 房地产开发

房地产产品的价值分为楼面地价和房价两部分。作为投资品时，其收益主要表现在地价的升值，因此传统房地产经济学强调区位的决定性。但在我国进行房地产投资时，可能会面临较大的功能性折旧风险，即房地产功能的重要性有时会超过区位。另外，我国房地产需求方表现出市场无差别消费心理，这和发达国家成熟市场中消费呈现较大差异性的情况形成鲜明对比，特殊的消费心理也使功能折旧速度更快。

2. 基础设施建设

从投资风险来看，投资基础设施的回报适中；同时，基础设施建设项目的保值增值功能有利于寿险公司控制通货膨胀风险，这是存款和债券都不具备的，尤其适合需要长期投资的寿险资金。当然，由于投资期限较长，利率风险和信用风险仍然是一个潜在的隐患；但总的来说，寿险资金应用于基础设施投资将在总体上保证寿险资金风险分布的合理化。

(五)允许保险公司直接投资企业

保险公司利用所拥有的保险资金直接投资到生产、经营中去，或建立独资的非保险企业或与其他公司合伙建立企业，以获取投资收益。投资于允许保险公司直接投资的企业要面临的主要风险是市场风险等多种系统风险。

除了上述五种投资领域之外，还有一些渠道也得到保险公司的认可，如一些保险公司提出的物业回购等。这些投资渠道各有特点，也都存在不同程度的风险。

专栏　通过保险资金运用服务经济社会发展①

对于保险行业来说，负债经营和保险资金运用是保险经营的两个轮子，其中保险资金运用这个轮子不但对于保险经营非常重要，对于经济社会发展也正发挥着越来越重要的作用。近年来，银保监会贯彻落实党中央、国务院关于金融服务制造业高质量发展的决策部署，鼓励保险资金发挥长期、稳定和价值投资者作用。通过股票、股权、债权、基金等形式，为制造业和战略新兴产业提供多层次资金支持。

一是拓宽产业基金资金来源。支持保险资金开展创业投资、基金投资，设立成长基金、新兴战略产业基金等私募基金，通过基金参与战略性新兴产业发展。二是加大股权直接投资力度。取消保险资金开展财务性股权投资的行业范围限制，加大对制造业长期股权性和资本性资金支持，与银行业金融机构形成错位发展和优势互补。三是强化对上市企业的融资支持。保险公司权益类资产配置监管比例由"一刀切"改为八档分级分类管理，最高可达总资产的45%。四是丰富市场中长期投资工具。引导保险资产管理公司发挥长期资金管理的优势，积极创设债权投资计划、股权投资计划等保险资管产品，以多元化的产品为制造业企业和基础设施项目提供融资支持。五是持续优化营商环境。这五个方面是近年来银保监会在推动保险资金运用方面所做的一些工作。

到2021年5月末，保险资金通过投资企业债券、股票、基金、股权、资管产品等方式，直接投资制造业、能源、科技及相关基础设施领域4.35万亿元，占保险资金运用余额的19.07%。保险资管行业还积极创设保险资管产品，参与投资高端装备、人工智能、新一代信息技术等领域，对接高科技产业园和战略性新兴产业，形成了一批典型项目。

第四节　中国保险资金运用管理办法

中国保监会2010年7月30日发布《保险资金运用管理暂行办法》(保监会令2010年第9号)、2014年4月4日发布《中国保险监督管理委员会关于修改〈保险资金运用管理暂行办法〉的决定》(保监会令2014年第3号)。2018年1月10日中国保险监督管理委员会第5次主席办公会审议通过新的《保险资金运用管理办法》(保监会令2018年第1号)。

① 资料来源：张忠宁.2021年上半年银行业保险业运行发展情况通报，2021.7.14.

本节根据《保险资金运用管理办法》，编辑主要内容。

一、总则

在中国境内依法设立的保险集团（控股）公司、保险公司从事保险资金运用活动适用本办法规定。

保险资金，是指保险集团（控股）公司、保险公司以本外币计价的资本金、公积金、未分配利润、各项准备金以及其他资金。

保险资金运用必须以服务保险业为主要目标，坚持稳健审慎和安全性原则，符合偿付能力监管要求，根据保险资金性质实行资产负债管理和全面风险管理，实现集约化、专业化、规范化和市场化。

保险资金运用应当坚持独立运作。保险集团（控股）公司、保险公司的股东不得违法违规干预保险资金运用工作。

二、资金运用范围

（一）保险资金运用限于下列形式：

（1）银行存款。

（2）买卖债券、股票、证券投资基金份额等有价证券。

（3）投资不动产。

（4）投资股权。

（5）国务院规定的其他资金运用形式。

保险资金从事境外投资的，应当符合中国保监会、中国人民银行和国家外汇管理局的相关规定。

（二）保险集团（控股）公司、保险公司从事保险资金运用，不得有下列行为：

（1）存款于非银行金融机构。

（2）买入被交易所实行“特别处理”“警示存在终止上市风险的特别处理”的股票。

（3）投资不符合国家产业政策的企业股权和不动产。

（4）直接从事房地产开发建设。

（5）将保险资金运用形成的投资资产用于向他人提供担保或者发放贷款，个人保单质押贷款除外。

（6）中国保监会禁止的其他投资行为。

（三）比例规定

保险集团（控股）公司、保险公司从事保险资金运用应当符合中国保监会比例监管要求，具体规定由中国保监会另行制定。

中国保监会根据保险资金运用实际情况，可以对保险资产的分类、品种以及相关比例等进行调整。

投资连结保险产品和非寿险非预定收益投资型保险产品的资金运用，应当在资产隔离、资产配置、投资管理等环节，独立于其他保险产品资金，具体办法由中国保监会制定。

三、资金运用模式

（一）保险集团（控股）公司、保险公司应当按照“集中管理、统一配置、专业运作”的要求，实行保险资金的集约化、专业化管理。

保险资金应当由法人机构统一管理和运用，分支机构不得从事保险资金运用业务。

（二）保险集团（控股）公司、保险公司应当选择符合条件的商业银行等专业机构，实施保险资金运用第三方托管和监督，具体办法由中国保监会制定。

托管的保险资产独立于托管机构固有资产，并独立于托管机构托管的其他资产。托管机构因依法解散、被依法撤销或者被依法宣告破产等原因进行清算的，托管资产不属于其清算财产。

（三）保险集团（控股）公司、保险公司根据投资管理能力和风险管理能力，可以按照相关监管规定自行投资或者委托符合条件的投资管理人作为受托人进行投资。

本办法所称投资管理人，是指依法设立的，符合中国保监会规定的保险资产管理机构、证券公司、证券资产管理公司、证券投资基金管理公司等专业投资管理机构。

（四）保险资产管理机构根据中国保监会相关规定，可以将保险资金运用范围内的投资品种作为基础资产，开展保险资产管理产品业务。

四、组织结构与职责

（一）保险集团（控股）公司、保险公司应当建立健全公司治理，在公司章程和相关制度中明确规定股东（大）会、董事会、监事会和经营管理层的保险资金运用职责，实现保险资金运用决策权、运营权、监督权相互分离，相互制衡。

（二）保险资金运用实行董事会负责制。保险公司董事会应当对资产配置和投资政策、风险控制、合规管理承担最终责任，主要履行下列职责：

（1）审定保险资金运用管理制度。

(2)确定保险资金运用管理方式。

(3)审定投资决策程序和授权机制。

(4)审定资产战略配置规划、年度资产配置计划及相关调整方案。

(5)决定重大投资事项。

(6)审定新投资品种的投资策略和运作方案。

(7)建立资金运用绩效考核制度。

(8)其他相关职责。

董事会应当设立具有投资决策、资产负债管理和风险管理等相应职能的专业委员会。

(三)保险集团(控股)公司、保险公司应当设置专门的保险资产管理部门,并独立于财务、精算、风险控制等其他业务部门,履行下列职责:

(1)拟定保险资金运用管理制度。

(2)拟定资产战略配置规划和年度资产配置计划及相关调整方案。

(3)执行资产战略配置规划和年度资产配置计划。

(4)实施保险资金运用风险管理措施。

(5)其他相关职责。

保险集团(控股)公司、保险公司自行投资的,保险资产管理部门应当负责日常投资和交易管理;委托投资的,保险资产管理部门应当履行监督投资行为和评估投资业绩等委托人职责。

(四)保险集团(控股)公司、保险公司应当建立健全保险资金运用的管理制度和内部控制机制,明确各个环节、有关岗位的衔接方式及操作标准,严格分离前、中、后台岗位责任,定期检查和评估制度执行情况,做到权责分明、相对独立和相互制衡。相关制度包括但不限于:

(1)资产配置相关制度。

(2)投资研究、决策和授权制度。

(3)交易和结算管理制度。

(4)绩效评估和考核制度。

(5)信息系统管理制度。

(6)风险管理制度等。

五、风险管控

(一)保险集团(控股)公司、保险公司应当建立全面覆盖、全程监控、全员参与的保险资金运用风险管理组织体系和运行机制,改进风险管理技术和信息技术系统，通过管理系统和稽核审计等手段，分类、识别、量化和评估各类风险，防范和化解风险。

（二）保险集团（控股）公司、保险公司应当管理和控制资产负债错配风险，以偿付能力约束和保险产品负债特性为基础，加强成本收益管理、期限管理和风险预算，确定保险资金运用风险限额，采用缺口分析、敏感性和情景测试等方法，评估和管理资产错配风险。

（三）保险集团（控股）公司、保险公司应当管理和控制流动性风险，根据保险业务特点和风险偏好，测试不同状况下可以承受的流动性风险水平和自身风险承受能力，制定流动性风险管理策略、政策和程序，防范流动性风险。

（四）保险集团（控股）公司、保险公司应当管理和控制市场风险，评估和管理利率风险、汇率风险以及金融市场波动风险，建立有效的市场风险评估和管理机制，实行市场风险限额管理。

（五）建立信用风险管理制度，及时跟踪评估信用风险，跟踪分析持仓信用品种和交易对手，定期组织回测检验。

（六）保险集团（控股）公司、保险公司应当加强同业拆借、债券回购和融资融券业务管理，严格控制融资规模和使用杠杆，禁止投机或者用短期拆借资金投资高风险和流动性差的资产。保险资金参与衍生产品交易，仅限于对冲风险，不得用于投机，具体办法由中国保监会制定。

（七）保险集团（控股）公司、保险公司、保险资产管理机构开展投资业务或者资产管理产品业务，应当建立风险责任人制度，明确相应的风险责任人，具体办法由中国保监会制定。

（八）保险集团（控股）公司、保险公司应当建立内部稽核和外部审计制度。

六、监督管理

（一）中国保监会对保险资金运用的监督管理，采取现场监管与非现场监管相结合的方式。

中国保监会可以授权其派出机构行使保险资金运用监管职权。

（二）中国保监会应当根据公司治理结构、偿付能力、投资管理能力和风险管理能力，按照内控与合规计分等有关监管规则，对保险集团（控股）公司、保险公司保险资金运用实行分类监管、持续监管、风险监测和动态评估。

中国保监会应当强化对保险公司的资本约束，确定保险资金运用风险监管指标体系，并根据评估结果，采取相应监管措施，防范和化解风险。

本章参考文献

1. 魏华林,林宝清. 保险学. 北京:高等教育出版社,2021.
2. 张洪涛. 保险学. 北京:中国人民大学出版社,2018.
3. 孙祁祥. 保险学. 北京:中国人民大学出版社,2018.
4. 徐爱荣,李鹏. 保险学. 上海:复旦大学出版社,2021.

重要概念

保险准备金　寿险准备金　非寿险准备金　保险资金运用

复习思考题

1. 简述保险准备金的提取。
2. 简述保险资金的来源。
3. 简述保险资金运用的原则。
4. 简述保险资金运用的组织模式。
5. 简述保险资金运用的渠道。

保险知识小视频

保险投资的原则有哪几项

第十四章 保险市场监管

保险监督管理机构依法对保险业实施监督管理，维护保险市场秩序，保护投保人、被保险人和受益人的合法权益。保险监管主要包括对保险人市场准入与退出的监管、保险业务的监管、保险财务的监管，对保险中介人设立与执业的监管。保险监管会延续从严的态势，加强对保险消费者的权益保护，提升保险业的形象与声誉是保险业发展的根本。

◈ 学习要点

1. 了解保险市场监管的意义。
2. 掌握保险市场监管的方式。
3. 理解保险市场监管的内容。

第一节 保险市场监管概述

保险市场监管，是指保险监管机构依法对保险市场进行监督管理，以确保保险市场的规范运作和保险人的稳健经营，保护被保险人利益，促进保险业健康、有序发展的整个过程。

综观世界各国，无论是经济发达的国家还是发展中国家，无论是崇尚自由经济的国家还是积极推行政府干预经济的国家，无不相继建立了严格的保险监督管理制度。我国也十分重视对保险市场的监督和管理。1995 年 6 月，我国颁布《保险法》，2002 年 10 月 28 日，对《保险法》进行了修订，2009 年 2 月 28 日，第十一届全国人大常委会第七次会议第三次审议通过了《中华人民共和国保险法(修订草案)》，2014 年 8 月 31 日第十二届全国人民代表大会常务委员会第十次会议通过了《关于修改〈中华人民共和国保险法〉等五部法律的决定》，对《保险法》进行了第二次修正，2015 年 4 月 24 日第十二届全国人民代表大会常务委员会第十四次会议通过了《关于修改〈中华人民共和国计量法〉等五部法律的决定》，对保险法进行了第三次修正，一系列的《保险法》修正为加强和完善保险市场的监管提供了法律基础。目前,我国已初步形成了以《保险法》为核心的保险法律法规体系,由银行保险监督管理委员会对保险业实施监督管理。

一、保险市场监管的必要性

保险企业有着独特的经营对象,具有经营上的特殊性,而同时保险又具有广泛的社会性,这就使得对保险市场实施监管成为必要。具体而言,对保险市场实施监管的必要性表现在以下几个方面:

(一)保险事业的公共性

保险事业的公共性主要体现在保险经营的负债性、保障性和广泛性三大特征上。所谓保障性是指保险基金的基本职能是补偿损失和给付保险金,通过补偿和给付,来保障社会再生产的不断进行和社会生活的安定。所谓广泛性是指保险人的承保对象涉及各行各业和千家万户,并且通过再保险活动和海外投资活动使其经营超出国界,成为世界性的经济活动。万一经营不善,保险公司破产的负面影响要比一般企业大得多。

(二)保险经营的高风险性

保险经营的高风险性源于保险经营的负债性,保险人通过承保收取保险费而建立起来的保险基金,是对投保人的负债,而并非保险人的盈利。保险人一旦经营不善出现亏损或倒闭,不仅损害保险人的自身利益,更主要的是损害广大保户的利益,其社会负面影响不言而喻。

(三)保险合同的特殊性

保险合同的特殊性主要表现在保险合同具有射幸性和附和性的特点。保险合同是射幸性合同,保险合同的价值在于保险人对未来的承诺,这种承诺能否兑现存在一定的不确定性。保险合同是附和性合同,保险合同的主要条款和保险费率由保险方事先拟定,投保人在申请投保时,一般只能选择接受与不接受。因此,必须通过保险市场的监管,来确保保险合同交易的公平合理,严格审核保险条款和费率,保护被保险人或受益人的权益。

(四)保险技术的复杂性

保险经营具有专业性强的特点。保险承保对象既包括物,也包括人;保险承保的范围包括财产、责任、信用以及人身死亡、疾病、伤残等各种风险;保险人在向投保人提供保险产品时,其价格只是一个“预计”价格,保险定价需要非常专门的技术,而这个技术大多数投保人是不了解的,因而对于保险人的信用及经营状况必须有严格的监督管理措施,必须对保险条款和保险费率进行审核,以维护被保险人的利益。

二、保险市场监管的目标

国家对于保险市场监管的目标，是指国家保险监督管理机关在一定时期内对保险市场进行监管所要达到的要求或效果。保险业是特殊的社会行业，出于保险业经营的高风险性和社会性，保险合同的特殊性，保险业经营状况直接影响到社会经济的稳定和人民生活的安定，而为了保护被保险人的合法利益，国家必须对保险业进行监督。保险监管的目的是：保证保险人有足够的偿付能力；规范保险市场、维护公平竞争的保险市场环境；防范和化解保险风险，防止保险欺诈；弥补自行管理的不足；促进保险市场持续健康发展。

专栏　各类非法互联网广告暗藏风险①

2021年5月，市民Y女士在扫码使用共享单车时，手机弹出某保险营销广告，“400万医疗保障，住院医疗费用全报销，疾病意外都能报，首月仅1元，点击立即投保”。Y女士误认为是扫码骑车的使用流程，便根据手机提示进行操作，因为是仅仅收取了1元钱，Y女士便没有在意。可是谁知在后来的几个月里却每月被扣除了200多元保费。带着疑问，Y女士开始了自查，她发现自己微信支付的多笔扣款页面上写着备注：你的“××保”账号(Y女士的电话号码)扣费成功，如果对扣费有疑问，请联系商户确认。Y女士随后查阅了手机的短信收件箱，在短信收件箱被系统默认分类的垃圾箱里，他找到了一条通知短信。短信内容是：“××保”：您的400万医疗保障已守护您一个月，将于近期扣费延续下个月保障权益。疾病意外全报销，不再担心生病钱。保单详情后面是一个网址。打开网址，但几经尝试点击该链接均无法打开。这时Y女士才发现在自己不明所以的情况下点入链接购买了一份保险，回想起来自己只是输入了电话号码，连姓名和身份信息都没有输入，就这么被保险了。

据了解，部分消费者反映，在扫码坐地铁、乘公交车、使用移动充电宝、微信支付款项等情况下均出现莫名“投保”的情形。通过对这些案例的归纳发现，存在不当宣传行为的互联网保险营销宣传存在以下风险，可能侵害消费者合法权益。

风险一：“吸睛”式宣传。部分保险机构及互联网保险平台为片面追求关注度和销售量，通过扫码、抽奖等方式嵌入销售链接，进行“吸睛”式产品宣传，突出“零首付”“低首付”“首月仅为×元”等字样。这些行为存在宣传内容不规范、网页所载内容与保险条款的内容不一致或显示不全、未明确说明免责条款等问题，涉嫌误导消费者。

① 资料来源：杨雪筠．平安财产保险股份有限公司陕西分公司，中国银行保险报，2021.9.15.

风险二:线上平台“搭售”。某些线上平台在其订票、酒店预定页面通过默认勾选、捆绑销售等方式销售一些保险产品,若不购买保险则不能享受优惠折扣,限制消费者自主选择的权利,变相强制消费者购买保险产品。与网络借款平台合作,强制消费者在借款过程中购买指定渠道或指定公司的保险产品,变相收取“砍头息”,若不投保则无法办理借款。

风险三:“自动续费。”部分互联网平台及保险机构在保险合同订立过程,特别是网上投保时,投保页面设置不规范、不科学,诱导消费者勾选“自动续费”,而后续扣费不提前提醒,也不经客户选择或确认,直接通过系统扣费。限制消费者取消续费选择权,未提示客户取消续费的操作方式,或取消自动续费的操作接口隐蔽,设置过于复杂。

风险四:“高息”产品。一些不法分子利用互联网平台虚构保险产品或保险项目,或承诺高额回报引诱消费者出资,或冒用保险机构名义伪造保单。

风险五:个人信息泄露。部分消费者反映在整个互联网业务投保过程中并未输入密码进行支付,投保过程已完成扣费,涉嫌侵害消费者财产安全权、信息安全权。互联网保险平台还存在未遵循合法、正当、必要的原则过度收集、粗放处理及使用个人信息。

第二节 保险市场监管的内容

一、保险市场监管的方式

利用保险法规实行对保险市场的监管是世界各国保险管理机关所采取的主要监管手段。由于各个国家的法律制度不同、历史时期不同,在利用保险法规实行监管的过程中,有关国家对保险业的监管曾经采取过截然不同的方式。主要有以下三种:

(一)公示监管

公示监管,亦称公告管理,是国家对保险业最为宽松的一种监督管理方式,适用于保险业自律能力较强的国家。其含义是政府对于保险业的经营不进行直接监督,只是规定保险人按照政府规定的格式及其内容,将其资产负债、财务成果及相关事项定期呈报给主管机关,公布于众的管理方式。根据呈报情况,政府便可以对保险人的偿付能力做出评价。该方式为保险业的发展提供了较大的自由空间。但是,采用这种方式必须具备一些前提条件,这些条件包括保险行业本身具有相当的自我约束能力,保险市场具有平等的竞争条件和良好的职业道德,社会大众具有较强的保险意识,社会大众对保险人经营有正确的判断能力和评估标准等。英国1901年及1940年的公司法即采用该方式。

(二)形式监管

形式监管,亦称规范监管、准则监管,是由国家制订一系列涉及保险业运作的基本准则,要求所有的保险人和保险中介人必须遵守,并在形式上监督实行的管理方式。这种方式适用于保险法规比较严密和健全的国家采用。政府规定的监管准则只涉及保险经营的若干重大事项,如最低资本额的规定、资产负债表的审查、违反法律的处罚等,若有违反者,有关机关将给予法律制裁。与公示监管相比,形式监管更注重保险经营形式上的合法性,具有较大的可操作性,但这种方式并不涉及保险业经营管理的实体,而保险的技术复杂,有关法规很难囊括,因此有时容易流于形式。目前大多数国家已放弃这种管理方式。

(三)实体监管

实体监管,亦称许可监管,严格监管,是国家保险管理机关在制定保险法规的基础上,根据保险法规所赋予的权力,对保险市场尤其是保险人进行全面有效的监督管理的一种方式。这种管理方式首创于瑞士,并为奥地利、德国所仿效,其监管的内容涉及保险公司的设立、经营、财务乃至倒闭清算。其监管的内容具体实际,有明确的衡量尺度,是对保险市场监管方式中最为严格的一种。目前,世界各国大体都采用这种方式,但随着经济的发展,许多国家已逐步放宽费率管理和条款审定等,实体监管有放宽的趋势。

二、保险市场监管的内容

尽管各国保险监管的方式有所不同,程度也不尽相同,但其内容基本一致。保险监管按对象不同,可分为对保险人的监管和对保险中介人的监管。对保险人的监管包括市场准入与退出的监管、保险业务的监管、保险财务的监管;对保险中介人的监管一般包括保险中介人设立与执业的监管。其中,对保险人的监管是重点。

(一)市场准入与退出的监管

所谓市场准入监管,就是保险监管部门对新设机构以及保险机构的合并进行限制性管理,即对申请进入保险业和保险市场的机构和个人进行筛选,保证只让合适的机构和人员进入市场,维持市场的公平竞争和秩序。对市场退出的监管意味着监管部门对保险机构的倒闭和破产清算进行管制,由监管部门代表社会各方的利益,来进行协调和疏通。具体来说,对市场准入和市场退出的监管包括对保险组织形式和保险机构设立、变更、整顿、接管、解散、撤销以及破产清算等方面的监管。它是政府对保险市场监管的首要内容。

1. 对保险组织形式的监管

保险组织是依法设立、登记,并经营保险业务的机构,保险人以何种组织形式进行经营,各个国家根据本国国情,都有特别的限定。例如:美国规定的保险组织形式是股份有限公司和相互公司两种;英国除股份有限公司和相互保险社外,还有劳合社这种个人保险形式。我国保险公司的组织形式主要是股份有限公司,但是随着保险业的发展,相互保险公司已经在农业保险领域出现,我国应加快配套法规的立法进程,允许设立自保公司、互助保险等保险组织,鼓励发展多种类型的专业性保险公司,培育和完善保险市场组织机构体系。

2. 对保险企业设立的监管

保险企业的设立是创办保险企业的一系列法律行为及其法律程序的总称。在我国,保险公司的设立,必须经过中国银行保险监督管理委员会的审批,取得经营保险业务许可证后,到工商行政管理机关进行注册登记,注册登记后才成为合法的经济组织,取得法人资格。

保险企业的设立条件。设立保险企业,必须具备比一般工商企业设立更为严格的条件,这是世界各国保险法的普遍规定。我国《保险法》第六十八条规定:"设立保险公司必须具备以下七个条件:主要股东具有持续盈利能力,信誉良好,最近三年内无重大违法违规记录,净资产不低于人民币二亿元;有符合保险法和公司法规定的章程;有符合保险法规定的注册资本;有具备任职专业知识和业务工作经验的董事、监事和高级管理人员;有健全的组织机构和管理制度;有符合要求的营业场所和与经营业务有关的其他设施;法律、行政法规和国务院保险监督管理机构规定的其他条件"。《保险法》第六十九条规定:"设立保险公司其注册资本的最低限额为人民币二亿元,国务院保险监督管理机构根据保险公司的业务范围、经营规模,可以调整其注册资本的最低限额,但不得低于本条第一款规定的限额,保险公司的注册资本必须为实缴货币资本"。

保险企业的设立程序。保险企业的设立,必须履行法律规定的程序。依照我国《保险法》和《保险公司管理规定》的要求,设立保险公司需要经过筹建和开业两个阶段。首先是申请筹建,即申请人向保险监督管理部门提出要求筹备建立保险组织的书面请求;其次是正式申请,即保险公司经过筹建,具备保险法规定的设立条件,应向保险监督管理部门提交正式申请表和有关文件、资料;再次,申请开业,即保险公司提出正式申请,经监管部门批准成立后,还要提出开业申请,并提交有关资料,经保险监督管理部门审查批准后,认为符合条件的,应颁发《经营保险业务许可证》;最后,保险公司到工商行政管理机关办理登记,领取营业执照,并缴存保证金,方可对外营业。《保险法》第七十八条规定:“保险公司及其分支机构自取得经营保险业务许可证之日起六个月内,无正当理由未向工商行政管理机关办理登记的,其经营保险业务许可证失效”。

3. 对保险企业变更的监管

保险企业的变更包括保险企业合并与分立、活动宗旨和业务范围上的变化以及其他事项变更。在不同的变更中,有的将影响保险企业的权利能力和行为能力,有的涉及保险企业财产权的性质,有的将导致老的保险企业的消灭和新的保险企业的诞生,所有这些都会直接关系到被保险人的利益,从而影响社会生活的稳定。因此,保险企业进行变更时,首先要由股东会或董事会同意;其次要经过保险监督管理部门批准;最后要向原登记机关办理登记。如果涉及减少实收货币资本金时,必须通知债权人。在我国,保险公司下列事项变更应报中国银保监会批准:变更公司名称;变更注册资本;变更公司或者分支机构的营业场所;撤销分支机构;公司分立或者合并;修改公司章程;变更出资额占有限责任公司资本总额百分之五以上的股东,或者变更持有股份有限公司股份百分之五以上的股东;国务院保险监督管理机构规定的其他情形。

4. 保险监督管理部门对保险企业的整顿和接管

当保险企业违法经营或有重大失误时,可由保险监管部门对其实施整顿或接管。

整顿是指保险企业有违反保险法规定的某些行为,并且在保险监督管理部门规定的期限未改正的情况下,保险监督管理部门采取必要措施对该保险企业进行整治、监督的行为。整顿以保险企业纠正其违法行为,恢复正常经营状况为条件而结束。《保险法》第一百四十三条规定:“被整顿保险公司经整顿已纠正其违反本法规定的行为,恢复正常经营状况的,由整顿组提出报告,经国务院保险监督管理机构批准,结束整顿,并由国务院保险监督管理机构予以公告。”

接管是指在保险企业实施了违反保险法规定的某些行为,并造成了比较严重后果的情况下,由保险监督管理部门采取必要措施,代为行使经营管理权力,以保护被保险人的利益,恢复保险企业正常经营的行为。接管期届满,被接管的保险企业已恢复正常经营能力的,可终止接管。若接管组织认为被接管的保险企业的财产已不足以清偿所负债务,经保险监督管理部门批准,依法向法院申请宣告该保险企业破产。1997 年永安保险公司接管案为我国第一例保险公司被接管的事件,对我国保险业界产生了很大的影响和警醒,也是我国监管史上的一个成功之举。永安保险被接管一案,反映了我国保险监管力度的加强,对规范保险市场,促进保险业的健康发展具有重要意义。

5. 对保险企业终止的监管

保险企业的终止,是指依法设立的保险企业因法定原因或者经保险监督管理部门批准,关闭其营业而永久停止从事保险业务。保险企业的终止分为保险企业的解散、撤销和破产三种形式。保险企业的解散和撤销都要经保险监督管理部门批准,但由于人寿保险合同具有储蓄性质、涉及的社会面广,故经营人寿保险业务的公司不得解散。保险企业在经营过程中出现资不抵债的情况,经保险监管部门同意,可以由保险企业或保险企业的债权人(包括被保险人)申请破产,但对经营人寿保险业务的保险企业被依法撤销或依法宣告破产的,其持有的人寿保险合同及其准备金必须转移给其他经营人寿保险业务的保险公司;如不能达成转让协议的,则由保险监督管理部门指定经营人寿保险业务的保险公司接受。我国《保险法》第八十九条、第九十条、第九十一条、第九十二条对此做出了相关规定。

(二)保险业务的监管

1. 对保险经营范围的监管

经营范围监管,是指政府通过法律或行政命令,规定保险企业所能经营的业务种类和范围。其内容主要包括两个问题:一是兼营问题,即同一保险企业能否同时兼营人身保险和财产保险两种业务;二是兼业问题,即保险企业能否从事保险业务以外的业务,非保险组织能否经营保险或类似保险的业务。

我国 1995 年《保险法》按保险标的的不同将保险公司的业务范围分为财产保险业务和人身保险业务两大类,这体现了两层含义:禁止兼营,亦禁止兼业。之所以禁止保险兼营和兼业,主要是基于对财产保险与人身保险经营技术不同和我国保险市场尚不完善的考虑。2002 年修订的《保险法》允许财险公司经营短期健康保险和意外伤害险业务。2015 年修订的《保险法》规定:“保险人不得兼营人身保险业务和财产保险业务。但是,经营财产保险业务的保险公司经保险监督管理机构批准,可以经营短期健康保险业务和意外伤害保险业务。”这体现了我国保险业对国际惯例的认可和遵从,对提高保险保障、促进经营、完善保险监管有着重要的意义。

2. 对偿付能力的监管

保险企业的偿付能力是指保险企业的赔偿或给付的能力。保险企业应具有与其业务规模相适应的最低偿付能力,来保证在发生保险事故时有足够的资金向被保险人支付赔款或给付保险金,使被保险人得到保险保障。国家保险监管机关依法对保险企业的偿付能力进行监管,也是为了保证保险企业稳健经营,维护被保险人的利益。

随着我国保险业的发展,保险业的监管也从以条款、费率为中心的审慎性监管逐步向以偿付能力为中心的监管发展，这在新保险法中得到体现。新《保险法》首先总括规定，监管机构应当建立健全保险公司偿付能力监管体系，对保险公司的偿付能力实施监控。而有关具体规定方面，如将原《保险法》的“保险公司应当具有与其业务规模相适应的最低偿付能力”，修改为“保险公司应当具有与其业务规模和风险程度相适应的最低偿付能力”。将原“规定保险公司的实际资产减去实际负债的差额不得低于保险监督管理机构规定的数额”，修改为“保险公司的认可资产减去认可负债的差额不得低于国务院保险监督管理机构规定的数额；低于规定数额的，应当按照国务院保险监督管理机构的要求采取相应措施达到规定的数额”。同时，新《保险法》第一百三十八条规定，对偿付能力不足的保险公司，国务院保险监督管理机构应当将其列为重点监管对象，并可以根据具体情况采取下列措施：责令增加资本金、办理再保险；限制业务范围；限制向股东分红；限制固定资产购置或者经营费用规模；限制资金运用的形式、比例；限制增设分支机构；责令拍卖不良资产、转让保险业务；限制董事、监事、高级管理人员的薪酬水平；限制商业性广告；责令停止接受新业务。对于偿付能力严重不足的保险公司，监管机构可以依法对该保险公司实行接管。

3. 对保险条款与保险费率的监管

保险条款和保险费率的确定带有很强的技术性，投保人不可能对保险条款和保险费率进行充分了解，从而与保险人处于平等地位。为了保护被保险人或受益人的合法权益，保证保险条款的公平性、公正性，避免保险企业以保险条款欺骗投保人以及防止保险企业对投保人作出不合理的保险承诺，维护保险市场公平的竞争秩序，必须对于保险条款和保险费率进行审查和管理。

我国《保险法》对此的相关规定是：“关系社会公众利益的保险险种、依法实行强制保险的险种和新开发的人寿保险险种等的保险条款和保险费率，应当报保险监督管理机构审批。保险监督管理机构审批时，遵循保护社会公众利益和防止不正当竞争的原则。其他保险险种的保险条款和保险费率，应当报保险监督管理机构备案。”“保险公司使用的保险条款和保险费率违反法律、行政法规或者国务院保险监督管理机构的有关规定的，由保险监督管理机构责令停止使用，限期修改；情节严重的，可以在一定期限内禁止申报新的保险条款和保险费率。”

4. 对再保险业务的监管

在现代保险业的发展中，再保险是保险人扩展业务和进行风险管理不可缺少的工具和途径，有着独特的、多方面的重要作用。因此，各国对再保险业务都进行监管，目的在于促进保险企业分散危险，保持经营稳定，也是为了防止保费外流，发展民族保险业。世界许多国家通过法律手段，对本国保险市场实行特别保护，包括限制境外投保、限制外国保险企业进入等措施。

我国新《保险法》第一百零二条规定："经营财产保险业务的保险公司当年自留保险费，不得超过其实有资本金加公积金总和的四倍。"第103条规定："保险公司对每一危险单位，即对一次保险事故可能造成的最大损失范围所承担的责任，不得超过其实有资本金加公积金总和的百分之十；超过的部分应当办理再保险。保险公司对危险单位的划分应当符合国务院保险监督管理机构的规定。"第一百零四条规定："保险公司对危险单位的划分方法和巨灾风险安排方案，应当报国务院保险监督管理机构备案。"第一百零五条规定："保险公司应当按照国务院保险监督管理机构的规定办理再保险，并审慎选择再保险接受人。"按照我国加入WTO关于再保险的承诺，2002年修订保险法时，取消了法定再保险的规定。2009年保险法取消了"境内优先分保"的规定。对我国再保险业而言，取消境内优先分保，无疑是继取消法定强制分保之后的又一大挑战。

（三）保险财务的监管

保险企业财务状况具体表现在资产负债质量、经营损益等方面。财务制度贯穿于保险企业经营活动的整个过程，是保险企业经营状况的综合反映，保险企业必须建立、健全各项财务制度。为了保证保险企业财务状况的稳定与安全，必须对保险企业财务状况进行监管。保险财务监管的内容主要有以下几方面：

1. 对资本金的监管

资本金是保险企业所有者对保险企业的投资。保险企业申请开业必须有一定数量的开业资本金，达不到法定资本金数额限制者，不得开业。对资本金的监管主要是对资本金的筹集方式、数量、期限、责任、资本金的真实性进行监管。其目的在于：增加保险企业承保、再保及投资能力，避免出现偿付能力不足的情况；增加承保及投资预期与非预期损失的弥补能力；调节各种准备金变动的影响；维护被保险人或受益人的权益，促进保险企业履行社会责任。

按照《保险公司管理规定》，对在我国设立保险公司或保险公司设立分支机构更注重资本要求，而不再以保费收入增长作为考核指标。

2. 对准备金的监管

保险准备金是保险企业的负债，是保险企业按法律规定或业务特定需要，从保费收入或盈余中提存的一定数量的资金。对准备金的监管主要是对保险企业各项准备金的提取和结转进行监督管理。其目的在于充实保险企业运营资金，增加投资能力，促进保险业的健康发展；也是为了确保保险组织具有充足的偿付能力，保障被保险人的权益。

在我国，体现对准备金监管的几个指标是：未到期责任准备金，未决赔款准备金，保险保障基金和公积金。

3. 对资金运用的监管

保险资金运用是现代保险业赖以生存和发展的基础，同时，由于保险企业是经营风险的企业，其资金运用状况，直接影响着企业的赔付能力，因而许多国家的保险法都对保险企业资金运用的程度、原则、范围、资金投向和比例等作出明文的限制性规定。我国《保险法》对于保险公司资金运用的原则、渠道、限度都作了相关的规定。

4. 对财务核算的监管

为了有效管理保险企业的经营，随时了解和掌握保险企业的经营状况，防止保险企业发生财务危机，各国政府通常规定，保险企业在年终时应向监管部门递交年终财务报告，反映各自的财务核算状况。

我国《保险法》规定，保险公司应当按照保险监督管理机构的规定，报送有关报告、报表、文件和资料。保险公司的偿付能力报告、财务会计报告、精算报告、合规报告及其他有关报告、报表、文件和资料必须如实记录保险业务事项，不得有虚假记载、误导性陈述和重大遗漏。《保险公司管理规定》要求保险机构应当按照规定及时向中国银保监会报送营业报告、精算报告、财务会计报告、偿付能力报告、合规报告等报告、报表、文件和资料。保险机构向中国银保监会提交的各类报告、报表、文件和资料，应当真实、完整、准确。

(四)保险中介的监管

保险中介人是指保险代理人、保险经纪人和保险公估人。对保险中介进行监管是保险监督管理部门对保险市场监管的重要组成部分。一般包括三项内容：资格监管、业务监管和财务监管。

1. 资格监管

保险专业代理公司、保险兼业代理法人机构在中华人民共和国境内经营保险代理业务，应当符合国务院保险监督管理机构规定的条件，取得相关经营保险代理业务的许可证，并按规定缴存保证金或者投保规定金额以上的职业责任保险后，才能开展保险中介服务。

2. 业务监管

我国对保险中介的业务监管，主要是规定保险代理人、保险经纪人和保险公估人在办理保险业务时，不得采用非法手段从事非法经营。例如，我国《保险法》第一百三十一条规定，保险代理人、保险经纪人及其从业人员在办理保险业务活动中不得有下列行为："欺骗保险人、投保人、被保险人或者受益人；隐瞒与保险合同有关的重要情况；阻碍投保人履行本法规定的如实告知义务，或者诱导其不履行本法规定的如实告知义务；给予或者承诺给予投保人、被保险人或者受益人保险合同约定以外的利益；利用行政权力、职务或者职业便利以及其他不正当手段强迫、引诱或者限制投保人订立保险合同；伪造、擅自变更保险合同，或者为保险合同当事人提供虚假证明材料；挪用、截留、侵占保险费或者保险金；利用业务便利为其他机构或者个人牟取不正当利益；串通投保人、被保险人或者受益人，骗取保险金；泄露在业务活动中知悉的保险人、投保人、被保险人的商业秘密。”若违反这些规定，将给予相应的处罚。

3. 财务监管

保险代理人和保险经纪人是投保人和保险人的中介，应当设立专门账簿，记载保险代理业务或者经纪业务的收支情况，并接受保险监管部门的监管。我国规定保险中介机构及其分支机构应当按规定及时向中国银保监会报送有关报表、报告和资料。报送的各类报表、报告和资料应当由公司法定代表人或其授权人签名，并加盖机构印章。报送的各类报表、报告和资料应当真实、准确、完整。保险中介机构应在每一会计年度结束后三个月内，向中国银保监会报送会计师事务所为其出具的审计报告及资产负债表和利润表等财务报表。

本章参考文献

1. 魏华林，林宝清．保险学．北京：高等教育出版社，2021.
2. 张洪涛．保险学．北京：中国人民大学出版社，2018.
3. 孙祁祥．保险学．北京：中国人民大学出版社，2018.
4. 徐爱荣，李鹏．保险学．上海：复旦大学出版社，2021.

重要概念

保险市场监管　公示监管　形式监管　实体监管

复习思考题

1. 简述保险监管的必要性。
2. 试比较分析保险监管的三种方式。
3. 试述保险监管的主要内容。
4. 如何理解保险监管的核心是偿付能力监管？
5. 试分析2015年修订《保险法》中加强保险监管的内容和影响。

保险案例

防范代理退保风险①

皋某，为其孩子投保某公司终身寿险（分红型），并附加提前给付重大疾病保险，附加住院费用补偿医疗保险。

2020年8月中旬，皋某至公司客服柜面查询分红情况，认为分红并未达到本人预期，工作人员当即进行了解释。

9月2日，皋某投诉至监管部门，称对保单分红不满，要求全额退保。公司工作人员查询皋某保全记录，发现8月16日其通过线上方式办理了联系方式变更业务。9月7日，皋某带“亲属”至柜面要求公司给个说法，但皋某本人不与工作人员沟通，全程均由其“亲属”和工作人员交流。其“亲属”的手机朋友圈，均是在其他寿险公司得到补偿的转账截图及证明资料，该“亲属”疑似为“黑产代理公司人员”，协助皋某退保。在协商无果情况下，公司最终为皋某办理了退保。

2021年初，皋某的孩子因病住院，花费较高，医生询问其孩子有没有投保医疗险，可以减轻负担的时候，她后悔莫及。皋某在本次代理退保过程中，缴纳了不少手续费，还丧失了孩子的一份保障，自己的手机卡号、身份证号、银行卡号的有效信息也存在泄露风险，经常有广告短信发送至其手机，更多不良后果难以想象。

保险知识小视频

保险市场监管：保险经纪人监管

① 资料来源：中国银行保险监督管理委员会网站，山东监管局，以案说险，防范代理退保风险，2021.6.11. http://www.cbirc.gov.cn/branch/shandong/view/pages/common/ItemDetail.html? docId = 1017954&itemId=1269&generaltype=0.

附录1　中华人民共和国保险法

（中华人民共和国主席令第二十六号）

全国人民代表大会常务委员会关于修改〈中华人民共和国计量法〉等五部法律的决定》已由中华人民共和国第十二届全国人民代表大会常务委员会第十四次会议于2015年4月24日通过，现予公布，自公布之日起施行。

中华人民共和国主席　习近平

2015年4月24日

（1995年6月30日第八届全国人民代表大会常务委员会第十四次会议通过　根据2002年10月28日第九届全国人民代表大会常务委员会第三十次会议《关于修改〈中华人民共和国保险法〉的决定》第一次修正　2009年2月28日第十一届全国人民代表大会常务委员会第七次会议修订　根据2014年8月31日第十二届全国人民代表大会常务委员会第十次会议《关于修改〈中华人民共和国保险法〉等五部法律的决定》第二次修正　根据2015年4月24日第十二届全国人民代表大会常务委员会第十四次会议《关于修改〈中华人民共和国计量法〉等五部法律的决定》第三次修正）

目　录

第一章 总 则

第一条 为了规范保险活动，保护保险活动当事人的合法权益，加强对保险业的监督管理，维护社会经济秩序和社会公共利益，促进保险事业的健康发展，制定本法。

第二条 本法所称保险，是指投保人根据合同约定，向保险人支付保险费，保险人对于合同约定的可能发生的事故因其发生所造成的财产损失承担赔偿保险金责任，或者当被保险人死亡、伤残、疾病或者达到合同约定的年龄、期限等条件时承担给付保险金责任的商业保险行为。

第三条 在中华人民共和国境内从事保险活动，适用本法。

第四条 从事保险活动必须遵守法律、行政法规，尊重社会公德，不得损害社会公共利益。

第五条 保险活动当事人行使权利、履行义务应当遵循诚实信用原则。

第六条 保险业务由依照本法设立的保险公司以及法律、行政法规规定的其他保险组织经营，其他单位和个人不得经营保险业务。

第七条 在中华人民共和国境内的法人和其他组织需要办理境内保险的，应当向中华人民共和国境内的保险公司投保。

第八条 保险业和银行业、证券业、信托业实行分业经营、分业管理，保险公司与银行、证券、信托业务机构分别设立。国家另有规定的除外。

第九条 国务院保险监督管理机构依法对保险业实施监督管理。

国务院保险监督管理机构根据履行职责的需要设立派出机构。派出机构按照国务院保险监督管理机构的授权履行监督管理职责。

第二章 保险合同

第一节 一般规定

第十条 保险合同是投保人与保险人约定保险权利义务关系的协议。

投保人是指与保险人订立保险合同，并按照合同约定负有支付保险费义务的人。

保险人是指与投保人订立保险合同，并按照合同约定承担赔偿或者给付保险金责任的保险公司。

第十一条 订立保险合同，应当协商一致，遵循公平原则确定各方的权利和义务。

除法律、行政法规规定必须保险的外，保险合同自愿订立。

第十二条　人身保险的投保人在保险合同订立时，对被保险人应当具有保险利益。

财产保险的被保险人在保险事故发生时，对保险标的应当具有保险利益。

人身保险是以人的寿命和身体为保险标的的保险。

财产保险是以财产及其有关利益为保险标的的保险。

被保险人是指其财产或者人身受保险合同保障，享有保险金请求权的人。投保人可以为被保险人。

保险利益是指投保人或者被保险人对保险标的具有的法律上承认的利益。

第十三条　投保人提出保险要求，经保险人同意承保，保险合同成立。保险人应当及时向投保人签发保险单或者其他保险凭证。

保险单或者其他保险凭证应当载明当事人双方约定的合同内容。当事人也可以约定采用其他书面形式载明合同内容。

依法成立的保险合同，自成立时生效。投保人和保险人可以对合同的效力约定附条件或者附期限。

第十四条　保险合同成立后，投保人按照约定交付保险费，保险人按照约定的时间开始承担保险责任。

第十五条　除本法另有规定或者保险合同另有约定外，保险合同成立后，投保人可以解除合同，保险人不得解除合同。

第十六条　订立保险合同，保险人就保险标的或者被保险人的有关情况提出询问的，投保人应当如实告知。

投保人故意或者因重大过失未履行前款规定的如实告知义务，足以影响保险人决定是否同意承保或者提高保险费率的，保险人有权解除合同。

前款规定的合同解除权，自保险人知道有解除事由之日起，超过三十日不行使而消灭。自合同成立之日起超过二年的，保险人不得解除合同；发生保险事故的，保险人应当承担赔偿或者给付保险金的责任。

投保人故意不履行如实告知义务的，保险人对于合同解除前发生的保险事故，不承担赔偿或者给付保险金的责任，并不退还保险费。

投保人因重大过失未履行如实告知义务，对保险事故的发生有严重影响的，保险人对于合同解除前发生的保险事故，不承担赔偿或者给付保险金的责任，但应当退还保险费。

保险人在合同订立时已经知道投保人未如实告知的情况的，保险人不得解除合同；发生保险事故的，保险人应当承担赔偿或者给付保险金的责任。

保险事故是指保险合同约定的保险责任范围内的事故。

第十七条　订立保险合同,采用保险人提供的格式条款的,保险人向投保人提供的投保单应当附格式条款,保险人应当向投保人说明合同的内容。

对保险合同中免除保险人责任的条款,保险人在订立合同时应当在投保单、保险单或者其他保险凭证上作出足以引起投保人注意的提示,并对该条款的内容以书面或者口头形式向投保人作出明确说明;未作提示或者明确说明的,该条款不产生效力。

第十八条　保险合同应当包括下列事项:

(一)保险人的名称和住所;

(二)投保人、被保险人的姓名或者名称、住所,以及人身保险的受益人的姓名或者名称、住所;

(三)保险标的;

(四)保险责任和责任免除;

(五)保险期间和保险责任开始时间;

(六)保险金额;

(七)保险费以及支付办法;

(八)保险金赔偿或者给付办法;

(九)违约责任和争议处理;

(十)订立合同的年、月、日。

投保人和保险人可以约定与保险有关的其他事项。

受益人是指人身保险合同中由被保险人或者投保人指定的享有保险金请求权的人。投保人、被保险人可以为受益人。

保险金额是指保险人承担赔偿或者给付保险金责任的最高限额。

第十九条　采用保险人提供的格式条款订立的保险合同中的下列条款无效:

(一)免除保险人依法应承担的义务或者加重投保人、被保险人责任的;

(二)排除投保人、被保险人或者受益人依法享有的权利的。

第二十条　投保人和保险人可以协商变更合同内容。

变更保险合同的,应当由保险人在保险单或者其他保险凭证上批注或者附贴批单,或者由投保人和保险人订立变更的书面协议。

第二十一条　投保人、被保险人或者受益人知道保险事故发生后,应当及时通知保险人。故意或者因重大过失未及时通知,致使保险事故的性质、原因、损失程度等难以确定的,保险人对无法确定的部分,不承担赔偿或者给付保险金的责任,但保险人通过其他途径已经及时知道或者应当及时知道保险事故发生的除外。

第二十二条　保险事故发生后，按照保险合同请求保险人赔偿或者给付保险金时，投保人、被保险人或者受益人应当向保险人提供其所能提供的与确认保险事故的性质、原因、损失程度等有关的证明和资料。

保险人按照合同的约定，认为有关的证明和资料不完整的，应当及时一次性通知投保人、被保险人或者受益人补充提供。

第二十三条　保险人收到被保险人或者受益人的赔偿或者给付保险金的请求后，应当及时作出核定；情形复杂的，应当在三十日内作出核定，但合同另有约定的除外。保险人应当将核定结果通知被保险人或者受益人；对属于保险责任的，在与被保险人或者受益人达成赔偿或者给付保险金的协议后十日内，履行赔偿或者给付保险金义务。保险合同对赔偿或者给付保险金的期限有约定的，保险人应当按照约定履行赔偿或者给付保险金义务。

保险人未及时履行前款规定义务的，除支付保险金外，应当赔偿被保险人或者受益人因此受到的损失。

任何单位和个人不得非法干预保险人履行赔偿或者给付保险金的义务，也不得限制被保险人或者受益人取得保险金的权利。

第二十四条　保险人依照本法第二十三条的规定作出核定后，对不属于保险责任的，应当自作出核定之日起三日内向被保险人或者受益人发出拒绝赔偿或者拒绝给付保险金通知书，并说明理由。

第二十五条　保险人自收到赔偿或者给付保险金的请求和有关证明、资料之日起六十日内，对其赔偿或者给付保险金的数额不能确定的，应当根据已有证明和资料可以确定的数额先予支付；保险人最终确定赔偿或者给付保险金的数额后，应当支付相应的差额。

第二十六条　人寿保险以外的其他保险的被保险人或者受益人，向保险人请求赔偿或者给付保险金的诉讼时效期间为二年，自其知道或者应当知道保险事故发生之日起计算。

人寿保险的被保险人或者受益人向保险人请求给付保险金的诉讼时效期间为五年，自其知道或者应当知道保险事故发生之日起计算。

第二十七条　未发生保险事故，被保险人或者受益人谎称发生了保险事故，向保险人提出赔偿或者给付保险金请求的，保险人有权解除合同，并不退还保险费。

投保人、被保险人故意制造保险事故的，保险人有权解除合同，不承担赔偿或者给付保险金的责任；除本法第四十三条规定外，不退还保险费。

保险事故发生后，投保人、被保险人或者受益人以伪造、变造的有关证明、资料或者其他证据，编造虚假的事故原因或者夸大损失程度的，保险人对其虚报的部分不承担赔偿或者给付保险金的责任。

投保人、被保险人或者受益人有前三款规定行为之一，致使保险人支付保险金或者支出费用的，应当退回或者赔偿。

第二十八条　保险人将其承担的保险业务，以分保形式部分转移给其他保险人的，为再保险。

应再保险接受人的要求，再保险分出人应当将其自负责任及原保险的有关情况书面告知再保险接受人。

第二十九条　再保险接受人不得向原保险的投保人要求支付保险费。

原保险的被保险人或者受益人不得向再保险接受人提出赔偿或者给付保险金的请求。

再保险分出人不得以再保险接受人未履行再保险责任为由，拒绝履行或者迟延履行其原保险责任。

第三十条　采用保险人提供的格式条款订立的保险合同，保险人与投保人、被保险人或者受益人对合同条款有争议的，应当按照通常理解予以解释。对合同条款有两种以上解释的，人民法院或者仲裁机构应当作出有利于被保险人和受益人的解释。

第二节　人身保险合同

第三十一条　投保人对下列人员具有保险利益：

（一）本人；

（二）配偶、子女、父母；

（三）前项以外与投保人有抚养、赡养或者扶养关系的家庭其他成员、近亲属；

（四）与投保人有劳动关系的劳动者。

除前款规定外，被保险人同意投保人为其订立合同的，视为投保人对被保险人具有保险利益。

订立合同时，投保人对被保险人不具有保险利益的，合同无效。

第三十二条　投保人申报的被保险人年龄不真实，并且其真实年龄不符合合同约定的年龄限制的，保险人可以解除合同，并按照合同约定退还保险单的现金价值。保险人行使合同解除权，适用本法第十六条第三款、第六款的规定。

投保人申报的被保险人年龄不真实，致使投保人支付的保险费少于应付保险费的，保险人有权更正并要求投保人补交保险费，或者在给付保险金时按照实付保险费与应付保险费的比例支付。

投保人申报的被保险人年龄不真实，致使投保人支付的保险费多于应付保险费的，保险人应当将多收的保险费退还投保人。

第三十三条　投保人不得为无民事行为能力人投保以死亡为给付保险金条件的人身保险,保险人也不得承保。

父母为其未成年子女投保的人身保险,不受前款规定限制。但是,因被保险人死亡给付的保险金总和不得超过国务院保险监督管理机构规定的限额。

第三十四条　以死亡为给付保险金条件的合同,未经被保险人同意并认可保险金额的,合同无效。

按照以死亡为给付保险金条件的合同所签发的保险单,未经被保险人书面同意,不得转让或者质押。

父母为其未成年子女投保的人身保险,不受本条第一款规定限制。

第三十五条　投保人可以按照合同约定向保险人一次支付全部保险费或者分期支付保险费。

第三十六条　合同约定分期支付保险费,投保人支付首期保险费后,除合同另有约定外,投保人自保险人催告之日起超过三十日未支付当期保险费,或者超过约定的期限六十日未支付当期保险费的,合同效力中止,或者由保险人按照合同约定的条件减少保险金额。

被保险人在前款规定期限内发生保险事故的,保险人应当按照合同约定给付保险金,但可以扣减欠交的保险费。

第三十七条　合同效力依照本法第三十六条规定中止的,经保险人与投保人协商并达成协议,在投保人补交保险费后,合同效力恢复。但是,自合同效力中止之日起满二年双方未达成协议的,保险人有权解除合同。

保险人依照前款规定解除合同的,应当按照合同约定退还保险单的现金价值。

第三十八条　保险人对人寿保险的保险费,不得用诉讼方式要求投保人支付。

第三十九条　人身保险的受益人由被保险人或者投保人指定。

投保人指定受益人时须经被保险人同意。投保人为与其有劳动关系的劳动者投保人身保险,不得指定被保险人及其近亲属以外的人为受益人。

被保险人为无民事行为能力人或者限制民事行为能力人的,可以由其监护人指定受益人。

第四十条　被保险人或者投保人可以指定一人或者数人为受益人。

受益人为数人的,被保险人或者投保人可以确定受益顺序和受益份额;未确定受益份额的,受益人按照相等份额享有受益权。

第四十一条　被保险人或者投保人可以变更受益人并书面通知保险人。保险人收到变更受益人的书面通知后,应当在保险单或者其他保险凭证上批注或者附贴批单。

投保人变更受益人时须经被保险人同意。

第四十二条　被保险人死亡后，有下列情形之一的，保险金作为被保险人的遗产，由保险人依照《中华人民共和国继承法》的规定履行给付保险金的义务：

（一）没有指定受益人，或者受益人指定不明无法确定的；

（二）受益人先于被保险人死亡，没有其他受益人的；

（三）受益人依法丧失受益权或者放弃受益权，没有其他受益人的。

受益人与被保险人在同一事件中死亡，且不能确定死亡先后顺序的，推定受益人死亡在先。

第四十三条　投保人故意造成被保险人死亡、伤残或者疾病的，保险人不承担给付保险金的责任。投保人已交足二年以上保险费的，保险人应当按照合同约定向其他权利人退还保险单的现金价值。

受益人故意造成被保险人死亡、伤残、疾病的，或者故意杀害被保险人未遂的，该受益人丧失受益权。

第四十四条　以被保险人死亡为给付保险金条件的合同，自合同成立或者合同效力恢复之日起二年内，被保险人自杀的，保险人不承担给付保险金的责任，但被保险人自杀时为无民事行为能力人的除外。

保险人依照前款规定不承担给付保险金责任的，应当按照合同约定退还保险单的现金价值。

第四十五条　因被保险人故意犯罪或者抗拒依法采取的刑事强制措施导致其伤残或者死亡的，保险人不承担给付保险金的责任。投保人已交足二年以上保险费的，保险人应当按照合同约定退还保险单的现金价值。

第四十六条　被保险人因第三者的行为而发生死亡、伤残或者疾病等保险事故的，保险人向被保险人或者受益人给付保险金后，不享有向第三者追偿的权利，但被保险人或者受益人仍有权向第三者请求赔偿。

第四十七条　投保人解除合同的，保险人应当自收到解除合同通知之日起三十日内，按照合同约定退还保险单的现金价值。

第三节　财产保险合同

第四十八条　保险事故发生时，被保险人对保险标的不具有保险利益的，不得向保险人请求赔偿保险金。

第四十九条　保险标的转让的，保险标的的受让人承继被保险人的权利和义务。

保险标的转让的，被保险人或者受让人应当及时通知保险人，但货物运输保险合同和另有约定的合同除外。

因保险标的转让导致危险程度显著增加的，保险人自收到前款规定的通知之日起三十日内，可以按照合同约定增加保险费或者解除合同。保险人解除合同的，应当将已收取的保险费，按照合同约定扣除自保险责任开始之日起至合同解除之日止应收的部分后，退还投保人。

被保险人、受让人未履行本条第二款规定的通知义务的，因转让导致保险标的危险程度显著增加而发生的保险事故，保险人不承担赔偿保险金的责任。

第五十条　货物运输保险合同和运输工具航程保险合同，保险责任开始后，合同当事人不得解除合同。

第五十一条　被保险人应当遵守国家有关消防、安全、生产操作、劳动保护等方面的规定，维护保险标的的安全。

保险人可以按照合同约定对保险标的的安全状况进行检查，及时向投保人、被保险人提出消除不安全因素和隐患的书面建议。

投保人、被保险人未按照约定履行其对保险标的的安全应尽责任的，保险人有权要求增加保险费或者解除合同。

保险人为维护保险标的的安全，经被保险人同意，可以采取安全预防措施。

第五十二条　在合同有效期内，保险标的的危险程度显著增加的，被保险人应当按照合同约定及时通知保险人，保险人可以按照合同约定增加保险费或者解除合同。保险人解除合同的，应当将已收取的保险费，按照合同约定扣除自保险责任开始之日起至合同解除之日止应收的部分后，退还投保人。

被保险人未履行前款规定的通知义务的，因保险标的的危险程度显著增加而发生的保险事故，保险人不承担赔偿保险金的责任。

第五十三条　有下列情形之一的，除合同另有约定外，保险人应当降低保险费，并按日计算退还相应的保险费：

（一）据以确定保险费率的有关情况发生变化，保险标的的危险程度明显减少的；

（二）保险标的的保险价值明显减少的。

第五十四条　保险责任开始前，投保人要求解除合同的，应当按照合同约定向保险人支付手续费，保险人应当退还保险费。保险责任开始后，投保人要求解除合同的，保险人应当将已收取的保险费，按照合同约定扣除自保险责任开始之日起至合同解除之日止应收的部分后，退还投保人。

第五十五条　投保人和保险人约定保险标的的保险价值并在合同中载明的，保险标的发生损失时，以约定的保险价值为赔偿计算标准。

投保人和保险人未约定保险标的的保险价值的，保险标的发生损失时，以保险事故发生时保险标的的实际价值为赔偿计算标准。

保险金额不得超过保险价值。超过保险价值的，超过部分无效，保险人应当退还相应的保险费。

保险金额低于保险价值的，除合同另有约定外，保险人按照保险金额与保险价值的比例承担赔偿保险金的责任。

第五十六条　重复保险的投保人应当将重复保险的有关情况通知各保险人。

重复保险的各保险人赔偿保险金的总和不得超过保险价值。除合同另有约定外，各保险人按照其保险金额与保险金额总和的比例承担赔偿保险金的责任。

重复保险的投保人可以就保险金额总和超过保险价值的部分，请求各保险人按比例返还保险费。

重复保险是指投保人对同一保险标的、同一保险利益、同一保险事故分别与两个以上保险人订立保险合同，且保险金额总和超过保险价值的保险。

第五十七条　保险事故发生时，被保险人应当尽力采取必要的措施，防止或者减少损失。

保险事故发生后，被保险人为防止或者减少保险标的的损失所支付的必要的、合理的费用，由保险人承担；保险人所承担的费用数额在保险标的损失赔偿金额以外另行计算，最高不超过保险金额的数额。

第五十八条　保险标的发生部分损失的，自保险人赔偿之日起三十日内，投保人可以解除合同；除合同另有约定外，保险人也可以解除合同，但应当提前十五日通知投保人。

合同解除的，保险人应当将保险标的未受损失部分的保险费，按照合同约定扣除自保险责任开始之日起至合同解除之日止应收的部分后，退还投保人。

第五十九条　保险事故发生后，保险人已支付了全部保险金额，并且保险金额等于保险价值的，受损保险标的的全部权利归于保险人；保险金额低于保险价值的，保险人按照保险金额与保险价值的比例取得受损保险标的的部分权利。

第六十条　因第三者对保险标的的损害而造成保险事故的，保险人自向被保险人赔偿保险金之日起，在赔偿金额范围内代位行使被保险人对第三者请求赔偿的权利。

前款规定的保险事故发生后，被保险人已经从第三者取得损害赔偿的，保险人赔偿保险金时，可以相应扣减被保险人从第三者已取得的赔偿金额。

保险人依照本条第一款规定行使代位请求赔偿的权利，不影响被保险人就未取得赔偿的部分向第三者请求赔偿的权利。

第六十一条　保险事故发生后，保险人未赔偿保险金之前，被保险人放弃对第三者请求赔偿的权利的，保险人不承担赔偿保险金的责任。

保险人向被保险人赔偿保险金后，被保险人未经保险人同意放弃对第三者请求赔偿的权利的，该行为无效。

被保险人故意或者因重大过失致使保险人不能行使代位请求赔偿的权利的，保险人可以扣减或者要求返还相应的保险金。

第六十二条　除被保险人的家庭成员或者其组成人员故意造成本法第六十条第一款规定的保险事故外，保险人不得对被保险人的家庭成员或者其组成人员行使代位请求赔偿的权利。

第六十三条　保险人向第三者行使代位请求赔偿的权利时，被保险人应当向保险人提供必要的文件和所知道的有关情况。

第六十四条　保险人、被保险人为查明和确定保险事故的性质、原因和保险标的的损失程度所支付的必要的、合理的费用，由保险人承担。

第六十五条　保险人对责任保险的被保险人给第三者造成的损害，可以依照法律的规定或者合同的约定，直接向该第三者赔偿保险金。

责任保险的被保险人给第三者造成损害，被保险人对第三者应负的赔偿责任确定的，根据被保险人的请求，保险人应当直接向该第三者赔偿保险金。被保险人怠于请求的，第三者有权就其应获赔偿部分直接向保险人请求赔偿保险金。

责任保险的被保险人给第三者造成损害，被保险人未向该第三者赔偿的，保险人不得向被保险人赔偿保险金。

责任保险是指以被保险人对第三者依法应负的赔偿责任为保险标的的保险。

第六十六条　责任保险的被保险人因给第三者造成损害的保险事故而被提起仲裁或者诉讼的，被保险人支付的仲裁或者诉讼费用以及其他必要的、合理的费用，除合同另有约定外，由保险人承担。

第三章　保险公司

第六十七条　设立保险公司应当经国务院保险监督管理机构批准。

国务院保险监督管理机构审查保险公司的设立申请时，应当考虑保险业的发展和公平竞争的需要。

第六十八条　设立保险公司应当具备下列条件：

（一）主要股东具有持续盈利能力，信誉良好，最近三年内无重大违法违规记录，净资产不低于人民币二亿元；

（二）有符合本法和《中华人民共和国公司法》规定的章程；

（三）有符合本法规定的注册资本；

（四）有具备任职专业知识和业务工作经验的董事、监事和高级管理人员；

（五）有健全的组织机构和管理制度；

（六）有符合要求的营业场所和与经营业务有关的其他设施；

（七）法律、行政法规和国务院保险监督管理机构规定的其他条件。

第六十九条　设立保险公司，其注册资本的最低限额为人民币二亿元。

国务院保险监督管理机构根据保险公司的业务范围、经营规模，可以调整其注册资本的最低限额，但不得低于本条第一款规定的限额。

保险公司的注册资本必须为实缴货币资本。

第七十条　申请设立保险公司，应当向国务院保险监督管理机构提出书面申请，并提交下列材料：

（一）设立申请书，申请书应当载明拟设立的保险公司的名称、注册资本、业务范围等；

（二）可行性研究报告；

（三）筹建方案；

（四）投资人的营业执照或者其他背景资料，经会计师事务所审计的上一年度财务会计报告；

（五）投资人认可的筹备组负责人和拟任董事长、经理名单及本人认可证明；

（六）国务院保险监督管理机构规定的其他材料。

第七十一条　国务院保险监督管理机构应当对设立保险公司的申请进行审查，自受理之日起六个月内作出批准或者不批准筹建的决定，并书面通知申请人。决定不批准的，应当书面说明理由。

第七十二条　申请人应当自收到批准筹建通知之日起一年内完成筹建工作；筹建期间不得从事保险经营活动。

第七十三条　筹建工作完成后，申请人具备本法第六十八条规定的设立条件的，可以向国务院保险监督管理机构提出开业申请。

国务院保险监督管理机构应当自受理开业申请之日起六十日内，作出批准或者不批准开业的决定。决定批准的，颁发经营保险业务许可证；决定不批准的，应当书面通知申请人并说明理由。

第七十四条　保险公司在中华人民共和国境内设立分支机构，应当经保险监督管理机构批准。

保险公司分支机构不具有法人资格，其民事责任由保险公司承担。

第七十五条　保险公司申请设立分支机构，应当向保险监督管理机构提出书面申请，并提交下列材料：

(一)设立申请书;

(二)拟设机构三年业务发展规划和市场分析材料;

(三)拟任高级管理人员的简历及相关证明材料;

(四)国务院保险监督管理机构规定的其他材料。

第七十六条　保险监督管理机构应当对保险公司设立分支机构的申请进行审查,自受理之日起六十日内作出批准或者不批准的决定。决定批准的,颁发分支机构经营保险业务许可证;决定不批准的,应当书面通知申请人并说明理由。

第七十七条　经批准设立的保险公司及其分支机构,凭经营保险业务许可证向工商行政管理机关办理登记,领取营业执照。

第七十八条　保险公司及其分支机构自取得经营保险业务许可证之日起六个月内,无正当理由未向工商行政管理机关办理登记的,其经营保险业务许可证失效。

第七十九条　保险公司在中华人民共和国境外设立子公司、分支机构,应当经国务院保险监督管理机构批准。

第八十条　外国保险机构在中华人民共和国境内设立代表机构,应当经国务院保险监督管理机构批准。代表机构不得从事保险经营活动。

第八十一条　保险公司的董事、监事和高级管理人员,应当品行良好,熟悉与保险相关的法律、行政法规,具有履行职责所需的经营管理能力,并在任职前取得保险监督管理机构核准的任职资格。

保险公司高级管理人员的范围由国务院保险监督管理机构规定。

第八十二条　有《中华人民共和国公司法》第一百四十六条　规定的情形或者下列情形之一的,不得担任保险公司的董事、监事、高级管理人员:

(一)因违法行为或者违纪行为被金融监督管理机构取消任职资格的金融机构的董事、监事、高级管理人员,自被取消任职资格之日起未逾五年的;

(二)因违法行为或者违纪行为被吊销执业资格的律师、注册会计师或者资产评估机构、验证机构等机构的专业人员,自被吊销执业资格之日起未逾五年的。

第八十三条　保险公司的董事、监事、高级管理人员执行公司职务时违反法律、行政法规或者公司章程的规定,给公司造成损失的,应当承担赔偿责任。

第八十四条　保险公司有下列情形之一的,应当经保险监督管理机构批准:

(一)变更名称;

(二)变更注册资本;

(三)变更公司或者分支机构的营业场所;

(四)撤销分支机构;

(五)公司分立或者合并;

(六)修改公司章程;

(七)变更出资额占有限责任公司资本总额百分之五以上的股东,或者变更持有股份有限公司股份百分之五以上的股东;

(八)国务院保险监督管理机构规定的其他情形。

第八十五条　保险公司应当聘用专业人员,建立精算报告制度和合规报告制度。

第八十六条　保险公司应当按照保险监督管理机构的规定,报送有关报告、报表、文件和资料。

保险公司的偿付能力报告、财务会计报告、精算报告、合规报告及其他有关报告、报表、文件和资料必须如实记录保险业务事项,不得有虚假记载、误导性陈述和重大遗漏。

第八十七条　保险公司应当按照国务院保险监督管理机构的规定妥善保管业务经营活动的完整账簿、原始凭证和有关资料。

前款规定的账簿、原始凭证和有关资料的保管期限,自保险合同终止之日起计算,保险期间在一年以下的不得少于五年,保险期间超过一年的不得少于十年。

第八十八条　保险公司聘请或者解聘会计师事务所、资产评估机构、资信评级机构等中介服务机构,应当向保险监督管理机构报告;解聘会计师事务所、资产评估机构、资信评级机构等中介服务机构,应当说明理由。

第八十九条　保险公司因分立、合并需要解散,或者股东会、股东大会决议解散,或者公司章程规定的解散事由出现,经国务院保险监督管理机构批准后解散。

经营有人寿保险业务的保险公司,除因分立、合并或者被依法撤销外,不得解散。

保险公司解散,应当依法成立清算组进行清算。

第九十条　保险公司有《中华人民共和国企业破产法》第二条规定情形的,经国务院保险监督管理机构同意,保险公司或者其债权人可以依法向人民法院申请重整、和解或者破产清算;国务院保险监督管理机构也可以依法向人民法院申请对该保险公司进行重整或者破产清算。

第九十一条　破产财产在优先清偿破产费用和共益债务后,按照下列顺序清偿:

(一)所欠职工工资和医疗、伤残补助、抚恤费用,所欠应当划入职工个人账户的基本养老保险、基本医疗保险费用,以及法律、行政法规规定应当支付给职工的补偿金;

（二）赔偿或者给付保险金；

（三）保险公司欠缴的除第（一）项规定以外的社会保险费用和所欠税款；

（四）普通破产债权。

破产财产不足以清偿同一顺序的清偿要求的，按照比例分配。

破产保险公司的董事、监事和高级管理人员的工资，按照该公司职工的平均工资计算。

第九十二条　经营有人寿保险业务的保险公司被依法撤销或者被依法宣告破产的，其持有的人寿保险合同及责任准备金，必须转让给其他经营有人寿保险业务的保险公司；不能同其他保险公司达成转让协议的，由国务院保险监督管理机构指定经营有人寿保险业务的保险公司接受转让。

转让或者由国务院保险监督管理机构指定接受转让前款规定的人寿保险合同及责任准备金的，应当维护被保险人、受益人的合法权益。

第九十三条　保险公司依法终止其业务活动，应当注销其经营保险业务许可证。

第九十四条　保险公司，除本法另有规定外，适用《中华人民共和国公司法》的规定。

第四章　保险经营规则

第九十五条　保险公司的业务范围：

（一）人身保险业务，包括人寿保险、健康保险、意外伤害保险等保险业务；

（二）财产保险业务，包括财产损失保险、责任保险、信用保险、保证保险等保险业务；

（三）国务院保险监督管理机构批准的与保险有关的其他业务。

保险人不得兼营人身保险业务和财产保险业务。但是，经营财产保险业务的保险公司经国务院保险监督管理机构批准，可以经营短期健康保险业务和意外伤害保险业务。

保险公司应当在国务院保险监督管理机构依法批准的业务范围内从事保险经营活动。

第九十六条　经国务院保险监督管理机构批准，保险公司可以经营本法第九十五条规定的保险业务的下列再保险业务：

（一）分出保险；

（二）分入保险。

第九十七条　保险公司应当按照其注册资本总额的百分之二十提取保证金，

存入国务院保险监督管理机构指定的银行，除公司清算时用于清偿债务外，不得动用。

第九十八条　保险公司应当根据保障被保险人利益、保证偿付能力的原则，提取各项责任准备金。

保险公司提取和结转责任准备金的具体办法，由国务院保险监督管理机构制定。

第九十九条　保险公司应当依法提取公积金。

第一百条　保险公司应当缴纳保险保障基金。

保险保障基金应当集中管理，并在下列情形下统筹使用：

（一）在保险公司被撤销或者被宣告破产时，向投保人、被保险人或者受益人提供救济；

（二）在保险公司被撤销或者被宣告破产时，向依法接受其人寿保险合同的保险公司提供救济；

（三）国务院规定的其他情形。

保险保障基金筹集、管理和使用的具体办法，由国务院制定。

第一百零一条　保险公司应当具有与其业务规模和风险程度相适应的最低偿付能力。保险公司的认可资产减去认可负债的差额不得低于国务院保险监督管理机构规定的数额；低于规定数额的，应当按照国务院保险监督管理机构的要求采取相应措施达到规定的数额。

第一百零二条　经营财产保险业务的保险公司当年自留保险费，不得超过其实有资本金加公积金总和的四倍。

第一百零三条　保险公司对每一危险单位，即对一次保险事故可能造成的最大损失范围所承担的责任，不得超过其实有资本金加公积金总和的百分之十；超过的部分应当办理再保险。

保险公司对危险单位的划分应当符合国务院保险监督管理机构的规定。

第一百零四条　保险公司对危险单位的划分方法和巨灾风险安排方案，应当报国务院保险监督管理机构备案。

第一百零五条　保险公司应当按照国务院保险监督管理机构的规定办理再保险，并审慎选择再保险接受人。

第一百零六条　保险公司的资金运用必须稳健，遵循安全性原则。

保险公司的资金运用限于下列形式：

（一）银行存款；

（二）买卖债券、股票、证券投资基金份额等有价证券；

(三)投资不动产;

(四)国务院规定的其他资金运用形式。

保险公司资金运用的具体管理办法,由国务院保险监督管理机构依照前两款的规定制定。

第一百零七条　经国务院保险监督管理机构会同国务院证券监督管理机构批准,保险公司可以设立保险资产管理公司。

保险资产管理公司从事证券投资活动,应当遵守《中华人民共和国证券法》等法律、行政法规的规定。

保险资产管理公司的管理办法,由国务院保险监督管理机构会同国务院有关部门制定。

第一百零八条　保险公司应当按照国务院保险监督管理机构的规定,建立对关联交易的管理和信息披露制度。

第一百零九条　保险公司的控股股东、实际控制人、董事、监事、高级管理人员不得利用关联交易损害公司的利益。

第一百一十条　保险公司应当按照国务院保险监督管理机构的规定,真实、准确、完整地披露财务会计报告、风险管理状况、保险产品经营情况等重大事项。

第一百一十一条　保险公司从事保险销售的人员应当品行良好,具有保险销售所需的专业能力。保险销售人员的行为规范和管理办法,由国务院保险监督管理机构规定。

第一百一十二条　保险公司应当建立保险代理人登记管理制度,加强对保险代理人的培训和管理,不得唆使、诱导保险代理人进行违背诚信义务的活动。

第一百一十三条　保险公司及其分支机构应当依法使用经营保险业务许可证,不得转让、出租、出借经营保险业务许可证。

第一百一十四条　保险公司应当按照国务院保险监督管理机构的规定,公平、合理拟订保险条款和保险费率,不得损害投保人、被保险人和受益人的合法权益。

保险公司应当按照合同约定和本法规定,及时履行赔偿或者给付保险金义务。

第一百一十五条　保险公司开展业务,应当遵循公平竞争的原则,不得从事不正当竞争。

第一百一十六条　保险公司及其工作人员在保险业务活动中不得有下列行为:

(一)欺骗投保人、被保险人或者受益人;

(二)对投保人隐瞒与保险合同有关的重要情况;

(三)阻碍投保人履行本法规定的如实告知义务,或者诱导其不履行本法规定的如实告知义务；

（四）给予或者承诺给予投保人、被保险人、受益人保险合同约定以外的保险费回扣或者其他利益；

（五）拒不依法履行保险合同约定的赔偿或者给付保险金义务；

（六）故意编造未曾发生的保险事故、虚构保险合同或者故意夸大已经发生的保险事故的损失程度进行虚假理赔，骗取保险金或者牟取其他不正当利益；

（七）挪用、截留、侵占保险费；

（八）委托未取得合法资格的机构从事保险销售活动；

（九）利用开展保险业务为其他机构或者个人牟取不正当利益；

（十）利用保险代理人、保险经纪人或者保险评估机构，从事以虚构保险中介业务或者编造退保等方式套取费用等违法活动；

（十一）以捏造、散布虚假事实等方式损害竞争对手的商业信誉，或者以其他不正当竞争行为扰乱保险市场秩序；

（十二）泄露在业务活动中知悉的投保人、被保险人的商业秘密；

（十三）违反法律、行政法规和国务院保险监督管理机构规定的其他行为。

第五章　保险代理人和保险经纪人

第一百一十七条　保险代理人是根据保险人的委托，向保险人收取佣金，并在保险人授权的范围内代为办理保险业务的机构或者个人。

保险代理机构包括专门从事保险代理业务的保险专业代理机构和兼营保险代理业务的保险兼业代理机构。

第一百一十八条　保险经纪人是基于投保人的利益，为投保人与保险人订立保险合同提供中介服务，并依法收取佣金的机构。

第一百一十九条　保险代理机构、保险经纪人应当具备国务院保险监督管理机构规定的条件，取得保险监督管理机构颁发的经营保险代理业务许可证、保险经纪业务许可证。

第一百二十条　以公司形式设立保险专业代理机构、保险经纪人，其注册资本最低限额适用《中华人民共和国公司法》的规定。

国务院保险监督管理机构根据保险专业代理机构、保险经纪人的业务范围和经营规模，可以调整其注册资本的最低限额，但不得低于《中华人民共和国公司法》规定的限额。

保险专业代理机构、保险经纪人的注册资本或者出资额必须为实缴货币资本。

第一百二十一条　保险专业代理机构、保险经纪人的高级管理人员，应当品行良好，熟悉保险法律、行政法规，具有履行职责所需的经营管理能力，并在任职前取得保险监督管理机构核准的任职资格。

第一百二十二条　个人保险代理人、保险代理机构的代理从业人员、保险经纪人的经纪从业人员，应当品行良好，具有从事保险代理业务或者保险经纪业务所需的专业能力。

第一百二十三条　保险代理机构、保险经纪人应当有自己的经营场所，设立专门账簿记载保险代理业务、经纪业务的收支情况。

第一百二十四条　保险代理机构、保险经纪人应当按照国务院保险监督管理机构的规定缴存保证金或者投保职业责任保险。

第一百二十五条　个人保险代理人在代为办理人寿保险业务时，不得同时接受两个以上保险人的委托。

第一百二十六条　保险人委托保险代理人代为办理保险业务，应当与保险代理人签订委托代理协议，依法约定双方的权利和义务。

第一百二十七条　保险代理人根据保险人的授权代为办理保险业务的行为，由保险人承担责任。

保险代理人没有代理权、超越代理权或者代理权终止后以保险人名义订立合同，使投保人有理由相信其有代理权的，该代理行为有效。保险人可以依法追究越权的保险代理人的责任。

第一百二十八条　保险经纪人因过错给投保人、被保险人造成损失的，依法承担赔偿责任。

第一百二十九条　保险活动当事人可以委托保险公估机构等依法设立的独立评估机构或者具有相关专业知识的人员，对保险事故进行评估和鉴定。

接受委托对保险事故进行评估和鉴定的机构和人员，应当依法、独立、客观、公正地进行评估和鉴定，任何单位和个人不得干涉。

前款规定的机构和人员，因故意或者过失给保险人或者被保险人造成损失的，依法承担赔偿责任。

第一百三十条　保险佣金只限于向保险代理人、保险经纪人支付，不得向其他人支付。

第一百三十一条　保险代理人、保险经纪人及其从业人员在办理保险业务活动中不得有下列行为：

（一）欺骗保险人、投保人、被保险人或者受益人；

（二）隐瞒与保险合同有关的重要情况；

（三）阻碍投保人履行本法规定的如实告知义务，或者诱导其不履行本法规定的如实告知义务；

(四)给予或者承诺给予投保人、被保险人或者受益人保险合同约定以外的利益；

(五)利用行政权力、职务或者职业便利以及其他不正当手段强迫、引诱或者限制投保人订立保险合同；

(六)伪造、擅自变更保险合同，或者为保险合同当事人提供虚假证明材料；

(七)挪用、截留、侵占保险费或者保险金；

(八)利用业务便利为其他机构或者个人牟取不正当利益；

(九)串通投保人、被保险人或者受益人，骗取保险金；

(十)泄露在业务活动中知悉的保险人、投保人、被保险人的商业秘密。

第一百三十二条　本法第八十六条第一款、第一百一十三条的规定，适用于保险代理机构和保险经纪人。

第六章　保险业监督管理

第一百三十三条　保险监督管理机构依照本法和国务院规定的职责，遵循依法、公开、公正的原则，对保险业实施监督管理，维护保险市场秩序，保护投保人、被保险人和受益人的合法权益。

第一百三十四条　国务院保险监督管理机构依照法律、行政法规制定并发布有关保险业监督管理的规章。

第一百三十五条　关系社会公众利益的保险险种、依法实行强制保险的险种和新开发的人寿保险险种等的保险条款和保险费率，应当报国务院保险监督管理机构批准。国务院保险监督管理机构审批时，应当遵循保护社会公众利益和防止不正当竞争的原则。其他保险险种的保险条款和保险费率，应当报保险监督管理机构备案。

保险条款和保险费率审批、备案的具体办法，由国务院保险监督管理机构依照前款规定制定。

第一百三十六条　保险公司使用的保险条款和保险费率违反法律、行政法规或者国务院保险监督管理机构的有关规定的，由保险监督管理机构责令停止使用，限期修改；情节严重的，可以在一定期限内禁止申报新的保险条款和保险费率。

第一百三十七条　国务院保险监督管理机构应当建立健全保险公司偿付能力监管体系，对保险公司的偿付能力实施监控。

第一百三十八条　对偿付能力不足的保险公司，国务院保险监督管理机构应当将其列为重点监管对象，并可以根据具体情况采取下列措施：

（一）责令增加资本金、办理再保险；

（二）限制业务范围；

（三）限制向股东分红；

（四）限制固定资产购置或者经营费用规模；

（五）限制资金运用的形式、比例；

（六）限制增设分支机构；

（七）责令拍卖不良资产、转让保险业务；

（八）限制董事、监事、高级管理人员的薪酬水平；

（九）限制商业性广告；

（十）责令停止接受新业务。

第一百三十九条　保险公司未依照本法规定提取或者结转各项责任准备金，或者未依照本法规定办理再保险，或者严重违反本法关于资金运用的规定的，由保险监督管理机构责令限期改正，并可以责令调整负责人及有关管理人员。

第一百四十条　保险监督管理机构依照本法第一百三十九条的规定作出限期改正的决定后，保险公司逾期未改正的，国务院保险监督管理机构可以决定选派保险专业人员和指定该保险公司的有关人员组成整顿组，对公司进行整顿。

整顿决定应当载明被整顿公司的名称、整顿理由、整顿组成员和整顿期限，并予以公告。

第一百四十一条　整顿组有权监督被整顿保险公司的日常业务。被整顿公司的负责人及有关管理人员应当在整顿组的监督下行使职权。

第一百四十二条　整顿过程中，被整顿保险公司的原有业务继续进行。但是，国务院保险监督管理机构可以责令被整顿公司停止部分原有业务、停止接受新业务，调整资金运用。

第一百四十三条　被整顿保险公司经整顿已纠正其违反本法规定的行为，恢复正常经营状况的，由整顿组提出报告，经国务院保险监督管理机构批准，结束整顿，并由国务院保险监督管理机构予以公告。

第一百四十四条　保险公司有下列情形之一的，国务院保险监督管理机构可以对其实行接管：

（一）公司的偿付能力严重不足的；

（二）违反本法规定，损害社会公共利益，可能严重危及或者已经严重危及公司的偿付能力的。

被接管的保险公司的债权债务关系不因接管而变化。

第一百四十五条　接管组的组成和接管的实施办法，由国务院保险监督管理机构决定,并予以公告。

第一百四十六条　接管期限届满,国务院保险监督管理机构可以决定延长接管期限,但接管期限最长不得超过二年。

第一百四十七条　接管期限届满,被接管的保险公司已恢复正常经营能力的,由国务院保险监督管理机构决定终止接管,并予以公告。

第一百四十八条　被整顿、被接管的保险公司有《中华人民共和国企业破产法》第二条规定情形的,国务院保险监督管理机构可以依法向人民法院申请对该保险公司进行重整或者破产清算。

第一百四十九条　保险公司因违法经营被依法吊销经营保险业务许可证的,或者偿付能力低于国务院保险监督管理机构规定标准,不予撤销将严重危害保险市场秩序、损害公共利益的,由国务院保险监督管理机构予以撤销并公告,依法及时组织清算组进行清算。

第一百五十条　国务院保险监督管理机构有权要求保险公司股东、实际控制人在指定的期限内提供有关信息和资料。

第一百五十一条　保险公司的股东利用关联交易严重损害公司利益,危及公司偿付能力的,由国务院保险监督管理机构责令改正。在按照要求改正前,国务院保险监督管理机构可以限制其股东权利;拒不改正的,可以责令其转让所持的保险公司股权。

第一百五十二条　保险监督管理机构根据履行监督管理职责的需要,可以与保险公司董事、监事和高级管理人员进行监督管理谈话,要求其就公司的业务活动和风险管理的重大事项作出说明。

第一百五十三条　保险公司在整顿、接管、撤销清算期间,或者出现重大风险时,国务院保险监督管理机构可以对该公司直接负责的董事、监事、高级管理人员和其他直接责任人员采取以下措施:

(一)通知出境管理机关依法阻止其出境;

(二)申请司法机关禁止其转移、转让或者以其他方式处分财产,或者在财产上设定其他权利。

第一百五十四条　保险监督管理机构依法履行职责,可以采取下列措施:

(一)对保险公司、保险代理人、保险经纪人、保险资产管理公司、外国保险机构的代表机构进行现场检查;

(二)进入涉嫌违法行为发生场所调查取证;

(三)询问当事人及与被调查事件有关的单位和个人,要求其对与被调查事件有关的事项作出说明;

（四）查阅、复制与被调查事件有关的财产权登记等资料；

（五）查阅、复制保险公司、保险代理人、保险经纪人、保险资产管理公司、外国保险机构的代表机构以及与被调查事件有关的单位和个人的财务会计资料及其他相关文件和资料；对可能被转移、隐匿或者毁损的文件和资料予以封存；

（六）查询涉嫌违法经营的保险公司、保险代理人、保险经纪人、保险资产管理公司、外国保险机构的代表机构以及与涉嫌违法事项有关的单位和个人的银行账户；

（七）对有证据证明已经或者可能转移、隐匿违法资金等涉案财产或者隐匿、伪造、毁损重要证据的，经保险监督管理机构主要负责人批准，申请人民法院予以冻结或者查封。

保险监督管理机构采取前款第（一）项、第（二）项、第（五）项措施的，应当经保险监督管理机构负责人批准；采取第（六）项措施的，应当经国务院保险监督管理机构负责人批准。

保险监督管理机构依法进行监督检查或者调查，其监督检查、调查的人员不得少于二人，并应当出示合法证件和监督检查、调查通知书；监督检查、调查的人员少于二人或者未出示合法证件和监督检查、调查通知书的，被检查、调查的单位和个人有权拒绝。

第一百五十五条　保险监督管理机构依法履行职责，被检查、调查的单位和个人应当配合。

第一百五十六条　保险监督管理机构工作人员应当忠于职守，依法办事，公正廉洁，不得利用职务便利牟取不正当利益，不得泄露所知悉的有关单位和个人的商业秘密。

第一百五十七条　国务院保险监督管理机构应当与中国人民银行、国务院其他金融监督管理机构建立监督管理信息共享机制。

保险监督管理机构依法履行职责，进行监督检查、调查时，有关部门应当予以配合。

第七章　法律责任

第一百五十八条　违反本法规定，擅自设立保险公司、保险资产管理公司或者非法经营商业保险业务的，由保险监督管理机构予以取缔，没收违法所得，并处违法所得一倍以上五倍以下的罚款；没有违法所得或者违法所得不足二十万元的，处二十万元以上一百万元以下的罚款。

第一百五十九条　违反本法规定，擅自设立保险专业代理机构、保险经纪人，或者未取得经营保险代理业务许可证、保险经纪业务许可证从事保险代理业务、保险经纪业务的，由保险监督管理机构予以取缔，没收违法所得，并处违法所得一倍以上五倍以下的罚款；没有违法所得或者违法所得不足五万元的，处五万元以上三十万元以下的罚款。

第一百六十条　保险公司违反本法规定，超出批准的业务范围经营的，由保险监督管理机构责令限期改正，没收违法所得，并处违法所得一倍以上五倍以下的罚款；没有违法所得或者违法所得不足十万元的，处十万元以上五十万元以下的罚款。逾期不改正或者造成严重后果的，责令停业整顿或者吊销业务许可证。

第一百六十一条　保险公司有本法第一百一十六条规定行为之一的，由保险监督管理机构责令改正，处五万元以上三十万元以下的罚款；情节严重的，限制其业务范围、责令停止接受新业务或者吊销业务许可证。

第一百六十二条　保险公司违反本法第八十四条规定的，由保险监督管理机构责令改正，处一万元以上十万元以下的罚款。

第一百六十三条　保险公司违反本法规定，有下列行为之一的，由保险监督管理机构责令改正，处五万元以上三十万元以下的罚款：

(一)超额承保，情节严重的；

(二)为无民事行为能力人承保以死亡为给付保险金条件的保险的。

第一百六十四条　违反本法规定，有下列行为之一的，由保险监督管理机构责令改正，处五万元以上三十万元以下的罚款；情节严重的，可以限制其业务范围、责令停止接受新业务或者吊销业务许可证：

(一)未按照规定提存保证金或者违反规定动用保证金的；

(二)未按照规定提取或者结转各项责任准备金的；

(三)未按照规定缴纳保险保障基金或者提取公积金的；

(四)未按照规定办理再保险的；

(五)未按照规定运用保险公司资金的；

(六)未经批准设立分支机构的；

(七)未按照规定申请批准保险条款、保险费率的。

第一百六十五条　保险代理机构、保险经纪人有本法第一百三十一条规定行为之一的，由保险监督管理机构责令改正，处五万元以上三十万元以下的罚款；情节严重的，吊销业务许可证。

第一百六十六条　保险代理机构、保险经纪人违反本法规定，有下列行为之一的，由保险监督管理机构责令改正，处二万元以上十万元以下的罚款；情节严重的，责令停业整顿或者吊销业务许可证：

(一)未按照规定缴存保证金或者投保职业责任保险的；

(二)未按照规定设立专门账簿记载业务收支情况的。

第一百六十七条　违反本法规定，聘任不具有任职资格的人员的，由保险监督管理机构责令改正，处二万元以上十万元以下的罚款。

第一百六十八条　违反本法规定，转让、出租、出借业务许可证的，由保险监督管理机构处一万元以上十万元以下的罚款；情节严重的，责令停业整顿或者吊销业务许可证。

第一百六十九条　违反本法规定，有下列行为之一的，由保险监督管理机构责令限期改正；逾期不改正的，处一万元以上十万元以下的罚款：

(一)未按照规定报送或者保管报告、报表、文件、资料的，或者未按照规定提供有关信息、资料的；

(二)未按照规定报送保险条款、保险费率备案的；

(三)未按照规定披露信息的。

第一百七十条　违反本法规定，有下列行为之一的，由保险监督管理机构责令改正，处十万元以上五十万元以下的罚款；情节严重的，可以限制其业务范围、责令停止接受新业务或者吊销业务许可证：

(一)编制或者提供虚假的报告、报表、文件、资料的；

(二)拒绝或者妨碍依法监督检查的；

(三)未按照规定使用经批准或者备案的保险条款、保险费率的。

第一百七十一条　保险公司、保险资产管理公司、保险专业代理机构、保险经纪人违反本法规定的，保险监督管理机构除分别依照本法第一百六十条至第一百七十条的规定对该单位给予处罚外，对其直接负责的主管人员和其他直接责任人员给予警告，并处一万元以上十万元以下的罚款；情节严重的，撤销任职资格。

第一百七十二条　个人保险代理人违反本法规定的，由保险监督管理机构给予警告，可以并处二万元以下的罚款；情节严重的，处二万元以上十万元以下的罚款。

第一百七十三条　外国保险机构未经国务院保险监督管理机构批准，擅自在中华人民共和国境内设立代表机构的，由国务院保险监督管理机构予以取缔，处五万元以上三十万元以下的罚款。

外国保险机构在中华人民共和国境内设立的代表机构从事保险经营活动的，由保险监督管理机构责令改正，没收违法所得，并处违法所得一倍以上五倍以下的罚款；没有违法所得或者违法所得不足二十万元的，处二十万元以上一百万元以下的罚款；对其首席代表可以责令撤换；情节严重的，撤销其代表机构。

第一百七十四条　投保人、被保险人或者受益人有下列行为之一，进行保险诈骗活动，尚不构成犯罪的，依法给予行政处罚：

(一)投保人故意虚构保险标的,骗取保险金的;

(二)编造未曾发生的保险事故,或者编造虚假的事故原因或者夸大损失程度,骗取保险金的;

(三)故意造成保险事故,骗取保险金的。

保险事故的鉴定人、评估人、证明人故意提供虚假的证明文件,为投保人、被保险人或者受益人进行保险诈骗提供条件的,依照前款规定给予处罚。

第一百七十五条　违反本法规定,给他人造成损害的,依法承担民事责任。

第一百七十六条　拒绝、阻碍保险监督管理机构及其工作人员依法行使监督检查、调查职权,未使用暴力、威胁方法的,依法给予治安管理处罚。

第一百七十七条　违反法律、行政法规的规定,情节严重的,国务院保险监督管理机构可以禁止有关责任人员一定期限直至终身进入保险业。

第一百七十八条　保险监督管理机构从事监督管理工作的人员有下列情形之一的,依法给予处分:

(一)违反规定批准机构的设立的;

(二)违反规定进行保险条款、保险费率审批的;

(三)违反规定进行现场检查的;

(四)违反规定查询账户或者冻结资金的;

(五)泄露其知悉的有关单位和个人的商业秘密的;

(六)违反规定实施行政处罚的;

(七)滥用职权、玩忽职守的其他行为。

第一百七十九条　违反本法规定,构成犯罪的,依法追究刑事责任。

第八章　附　　则

第一百八十条　保险公司应当加入保险行业协会。保险代理人、保险经纪人、保险公估机构可以加入保险行业协会。

保险行业协会是保险业的自律性组织,是社会团体法人。

第一百八十一条　保险公司以外的其他依法设立的保险组织经营的商业保险业务,适用本法。

第一百八十二条　海上保险适用《中华人民共和国海商法》的有关规定;《中华人民共和国海商法》未规定的,适用本法的有关规定。

第一百八十三条　中外合资保险公司、外资独资保险公司、外国保险公司分公司适用本法规定;法律、行政法规另有规定的,适用其规定。

第一百八十四条　国家支持发展为农业生产服务的保险事业。农业保险由法律、行政法规另行规定。

强制保险,法律、行政法规另有规定的,适用其规定。

第一百八十五条　本法自2009年10月1日起施行。

【发布单位】全国人民代表大会常务委员会

【发布文号】中华人民共和国主席令第二十六号

【发布日期】2015-04-24

【生效日期】2015-04-24

【所属类别】国家法律法规

附录 2　最高人民法院关于适用《中华人民共和国保险法》若干问题的解释

附录 2-1　最高人民法院关于适用《中华人民共和国保险法》若干问题的解释(一)

(2009 年 9 月 14 日最高人民法院审判委员会第 1473 次会议通过)

中华人民共和国最高人民法院公告

《最高人民法院关于适用〈中华人民共和国保险法〉若干问题的解释(一)》已于 2009 年 9 月 14 日由最高人民法院审判委员会第 1473 次会议通过,现予公布,自 2009 年 10 月 1 日起施行。

二〇〇九年九月二十一日

为正确审理保险合同纠纷案件,切实维护当事人的合法权益,现就人民法院适用 2009 年 2 月 28 日第十一届全国人大常委会第七次会议修订的《中华人民共和国保险法》(以下简称保险法)的有关问题规定如下:

第一条　保险法施行后成立的保险合同发生的纠纷,适用保险法的规定。保险法施行前成立的保险合同发生的纠纷,除本解释另有规定外,适用当时的法律规定;当时的法律没有规定的,参照适用保险法的有关规定。

认定保险合同是否成立,适用合同订立时的法律。

第二条　对于保险法施行前成立的保险合同,适用当时的法律认定无效而适用保险法认定有效的,适用保险法的规定。

第三条　保险合同成立于保险法施行前而保险标的转让、保险事故、理赔、代位求偿等行为或事件,发生于保险法施行后的,适用保险法的规定。

第四条　保险合同成立于保险法施行前,保险法施行后,保险人以投保人未履行如实告知义务或者申报被保险人年龄不真实为由,主张解除合同的,适用保险法的规定。

第五条　保险法施行前成立的保险合同,下列情形下的期间自 2009 年 10 月 1 日起计算:

(一)保险法施行前,保险人收到赔偿或者给付保险金的请求,保险法施行后,适用保险法第二十三条规定的三十日的;

(二)保险法施行前,保险人知道解除事由,保险法施行后,按照保险法第十六条、第三十二条的规定行使解除权,适用保险法第十六条规定的三十日的;

（三）保险法施行后，保险人按照保险法第十六条第二款的规定请求解除合同，适用保险法第十六条规定的二年的；

（四）保险法施行前，保险人收到保险标的转让通知，保险法施行后，以保险标的转让导致危险程度显著增加为由请求按照合同约定增加保险费或者解除合同，适用保险法第四十九条规定的三十日的。

第六条　保险法施行前已经终审的案件，当事人申请再审或者按照审判监督程序提起再审的案件，不适用保险法的规定。

【发布部门】最高人民法院

【发文字号】法释〔2009〕12号

【发布日期】2009-09-21

【实施日期】2009-10-01

【效力级别】司法解释

【法规类别】保险综合规定

附录 2-2　最高人民法院关于适用《中华人民共和国保险法》若干问题的解释(二)

(2013 年 5 月 6 日最高人民法院审判委员会第 1577 次会议通过，根据 2020 年 12 月 23 日最高人民法院审判委员会第 1823 次会议通过的《最高人民法院关于修改〈最高人民法院关于破产企业国有划拨土地使用权应否列入破产财产等问题的批复〉等二十九件商事类司法解释的决定》修正)为正确审理保险合同纠纷案件，切实维护当事人的合法权益，根据《中华人民共和国民法典》《中华人民共和国保险法》《中华人民共和国民事诉讼法》等法律规定，结合审判实践，就保险法中关于保险合同一般规定部分有关法律适用问题解释如下：

第一条　财产保险中，不同投保人就同一保险标的分别投保，保险事故发生后，被保险人在其保险利益范围内依据保险合同主张保险赔偿的，人民法院应予支持。

第二条　人身保险中，因投保人对被保险人不具有保险利益导致保险合同无效，投保人主张保险人退还扣减相应手续费后的保险费的，人民法院应予支持。

第三条　投保人或者投保人的代理人订立保险合同时没有亲自签字或者盖章，而由保险人或者保险人的代理人代为签字或者盖章的，对投保人不生效。但投保人已经交纳保险费的，视为其对代签字或者盖章行为的追认。

保险人或者保险人的代理人代为填写保险单证后经投保人签字或者盖章确认的，代为填写的内容视为投保人的真实意思表示。但有证据证明保险人或者保险人的代理人存在保险法第一百一十六条、第一百三十一条相关规定情形的除外。

第四条　保险人接受了投保人提交的投保单并收取了保险费，尚未作出是否承保的意思表示，发生保险事故，被保险人或者受益人请求保险人按照保险合同承担赔偿或者给付保险金责任，符合承保条件的，人民法院应予支持；不符合承保条件的，保险人不承担保险责任，但应当退还已经收取的保险费。

保险人主张不符合承保条件的，应承担举证责任。

第五条　保险合同订立时，投保人明知的与保险标的或者被保险人有关的情况，属于保险法第十六条第一款规定的投保人“应当如实告知”的内容。

第六条　投保人的告知义务限于保险人询问的范围和内容。当事人对询问范围及内容有争议的，保险人负举证责任。

保险人以投保人违反了对投保单询问表中所列概括性条款的如实告知义务为由请求解除合同的，人民法院不予支持。但该概括性条款有具体内容的除外。

第七条　保险人在保险合同成立后知道或者应当知道投保人未履行如实告知义务，仍然收取保险费，又依照保险法第十六条第二款的规定主张解除合同的，人民法院不予支持。

第八条　保险人未行使合同解除权，直接以存在保险法第十六条第四款、第五款规定的情形为由拒绝赔偿的，人民法院不予支持。但当事人就拒绝赔偿事宜及保险合同存续另行达成一致的情况除外。

第九条　保险人提供的格式合同文本中的责任免除条款、免赔额、免赔率、比例赔付或者给付等免除或者减轻保险人责任的条款，可以认定为保险法第十七条第二款规定的"免除保险人责任的条款"。

保险人因投保人、被保险人违反法定或者约定义务，享有解除合同权利的条款，不属于保险法第十七条第二款规定的"免除保险人责任的条款"。

第十条　保险人将法律、行政法规中的禁止性规定情形作为保险合同免责条款的免责事由，保险人对该条款作出提示后，投保人、被保险人或者受益人以保险人未履行明确说明义务为由主张该条款不成为合同内容的，人民法院不予支持。

第十一条　保险合同订立时，保险人在投保单或者保险单等其他保险凭证上，对保险合同中免除保险人责任的条款，以足以引起投保人注意的文字、字体、符号或者其他明显标志作出提示的，人民法院应当认定其履行了保险法第十七条第二款规定的提示义务。

保险人对保险合同中有关免除保险人责任条款的概念、内容及其法律后果以书面或者口头形式向投保人作出常人能够理解的解释说明的，人民法院应当认定保险人履行了保险法第十七条第二款规定的明确说明义务。

第十二条　通过网络、电话等方式订立的保险合同，保险人以网页、音频、视频等形式对免除保险人责任条款予以提示和明确说明的，人民法院可以认定其履行了提示和明确说明义务。

第十三条　保险人对其履行了明确说明义务负举证责任。

投保人对保险人履行了符合本解释第十一条第二款要求的明确说明义务在相关文书上签字、盖章或者以其他形式予以确认的，应当认定保险人履行了该项义务。但另有证据证明保险人未履行明确说明义务的除外。

第十四条　保险合同中记载的内容不一致的，按照下列规则认定：

(一)投保单与保险单或者其他保险凭证不一致的，以投保单为准。但不一致的情形系经保险人说明并经投保人同意的，以投保人签收的保险单或者其他保险凭证载明的内容为准；

(二)非格式条款与格式条款不一致的，以非格式条款为准；

(三)保险凭证记载的时间不同的，以形成时间在后的为准；

(四)保险凭证存在手写和打印两种方式的，以双方签字、盖章的手写部分的内容为准。

第十五条　保险法第二十三条规定的三十日核定期间，应自保险人初次收到索赔请求及投保人、被保险人或者受益人提供的有关证明和资料之日起算。

保险人主张扣除投保人、被保险人或者受益人补充提供有关证明和资料期间的，人民法院应予支持。扣除期间自保险人根据保险法第二十二条规定作出的通知到达投保人、被保险人或者受益人之日起，至投保人、被保险人或者受益人按照通知要求补充提供的有关证明和资料到达保险人之日止。

第十六条　保险人应以自己的名义行使保险代位求偿权。

根据保险法第六十条第一款的规定，保险人代位求偿权的诉讼时效期间应自其取得代位求偿权之日起算。

第十七条　保险人在其提供的保险合同格式条款中对非保险术语所作的解释符合专业意义，或者虽不符合专业意义，但有利于投保人、被保险人或者受益人的，人民法院应予认可。

第十八条　行政管理部门依据法律规定制作的交通事故认定书、火灾事故认定书等，人民法院应当依法审查并确认其相应的证明力，但有相反证据能够推翻的除外。

第十九条　保险事故发生后，被保险人或者受益人起诉保险人，保险人以被保险人或者受益人未要求第三者承担责任为由抗辩不承担保险责任的，人民法院不予支持。

财产保险事故发生后，被保险人就其所受损失从第三者取得赔偿后的不足部分提起诉讼，请求保险人赔偿的，人民法院应予依法受理。

第二十条　保险公司依法设立并取得营业执照的分支机构属于《中华人民共和国民事诉讼法》第四十八条规定的其他组织，可以作为保险合同纠纷案件的当事人参加诉讼。

第二十一条　本解释施行后尚未终审的保险合同纠纷案件，适用本解释；本解释施行前已经终审，当事人申请再审或者按照审判监督程序决定再审的案件，不适用本解释。

【发布部门】最高人民法院

【发文字号】法释〔2013〕14 号

【发布日期】2013-05-31

【实施日期】2013-06-08

【效力级别】司法解释

【法规类别】保险综合规定

附录 2-3 最高人民法院关于适用《中华人民共和国保险法》若干问题的解释(三)

(2015 年 9 月 21 日最高人民法院审判委员会第 1661 次会议通过,根据 2020 年 12 月 23 日最高人民法院审判委员会第 1823 次会议通过的《最高人民法院关于修改〈最高人民法院关于破产企业国有划拨土地使用权应否列入破产财产等问题的批复〉等二十九件商事类司法解释的决定》修正)为正确审理保险合同纠纷案件,切实维护当事人的合法权益,根据《中华人民共和国民法典》《中华人民共和国保险法》《中华人民共和国民事诉讼法》等法律规定,结合审判实践,就保险法中关于保险合同章人身保险部分有关法律适用问题解释如下:

第一条 当事人订立以死亡为给付保险金条件的合同,根据保险法第三十四条的规定,“被保险人同意并认可保险金额”可以采取书面形式、口头形式或者其他形式;可以在合同订立时作出,也可以在合同订立后追认。

有下列情形之一的,应认定为被保险人同意投保人为其订立保险合同并认可保险金额:

(一)被保险人明知他人代其签名同意而未表示异议的;

(二)被保险人同意投保人指定的受益人的;

(三)有证据足以认定被保险人同意投保人为其投保的其他情形。

第二条 被保险人以书面形式通知保险人和投保人撤销其依据保险法第三十四条第一款规定所作出的同意意思表示的,可认定为保险合同解除。

第三条 人民法院审理人身保险合同纠纷案件时,应主动审查投保人订立保险合同时是否具有保险利益,以及以死亡为给付保险金条件的合同是否经过被保险人同意并认可保险金额。

第四条 保险合同订立后,因投保人丧失对被保险人的保险利益,当事人主张保险合同无效的,人民法院不予支持。

第五条 保险人在合同订立时指定医疗机构对被保险人体检,当事人主张投保人如实告知义务免除的,人民法院不予支持。

保险人知道被保险人的体检结果,仍以投保人未就相关情况履行如实告知义务为由要求解除合同的,人民法院不予支持。

第六条 未成年人父母之外的其他履行监护职责的人为未成年人订立以死亡为给付保险金条件的合同,当事人主张参照保险法第三十三条第二款、第三十四条第三款的规定认定该合同有效的,人民法院不予支持,但经未成年人父母同意的除外。

第七条 当事人以被保险人、受益人或者他人已经代为支付保险费为由,主张投保人对应的交费义务已经履行的，人民法院应予支持。

第八条　保险合同效力依照保险法第三十六条规定中止，投保人提出恢复效力申请并同意补交保险费的，除被保险人的危险程度在中止期间显著增加外，保险人拒绝恢复效力的，人民法院不予支持。

保险人在收到恢复效力申请后，三十日内未明确拒绝的，应认定为同意恢复效力。

保险合同自投保人补交保险费之日恢复效力。保险人要求投保人补交相应利息的，人民法院应予支持。

第九条　投保人指定受益人未经被保险人同意的，人民法院应认定指定行为无效。

当事人对保险合同约定的受益人存在争议，除投保人、被保险人在保险合同之外另有约定外，按以下情形分别处理：

（一）受益人约定为“法定”或者“法定继承人”的，以民法典规定的法定继承人为受益人；

（二）受益人仅约定为身份关系的，投保人与被保险人为同一主体时，根据保险事故发生时与被保险人的身份关系确定受益人；投保人与被保险人为不同主体时，根据保险合同成立时与被保险人的身份关系确定受益人；

（三）约定的受益人包括姓名和身份关系，保险事故发生时身份关系发生变化的，认定为未指定受益人。

第十条　投保人或者被保险人变更受益人，当事人主张变更行为自变更意思表示发出时生效的，人民法院应予支持。

投保人或者被保险人变更受益人未通知保险人，保险人主张变更对其不发生效力的，人民法院应予支持。

投保人变更受益人未经被保险人同意，人民法院应认定变更行为无效。

第十一条　投保人或者被保险人在保险事故发生后变更受益人，变更后的受益人请求保险人给付保险金的，人民法院不予支持。

第十二条　投保人或者被保险人指定数人为受益人，部分受益人在保险事故发生前死亡、放弃受益权或者依法丧失受益权的，该受益人应得的受益份额按照保险合同的约定处理；保险合同没有约定或者约定不明的，该受益人应得的受益份额按照以下情形分别处理：

（一）未约定受益顺序及受益份额的，由其他受益人平均享有；

（二）未约定受益顺序但约定受益份额的，由其他受益人按照相应比例享有；

（三）约定受益顺序但未约定受益份额的，由同顺序的其他受益人平均享有；同一顺序没有其他受益人的，由后一顺序的受益人平均享有；

（四）约定受益顺序及受益份额的，由同顺序的其他受益人按照相应比例享有；同一顺序没有其他受益人的，由后一顺序的受益人按照相应比例享有。

第十三条　保险事故发生后，受益人将与本次保险事故相对应的全部或者部分保险金请求权转让给第三人，当事人主张该转让行为有效的，人民法院应予支持，但根据合同性质、当事人约定或者法律规定不得转让的除外。

第十四条　保险金根据保险法第四十二条规定作为被保险人遗产，被保险人的继承人要求保险人给付保险金，保险人以其已向持有保险单的被保险人的其他继承人给付保险金为由抗辩的，人民法院应予支持。

第十五条　受益人与被保险人存在继承关系，在同一事件中死亡且不能确定死亡先后顺序的，人民法院应依据保险法第四十二条第二款推定受益人死亡在先，并按照保险法及本解释的相关规定确定保险金归属。

第十六条　人身保险合同解除时，投保人与被保险人、受益人为不同主体，被保险人或者受益人要求退还保险单的现金价值的，人民法院不予支持，但保险合同另有约定的除外。

投保人故意造成被保险人死亡、伤残或者疾病，保险人依照保险法第四十三条规定退还保险单的现金价值的，其他权利人按照被保险人、被保险人的继承人的顺序确定。

第十七条　投保人解除保险合同，当事人以其解除合同未经被保险人或者受益人同意为由主张解除行为无效的，人民法院不予支持，但被保险人或者受益人已向投保人支付相当于保险单现金价值的款项并通知保险人的除外。

第十八条　保险人给付费用补偿型的医疗费用保险金时，主张扣减被保险人从公费医疗或者社会医疗保险取得的赔偿金额的，应当证明该保险产品在厘定医疗费用保险费率时已经将公费医疗或者社会医疗保险部分相应扣除，并按照扣减后的标准收取保险费。

第十九条　保险合同约定按照基本医疗保险的标准核定医疗费用，保险人以被保险人的医疗支出超出基本医疗保险范围为由拒绝给付保险金的，人民法院不予支持；保险人有证据证明被保险人支出的费用超过基本医疗保险同类医疗费用标准，要求对超出部分拒绝给付保险金的，人民法院应予支持。

第二十条　保险人以被保险人未在保险合同约定的医疗服务机构接受治疗为由拒绝给付保险金的，人民法院应予支持，但被保险人因情况紧急必须立即就医的除外。

第二十一条　保险人以被保险人自杀为由拒绝承担给付保险金责任的，由保险人承担举证责任。

受益人或者被保险人的继承人以被保险人自杀时无民事行为能力为由抗辩的，由其承担举证责任。

第二十二条　保险法第四十五条规定的“被保险人故意犯罪”的认定，应当以刑事侦查机关、检察机关和审判机关的生效法律文书或者其他结论性意见为依据。

第二十三条　保险人主张根据保险法第四十五条的规定不承担给付保险金责任的，应当证明被保险人的死亡、伤残结果与其实施的故意犯罪或者抗拒依法采取的刑事强制措施的行为之间存在因果关系。

被保险人在羁押、服刑期间因意外或者疾病造成伤残或者死亡，保险人主张根据保险法第四十五条的规定不承担给付保险金责任的，人民法院不予支持。

第二十四条　投保人为被保险人订立以死亡为给付保险金条件的人身保险合同，被保险人被宣告死亡后，当事人要求保险人按照保险合同约定给付保险金的，人民法院应予支持。

被保险人被宣告死亡之日在保险责任期间之外，但有证据证明下落不明之日在保险责任期间之内，当事人要求保险人按照保险合同约定给付保险金的，人民法院应予支持。

第二十五条　被保险人的损失系由承保事故或者非承保事故、免责事由造成难以确定，当事人请求保险人给付保险金的，人民法院可以按照相应比例予以支持。

第二十六条　本解释施行后尚未终审的保险合同纠纷案件，适用本解释；本解释施行前已经终审，当事人申请再审或者按照审判监督程序决定再审的案件，不适用本解释。

【发布部门】最高人民法院

【发文字号】法释〔2015〕21 号

【发布日期】2015-11-25

【实施日期】2015-12-01

【效力级别】司法解释

【法规类别】保险综合规定，法律解释执行

附录 2-4 最高人民法院关于适用《中华人民共和国保险法》若干问题的解释(四)

(2018 年 5 月 14 日最高人民法院审判委员会第 1738 次会议通过,根据 2020 年 12 月 23 日最高人民法院审判委员会第 1823 次会议通过的《最高人民法院关于修改〈最高人民法院关于破产企业国有划拨土地使用权应否列入破产财产等问题的批复〉等二十九件商事类司法解释的决定》修正)为正确审理保险合同纠纷案件,切实维护当事人的合法权益,根据《中华人民共和国民法典》《中华人民共和国保险法》《中华人民共和国民事诉讼法》等法律规定,结合审判实践,就保险法中财产保险合同部分有关法律适用问题解释如下:

第一条 保险标的已交付受让人,但尚未依法办理所有权变更登记,承担保险标的毁损灭失风险的受让人,依照保险法第四十八条、第四十九条的规定主张行使被保险人权利的,人民法院应予支持。

第二条 保险人已向投保人履行了保险法规定的提示和明确说明义务,保险标的受让人以保险标的转让后保险人未向其提示或者明确说明为由,主张免除保险人责任的条款不成为合同内容的,人民法院不予支持。

第三条 被保险人死亡,继承保险标的的当事人主张承继被保险人的权利和义务的,人民法院应予支持。

第四条 人民法院认定保险标的是否构成保险法第四十九条、第五十二条规定的"危险程度显著增加"时,应当综合考虑以下因素:

(一)保险标的用途的改变;

(二)保险标的使用范围的改变;

(三)保险标的所处环境的变化;

(四)保险标的因改装等原因引起的变化;

(五)保险标的使用人或者管理人的改变;

(六)危险程度增加持续的时间;

(七)其他可能导致危险程度显著增加的因素。

保险标的危险程度虽然增加,但增加的危险属于保险合同订立时保险人预见或者应当预见的保险合同承保范围的,不构成危险程度显著增加。

第五条 被保险人、受让人依法及时向保险人发出保险标的转让通知后,保险人作出答复前,发生保险事故,被保险人或者受让人主张保险人按照保险合同承担赔偿保险金的责任的,人民法院应予支持。

第六条 保险事故发生后,被保险人依照保险法第五十七条的规定,请求保险人承担为防止或者减少保险标的的损失所支付的必要、合理费用,保险人以被保险人采取的措施未产生实际效果为由抗辩的，人民法院不予支持。

第七条　保险人依照保险法第六十条的规定，主张代位行使被保险人因第三者侵权或者违约等享有的请求赔偿的权利的，人民法院应予支持。

第八条　投保人和被保险人为不同主体，因投保人对保险标的的损害而造成保险事故，保险人依法主张代位行使被保险人对投保人请求赔偿的权利的，人民法院应予支持，但法律另有规定或者保险合同另有约定的除外。

第九条　在保险人以第三者为被告提起的代位求偿权之诉中，第三者以被保险人在保险合同订立前已放弃对其请求赔偿的权利为由进行抗辩，人民法院认定上述放弃行为合法有效，保险人就相应部分主张行使代位求偿权的，人民法院不予支持。

保险合同订立时，保险人就是否存在上述放弃情形提出询问，投保人未如实告知，导致保险人不能代位行使请求赔偿的权利，保险人请求返还相应保险金的，人民法院应予支持，但保险人知道或者应当知道上述情形仍同意承保的除外。

第十条　因第三者对保险标的的损害而造成保险事故，保险人获得代位请求赔偿的权利的情况未通知第三者或者通知到达第三者前，第三者在被保险人已经从保险人处获赔的范围内又向被保险人作出赔偿，保险人主张代位行使被保险人对第三者请求赔偿的权利的，人民法院不予支持。保险人就相应保险金主张被保险人返还的，人民法院应予支持。

保险人获得代位请求赔偿的权利的情况已经通知到第三者，第三者又向被保险人作出赔偿，保险人主张代位行使请求赔偿的权利，第三者以其已经向被保险人赔偿为由抗辩的，人民法院不予支持。

第十一条　被保险人因故意或者重大过失未履行保险法第六十三条规定的义务，致使保险人未能行使或者未能全部行使代位请求赔偿的权利，保险人主张在其损失范围内扣减或者返还相应保险金的，人民法院应予支持。

第十二条　保险人以造成保险事故的第三者为被告提起代位求偿权之诉的，以被保险人与第三者之间的法律关系确定管辖法院。

第十三条　保险人提起代位求偿权之诉时，被保险人已经向第三者提起诉讼的，人民法院可以依法合并审理。

保险人行使代位求偿权时，被保险人已经向第三者提起诉讼，保险人向受理该案的人民法院申请变更当事人，代位行使被保险人对第三者请求赔偿的权利，被保险人同意的，人民法院应予准许；被保险人不同意的，保险人可以作为共同原告参加诉讼。

第十四条　具有下列情形之一的，被保险人可以依照保险法第六十五条第二款的规定请求保险人直接向第三者赔偿保险金：

（一）被保险人对第三者所负的赔偿责任经人民法院生效裁判、仲裁裁决确认；

（二）被保险人对第三者所负的赔偿责任经被保险人与第三者协商一致；

（三）被保险人对第三者应负的赔偿责任能够确定的其他情形。

前款规定的情形下，保险人主张按照保险合同确定保险赔偿责任的，人民法院应予支持。

第十五条　被保险人对第三者应负的赔偿责任确定后，被保险人不履行赔偿责任，且第三者以保险人为被告或者以保险人与被保险人为共同被告提起诉讼时，被保险人尚未向保险人提出直接向第三者赔偿保险金的请求的，可以认定为属于保险法第六十五条第二款规定的“被保险人怠于请求”的情形。

第十六条　责任保险的被保险人因共同侵权依法承担连带责任，保险人以该连带责任超出被保险人应承担的责任份额为由，拒绝赔付保险金的，人民法院不予支持。保险人承担保险责任后，主张就超出被保险人责任份额的部分向其他连带责任人追偿的，人民法院应予支持。

第十七条　责任保险的被保险人对第三者所负的赔偿责任已经生效判决确认并已进入执行程序，但未获得清偿或者未获得全部清偿，第三者依法请求保险人赔偿保险金，保险人以前述生效判决已进入执行程序为由抗辩的，人民法院不予支持。

第十八条　商业责任险的被保险人向保险人请求赔偿保险金的诉讼时效期间，自被保险人对第三者应负的赔偿责任确定之日起计算。

第十九条　责任保险的被保险人与第三者就被保险人的赔偿责任达成和解协议且经保险人认可，被保险人主张保险人在保险合同范围内依据和解协议承担保险责任的，人民法院应予支持。

被保险人与第三者就被保险人的赔偿责任达成和解协议，未经保险人认可，保险人主张对保险责任范围以及赔偿数额重新予以核定的，人民法院应予支持。

第二十条　责任保险的保险人在被保险人向第三者赔偿之前向被保险人赔偿保险金，第三者依照保险法第六十五条第二款的规定行使保险金请求权时，保险人以其已向被保险人赔偿为由拒绝赔偿保险金的，人民法院不予支持。保险人向第三者赔偿后，请求被保险人返还相应保险金的，人民法院应予支持。

第二十一条　本解释自2018年9月1日起施行。

本解释施行后人民法院正在审理的一审、二审案件，适用本解释；本解释施行前已经终审，当事人申请再审或者按照审判监督程序决定再审的案件，不适用本解释。

【发布部门】最高人民法院
【发文字号】法释〔2018〕13 号
【发布日期】2018-07-31
【实施日期】2018-09-01
【效力级别】司法解释
【法规类别】保险法规

附录3　再保险业务管理规定

中国银行保险监督管理委员会令 2021 年第 8 号

《再保险业务管理规定》已于 2021 年 4 月 23 日经银保监会 2021 年第 4 次委务会议审议通过。现予公布，自 2021 年 12 月 1 日起施行。

主席　郭树清

2021 年 7 月 21 日

再保险业务管理规定

第一章　总　　则

第一条　为规范和发展再保险市场，加强对再保险业务的管理，实现保险业健康协调可持续发展，依据《中华人民共和国保险法》（以下简称《保险法》）、《中华人民共和国外资保险公司管理条例》以及有关法律、行政法规，制定本规定。

第二条　本规定所称再保险，是指保险人将其承担的保险业务，部分转移给其他保险人的经营行为。

本规定所称直接保险，也称原保险，是相对再保险而言的保险，由投保人与保险人直接订立保险合同的保险业务。

本规定所称转分保，是指再保险接受人将其分入的保险业务，转移给其他保险人的经营行为。

本规定所称合约分保，是指保险人与其他保险人预先订立合同，约定将一定时期内其承担的保险业务，部分向其他保险人办理再保险，再保险接受人需按照约定分保条件承担再保险责任的经营行为。

本规定所称临时分保，是指保险人临时与其他保险人约定，将其承担的保险业务，部分向其他保险人逐保单办理再保险，再保险接受人需逐保单约定分保条件并承担再保险责任的经营行为。

本规定所称比例再保险，是指以保险金额为基础确定再保险分出人自留额和再保险接受人分保额的再保险方式。

本规定所称非比例再保险，是指以赔款金额为基础确定再保险分出人自负责任和再保险接受人分保责任的再保险方式。

第三条　本规定所称再保险分出人，是指将其承担的保险业务，部分转移给其他保险人的保险人；本规定所称再保险接受人，是指承接其他保险人转移的保险业务的保险人。

本规定所称分出业务，是指再保险分出人转移出的保险业务；本规定所称分入业务，是指再保险接受人接受分入的保险业务。

本规定所称直接保险公司，也称原保险公司，是相对再保险人而言，是指直接与投保人订立保险合同的保险人。

本规定所称保险联合体，是指为了处理单个保险人无法承担的特殊风险或者巨额保险业务，或者按照国际惯例，由两个或两个以上保险人联合组成、按照其章程约定共同经营保险业务的组织。

本规定所称保险经纪人，是指接受再保险分出人委托，基于再保险分出人利益，为再保险分出人与再保险接受人办理再保险业务提供中介服务，并按约定收取佣金的保险经纪机构。

第四条　在中华人民共和国境内（不含港澳台）设立的保险人、保险联合体以及保险经纪人或其他保险机构办理再保险业务，应当遵守本规定。

第五条　保险人、保险联合体和保险经纪人办理再保险业务，应当遵循审慎和最大诚信原则。

第六条　再保险分出人、再保险接受人和保险经纪人，对在办理再保险业务中知悉的商业秘密或其他应当保密的信息，负有保密义务。

第七条　中国银行保险监督管理委员会（以下简称银保监会）鼓励保险人、保险联合体和保险经纪人积极为农业保险，地震、台风、洪水、突发公共卫生事件等巨灾保险和国家重点项目提供保险及再保险服务。

第八条　银保监会依法对再保险业务实施监督和管理。

第二章　业务经营

第九条　保险人应当制定再保险战略，明确再保险在公司风险和资本管理战略中的作用。再保险战略应包括再保险安排的目的、自留政策、分保政策、风险管控机制等内容。

再保险战略的制定、实施、评估和调整由公司高级管理层负责，董事会或其授权的专业委员会应对再保险战略的制定和调整进行审批，并对实施情况进行监督。

外国再保险公司分公司，其再保险战略的制定、实施、评估和调整应经其分公司高级管理层同意。

第十条　保险集团应当统筹制定集团的再保险战略，明确再保险战略与集团风险管理和资本管理战略的关系。集团再保险战略应包括集团的风险累积和净自留管理、信用风险管控、集团内保险公司的再保险授权管理、集团内分保战略等内容。

保险集团再保险战略的制定、实施、评估和调整由集团高级管理层负责，董事会或其授权的专业委员会应对再保险战略的制定和调整进行审批，并对实施情况进行监督。

第十一条　再保险业务分为寿险再保险和非寿险再保险。保险人对寿险再保险和非寿险再保险应当单独列账、分别核算。

第十二条　保险人应当依照《保险法》规定，确定当年总自留保险费和每一危险单位自留责任；超过的部分，应当办理再保险。

保险人对危险单位的划分应当符合银保监会的相关规定。

第十三条　保险人应当根据实际情况，科学、合理安排巨灾再保险。

第十四条　保险人应当按照银保监会的规定办理再保险，并审慎选择再保险接受人和保险经纪人，选择再保险接受人和保险经纪人应当符合银保监会的有关规定。

第十五条　再保险分出人应当及时将影响再保险定价和分保条件的重要信息向再保险接受人书面告知；再保险合同成立后，再保险分出人应当及时向再保险接受人提供重大赔案信息、赔款准备金等对再保险接受人的偿付能力计算、准备金计提及预期赔付有重大影响的信息。

第十六条　再保险分出人和再保险接受人应加强再保险合同管理，及时完成再保险合同文本或再保险合同简要文本的签订。

第十七条　再保险分出人应按约定及时支付再保险保费，再保险接受人应按约定及时支付赔款。

第十八条　保险人应当建立再保险业务档案管理制度，妥善保管再保险业务合同文本、账单、赔案资料及相关往来文件资料，及时进行电子化处理并存储到相关电子档案管理系统。

第十九条　保险人应建立再保险业务集中度管理制度，对分出业务集中于同一家再保险接受人和与其关联的再保险接受人的情况进行监测和管控，防范信用风险。

除航空航天保险、核保险、石油保险、信用保险外，直接保险公司以比例再保险方式分出财产险直接保险业务时，每一危险单位分给同一家再保险接受人的总比例，不得超过再保险分出人承保直接保险合同保险金额或者责任限额的80%。

第二十条　保险人应当正确识别自身临时分保需求，建立科学合理的临时分保管理制度。保险人承保的业务超过其承保能力和风险承担能力的，应当在承保前完成临时分保安排。

第二十一条　保险人开展境外分出业务的，应当建立境外分出业务监测制度，每半年对分保至境外的再保险业务的信用风险和流动性风险进行分析，及时提出应对措施，保证再保险交易安全。分析报告应当经公司总经理审核确认，妥善保管。

第二十二条　保险人应当建立再保险业务流动性风险管理制度，加强对再保险应收款项的管理，制定重大赔付案件流动性风险处置预案，确保发生重大赔付时及早识别和应对潜在的流动性风险。

第二十三条　保险人在与关联企业进行再保险交易时，应当遵循市场化原则确定再保险价格与条件，不得利用再保险转移利润，逃避税收。保险人应当按有关规定披露再保险关联交易信息。

第二十四条　保险人和保险经纪人可以利用金融工具开发设计新型风险转移产品。保险人应当按照有关规定向银保监会报告。

第二十五条　中国境内的专业再保险接受人，应当配备在中国境内有住所的专职再保险核保人和再保险核赔人。

第二十六条　直接保险公司开展再保险分入业务的，应当满足以下条件：

（一）由总公司统一办理，除银保监会另有规定外，分支机构不得办理再保险分入业务；

（二）设立独立的再保险部门，配备必要的专业人员，上一年分保费收入超过1亿元的，应配置不少于3名独立于直接保险业务的专职人员，上一年分保费收入超过3亿元的，前述专职人员不得少于5名；

（三）建立完整的分入业务管理制度和独立的分入业务信息系统模块，并与财务系统自动对接，实现分入业务与直保业务的独立管理；

（四）制定合理、详细的年度分入业务发展计划。

第三章　再保险经纪业务

第二十七条　保险经纪人从事再保险经纪业务，应恪尽职责，不得损害保险人的信誉和合法权益。

第二十八条　保险经纪人可以根据业务需要引进或者设计再保险合同。

第二十九条　保险经纪人应当按照再保险合同的约定，及时送达账单、结算再保险款项以及履行其他义务，不得挪用或者截留再保险费、摊回赔款、摊回手续费以及摊回费用。

第三十条　保险经纪人应当将再保险接受人的有关信息及时、准确地书面告知再保险分出人。

应再保险接受人的要求，保险经纪人应当按照与再保险分出人的约定，将其知道的再保险分出人的自留责任以及直接保险的有关情况，及时、准确地书面告知再保险接受人。

第三十一条　应再保险分出人或者再保险接受人的要求，保险经纪人应当按照合同约定配合进行赔案的理赔工作。

第四章　监督管理

第三十二条　保险人办理再保险业务，应当按照精算的原理、方法，评估各项准备金，并按照银保监会有关规定准确、足额提取和结转各项准备金。

对于同一笔寿险业务，在有关精算规定责任准备金下，再保险接受人与再保险分出人在评估准备金时，应采用一致的评估方法与假设。

第三十三条　保险人偿付能力报告中涉及再保险业务的内容，应当符合银保监会发布的保险公司偿付能力监管规则的要求。

第三十四条　外国再保险公司分公司的偿付能力应当符合银保监会发布的保险公司偿付能力监管规则等有关制度的要求。外国再保险公司分公司自留保费以其总公司直接授权的额度为限。

第三十五条　保险人应当严格按照本规定对合约分保和临时分保业务进行分类和经营，不得以临时分保名义变相经营合约分保业务。

预约分保等非逐保单约定分保条件的再保险业务属于合约分保业务，应当按合约分保的要求进行管理。

第三十六条　保险公司应按规定向银保监会或其派出机构提交下列材料：

（一）于每年 4 月 30 日前，提交上一会计年度再保险经营管理情况：

1. 再保险业务经营情况。

包括分保费收入、分出保费、手续费以及摊回、赔款以及摊回等情况。

直接保险公司还应报送重大保险赔案及其再保险安排、摊回赔款等情况。重大保险赔案是指在一次保险事故中，财产损失赔偿在 5000 万元以上，或者人身伤亡赔付在 3000 万元以上的理赔案件。

2. 经总精算师签署的、有关再保险业务的各类准备金提取办法和金额。

3. 除航空航天保险、核保险、石油保险、信用保险外，财产保险公司以比例再保险方式将每一危险单位分给同一家再保险接受人的业务，超过再保险分出人承保直接保险合同部分的保险金额或者责任限额50%的交易情况，以及管理该业务信用风险的相关措施。

4.巨灾风险安排情况，包括巨灾风险累积、巨灾风险自留额及其确定方式、巨灾风险的再保险分出安排等情况。

5.再保险保费、赔款的应收、应付情况，包括余额、账龄结构、原因分析等，特别是应收应付账龄超过180天的情况。

（二）于每年6月30日前，提交本会计年度再保险安排有关情况：

1.财产保险公司的危险单位划分方法及每一危险单位的最大净自留额。

2.直接保险公司的再保险安排情况，主要包括再保合约的增减、合约分保首席接受人或最大份额接受人的变化等情况。

3.外国再保险公司分公司的总公司注册地保险监管机构根据当地法律出具的有关其总公司偿付能力状况的意见书或者经营状况意见书，以及总公司对其授权的承保权限和自留保费额度。

第三十七条　保险联合体应当在每年4月30日以前，向银保监会报告上一年度的财务报告、业务分析报告以及与境外再保险交易情况。

第五章　法律责任

第三十八条　保险公司、保险经纪人违反本规定办理再保险业务的，由银保监会及其派出机构责令改正，处以五万元以上三十万元以下罚款；情节严重的，可以限制业务范围、责令停止接受新业务或者吊销业务许可证。

对违反本规定办理再保险业务的行为负有直接责任的主管人员和其他直接责任人员给予警告，并处一万元以上十万元以下的罚款；情节严重的，撤销任职资格。

第三十九条　办理再保险业务违反法律、行政法规的规定，情节严重的，银保监会可以禁止有关责任人员一定期限直至终身进入保险业。

第六章　附　则

第四十条　政策性保险公司办理再保险业务参照适用本规定。不能适用本规定的，政策性保险公司应当在3个月内向银保监会报告有关情况。

第四十一条　鼓励保险公司利用金融基础设施提供的数字化服务，推动再保险业务向线上化、智能化转型发展，提高经营水平和服务质效。

第四十二条　本规定由银保监会负责解释。

第四十三条　本规定自2021年12月1日起施行。《再保险业务管理规定》（中国保险监督管理委员会令2010年第8号）同时废止。

【发布单位】中国银行保险监督管理委员会

【发布文号】中国银行保险监督管理委员会令 2021 年第 8 号

【发布日期】2021-07-21

【生效日期】2021-12-01

【所属类别】国家法律法规